역주

흠흠신서

✦

1

역주

흠흠신서

1

정약용 저

박석무 · 이강욱 역

한국인문고전연구소

인간의 존엄성을 일깨우는 《흠흠신서》를 펴내며

《맹자孟子》〈공손추 상公孫丑上〉에 "단 한 가지의 불의를 행하고 무고한 백성 한 사람만 죽여 천하를 얻을 수 있다 해도 그런 일은 하지 않는다.[行一不義, 殺一不辜, 得天下不爲.]"라고 했으며, 백이숙제伯夷叔齊나 이윤伊尹, 공자孔子 같은 성인이 바로 그런 일을 하지 않은 사람이라고 하였다. 불의한 행위가 얼마나 나쁘고 무고한 백성 한 사람을 죽이는 일이 얼마나 큰 죄악인가를 명확하게 설명해 주는 내용이다. 이렇게 유학儒學에서 성인으로 여기는 사람은 인간의 목숨을 귀중하게 여겼다는 것을 보여 주는 대표적인 사례이다.

인간의 생명이 참으로 귀중하다는 것을 새삼스럽게 강조한 사례를 다산 정약용에게서도 찾을 수 있다. 이 책 서문에서 정약용은 이렇게 말했다.

"오직 하늘만이 사람을 살리기도 하고 죽이기도 하니, 사람의 목숨은 하늘에 매여 있다.[惟天生人而又死之, 人命繫乎天.] 그런데 고을의 수령이 그 중간에서 선량한 사람은 편안하게 해 주고 죄지은 사람은 잡아다 죽이니, 이는 하늘의 권한을 드러내 보이는 것일 뿐이다.[迺司牧, 又以其間, 安其善良而生之, 執有辜者而死之, 是顯見天權耳.] 사람이 하늘의 권한을 대신 쥐고 행하면서도 삼가고 두려워할 줄을 몰라 세밀한 부분까지 명확하게 분별하지 못하고서 소홀히 하고 흐리멍덩하게 처리하여 살려야 하는 사람을 죽이기도 하고 죽여야 할 사람을 살리기도 한다.[人代操天權, 罔知兢畏, 不剖毫析芒, 迺漫迺昏, 或生而致死之, 亦死而致生之.]"

사람의 목숨은 하늘에 매여 있어 하늘만이 사람을 죽이고 살릴 수 있지만, 그 중간에 목민관이 있어 하늘의 권한을 대행하는데, 소홀히 하고 흐리멍덩하게 처리하여 살려야 할 사람을 죽이기도 하고 죽여야 할 사람을 살려 주기도 하여 인명을 그렇게 두려워하지 않고 삼가지 못한 마음으로 취급하니 그냥 두고 볼 수가 없다는 것이 이 책을 쓴 정약용의 뜻이었다. 어떤 범죄보다도 인명에 관한 범죄를 저지른 사람에 대한 수사와 재판은 철저하게 흠흠欽欽(조심스럽고 공경스럽게)의 마음과 행위로 임해야 한다는 뜻에서 《흠흠신서》를 저술한다고 했다.

일찍이 위당 정인보는 "다산이야말로 조선의 유일한 정법가政法家였다."라고 하였다. 정약용이 정치가이자 법률가의 최고봉이었다는 뜻이다. 이른바 일표이서一表二書라고 하는 《경세유표》·《목민심서》·《흠흠신서》의 대저를 완성하여 치인治人의 학문을 완성하였다고 했을 때, 《흠흠신서》는 형벌에 관한 저술로 전문적인 법률서적의 역할을 담당하게 되었다.

정약용은 그의 자서전 격인 〈자찬묘지명〉이라는 글에서도 《흠흠신서》의 저작 목적을 분명히 밝혔다. "억울한 사람이 없기를 바란다[冀其無冤枉.]"는 뜻을 밝히고, 살인사건이 일어난 경우 치밀한 수사와 재판을 통해 실체적인 진실을 밝혀 어떤 누구도 억울한 결과가 나오지 않도록 해야 한다고 했다. 이처럼 《흠흠신서》는 초동수사부터 물샐 틈 없는 조치를 취하고, 검시檢屍와 사체死體에 대한 확실한 조사를 거치고, 법의학적인 온갖 방법을 동원하고, 바꿀 수 없는 증거를 확보하고, 분명한 증인을 세워 가장 정확하고 올바른 재판 결과가 나오기를 희구했던 정약용의 뜻이 가득찬 책이다.

〈경사요의〉로부터 〈전발무사〉에 이르기까지 5편으로 나누고, 5편을 각각 책의 권수로 나누어 도합 30권으로 구성한 이 책은 저술의 시작이야 강진 유배지에서 했겠지만 실제로는 해배되고 4년 뒤인 1822년 회갑을 맞기 얼마 전에 서문을 썼다. 이 책이 완료된 뒤 회갑을 맞아 작성한 〈자찬묘지명〉에 '일표이서'에 대한 이야기가 있으니 그해 봄에 완료하고 여름에 회갑을 맞은 것으로 확인된다. 각 편의 제목에서 보이듯, 중국의 경전과 사서史書를 바탕으로 하여 기본을 세우고, 중국의 판례를 모두 살핀 뒤 청나라의 법률과 판결 사례, 명나라의 《대명률大明律》을 모두 참고했다. 우리나라의 〈상형고祥刑考〉를 모두 아우르고, 자신이 목민관으로 봉직하며 처리했던 수사와 재판에 관한 사례까지 열거한 〈전발무사〉로 종결하였다. 이만하면 살인사건에 대한 형사 사건의 수사와 재판에 참고할 모든 것이 동원되었음을 알 수 있다.

20여 년 전, 나와 정해렴이 공동으로 《흠흠신서》를 번역하여 세상에 내놓았는데, 많은 오류가 발견되어 반드시 개역개정판을 내야겠다고 생각했다. 그러던 중 네이버에서 한국고전을 번역해 지식백과에 올리는 방대하고도 어려운 프로젝트를 시작하게 되어 《흠흠신서》도 새롭게 번역할 기회를 얻었다. 동학 이강욱의 뛰어난 능력에 힘을 얻어 꼼꼼하게 원문을 살펴 신조선사본 《흠흠신서》의 잘못을 바로잡아 원본을 교정하고, 다시 새롭게 글자마다 올바르게 번역한 책이 이번의 《역주 흠흠신서》이다. 또한 번역을 하면서 다산학술문화재단에서 펴낸 《정본 여유당전서》의 도움을 많이 받았다.

한문 번역에 어떻게 완벽을 기할 수 있으리오마는 우리 두 사람은 최선을 다하였다. 혹 잘못된 점이 있다면 그것은 전적으로 나의 책임이며, 질정을 기꺼이 받아들일 것이다.

"부정한 방법으로 재물을 얻고 여자에게 미혹되기도 하면서 백성들이 비참하게 울부짖는 소리를 듣고도 가엾이 여겨 구제할 줄을 모르니, 이는 매우 큰 죄악이다."라는 정약용의 우려는 오늘날에도 여전히 씻기지 않았다. 사람의 목숨이 걸려 있는 사건에서 뇌물을 받거나 미혹당하여 불공정하고 부당한 수사와 재판이 이뤄짐을 걱정한 정약용의 걱정은 오늘날에도 그대로 적용된다. '흠흠'의 정신으로 어떤 외부의 유혹이나 압력에도 굽히지 않고 실체적 진실의 접근에 심혈을 기울여야 할 검찰이나 법관의 의무를 돌아보아야 할 때이다. 이 책의 발간은 바로 그러한 정약용의 우려가 지금이라도 말끔히 씻기기를 바라는 뜻도 담겨 있다. 모든 법조인이 반드시 이 책을 읽어서 이러한 염려가 풀리기를 기대해 본다. 해제에 책에 대한 설명이 자세하게 나와 있어 나머지는 생략한다.

어려운 출판사 사정을 이기고 방대한 고전을 간행하는 한국인문고전연구소의 결단을 감사하게 생각한다. 네이버에서 고전 역주의 큰 사업을 추진하는 것은 우리 학계에 매우 의미가 큰 일이다. 한성숙 대표를 비롯하여 그 일을 추진하는 분들에게도 감사의 마음을 전한다.

2019년 10월 다산연구소에서
박 석 무

조심하고 또 조심하는 것欽欽이
형벌을 다스리는 근본이다

《흠흠신서》는 다산 정약용이 중국과 조선의 살인 사건에 대한 판례를 모으고 각각의 판례마다 자신의 견해를 덧붙여서 저술한 형법서이다. 이 책의 제목으로 사용된 '흠흠欽欽'이라는 말은 《서경書經》〈순전舜典〉의 '조심하고 조심하여 형벌을 신중하게 내려야만 한다.[欽哉欽哉唯刑之恤哉]' 라고 한 구절에서 인용한 것이다.

정약용의 현손 정규영丁奎英이 지은 〈사암선생연보俟菴先生年譜〉에 따르면, 정약용이 《흠흠신서》를 지은 시기는 순조 19년(1819)이었다. 즉 정약용은 유배되어 있던 강진에서 지금의 남양주로 돌아와, 순조 17년(1817)에 《경세유표》를 지었고, 그 이듬해에 《목민심서》를, 또 그 이듬해인 순조 19년에 《흠흠신서》를 지었다고 하였다. 처음에는 책의 이름을 《명청록明淸錄》이라고 하였다가 나중에 《흠흠신서》로 바꾸었다. 《흠흠신서》의 서문을 지은 시기는 정약용이 환갑을 맞은 순조 22년(1822) 봄이었다. 그가 환갑을 맞은 해에 지은 〈자찬묘지명〉에서 그동안 이룬 자신의 저술들을 언급하였는데, 그중에는 위의 '1표表 2서書'도 포함되어 있다.

정약용은 《흠흠신서》의 서문에서 '내가 《목민심서》를 편찬하고 난 뒤, 사람의 목숨과 관계되는 형사 사건에 대해서는 「이는 전문적으로 다루는 책이 있어야겠다.」 생각하고 드디어 이 《흠흠신서》를 별도로 편찬했다.'라고 하여, 《목민심서》와 《흠흠신서》가 상호 보완 관계에 있음을 밝혔다.

《흠흠신서》는 〈경사요의〉 3권, 〈비상준초〉 5권, 〈의율차례〉 4권, 〈상형추의〉 15권, 〈전발무사〉 3권 등 총 30권으로 이루어져 있다.

〈경사요의〉에는 형사 사건을 판결할 때 참고할 수 있는 경전의 교훈과 역사문헌의 자료를 수록하였다. 형사 사건을 판결하는 방법에는 원칙을 적용해야 하는 경우도 있고 예외를 적용해야 하는 경우도 있는데, 법률에 해당 조문이 없는 경우에는 옛날의 문헌과 사건 자료를 인용하여 참작해야 하기 때문에 이 편을 지었다고 하였다.

〈비상준초〉에는 중국의 살인 사건에 대한 판결 내용과 변론 내용을 수록하였다. '비批'란 상급 관사에서 하급 관사에 내려주는 판결문인 비판批判을 가리키고, '상詳'이란 소속 고을에서 상급 관사에 올리는 보고문인 신상申詳을 가리킨다. 조선 시대의 문서와 비교해 보면, 비판批判은 제사題詞와 같고 신상申詳은 첩보牒報와 같다. 살인 사건과 관련된 이러한 사례를 수록하여 살인 사건을 판결하는 사람이 참고할 수 있도록 한 것이다.

〈의율차례〉에는 청나라 사람들이 법률을 적용하여 판결한 사례를 수록하였다. 당시 조선에서는 형률을 적용할 때 명나라의 형률인 《대명률》을 기준으로 삼았는데, 이 〈의율차례〉에는 청나라의 형률인 《대청률례大淸律例》에서 살인 사건을 판결할 때 참고할 만한 사례들을 뽑아서 수록하였다는 점에서 특이하다고 하겠다. 다산은 《대청률례》에 수록된 조례條例의 내용이 분석적이고 합리적이라고 평하였다.

〈상형추의〉에는 《상형고祥刑考》 중에서 뽑은 사건 기록을 다시 편집하고 다산의 견해를 덧붙여서 수록하였다. 《상형고》는 정조 21년(1797)에 형조에서 죄인에 대해 심의하여 올린 문서와 그에 대해 국왕이 판결한 내용을 바탕으로 매일 사건마다 강綱과 목目으로 나누어 수록하여 해마다 1편씩으로 엮은 책자이다. 이 책의 제목은 《서경》〈여형呂刑〉의 '이 상서로운 형벌을 거울로 삼으라.[監于玆祥刑]'라고 한 말에서 인용하여 정한 것이다. 정약용은 규장각奎章閣에 근무할 때 이 《상형고》를 교열한 적이 있었는데, 강진에 유배되어 있던 중에 어떤 사람이 《상형고》 가운데에서 사건 기록 수 백 건을 뽑아서 보여주었다. 그것이 계기가 되어 그 기록들을 다시 편집하고 자신의 의견을 덧붙여서 〈상형추의〉를 지어 후세 사람들이 참고할 수 있게 하였다. 〈상형추의〉는 총 15권으로, 《흠흠신서》 총 30권 중 정확히 절반을 차지한다.

〈전발무사〉에는 정약용이 곡산 부사谷山府使나 형조 참의刑曹參議로 있을 때 정조의 명을 받아 살인 사건에 대해 심리했던 사례 및 강진에 유배되어 있는 동안 전해들은 살인 사건에 대한 정약용의 개인적인 심리 의견을 수록하였다. 이 편의 이름 중 전발剪跋은 심지가 다 탄 촛불을 교체하기 위해 남은 초의 밑동을 잘라내는 것을 가리키는 것으로, 새로운 초로 갈아가면서 밤늦게까지 일하거나 공부한다는 의미이다. 무사無詞는 거친 글이라는 의미로, 자신의 글을 겸손하게 부를 때 사용하는 말이다. 따라서 전발무사는 정약용이 밤늦게까지 고심하면서 작성한 심리보고서를 겸손하게 지칭한 것이다.

이번에 표점과 번역을 하면서 활용한 저본은 1936년에 정약용의 서거 100주년을 기념하여 신조선사에서 그의 저작을 모아 간행한 《여유당전서》 안에 있는 《흠흠신서》이다. 신조선사본 《흠흠신서》는 총 30권으로 편집되어 있던 원본을 총 10권으로 다시 편집한 것이다. 《흠흠신서》가 포함된 신조선사본 《여유당전서》는 오자와 탈자 등이 다수 발견되고 정약용의 저작이 아닌 글이 잘못 섞여 있거나 반대로 그의 저작이 누락되어 있는 등의 문제점이 제기되었다. 이에 따라 다산학술문화재단에서는 2004년부터 《여유당전서》의 정본화사업을 추진하기 시작하여 2012년에 정본 《여유당전서》를 간행하였다. 이번에 표점과 번역을 하면서, 신조선사본 《흠흠신서》의 원문은 정본 《여유당전서》의 《흠흠신서》와 비교하여 교감하되, 정본 《여유당전서》의 《흠흠신서》에서도 오류가 발견된 경우에는 《심리록審理錄》, 《일성록日省錄》, 《무원록無寃錄》, 《대청률례》 등을 참고하여 교감하였다.

2019년 10월
이 강 욱

| 차례

경사요의 ❀ 2

경사요의 ✿ 3

批詳雋抄

비상준초 ✤ 3

비상준초 ✤ 4

비상준초 ✤ 5

| 일러두기

1. 이 번역은 신조선사본 《여유당전서》를 저본으로 하였으며, 《정본 여유당전서》와 규장각본 등 여러 판본을 참조하였다.
2. 내용이 간단한 역자 주는 간주(間註)로, 긴 역자 주는 각주(脚註)로 처리하였다.
3. 읽는 이의 편의를 위하여 편집 과정에서 제목마다 번호를 매겼다.
4. 번역문에서 사용한 부호는 다음과 같다.

     (   )   번역문과 음이 같은 한자를 묶는다.

     〔   〕   번역문과 뜻은 같으나 음이 다른 한자를 묶는다.

     “   ”   대화 등의 인용문을 묶는다.

     ‘   ’   “ ” 안의 재인용 또는 강조 부분을 묶는다.

     「   」   ‘ ’ 안의 재인용을 묶는다.

     『   』   「 」 안의 재인용을 묶는다.

     《   》   책명을 묶는다.

     〈   〉   책의 편명 및 운문·산문의 제목을 묶는다.

서序

　오직 하늘만이 사람을 살리기도 하고 죽이기도 하니, 사람의 목숨은 하늘에 매여 있는 것이다. 그런데 고을 수령이 그 중간에서 선량한 사람은 편안히 살게 해 주고, 죄지은 사람은 잡아다 죽이니, 이는 하늘의 권한을 드러내 보이는 것일 뿐이다. 사람이 하늘의 권한을 대신 쥐고 행하면서도 삼가고 두려워할 줄을 몰라 세밀한 부분까지 명확하게 분별하지 못하고서 소홀히 하고 흐리멍덩하게 처리하여, 살려야 하는 사람을 죽이기도 하고 죽여야 하는 사람을 살리기도 한다. 그러면서도 오히려 태연히 편안하게 지낸다. 더구나 부정한 방법으로 재물을 얻고 여자에게 미혹되기도 하면서, 백성들이 비참하게 울부짖는 소리를 듣고도 가엾이 여겨 구제할 줄을 모르니, 이는 매우 큰 죄악이다.

　사람의 목숨과 관련된 형사 사건은 지방 고을에서 늘 발생하는 것이고 고을 수령이 늘 마주치는 일인데도, 사건의 진상을 조사하는 것이 언제나 엉성하고 죄인의 죄를 결정하는 것이 언제나 잘못된다. 옛날 우리 정조正祖 시대에 감사監司와 수령들이 항상 이것 때문에 관직에서 물러났으므로, 그들도 다소나마 경계하여 삼가게 되었다. 그런데 근년에 와서는 다시 제대로 다스리지 않아서 억울한 형사 사건이 많아졌다.

　내가 《목민심서牧民心書》를 편찬하고 난 뒤, 사람의 목숨과 관계되는 형사 사건에 대해서는 전문적으로 다루는 책이 있어야겠다고 생각하고, 드디어 이 《흠흠신서》를 별도로 편찬했다.

　이 책의 맨 앞에는 경전經傳의 교훈을 실어서 정밀한 뜻을 밝혔고, 그 다음에는 역사 문헌에 남아 있는 자료를 실어서 옛날의 규정을 드러내었으니, 이것이 〈경사요의經史要義〉이며 3권이다.

그다음에는 판결 내용과 변론 내용을 실어서 당시의 규정을 살폈으니, 이것이 〈비상준초批詳雋抄〉이며 5권이다.

그다음에는 청나라 사람들이 법률을 적용하여 판결한 사례를 실어서 등급을 분별했으니, 이것이 〈의율차례擬律差例〉이며 4권이다.

그다음에는 정조 임금 때의 지방 고을 공문서를 실었다. 그 가운데 문장의 논리가 비루하고 저속한 것은 그 의미를 따라 다듬었고, 형조刑曹의 의견과 임금의 판결은 조심스럽게 기록하되 간간이 내 의견을 덧붙여서 취지를 밝혔다. 이것이 〈상형추의祥刑追議〉이며 15권이다.

내가 전에 황해도 곡산 부사谷山府使로 있을 때 왕명을 받들어 형사 사건을 다스렸고, 서울로 돌아와서 형조 참의刑曹參議가 되었을 때 또 그러한 일을 맡았다. 그리고 귀양살이하며 떠돌아다닌 이후로도 때때로 형사 사건의 정황에 대해 들으면 심심풀이로 그 사건에 적용할 법률을 헤아려 보기도 하였다. 그렇게 해서 만들어진 변변치 못한 글들을 끝에 실었으니, 이것이 〈전발무사剪跋蕪詞〉이며 3권이다.

이들은 모두 30권이며, 책의 이름을 《흠흠신서》라 지었다. 이것저것 주워 모아 덧붙여서 온전한 책을 완성하지는 못했지만, 그래도 사무를 담당하는 자들이 참고할 수는 있을 것이다.

옛날에 정鄭나라 자산子産이 형서刑書를 새겨 솥을 주조하자 군자가 그것을 나무랐고,[1] 이회李悝가 《법경法經》을 지었는데 후세 사람들이 그것을 대수롭지 않게 여겼다.[2] 그러나 사람의 목숨과 관련된 형사 사건에

---

1 정鄭나라……나무랐고: 중국 춘추시대에 정나라의 재상인 자산子産이 솥에 형서刑書를 새겨 주조하자, 진晉나라의 대부大夫인 숙향叔向이 글을 보내 나무랐다. 그 글의 주요한 내용은 '법이란 사건이 생기면 그때마다 만들어야지 법을 미리 제정해 두면 백성들의 분쟁을 조장하게 된다.'라는 것이었다.《춘추좌씨전春秋左氏傳》소공昭公 6년 3월

2 이회李悝가……여겼다: 중국 전국시대에 위魏나라 문후文侯를 보좌하던 이회가 도적盜賊에 대한 처벌 등이 담긴 《법경法經》 6편을 편찬하였다. 국가를 통치할 때 형법刑法을 중시한

관한 조항은 그 속에도 포함되어 있지 않았다.

그 뒤 수隋나라와 당唐나라 때에 와서는 사람의 목숨과 관련된 형사 사건에 관한 조항을 절도 사건이나 싸움 사건에 관한 조항과 하나로 뒤섞고 나누어 놓지 않았다. 그래서 세상 사람들이 아는 것이라고는 한漢나라 고조高祖가 약속한 '사람을 죽인 자는 죽인다.'[3]라는 조항뿐이었다.

명明나라가 천하를 통치할 때는 법률이 크게 밝혀져 사람의 목숨과 관련된 형사 사건의 조항들이 뚜렷하게 드러났다. 그래서 계획적인 범죄, 고의적인 범죄, 싸우다가 저지른 범죄, 장난치다가 저지른 범죄, 실수로 저지른 범죄, 부주의로 저지른 범죄의 구분이 일목요연하고 쉬워서 애매하거나 의심스러울 것이 없었다.

다만 사대부士大夫는 어려서부터 머리가 희끗희끗할 때까지 시문詩文이나 잡기雜技만 익혀 어느 날 갑자기 고을 수령이 되면 어리둥절하여 어떻게 처리해야 할지를 모른다. 그리하여 구차하게 간사한 아전에게 맡긴 채 감히 알아서 처리하지 못한다. 그러니 재물 따위나 값어치 있게 여기고 도덕적 명분은 하찮게 여기는 저 간사한 아전들이 어떻게 사건을 법률에 맞게 처리할 수 있겠는가! 차라리 사건을 처리하는 틈틈이 이 책을 상세히 밝혀서 인도를 받고 도움을 받아서 《세원록洗冤錄》과 《대명률大明律》의 보충 자료로 삼는다면, 유사한 사례를 미루어 적용하게 되어 아마도 사건을 살펴 처리하는 데에도 도움이 될 것이고, 하늘이 준 권한을 잘못 쥐고 휘두르지도 않을 것이다.

이회의 사상은 이후 상앙商鞅과 한비자韓非子 등에게 영향을 미쳤으므로, 예의禮義와 도덕道德을 중시하던 유가儒家의 비판을 받았다._《진서晉書》〈지志〉형법刑法

3　사람을⋯⋯죽인다: 중국 한漢나라를 세운 고조高祖가 관중關中에 들어가서 진秦나라의 가혹한 법을 모두 없애고 3조항의 법만 선포하였는데, 그 3가지 조항 중의 하나이다. 3가지 조항이란 다음과 같다. 첫째, 사람을 죽인 자는 죽인다. 둘째, 사람을 다치게 한 자는 처벌한다. 셋째, 도둑질한 자는 처벌한다._《사기史記》〈고조본기高祖本紀〉

옛날 문충공文忠公 구양수歐陽脩가 이릉夷陵에 있을 적에 관아官衙에 일이 없자, 해묵은 공문서들을 가져다가 이리저리 연구하여 밝혀서, 이를 일생동안 도움을 받는 자료로 삼았다.[4] 하물며 자신이 그러한 직무를 맡은 자리에 있으면서 그 직무를 걱정하지 않아서야 되겠는가.

이 책의 제목을 '흠흠欽欽'이라고 한 것은 무엇 때문인가? 형사 사건을 처리할 때 '삼가고 또 삼가는 것[欽欽]'이 본래 형벌을 다스리는 근본이기 때문이다.

1822년 임오년(순조 22) 봄에 열수洌水 정약용丁若鏞은 서문을 쓴다.

---

4 문충공文忠公……삼았다: 중국 송宋나라의 학자이자 정치가인 구양수歐陽脩가 이릉夷陵으로 좌천되었을 때 해묵은 공문서들을 가져다가 살펴보니 오류투성이였다. 이때 구양수가 일을 처리할 때 소홀히 하지 않겠다는 다짐을 하였고, 이후 30여 년 관직 생활을 하는 동안 이때의 경험이 도움이 되었다고 한다. 《송명신언행록후집宋名臣言行錄後集》.

經史要義

경사요의

❖

1

○ 형사 사건을 판결하는 기본 정신은 흠휼欽恤에 있다. 흠휼이란 그 사건을 조심스럽게 다루고 그 사람을 가련히 여기라는 뜻이다. 그렇지만 형사 사건을 판결하는 방법에는 원칙을 적용해야 하는 경우도 있고 예외를 적용해야 하는 경우도 있으니 융통성 없이 원칙만 고집해서는 안 된다. 법률에 해당 조문이 없는 경우에는 옛날의 문헌과 옛날의 사건을 인용하여 참작하는 자료로 삼아야 한다. 이에 경전과 역사서의 중요한 뜻을 간추려 모아서 나중에 가려 쓸 수 있도록 대비하였다.

1. 과오로 저지른 범죄와 재차 저지른 범죄를 심리하다

《서경書經》〈순전舜典〉에 나오는 내용이다.

"과오와 불행 때문에 범죄를 저지른 자는 풀어서 사면해 주고, 믿는 구석이 있어서 재차 범죄를 저지른 자는 사형에 처하되, 조심하고 조심하여 형벌을 신중하게 내려야만 한다."

○ 채침蔡沈이 말하였다.

"생眚은 과오의 의미이고, 재災는 불행의 의미이며【고주古注에서는 재災를 '해를 입히다.'라는 의미로 풀이했다.】, 사肆는 풀어 준다는 의미이다.【고주에서는 사肆를 '너그럽다.'라는 의미로 풀이했다.】 호怙는 믿는 구석이 있다는 의미이고, 종終은 재차 범죄를 저지른다는 의미이며,【고주에서는 '간악함을 믿고 범죄를 저질러서 스스로 죽게 된 것이다.'라는 의미로 풀이했다.】 적賊은 죽인다는 의미이다.【고주에서는 휼恤을 '걱정하다.'라는 의미로 풀이했다.】"

○ 주자朱子가 말하였다.

"과오로 저지른 범죄와 믿는 구석이 있어서 저지른 범죄 이 두 가지는 법률에 규정되어 있지 않은 의미를 밝힌 것으로, 지금 법령의 총칙 규정과 같은 것이다. 성인聖人이 형벌을 내릴 때 두려운 마음으로 행하는 것은, 한 번 죽은 자는 다시 살아날 수 없고 한 번 형벌을 받아 불구가 된 자는 다시 이어 붙일 수 없음을 안타깝게 여기기 때문이다. 따라서 조사할 때마다 자세히 살피지 못했을까 우려하고 형벌을 시행할 때마다 합당하지 못할까 우려하였던 것이다. 또 범죄의 정황을 밝혀냈더라도 오히려 그를 교육시키지 않아 아무것도 모르는 상태에서 이와 같은 범죄를 저지르게 된 것을 반드시 불쌍히 여겨야 한다는 것이다."

○ 주자가 말하였다.

"지금의 법가法家는 인과응보에 따라 재앙을 받기도 하고 복을 받기도 한다는 말에 현혹되어 있다. 그러므로 사람의 죄를 면해 주어 복으로 보답받기를 구하는 경우가 많다. 그러나 죄가 없는 자는 정당함을 밝히지 못하게 하고, 죄가 있는 자는 도리어 석방되게 하니, 이것이야말로 악을 저지르는 것이다. 그러니 복으로 보답받을 일이 무엇이 있겠는가! 지금의 법관法官은 형사 사건을 신중하게 심리해야 한다는 말에 현혹되어 있다. 그래서 사람의 죄를 너그럽게 용서해 주어야 한다고 생각하여 법규에 벗어난 판결을 내린다. 그러므로 사형에 해당하는 죄를 저지른 자에 대해서는 대부분 벗어날 수 있는 길을 만들어 두고서 황제에게 아뢰어 재가받기를 기다린다. 황제에게 아뢰어 재가를 받는다고 한 경우에는 대체로 형벌의 등급을 낮추어서, 참형斬刑에 처해야 할 자는 유형流刑에 처하고, 유형에 처해야 할 자는 도형徒刑에 처하며, 도형에 처해야 할 자는 장형杖刑에 처한다. 이것이야말로 법조문을 농락하여 법을 무시하고 뇌물을 받는 짓일 뿐이니, 형사 사건을 신중하게 심리한다는 취지가 어디에 있겠는가!"

《서경》〈강고康誥〉에 나오는 내용이다.

"너는 형벌을 조심하여 밝혀라. 사람이 작은 죄를 저질렀더라도 과오 때문에 저지른 범죄가 아니라면 재차 저지른 범죄이다. 스스로 떳떳하지 않은 짓을 하여 그처럼 된 것이니, 그 죄가 작더라도 죽여야 한다. 사람이 큰 죄를 저질렀더라도 재차 저지른 범죄가 아니라면 과오와 불행 때문에 우연히 그처럼 된 것이다. 자기의 허물을 다 말하였다면 죽여서는 안 된다."

○ 채침이 말하였다.

"이것이 '고의로 저지른 범죄는 아무리 작더라도 처벌하고, 과오 때문에 저지른 범죄는 아무리 크더라도 용서해 준다.'라는 것이다. 제갈공명諸葛孔明이 촉한蜀漢을 다스릴 때 죄를 인정하고 범죄 사실을 실토한 자는 무거운 죄를 저질렀더라도 반드시 석방했으니,[5] 이것이 '자기의 허물을 다 말하였다면 죽여서는 안 된다.'라는 취지이다."

《서경》〈여형呂刑〉에 나오는 내용이다.

"상등의 형벌에 처해야 할 죄라도 가볍게 처벌해야 할 정황이면 하등의 형벌을 적용하고, 하등의 형벌에 처해야 할 죄라도 무겁게 처벌해야 할 정황이면 상등의 형벌을 적용하라. 여러 형벌을 적용할 때에는 범죄의 정황에 따라 융통성을 부려 가볍게 처벌하기도 하고 무겁게 처벌하기도 해야 한다."

---

5 제갈공명諸葛孔明이……석방했으니: 제갈량諸葛亮이 촉한蜀漢의 승상으로 있을 때, 자신의 죄를 인정하고 범죄 사실을 실토한 자는 무거운 죄를 지었더라도 반드시 석방하였으나, 자신의 죄를 인정하지 않고 변명하는 자는 가벼운 죄를 지었더라도 반드시 죽였다. 《삼국지三國志》〈촉지蜀志〉제갈량

○ 채침이 말하였다.

"가볍게 처벌해야 할 정황이란, 순舜 임금이 '과오 때문에 저지른 범죄는 아무리 크더라도 용서해 준다.'라고 한 말과 〈강고〉에서 '사람이 큰 죄를 저질렀더라도 재차 저지른 범죄가 아니라면 죽여서는 안 된다.'라고 한 말이 이에 해당한다. 무겁게 처벌해야 할 정황이란, 순 임금이 '고의로 저지른 범죄는 아무리 작더라도 처벌한다.'라고 한 말과 〈강고〉에서 '사람이 작은 죄를 저질렀더라도 과오 때문에 저지른 범죄가 아니라면 죽여야 한다.'라고 한 말이 이에 해당한다."

○ 다산의 견해: '과오와 불행 때문에 범죄를 저지른 자는 풀어서 사면해 주고, 믿는 구석이 있어서 재차 범죄를 저지른 자는 사형에 처한다.'라고 한 것은 형사 사건을 심리할 때의 대원칙이다. 이는 위로 《서경》의 〈순전〉·〈강고〉·〈여형〉으로부터 서로 전해 와서 법으로 삼은 것이다. 싸우다가 살인을 저지른 사건을 심리하는 자는 '생眚, 과오 때문에 저지른 범죄'과 '종終, 재차 저지른 범죄' 두 글자에 생각을 충분히 집중하여, 이 사건이 과오에서 나왔으면 피해자가 싸울 당시에 목숨을 잃었더라도 반드시 주저 없이 풀어 주어야 하고, 이 사건이 고의로 저지른 것이면 소보고기한小保辜期限[6]이 지났더라도 근본 원인을 조사하여 반드시 죽여야 한다. 형사 사건을 심리하는 핵심은 이것뿐이다.

---

6 소보고기한小保辜期限: 남에게 상해를 입혔을 경우에 상해를 입힌 자가 의무적으로 치료해 주도록 법으로 규정한 기간을 보고기한保辜期限이라고 하였는데, 보고기한은 대大와 소소로 구별되었다. 정약용은 《목민심서》에서 당시에 소보고기한은 30일, 대보고기한은 50일로 알고 있으나, 이는 잘못된 것이라고 하였다. 《목민심서》 〈형전육조刑典六條〉.

2. 죄인의 말을 잘 듣고 심리하되 가엾게 여기고 조심해서 조사하다

《서경》〈여형〉에 나오는 내용이다.

"죄인의 어긋나는 말을 살펴서 그 말을 신뢰하지 않으면서도 신뢰하며, 가엾이 여기고 조심해서 형사 사건을 조사하며, 법전을 자세히 밝혀서 여러 사람과 함께 검토해 보아야 모두 올바른 판결을 내리게 될 것이다."

○ 채침이 말하였다.

"죄인의 진술이 사실이 아니면 결국은 반드시 어긋나게 마련이다. 사건을 심리할 때는 반드시 죄인의 어긋나는 말을 살펴야 한다. '그 말을 신뢰하지 않으면서도 신뢰한다.'라고 한 것은 죄인의 진술을 들을 때 편견을 가져서는 안 된다는 말이고, '그렇게 하지 않으려고 해도 그렇게 되었다.'라는 말과 같은 것으로, 가벼운 것과 무거운 것을 살펴서 올바른 선택을 하기 위한 것이다. '가엾이 여기고 조심해서 형사 사건을 조사한다.'라고 한 것은 불쌍히 여기고 두려워하는 마음으로 그 사건의 진실을 찾아내라는 말이다. '법전을 자세히 밝혀서 여러 사람과 함께 검토해 보아야 한다.'라고 한 것은 법률을 자세히 밝히고 여러 사람과 함께 헤아려 보라는 말이다."

○ 다산의 견해: '가엾이 여기고 조심한다.'라고 한 것은 형사 사건을 신중히 심리하라는 의미이다. '법전'이라고 한 것은 지금의 《무원록無冤錄》 따위와 같은 것들이다. '여러 사람과 함께 검토해 보아야 한다.'라고 한 것은 여러 사람이 서로 모여서 그 의미를 해석해 보아야 한다는 것으로, 점쟁이가 여러 사람과 함께 점을 치는 것과 같다.

《서경》〈여형〉에 나오는 내용이다.

"한쪽의 진술만을 듣고서도 분명하고 깨끗하게 판결하라. 백성을 다스리려면 형사 사건의 양쪽 당사자 진술을 올바로 듣고 판단해야 하니, 형사 사건의 양쪽 당사자 진술을 이용하여 개인의 부를 축적하지 말라."

○ 채침이 말하였다.

"형사 사건의 진술에는 한쪽의 진술인 단사單辭와 양쪽의 진술인 양사兩辭가 있다. 단사란 증거가 없는 진술을 가리킨다."

○ 구준丘濬이 말하였다.

"단사란 세속에서 말하는 '한쪽의 진술'을 가리킨다. 원고와 피고 양쪽이 구비되면 형사 사건에 양쪽 당사자의 진술이 있게 되니, 양쪽 당사자의 진술에 근거하여 사건을 판결한다. '사가私家'의 '가家'는 '군자는 상을 당한 것을 계기로 개인의 부를 축적하지 않는다.'[7]라고 한 말의 '가家' 자와 같은 의미이다."

○ 다산의 견해: 단사란 한쪽의 진술을 가리킨다. 법관法官이 만약 대단히 분명하고 깨끗하다면 한쪽의 진술만을 듣고도 백성의 진실과 거짓을 모두 알아맞힐 수가 있어서 양쪽의 진술을 다 들을 필요도 없이 판결할 수 있다. 그러므로 공자孔子가 자로子路를 평하면서 '편언片言으로 형사 사건을 판결할 수 있다.'라고 했으니, 편언이란 한쪽의 진술을 가리킨다. '분명하고 깨끗하게 판결한다.'라고 한 말은 형사 사건을 판결하는 근본이다.

---

7 군자는……않는다: 《예기禮記》〈단궁 상檀弓上〉에 나오는 말이다.

《주례周禮》〈추관秋官·소사구小司寇〉에 나오는 내용이다.

"오청五聽으로 형사 사건을 심리하여 백성의 진실을 찾아낸다. 오청이란 첫째는 말을 듣고 판단하는 것, 둘째는 얼굴빛을 살펴보고 판단하는 것, 셋째는 숨소리를 살펴보고 판단하는 것, 넷째는 듣는 태도를 살펴보고 판단하는 것, 다섯째는 눈동자를 살펴보고 판단하는 것이다."

○ 정현鄭玄이 말하였다.

"진술하는 말을 살펴보면 정직하지 않은 경우에는 말이 번거롭고, 얼굴빛을 살펴보면 정직하지 못한 경우에는 얼굴이 붉어지고, 숨소리를 살펴보면 정직하지 못한 경우에는 숨을 헐떡이고, 듣는 태도를 살펴보면 정직하지 못한 경우에는 헷갈려 어지러워하고, 눈동자를 살펴보면 정직하지 못한 경우에는 눈동자가 흐릿하다."

○ 다산의 견해: 전적으로 기색氣色만을 살펴 심리하다 보면 선입견先入見으로 모든 것을 의심하여 사건을 잘못 처리하는 때도 있게 된다.

《서경》〈여형〉에 나오는 내용이다.

"말을 잘하는 사람이 형사 사건을 심리할 것이 아니라 선량한 사람이 형사 사건을 심리해야 모두 올바른 판결을 하게 된다."

○ 채침이 말하였다.

"말재주 좋은 사람이 형사 사건을 심리할 수 있는 것이 아니라, 온화하고 선량하며 나이 든 사람으로서 백성을 다친 사람 대하듯 하는 사람이라야 형사 사건을 심리하여 모두 올바르게 판결할 수 있다. 이 구절은, 형사 사건을 심리할 자는 반드시 적합한 사람을 골라야 함을 말한 것이다."

○ 다산의 견해: 《주역》〈계사 하전繫辭下傳〉에 이르기를 '의리를 정밀하게 연구하여 신묘한 경지에 도달하는 것은 실용實用을 이루기 위해서이다.' 하였고,《예기禮記》〈중용中庸〉에 이르기를 '최고 경지의 정성에 도달한 사람은 일이 일어나기 전에 미리 알 수 있다.' 하였으니, 형사 사건을 심리하는 기본 정신은 정성뿐이다. 생각하고 생각하면 귀신도 통하니, 정성이 감응感應하면 곧 귀신이 와서 알려 주는 것이다. 나도 이를 몸소 체험해 보았다. 이러한 일은 선량善良한 사람이라야 체험할 수 있고, 허풍이 심하고 스스로 잘난 체하며 말재주나 부리는 데 정신을 쏟는 사람들에게는 이러한 경지를 말할 수 없다.

3. 형벌은 분명하고 신중하게 처리하되 형사 사건은 오래 끌어서는 안 된다

《주역》〈여괘旅卦〉에 나오는 내용이다.

"산 위에 불이 있는 것이 여괘이니, 군자君子가 이를 본받아 분명하고 신중하게 형벌을 사용하고 형사 사건을 지체시키지 않는다."

○ 불이 위에서 밝게 비추고 있으니 밝음의 극치이고, 산이 아래에서 절도 있게 멈추고 있으니 신중함의 극치이다.[8] 여괘는 비괘否卦로부터 왔고【비괘의 5효가 여괘의 3효로 변했다.】, 건괘乾卦의 몸뚱이가 이괘離卦에 의해 끊어지고 마침내 간괘艮卦에 의해 죽게 되었으니, 이는 형벌을 사용하는

---

8 불이……극치이다: 여괘旅卦의 형상이 위에는 불을 상징하는 이괘(離卦, ☲)가 놓여 있고, 아래에는 산을 상징하는 간괘(艮卦, ☶)가 놓여 있기 때문에 이와 같이 말하였다.

것이다.[9] 저 이괘의 감옥을 보면【이괘는 사방을 막아 금지하는 형상이다.】 본래
는 죄수가 있었으나【비괘는 5번째 효가 양효陽爻이다.】 지금은 감옥이 비었으
니, 형사 사건을 지체시키지 않는 것이다.[10] 형사 사건을 다스리는 법으
로 말하면, 살릴 자는 살리고 처벌할 자는 처벌해야 하니, 오래 가두어
두고 판결을 내리지 않는 것은 선왕先王의 매우 잘 다스리는 정치가 아니
다. 그러므로 매우 잘 다스려진 시대에는 감옥이 비어 있었다.

　○ 다산의 견해: 한 달에 세 차례씩 합동으로 조사하는 법[11]을 현재의
시각에서 보면 너무 잦은 듯하다. 그러나 '죄수의 주요한 진술에 대해서
는 닷새나 엿새 정도 가슴속에 담아 두고서 생각하고 열흘에서 3개월【시
時는 3개월을 가리킨다.】까지 간다.'[12]라 하였고 보면, 3개월은 형사 사건을 판
결하는 큰 시한時限이므로 한 달에 세 차례씩 합동으로 조사하는 것도 옳
다고 할 수 있다.
　요즘에 와서는 싸우다가 사람을 죽인 사건을 죄수만 오래 가두어 두

9　여괘는……것이다: 비괘否卦의 형상은 위에 건괘(乾卦, ☰)가 놓여 있고 아래에 곤괘(坤卦,
　　☷)가 놓여 있다. 그중 건괘의 가운데 효인 양효陽爻가 음효陰爻로 바뀌어 이괘(離卦, ☲)가
　　되고 곤괘의 맨 위 효인 음효가 양효로 바뀌어 간괘(艮卦, ☶)가 된 것이 여괘이다. 그러므로
　　이와 같이 말하였다. '비괘의 5효가 여괘의 3효로 변했다.'라는 것은 비괘의 5번째 효인 양효
　　가 여괘에서는 음효로 바뀌고, 대신 비괘의 3번째 효인 음효가 여괘에서는 양효로 바뀌었기
　　때문에 한 말이다.
10　저 이괘의……것이다: 여괘旅卦의 상괘上卦인 이괘(離卦, ☲)는 위와 아래의 효가 양효이
　　고 가운데 효는 음효로, 그 형상이 가운데만 비어 있고 사방이 막혀 있기 때문에 '비어 있
　　는 감옥'의 형상으로 이해한 것이다. 한편 이 이괘는 비괘의 상괘인 건괘(乾卦, ☰)가 변한 것
　　이고 그 건괘의 가운데 효이자 비괘의 5번째 효가 양효이기 때문에 이 양효를 '갇혀 있던
　　죄수'의 형상이라고 이해한 것이다.
11　한 달에……법: 각 지방 고을에서 사형수에 대한 합동 조사를 한 달에 3차례씩 의무적
　　으로 거행하도록 한 법을 가리킨다. 이러한 법은 살인 사건에 대한 조사와 판결을 지체시키
　　지 않으려는 의도에서 정해진 것이었다.《속대전續大典》〈형전刑典·추단推斷〉
12　죄수의……간다:《서경》〈강고康誥〉에 나오는 말이다.

고 판결하지 않은 채 10년을 끌기도 하고 24년을 끌기도 한다. 당연히 죽여야 할 자를 오래 가두어 둠으로써 자기의 목숨으로 대신 갚게 하는 것은 그나마 옳다고 하겠으나, 당연히 살려야 할 자를 관리의 태만 때문에 감옥 안에서 늙어 죽게 한다면 또한 억울하지 않겠는가! 관직에 있는 자가 목숨을 살려 줄 만한 사건을 맡게 되면, 불을 상징하는 이괘離卦와 산을 상징하는 간괘艮卦로 이루어진 여괘旅卦의 형상을 생각하여 불속이나 물속에서 사람을 구하듯이 빨리 판결하여 빨리 석방해야 하고 태만히 해서는 안 된다.

《서경》〈강고康誥〉에 나오는 내용이다.

"죄수의 주요한 진술에 대해서는 닷새나 엿새 정도 가슴속에 담아두고서 생각하고 열흘에서 3개월이 되면 죄수의 주요한 진술을 크게 판결하라."

○ 채침이 말하였다.

"'요수要囚'란 죄수의 주요한 진술이다. '복념服念'이란 가슴속에 담아두고서 생각하는 것이다. '순旬'은 10일이고, '시時'는 3개월이니, 죄수를 위해 살길을 찾는 것이다."【소식蘇軾은 말하기를, "복념服念이란 죄수를 위하여 살길을 찾는 것이다."라고 하였다.】

○ 구준丘濬이 말하였다.

"이것이 바로 《주역》〈중부괘中孚卦〉에서 말한 '죽음을 늦추어 준다.[緩死]'라고 한 의미이다. 당唐나라 태종太宗은 말하기를 '죽은 자는 다시 살릴 수 없으므로 사형수에 대한 판결은 반드시 세 차례씩 심리하여 아뢰게 하였다. 그러나 짧은 시간에 어느 겨를에 주의 깊게 생각하고 판단하겠는가! 이제부터는 다섯 차례씩 심리하여 아뢰라.' 하였다. 이 말은 '죄수의 주요한 진술에 대해서는 열흘에서 3개월이 되면 판결한다.'라고 한 취지를 잘 파악한 것이라고 하겠다."

○ 다산의 견해: 형사 사건의 판결은 세상에 공정성을 실현하는 것이다. 죄수를 위하여 죽일 길을 찾는 것은 공정하지 않으며, 죄수를 위하여 살릴 길을 찾는 것도 공정하지 않다. 그러나 살릴 길을 찾고 죽일 길을 찾지 않는 이유는 참으로 죽은 자는 다시 살릴 수 없기 때문이다. 우선 살려 놓고 나중에 죽일 길을 찾더라도 오히려 늦지는 않지만, 우선 죽여 놓고 나중에 살릴 길을 찾는다면 탄식한들 무슨 소용이 있겠는가! 그러므로 형사 사건을 심리하는 자는 반드시 죄수를 위하여 살릴 길을 찾아야 한다.

○ 총괄하면 다음과 같다.
형사 사건을 판결하는 시한은 열흘에서 3개월을 넘지 못한다. 몇 해가 지나도록 살리지도 않고 죽이지도 않아 오랫동안 지체된 사건이 되어 버리고 증거마저 모두 사라지면, 살릴 수 있는 자를 살리는 쪽으로 판결할 수도 없고 죽여야 할 자를 사형으로 판결할 수도 없다. 성왕聖王의 법은 이와 같지 않았다.

4. 형법을 관장하는 장관이 죄인을 용서하고 풀어 주다

《주례》〈추관秋官〉에 나오는 내용이다.
"사자司刺는 삼자三刺·삼유三宥·삼사三赦의 법을 관장하여 형사 사건을 심리한다.【중간을 생략하였다.】 삼유 중 첫 번째 용서해 주는 경우는 잘못 알고[誤殺] 살인을 저지른 경우이고, 두 번째 용서해 주는 경우는 실수로 살인을 저지른 경우이며, 세 번째 용서해 주는 경우는 깜빡 잊어버려서 살인을 저지른 경우이다."

○ 정현鄭玄이 말하였다.

"자刺는 죽인다는 의미이고【'刺'의 발음은 '차'이다.】, 유宥는 용서한다는 의미이며, 사赦는 풀어 준다는 의미이다."

○ 정중鄭衆이 말하였다.

"불식不識이란 '어리석은 백성이 아는 것이 없어 살인을 저질렀으면 용서해 주는 것'을 말한다. 과실過失이란 지금 법률에 '실수로 사람을 죽인 경우에는 사형을 적용하지 않는다.'라고 한 것과 같은 의미이다."

○ 정현이 말하였다.

"'불식'의 '식識'은 '살피다.'라는 의미이니, 살피지 못한 경우란 원수를 갑甲에게 갚아야 하는데 을乙을 보고 정말로 갑이라고 생각하고서 죽인 것과 같은 경우이다. 과실이란 칼을 들고 나무를 베려다가 사람을 찌른 것과 같은 경우이다. 유망遺忘이란 중간에 휘장을 쳐놓았는데 휘장 너머에 사람이 있다는 사실을 깜빡 잊고서 무기를 던지거나 화살을 쏜 것과 같은 경우이다."

○ 가공언賈公彦이 말하였다.

"정중은 '불식이란 어리석은 백성이 아는 것이 없어 살인을 저질렀으면 용서해 주는 것을 말한다.'라고 하였다. 만일 이와 같이 해석한다면 세 번째 풀어 주는 경우인 '어리석은 경우'에 포함시켜야지, 어떻게 이 삼유 안에 포함시킬 수 있겠는가! 그러므로 정현은 정중의 견해를 따르지 않았다."

○ 다산의 견해: 이 세 가지는 언제나 부닥칠 수 있는 형사 사건들이다. 따라서 형사 사건을 담당하는 관원이 이와 같은 경우와 부닥쳤을 때 경서經書를 인용하여 용서해 줄 수 있다면, 또한 좋은 일이 아니겠는가!

또 이어지는 내용이다.

"삼사 중 첫 번째 풀어 주는 경우는 어린 사람이고, 두 번째 풀어 주는 경우는 늙은 사람이며, 세 번째 풀어 주는 경우는 어리석은 사람이다."【윗글과 이어진다.】

○ 정중이 말하였다.

"어린 사람과 늙은 사람이란 현재 법령에서 '8세 미만과 80세 이상은 자신이 직접 살인한 경우가 아니면 나머지는 모두 처벌하지 않는다.'라고 한 것과 같은 경우이다."

○ 정현이 말하였다.

"용우意愚란 태어나면서부터 모자라고 어리석은 자를 말한다."

○ 가공언이 말하였다.

"《예기》〈곡례曲禮〉를 살펴보면 '80세에서 90세를 모耄라 하고, 7세를 도悼라 한다. 도와 모는 죄가 있더라도 형벌을 가하지 않는다.'라고 했으니 정중의 견해와 합치한다. 8세 미만이면 아직 젖니를 갈지 않았을 때이므로 이는 7세인 자를 가리킨다. 만일 8세로서 젖니를 갈았다면 죄를 면하지 못한다."

○ 다산의 견해: 중국 한漢나라의 법에 의하면, 7세 이하와 80세 이상은 사면해 주는 대상에 포함되지만 자신이 직접 사람을 죽인 경우에는

오히려 죄를 면하지 못하도록 하였으니, 그 법령이 엄격하였다. 그러나 어린이들이 장난을 치다가 점차 싸움으로 변하였는데 우연히 죽게 된 경우에는 정상을 참작할 여지가 있는 듯하다.

○《대명률大明律》〈명례율名例律〉에 나오는 내용이다.

"70세 이상과 15세 이하인 자 및 폐질廢疾[13]이 있는 자가 유형流刑 이하에 해당하는 죄를 저지른 경우에는 속전贖錢[14]을 거둔다. 80세 이상과 10세 이하인 자 및 독질篤疾[15]이 있는 자가 반역죄나 살인죄를 저질러 사형에 처해야 할 경우에는 죄상을 논의하여 황제에게 아뢰어 황제로부터 재가를 받아 처리한다. 90세 이상과 7세 이하인 자는 사형에 해당하는 죄를 저질렀더라도 형벌을 가하지 않는다."【《대명률》〈명례율〉에 나온다.】

또 이어지는 내용이다.

"팔의八議[16]에 해당하는 자 및 70세 이상과 15세 이하인 자 및 폐질이 있는 자는 고문하기에 적합하지 않으므로 모두 여러 사람의 증언에 의거

13 폐질廢疾:《전율통보典律通補》〈병전兵典·명부名簿〉에서는 벙어리, 난장이, 허리가 꺾인 것, 사지四肢 중 두 곳이 불구인 것을 폐질이라고 하였다.

14 속전贖錢: 죄를 지어 처벌을 받아야 할 죄인에게서 처벌하는 대신 거두어들이는 베[布]나 저화楮貨, 돈 등을 가리킨다.

15 독질篤疾:《전율통보》〈병전·명부〉에서는 불치병, 정신병, 두 눈이 먼 것, 사지四肢 중 두 곳이 불구인 것을 독질이라고 하였다.

16 팔의八議: 죄인의 죄를 감해 주는 8가지 경우의 특례를 가리킨다. 8가지의 경우란 첫째는 왕의 친척이 죄를 지었을 때 참작하여 죄를 감해 주는 의친議親, 둘째는 왕의 벗이 죄를 지었을 때 참작하여 죄를 감해 주는 의고議故, 셋째는 큰 덕행德行이 있는 사람이 죄를 지었을 때 참작하여 죄를 감해 주는 의현議賢, 넷째는 대단한 능력이 있는 사람이 죄를 지었을 때 참작하여 죄를 감해 주는 의능議能, 다섯째는 큰 공로가 있는 사람이 죄를 지었을 때 참작하여 죄를 감해 주는 의공議功, 여섯째는 고위 관원이 죄를 지었을 때 참작하여 죄를 감해 주는 의귀議貴, 일곱째는 국가를 위해 크게 수고한 사람이 죄를 지었을 때 참작하여 죄를 감해 주는 의근議勤, 여덟째는 멸망한 나라의 왕족 후손이 죄를 지었을 때 참작하여 죄를 감해 주는 의빈議賓이다.

하여 죄를 정한다. 다만 80세 이상과 10세 이하인 자 및 독질이 있는 자는 모두 증인으로 삼지 못하게 한다."

○ 《대전통편大典通編》〈형전刑典·살옥殺獄〉에 나오는 내용이다.
"이웃 아이들끼리 장난으로 시작해서 서로 실랑이하다가 넘어져 죽게 되었는데, 이를 저지른 자의 나이가 10세 미만인 경우에는 그 죄를 용서한다."
《대전통편》〈형전·살옥〉의 주석註釋에 나오는 내용이다.
"10세 이상에서 15세 이하가 장난을 치다가 사람을 죽인 경우에는 사형보다 한 단계 낮은 형벌로 등급을 낮추어 적용한다."

○ 다산의 견해: 주周나라 법, 한漢나라 법, 《대명률》, 우리나라의 법전이 각각 다르다. 현재의 형사 사건을 조사하는 자는 우리나라의 법전을 위주로 하고, 옛날 법률의 취지를 참고로 인용해야 한다.

5. 과실로 사람을 죽이거나 다치게 한 자는 화해시킨다

《주례》〈지관地官〉에 나오는 내용이다.
"조인調人은 백성 사이의 원한을 살펴서 화해시키는 일을 관장한다. 실수로 사람을 죽이거나 다치게 한 자는 백성이 화해시킨다.【중간 내용을 생략하였다.】화가 치밀어 싸운 자는 화해시키고, 화해시킬 수 없는 자는 그 성명을 기록하며, 먼저 일을 벌인 자는 죽인다."

○ 정현이 말하였다.
"과過란 본래 의도가 없는 것을 가리키고, 성成이란 화해한다는 의미이다."

정중이 말하였다.

"성成이란 마을의 백성이 함께 화해시키는 것을 가리킨다. 《춘추좌씨전春秋左氏傳》에 이르기를 '혜백惠伯이 화해시켰다.'[17] 하였다."【가공언이 말하였다. "《춘추좌씨전》문공文公 7년의 주注에 '두 사람을 화해시켜 다시 처음처럼 형제가 되게 하였다.'라고 하였다."】

○ 다산의 견해: 대체로 살인 사건에는 세 등급이 있다. 첫째는 고의故意에 의한 살인, 둘째는 폭행에 의한 살인, 셋째는 과오에 의한 살인이다. 고의에 의한 살인이란 반드시 죽을 것이라고 생각하면서도 죽인 것이다. 폭행에 의한 살인이란 분이 나서 힘을 사용하였으나 다칠 것이라는 것만 생각하고 죽을 것이라고는 생각하지 못하였다가 죽게 된 것이다. 과오에 의한 살인이란 형법을 관장하는 장관이 세 가지 용서해 주는 경우를 규정한 조항에, '첫 번째 알지 못한 채 살인을 저지르면 용서해 주는 경우, 두 번째 실수로 살인을 저지르면 용서해 주는 경우, 세 번째 깜빡 잊어버려서 살인을 저지르면 용서해 주는 경우'와 같은 것이다.

여기에서 과오에 의한 살인이라고 한 것은 이 세 가지 용서해 주는 조항을 합쳐서 하나로 말한 것이다. 폭행에 의한 살인은 위로는 고의에 의한 살인에 속할 수도 있고, 아래로는 과오에 의한 살인에 속할 수도 있으니, 아주 작은 판결의 차이로 삶과 죽음이 결정될 수가 있다. 따라서 형사 사건을 조사하는 신하가 가장 신중히 처리해야 할 것은 이것뿐이다.

---

17 혜백惠伯이 화해시켰다: 《춘추좌씨전》문공 7년의 기록에 의하면, 노魯나라 목백穆伯이 사촌 동생인 양중襄仲과 거莒나라 여자 사이의 혼인을 주선하다가 여자가 미인인 것을 알고 자기가 맞아들이자, 양중이 당시 노나라 임금인 문공에게 목백을 공격할 것을 청하였다. 이때 혜백이 설득하여 두 사람을 화해시켰다. 결국 목백은 거나라 여자를 본국으로 돌려보냈고, 양중은 거나라 여자와의 혼인을 포기하였다.

○ 또 다산의 견해: 과오에 의해 살인한 자를 마을 사람들이 화해시키는 것은 성인聖人의 법이다. 그런데 요즘에는 마을 사람들이 화해시킨 자를 아전이 반드시 적발해 내고, 수령守令이 법을 위반하고 혼란을 일으킨 자를 다루듯이 끝까지 추궁하여 혹독한 형벌을 마구 시행하고 있으니, 이것이 무슨 뜻이란 말인가! 선왕先王은 관직을 설치하여 화해시키게 하였는데, 지금 사람들은 묻어 둔 것을 파헤쳐서 적발해 내니 경전經典의 취지가 아니다. 그러나 고의에 의한 살인과 폭행에 의한 살인 따위는 적발해 내어 징계해야만 한다.

○ 또 다산의 견해: 《대명률》에는 존장尊長이 남에게 죽임을 당했는데 비유卑幼가 사사로이 화해한 경우에 적용하는 형률이 있다.[18] 최고로는 100대의 형장刑杖을 치고 3년의 도형徒刑에 처하며, 최하로는 100대의 형장을 치고 1년의 도형에 처한다. 반대로 비유가 남에게 죽임을 당했는데 존장이 사사로이 화해한 경우에는 위의 형률에서 각각 한 등급씩을 감한다. 재물을 받고 화해한 경우에는 받은 재물을 계산하여 처벌한다. 친족이 아니면서 사사로이 화해한 경우에는 60대의 형장을 친다.【《대명률》〈형률刑律〉의 말미에 나온다.】

우리나라의 법전에서 '살인 사건에 뇌물을 받고 사사로이 화해한 자는 《대명률》에 의거하여 죄를 처벌한다.'라고 한 것이 여기에 해당한다.【《속대전續大典》〈형전刑典〉'살옥殺獄' 조항에 나온다.】 그러나 이는 모두 고의에 의한 살인과 폭행에 의한 살인을 말하는 것이다. 과오에 의한 살인의 경우는 《주례》에서도 사사로이 화해하도록 하였으니, 《대명률》을 인용하여 적용하는 것은 합당하지 않다. 설사 그 재물을 받아서 장례를 치르는 데 보

---

18 대명률에는……있다: 《대명률》〈형률〉에 의하면, 존장은 조부모, 부모, 남편, 가장家長 등을 가리키고, 비유는 자손, 처첩, 노비, 고공雇工 등을 가리킨다.

태 썼더라도 죄를 처벌할 수는 없다.

또 이어지는 내용이다.

"원수와 화해한 경우에는 다음과 같이 처리한다. 아버지의 원수는 나라 밖으로 피하고, 형제의 원수는 1000리 밖으로 피하며, 사촌 형제의 원수는 나라를 같이하지 않는다.[19] 그리고 임금의 원수는 아버지의 원수와 같이 처리하고, 스승이나 친족 어른의 원수는 형제의 원수와 같이 처리하며, 주인이나 벗의 원수는 사촌 형제의 원수와 같이 처리한다. 원수가 도피하지 않으면 옥돌로 만든 증표를 주어 잡아 가둔다."【윗글과 이어진다.】

○ 정현이 말하였다.

"화해하여 이곳으로 도피하게 한 것은 거기로 찾아가서 원수를 갚지 못하게 한 것이다. 화해했으나 도피하려고 하지 않는 것은 왕명王命을 따르지 않는 것이다. 따라서 왕이 옥돌로 만든 증표를 주어 조인調人을 시켜 잡아 가두고 그 죄를 다스리게 한 것이다."

○ 다산의 견해: 이 경전의 문장은 이해할 수가 없다. 원수가 있으나 갚지 못하였을 때 개인적으로 처신하는 도리는 《예기》〈곡례曲禮〉·〈단궁檀弓〉의 내용처럼 하는 것이 옳다.[20] 그러나 왕이 법을 만들 때에는 개인

---

19 아버지의……않는다: 이 문장은 일반적으로 '살인을 저지른 원수가 나라 밖이나 1000리 밖으로 도피한다.'라고 해석하였으나, 다산은 '원수를 갚을 수 없는 자가 나라 밖이나 1000리 밖으로 피한다.'라고 이해하였다. 다산도 복수를 부정하지는 않지만 가능한 법적인 절차에 따라 집행하는 것이 옳다고 보았고, 무분별하게 행해지는 개인적인 복수는 정당한 법의 집행에 어긋난다고 생각하였기 때문에 이처럼 해석한 것으로 보인다.

20 원수가……옳다: 《예기》〈곡례〉에서는 "아버지의 원수는 같은 하늘 아래에서 함께 살지 못하고, 형제의 원수는 몸에 무기를 지니고 다니다가 죽이며, 친구의 원수는 같은 나라에서 벼슬하지 않고 피한다."라고 하였다. 한편 《예기》〈단궁〉에서는 자하子夏의 질문에 공자가 답하는 형식으로, 복수하는 방식이 3가지로 나누어 기록되어 있다. 첫째, 부모를 죽인

적인 도리와는 달라야 한다. 남의 아버지를 죽인 자 및 남의 형제를 죽인 자는 왕이 당연히 잡아다가 죽여야지, 어찌 아래 백성이 사사로이 복수하게만 하고 말 수 있겠는가!

법으로 죽이지도 못하는 데다 더욱이 슬픔과 원한을 품은 피해자에게 나라 밖으로 피하게 하거나 1000리 밖으로 도피하게 하여 나라 안에서 편안히 살지 못하게 하는 것을 어찌 이상적인 정치라고 할 수 있겠는가! 왕족이나 대신이 죄 없는 사람을 죽였는데도 법을 집행하지 못하고 원수인 사람을 일단 멀리 도피하게 한다면, 맹자孟子가 "순舜 임금의 아버지인 고수瞽瞍가 살인을 한다면 법관인 고요皋陶는 법을 집행할 뿐이다."라고 했던 말은 또 무슨 말이란 것인가!

○ 또 다산의 견해: 주우主友란 공자가 머물던 곳의 주인이었던 사성정자司城貞子나 거백옥蘧伯玉[21] 같은 자를 가리킨다. 정현이 '주主'를 대부大夫와 군君으로 해석하였으니, '주우'를 하나의 단어로 보는 것은 타당하지 않다.【《논어論語》〈학이學而〉에 나오는 내용이다. "충신忠信을 주主로 삼으며, 나보다 못한 자를 벗[友]하지 않는다."】

원수에 대해서는 '거적자리에서 잠을 자되 방패를 베고 자며, 벼슬하지 않으며, 원수와는 같은 세상에서 함께 살지 않아야 한다. 시장이나 관아에서 원수를 만나면, 집으로 돌아가지 않고도 몸에 지닌 무기를 꺼내 싸워야 한다.' 하였다. 둘째, 형제를 죽인 원수에 대해서는 '같은 나라에서 벼슬을 하지 않아야 한다. 임금의 명령을 받고서 사신으로 나갔을 때는 원수를 만나더라도 싸우지 않아야 한다.' 하였다. 셋째, 사촌 형제를 죽인 원수에 대해서는 '원수를 갚는 우두머리가 되지 않아야 한다. 살해를 당한 사촌 형제의 아들이 복수할 수 있으면 무기를 가지고 그 뒤를 따라야 한다.' 하였다.

21 공자孔子가……거백옥蘧伯玉: 사성정자는 송宋나라의 대부大夫로 공자가 진陳나라에 머무를 때 그의 집에 거처하였고, 거백옥은 위衛나라의 대부로 공자가 위나라에 머무를 때 그의 집에 거처하였다.《논어집주論語集註》〈서설序說〉

6. 원수를 마음대로 죽이다

《주례》〈추관秋官·조사朝士〉에 나오는 내용이다.

"원수를 갚으려는 자는 법관에 의해 원수의 범죄 사실이 장부에 기록되어 있다면 원수를 죽이더라도 죄가 없다."

○ 정현이 말하였다.

"나라 안에 같이 살면서 서로 도피하지 않은 자에게 원수를 갚으려고 할 경우에는 반드시 먼저 법관에게 말해야 한다."

○ 가공언이 말하였다.

"원수는 모두 국가의 법으로 징계해야 한다. 원수를 갚을 수 있게 되었다는 것은 사면령赦免令이 내리고 난 뒤에 고향을 떠나게 하였던 사람이 도로 고향으로 돌아온 것을 말한다. 그 원수를 갚으려 할 때에는 먼저 법관에게 보고하여 기록하도록 한 뒤라야 죽이더라도 죄가 없다."

○ 다산의 견해: 이 경전의 문장 의미는 '원수는 도망한 상태이고 사형수의 범죄 사실은 법관에 의해 기록되어 있는데, 그 원수가 도망한 상태이기 때문에 법관이 죽일 수가 없을 뿐이었다. 이제 피살자의 가족이 길에서 원수와 마주쳐서 사사로이 멋대로 죽였더라도, 원수의 범죄 사실이 법관의 문서에 기록되어 있기 때문에 죄가 없게 된다.'라는 것이다.

정현이 '원수를 갚으려고 하면 먼저 신고해야 한다.'라고 한 것은 이치에 맞지 않는 것 같다. 원수가 당연히 죽어야 할 죄를 지었다면 법관이 잡아서 죽여야지, 어찌 피살자의 가족더러 사사로이 가서 죽이게 할 수 있겠는가! 반대로 원수가 당연히 죽어야 할 정도의 죄를 짓지 않았다면 피살자의 가족이 신고하는 것을 법관이 당연히 금지할 것이니, 어찌 와서 신고할 리가 있겠는가! 정현의 주장이 타당하지 않았기 때문에 가공언이 또 '사면령이 내리고 난 뒤'라는 주장을 하였는데, 이것도 틀린 말이다.

옛날에 형벌을 집행하는 것과 사면을 시행하는 것은 모두 인정과 법률에 따라서 행하였다. 국가에 기쁜 경사가 있으면 유죄나 무죄를 따지지 않고 죄인을 모두 용서해 주는 것이 후세의 법이다. 경전의 문장을 이와 같이 해석하는 것이 옳을 것이다.

○ 《대명률》〈형률〉에 나오는 내용이다.

"조부모·부모가 남에게 죽임을 당했는데 그 자손이 흉악한 범인을 제멋대로 죽인 경우에는 60대의 형장을 친다. 다만 조부모·부모가 죽임을 당했을 때 그 자손이 즉시 범인을 죽인 경우에는 죄를 묻지 않는다."

○ 《속대전》〈형전·살옥〉에 나오는 내용이다.

"아버지가 죽임을 당해 형사 사건이 성립되었는데 조사 결과가 나오기를 기다리지 않고 그 원수를 제멋대로 죽인 경우에는 사형에서 한 등급을 낮추어 귀양 보낸다. 자손이 흉악한 범인을 제멋대로 죽인 경우에는 60대의 형장을 친다."

○ 다산의 견해: 요즘 복수와 관련된 사건은 본래의 사건 정황을 따지지도 않고 절의節義가 있는 행위로 인정해 주기만 하고 형사 사건을 성립시키지 않으니, 이것이 큰 폐단이다. 심지어 죽임을 당한 것이 분명하지 않은데 사사로이 원수라 지목하고서는 공공연히 복수하는 자가 있기도 하니, 어찌 작은 걱정이겠는가!

《주례》〈지관地官·조인調人〉에 나오는 내용이다.

"사람을 죽이고 또다시 사람을 죽인 자에 대해서는 나라에서 서로 복수하게 한다."

○ 정현이 말하였다.

"반反은 '다시[復]'라는 의미이다. 다시 사람을 죽인 것은 자신에게 해가 되는 것을 제거하고 상대를 약하게 만들려는 것이다."

○ 가공언이 말하였다.

"'나라에서 서로 복수하게 한다.'라는 말은 사람을 죽인 자가 이웃나라로 도망을 간 경우에 도망간 나라에서 그를 붙잡으면 복수하게 한다는 의미이다."

○ 다산의 견해: 흉악한 살인범이 아버지를 죽이고 또 그 아들마저 죽이는 의도는 원수를 없애 걱정을 잊으려는 것이다. 그러므로 나라의 사람들과 이웃 나라의 사람들을 시켜 모두 이 살인범에게 복수하게 한 것이니, 이른바 '어느 누구나 죽일 수 있다.'[22]라는 것이다. 《유청신집留青新集》에 이르기를 '주희유朱希儒가 주방총朱邦寵을 구타하여 죽이고 나서 복수할 것을 두려워하여 또 주방총의 아들 주지고朱之高를 죽였다.'[23] 하였다. 이것이 다시 죽인다는 것이다. '다시 죽인다.'라고 할 때의 '반反'은

---

22 어느……있다: 임금이나 아버지를 죽인 난신적자亂臣賊子는 법적인 절차를 밟지 않고도 누구나 죽여도 된다는 의미이다.

23 주희유朱希儒가……죽였다: 주희유가 묘지 문제로 다투다가 주방총朱邦寵을 죽이고 복수할 것을 우려해서 그의 아들 주지고朱之高까지 죽였는데, 후일 주지고의 아들인 주영귀朱永貴가 주희유를 죽여 할아버지와 아버지의 원수를 갚았다. 이 사건에 대해서는 뒤의 〈비상준초〉에 자세히 보인다. 《유청신집留青新集》은 청나라 진매陳枚의 문집이다.

세속에서 말하는 '적반하장賊反荷杖'의 '반'과 같은 의미이다.

《예기》〈곡례〉에 나오는 내용이다.

"아버지의 원수와는 같은 하늘 아래에서 함께 살지 않고, 형제의 원수는 몸에 무기를 지니고 다니다가 죽이며, 친구의 원수와는 같은 나라 안에서 살지 않는다."

○ 정현이 말하였다.

"아버지란 아들의 하늘이다. 자기의 하늘을 죽인 자와 같은 하늘 아래에서 함께 사는 것은 효자孝子가 아니다. 돌아다니며 찾아서 죽이고서야 그만둔다."【정현이 조상趙商의 질문에 답하였다. "원수가 만일 동쪽의 아홉 오랑캐 나라, 남쪽의 여덟 오랑캐 나라, 서쪽의 여섯 오랑캐 나라, 북쪽의 다섯 오랑캐 나라에 있다면, 지극히 효성스러운 마음이 있더라도 가서 복수할 수 있겠는가!"】

○ 공영달孔穎達이 말하였다.

"'불반병不反兵'이란 몸에 무기를 항상 지니고 다니는 것을 말한다. 만약 길을 가다가 원수를 만났는데 몸에 무기를 지니고 있지 않아 집에 돌아가서 무기를 가지고 온다면, 원수는 벌써 도피하여 끝내 만날 수가 없게 된다. 그러므로 몸에 무기를 항상 지니고 다니다가 보는 즉시 죽인다."

○ 다산의 견해: 원수를 죽일 수 있으면 죽이는 것이 같은 하늘 아래에서 함께 살지 않는 것이다. 원수를 죽일 수 없으면 다른 나라로 도피하는 것도 같은 하늘 아래에서 함께 살지 않는 것이다.

자하子夏가 공자에게 물었다.

"부모를 죽인 원수에 대해서는 어떻게 대처해야 합니까?"

공자가 대답하였다.

"거적자리에서 잠을 자되 방패를 베고 자며, 벼슬하지 않으며, 원수와는 같은 세상에서 함께 살지 말아야 한다. 시장이나 관아에서 원수를 만나면, 무기를 가지러 집으로 돌아가지 않고 몸에 지닌 무기를 꺼내 싸워야 한다."

또 물었다.

"형제를 죽인 원수에 대해서는 어떻게 대처해야 합니까?"

공자가 대답하였다.

"같은 나라에서 살지 않아야 한다. 임금의 명령을 받고서 사신으로 나갔을 때는 원수를 만나더라도 싸우지 않아야 한다."

또 물었다.

"사촌 형제를 죽인 원수에 대해서는 어떻게 대처해야 합니까?"

공자가 대답하였다.

"원수를 갚는 우두머리가 되지 말아야 한다. 살해를 당한 사촌 형제의 아들이 복수할 수 있으면 무기를 가지고 그 뒤를 따라야 한다."【《예기》〈단궁〉에 나온다.】

○ 정현이 말하였다.

"부모의 삼년상을 마쳤더라도 삼년상을 치를 때처럼 거처한다. '간干'은 방패를 가리킨다."

○ 진호陳澔가 말하였다.

"'불반병'이란 '무기를 가지러 집에 돌아가지 않고 무기를 찾는다.'라는 의미로, 무기를 몸에 항상 지니고 다니는 것을 말한다."

○ 다산의 견해: '조朝'란 온갖 관원들이 근무하는 관아를 가리킨다. 《주례》〈고공기考工記〉에 '조는 앞에 있고 시市는 뒤에 있다.【소疏에 오류가 있다.²⁴】'라고 한 문장이 《예기》〈곡례〉와 맞지 않는 것은 들은 내용이 다르기 때문이다.

《맹자》〈진심 하盡心下〉에 나오는 내용이다.

"내가 오늘 이후에야 남의 어버이를 죽이는 것이 중대한 일이라는 것을 알았다. 남의 아버지를 죽이면 남도 자기의 아버지를 죽일 것이고, 남의 형을 죽이면 남도 자기의 형을 죽일 것이다. 그렇다면 자기가 아버지와 형을 죽인 것은 아니지만 자기가 죽인 것과 별로 차이가 없다."

○ 조기趙歧가 말하였다.

"아버지의 원수와는 같은 하늘 아래에서 함께 살지 않고, 형의 원수와는 같은 나라 안에서 함께 살지 않는다. 남에게 악행을 하면 그 사람도 반드시 악행을 할 것이다."

○ 손석孫奭이 말하였다.

"《주례》〈지관地官〉에 이르기를, '아버지의 원수는 나라 밖으로 도피하게 한다.' 하였으니, 이른바 '원수와 같은 나라 안에서 함께 살지 않는다.'라고 한 것은 《주례》의 내용이 아닌 듯하다. 또 《주례》〈지관·조인調人〉에 이르기를 '정의에 따라 사람을 죽인 경우에는 원수를 갚지 못하게 하

24　소疏에 오류가 있다: 《주례주소周禮注疏》〈고공기考工記〉의 소에는 '시조市朝'에 대해 특별한 언급이 없고, 《예기주소禮記注疏》〈단궁 상檀弓上〉의 소에는 황씨皇氏의 '시조는 시장을 말한다. 시장에 행랑이 있어 조정과 유사하기 때문에 시조라고 말한다.'라는 말을 인용한 뒤 오류라고 지적한 내용이 나온다.

고, 원수를 갚으면 죽인다.' 하였으나, 정의롭지 못한 살인을 한 자가 나라 안에 있는데도 법으로 죽일 수 없는 경우에는 반드시 도피하게 하였을 뿐이다."

○ 다산의 견해: 이 장章은 원수를 갚는 법에 대한 이야기를 한 것이 아니니, 조기의 주注와 손석의 소疏는 핵심을 잘못 짚은 듯하다. 원수를 갚는 법으로 말하면, 만일 갑甲이 경庚을 죽였으면 경의 아들이 갑을 죽일 뿐이다. 만일 갑의 아버지를 죽인다면, 이는 갑으로 인한 분노를 을乙에게 옮기는 것으로 원수를 갚는 것이 아니다. 따라서 나라의 법에서도 인정하지 않는 것이다. 세상의 일은 끝없이 변화한다. 만일 갑이 경을 죽였는데 경의 아들이 갑의 아버지를 죽였다면, 법적으로는 어떻게 처리해야 하겠는가? 형사 사건을 성립시켜 목숨으로 갚도록 해야지 《맹자》의 이 글을 인용하여 원수를 갚은 사건으로 처리해서는 안 될 듯하다.

7. 정의로운 살인은 복수하지 못한다

《주례》〈지관·조인〉에 나오는 내용이다.
"정의에 따라 사람을 죽인 경우에는 같은 나라에서 함께 살지 못하도록 하여 원수를 갚지 못하게 하고, 원수를 갚으면 죽인다."

○ 정현이 말하였다.
"'의義'는 '마땅하다.'라는 의미이다. 부모, 형제, 스승과 어른이 일찍이 모욕을 당해서 죽인 것을 말한다. 이와 같이 살인의 타당성을 확보하면 살해당한 사람의 아버지와 형이라도 원수를 갚을 수는 없고, 같은 나라에서 함께 살지 못하게만 할 뿐이다."

○ 가공언이 말하였다.

"옛날에는 질박했기 때문에 부모, 형제, 스승과 어른 등 세 부류가 모욕을 당하면 즉시 죽일 수가 있었다."

○ 다산의 견해: 정의에 따라 사람을 죽인 경우란 살해당한 자가 몸소 커다란 악행과 불효를 저지르고 우애하지 않으며 사리에 어긋난 짓과 음란한 짓을 행하여 인정과 도리로 볼 때 용서할 수 없는 자일 경우 정의에 따라 죽인 것을 말한다. 어찌 나의 아버지나 형을 모욕하였다고 하여 대번에 사사로이 죽일 수 있겠는가! 가공언의 소에서 '옛날에는 질박했기 때문에 모욕을 당하면 죽일 수가 있었다.'라고 한 말은 틀린 것이다.

○ 또 다산의 견해: 지금의 군郡과 현縣은 옛날의 제후국諸侯國에 해당한다. 따라서 '같은 나라에서 함께 살지 못하게 한다.'라고 한 말은 이제 '같은 고을에서 함께 살지 못하게 한다.'라고 바꾸어야 한다.

8. 죽임을 당한 것이 당연한 경우에는 복수하지 못한다

공양자公羊子가 말하였다.

"아버지가 죽임을 당하지 않아야 하는데 죽임을 당하였으면 아들이 원수를 갚는 것이 옳다. 그러나 아버지가 죽임을 당한 것이 당연한데 아들이 원수를 갚는 것은 한 차례 복수하고 한 차례 복수를 당하는 길이 된다. 원수를 갚더라도 앞으로 해가 될 원수의 아들까지 제거하지 않고, 친구가 서로 지켜주고 서로 앞을 다투지 않는 것은 옛날의 도리이다."【춘추공양전春秋公羊傳》 정공定公 4년에 나온다.】

54

○ 하휴何休가 말하였다.

"'불수주不受誅'란 죄로 볼 때 죽임을 당하지 않아야 하는 것을 가리킨다.【오원伍員의 아버지가 죄가 없는데도 죽은 것을 말한다.[25]】한 차례 복수하고 한 차례 복수당하는 것을 '추인推刃'이라고 한다. '해를 제거하지 않았다.'라고 한 것은 원수 당사자에게만 복수할 뿐이고 원수의 아들이 다시 자기를 해칠 것을 두려워해서 원수의 아들까지 같이 제거하지 않는 것을 말한다. 당시 오원이 오吳나라 군사의 힘을 빌려 원수인 초楚나라 평왕平王의 무덤을 파헤치고 초나라 종묘宗廟를 불살랐을 뿐이며, 평왕의 아들인 소왕昭王을 죽일 수 있었지만 제거하지 않았다. '준逡'은 '앞장서다.'와 같은 뜻이다."

○ 또 말하였다.

"《효경孝經》에 이르기를 '아버지를 섬기는 도리로 임금을 섬기되 공경하는 마음은 같다.' 하였다. 오원이 본래 아버지를 공경히 섬기는 도리로 초楚나라 임금을 섬겼으나, 아버지가 죄도 없이 임금에게 죽임을 당하였다. 제후諸侯인 임금은 천자天子와는 달라서 도리로 보아 그 나라를 떠나게 되면 임금과 신하의 관계는 끊어지게 된다. 그러므로 오원이 초나라를 공격해도 되는 것이다. 《효경》에 이르기를 '아버지를 섬기는 도리로 어머니를 섬긴다.' 하였다. 장공莊公이 문강文姜에게 원수를 갚지 못했던 것은 어머니는 낳아 준 사람이기 때문에 아버지보다 가볍기는 하지만 임금보다는 무겁기 때문이었다.[26] 《주역》에 이르기를 '하늘과 땅의 큰 덕은

---

25 오원伍員의……말한다: 오원은 중국 춘추시대 초楚나라 사람으로, 자字를 붙여서 오자서伍子胥라고 불리기도 하였다. 오자서의 아버지 오사伍奢와 형 오상伍尙이 초나라 평왕平王에게 억울하게 죽자, 오자서가 오吳나라로 망명하였다가 후일 오나라 군대를 이끌고서 초나라를 공격하여 수도首都인 영郢에 들어가서 평왕의 무덤을 파헤친 뒤 시체를 꺼내어 3백 번이나 매질하였다. 《사기史記》〈오자서열전伍子胥列傳〉.

26 장공莊公이……때문이었다: 장공은 중국 춘추시대 노魯나라의 임금으로 환공桓公의 아

만물을 낳는 것이다.' 하였다. 그러므로 어머니와 자식의 관계를 끊을 수는 있지만 죽일 수는 없다."

○ 다산의 견해: 《주례》〈지관〉에 이르기를 '정의에 따라 사람을 죽인 경우에는 원수를 갚지 못하게 하고, 원수를 갚으면 죽인다.' 하였고, 《춘추공양전》에 이르기를, '아버지가 죽임을 당한 것이 당연한 경우에는 아들이 원수를 갚지 못한다.' 하였다. 이 두 조목이 공개적으로 드러내서 형사 사건을 판결하는 기준으로 삼기에 가장 적합하다. 당唐나라 서원경 徐元慶이 수령을 죽여 아버지의 원수를 갚았는데, 유종원柳宗元이 〈박복수의駁復讎議〉라는 글에서 이 두 조목을 인용하여 논박하니 그 명분이 마침내 명확해졌다.[27] 이를 참고로 삼을 만하다.【아래의 편에 나온다.】

9. 형법의 특례인 의친議親과 의귀議貴를 적용하다

《주례》〈소사구小司寇〉에 나오는 내용이다.

"8가지 법을 국법國法에 포함시키고 형벌刑罰에 포함시킨다. 8가지 법

들이다. 문강文姜은 제齊나라 사람으로, 환공의 부인이자 장공의 어머니인데 행실이 문란하였다. 문강이 오라버니인 제나라 양공襄公과 간통하였다가 들통이 나자, 오라버니인 양공을 시켜 남편 환공을 죽이게 하였다. 장공의 입장에서 보면, 문강은 아버지를 죽게 만든 원수이므로 복수의 대상이지만, 한편으로는 아버지를 섬기는 도리로 섬겨야 할 어머니이기도 하였다. 《춘추좌씨전春秋左氏傳》 환공 18년

27 당唐나라……명확해졌다: 당나라 측천무후則天武后가 집권할 때, 서원경徐元慶의 아버지 서상徐爽이 현위縣尉인 조사온趙師韞에게 살해되자 서원경이 조사온을 죽이고 자수하였다. 그러자 조정에서는 좌습유左拾遺인 진자앙陳子昻의 의견에 따라 서원경을 죽인 뒤에 정려旌閭하였다. 이러한 조치에 대해 당나라 학자인 유종원柳宗元이 〈박복수의駁復讎議〉라는 글을 지어 조사온이 법에 따라 서상을 죽였는데 한편으로는 서원경을 사형시키고 한편으로는 정려하는 것은 옳지 않다고 반박하였다.

이란 첫째는 왕의 친척이 죄를 지었을 때 참작하여 죄를 감해 주는 법, 둘째는 왕의 벗이 죄를 지었을 때 참작하여 죄를 감해 주는 법, 셋째는 큰 덕행德行이 있는 사람이 죄를 지었을 때 참작하여 죄를 감해 주는 법, 넷째는 큰 능력이 있는 사람이 죄를 지었을 때 참작하여 죄를 감해 주는 법, 다섯째는 큰 공로가 있는 사람이 죄를 지었을 때 참작하여 죄를 감해 주는 법, 여섯째는 고위 관원이 죄를 지었을 때 참작하여 죄를 감해 주는 법, 일곱째는 국가를 위해 크게 애쓴 사람이 죄를 지었을 때 참작하여 죄를 감해 주는 법, 여덟째는 멸망한 나라의 왕족 후손이 죄를 지었을 때 참작하여 죄를 감해 주는 법이다."

○ 정씨鄭氏[28]의 주석에 말하였다.

"벽辟은 법法의 의미이고, 이麗는 붙인다[附]는 의미이다. 의친議親은 요즘으로 말하면 종실宗室에 죄가 있으면 먼저 왕에게 요청하는 것과 같다. 고故는 친구를 말한다. 의현議賢은 요즘으로 말하면 청렴한 관리에게 죄가 있으면 먼저 왕에게 요청하는 것과 같다.【정현은 '현賢은 덕행이 있는 자이다.'라고 하였다.】 능能은 도덕과 기예가 있는 자를 말한다.【정현은 '숙향叔向이 구속되었을 때 기해祁奚가 용서해 주기를 청했다.[29] 라는 말을 인용하였다.】 공功은 큰 공로를 세운 자를 말한다. 의귀議貴는 요즘으로 말하면 검은 인끈을 찬 관리가 죄가 있을 경우에 먼저 요청하는 것과 같다. 근勤은 애써 나라를 섬기는 것을 말한다. 빈賓은 신하로 삼을 수 없는 자로, 삼각三恪과 이대

---

28 정씨鄭氏: 인용한 글에 정중과 정현의 말이 섞여 있는 것으로 보아 두 사람을 아울러 가리키는 것으로 보인다.

29 숙향叔向이……청했다:《춘추좌씨전》양공襄公 21년에 숙향이 아우 숙호叔虎의 죄에 연루되어 처벌을 받게 되었을 때 기해祁奚가 진선자晉宣子에게 용서해 주기를 청하였다. 이때 기해가 숙향을 '능력이 있는 자[能者]'로 표현하였다.

二代의 후손[30]을 말한다."

○ 가공언이 말하였다.

"친親은 오복五服 안에 속하는 친족 및 외가 친척으로서 상복을 입는 자를 말한다. 한漢나라의 법에는 검은 인끈을 찬 관원을 귀貴라고 했으나, 《주례》에 의거하면 대부大夫 이상이 모두 귀에 해당한다."

○ 다산의 견해: 《국조보감國朝寶鑑》에서는 사신使臣이 살인을 하면 모두 목숨으로 갚도록 청하였다. 그러나 왕족이 죄를 지었을 때 심리하여 죄를 감해 주는 법과 고위 관원이 죄를 지었을 때 심리하여 죄를 감해 주는 법은 주周나라의 변치 않는 법이니, 일률적으로 법률을 적용해서는 안 된다.

도응桃應이 맹자孟子에게 물었다.

"순舜이 천자天子이고 고요皐陶가 사법관인데, 순의 아버지 고수瞽叟가 사람을 죽였다면 어떻게 합니까?"

맹자가 대답하였다.

"법을 집행할 뿐이다."

도응이 물었다.

"그렇다면 순은 금지하지 않습니까?"

맹자가 대답하였다.

"순이 어찌 금지할 수 있겠는가! 전수傳受 받은 바가 있는 것이다."

---

30 삼각三恪과 이대二代의 후손: 삼각의 후손은 황제黃帝·요堯·순舜의 후손을 가리키고, 이대의 후손은 하夏나라와 은殷나라의 후손을 가리킨다. 《시설해이詩說解頤》〈정석正釋〉, 《시집전명물초詩集傳名物鈔》

도웅이 물었다.

"그렇다면 순은 어떻게 합니까?"

맹자가 대답하였다.

"순은 천자 자리를 헌신짝 버리듯이 버리고 몰래 고수를 업고 달아나 바닷가를 따라 살면서 죽을 때까지 즐거워하며 천자 자리는 잊고 살 것이다."

○ 조기趙歧가 말하였다.

"저 천자 자리는 요堯 임금에게서 받았으니 하늘을 위하여 백성을 다스려야 한다. 국가의 법은 왜곡할 수 없으니, 어찌 금지시킬 수 있겠는가!"

○ 다산의 견해: 이 경전의 문장에 대해서는 의문점이 있다. 아마도 고요는 법을 집행하지 못할 듯하다. 만약 고요가 법을 집행한다면 순이 고수를 몰래 업고서 달아날 수 없을 것이다. 내가 사리를 따져 밝힌 글을 따로 준비해 두었다.

사리를 따져 밝힌 글의 내용은 다음과 같다.

세상에 임금과 아버지보다 더 중대한 것은 없다. 법을 왜곡하는 일과 임금을 핍박하여 떠나가게 하는 일 중에 무슨 죄가 더 무겁겠는가? 법을 왜곡하는 일과 임금이 자기 아버지를 감옥에 가두도록 허락하는 일 중에 무엇이 더 곤란하겠는가?

남의 신하가 되어 우리 임금의 아버지에게 법을 집행하면서 '너는 사람을 죽였으니 죽어야 한다.'라고 한다면, 세상에 이런 법은 없는 것이다. 자기 임금이 하루아침에 임금 자리를 버리고 달아났는데도 태연히 있으면서 쫓아갈 생각은 하지 않고 '너는 떠나가라. 나는 나의 법을 왜곡할 수 없다.'라고 하여 임금이 종신토록 돌아오지 못하게 내버려 둔다면, 세상에 이런 도리는 없는 것이다. 자신이 천자가 되어 자기 신하가 아버지를 잡아다가 심리 결과에 따라 처리하도록 허락하고서는 '법이 그러니 나로서도 어쩌겠는가!' 하고, 밤중에 변장을 하고서는 담장을 뛰어넘어 감옥의 빗장을 부수고 좀도둑이나 하는 짓을 행하여 겨우 아버지의 목숨을 건진다면, 세상에 이런 일은 없는 것이다.

어떤 사람이 말하기를 '고요가 법을 집행했다면 순이 어떻게 몰래 빼내 올 수 있겠는가?' 하니, 남헌南軒 장식張栻이 대답하기를 '앞에서는 법을 집행하고, 뒤에서는 몰래 업고 달아나는 도리를 펼칠 수 있게 한 것이니, 이것이야말로 하늘의 이치를 상황에 맞게 적용하는 뜻이다.' 하였다. 이와 같이 글을 이해한다면, 고요는 애당초 법을 반드시 집행하려는 뜻이 없었고 순이 떠나는 것만 기뻐한 셈이 된다. 그리고 고수는 사람을 죽이고도 죽지 않은 셈이고, 순은 천자 자리를 버리고 떠난 셈이 된다. 그렇다면 법은 시행하지 못하고 임금만이 자리를 떠난 꼴이 되어 피차가 모두 타당성이 없다.

게다가 순이 천자 자리를 떠나려고 했다면 순은 천자가 아니라 일개 평범한 사내인 셈이다. 일개 평범한 사내가 사법관의 죄수를 몰래 빼내오는 것은 법을 범하는 것이 아니겠는가! 전날에는 천자였기 때문이라고 할 것인가? 일단 천자 자리에서 내려오면 일개 평범한 사내인 것이다. 그런데도 전날 천자였다는 것을 잊지 않았다면 이는 분수를 모르는 것이다. 고요는 순이 와서 몰래 빼내 갈 것을 알고서 그를 위해 담장을 허술하게 하고 차꼬와 수갑을 느슨하게 하여 단단히 붙들어 매지 않은 채 그가 오기를 기다렸을 뿐만 아니라 겉으로는 모르는 척하고 놓아주었다면, 이는 속인 것이다. 천자로서는 아랫사람에게 권력을 상실하였고, 일개 평범한 사내로서는 법을 범하였으며, 사법관은 속이고 사실대로 처리하지 않았으니, 한 차례 일로 세 가지 잘못을 다 저지르게 된다. 세상에 이런 일은 없는 것이다.

게다가 고요가 집행한다는 법은 무슨 법이란 말인가? 고수가 항상 순을 죽이려고 했던 사실은 우선 거론하지 않는다고 하더라도, 순을 죽이려고 계획을 세워 우물에 흙을 덮은 자는 이복동생 상象이었다.[31] 순이 천명으로 우물을 빠져나왔으나, 상은 그 형을 죽이려고 했던 자이다. 고요는 사법관인데 어찌하여 법을 집행하지 않았는가? 참으로 법을 집행하지 못했을 뿐만 아니라, 상을 유비有庳에 봉할 때 어찌하여 만류하지 않았는가? 상이 자기 형을 죽이려고 했던 자일지라도 지금은 천자의 동생이기 때문에 감히 법을 집행하지 못하고, 그에게 토지를 주고 제후諸侯로 삼아 편안히 지내게 했던 것이다. 그런데 이제 일개 평범한 백성인 고수를 잡다가 심리 결과에 따라 죽이려 하고, 순이 임금 자리를 버리고 떠나는 것은 편안하게 바라보기만 하고 조금도 흔들리지 않는 셈이다. 그렇다면 고요가 집행한다는 법은 무슨 법이란 말인가? 어찌하여 상에게는 이와 같이 후하게 대하고 고수에게는 저와 같이 야박하게 대한단 말인가!

그러므로 '순이 천자이고 고요가 사법관인데 고수가 사람을 죽였다면 어떻게 합니까?' 하고 물으면, '감히 법을 집행하지 못한다.'라고 대답해야 할 것이다.

○ 다산의 견해: 맹자가 말한 구절은 본래 기록을 잘못한 것이다. 그러나 맹자가 살던 시대에 살인에 관한 법이 엄중하였다는 것은 이를 통해서 알 수가 있다. 요즘은 귀족이 사람을 죽이더라도 번번이 권세에 의하여 죽음을 모면하게 되니, 하늘의 이치가 아니다.

---

31 순을……상象이었다: 상은 순舜의 이복동생으로 순이 천자가 되기 전에 여러 차례 순을 죽이려고 시도하였으나 번번이 실패하였다. 그러나 순이 천자가 된 뒤에는 상을 유비有庳라는 지역에 봉해 주었다.《맹자》〈만장 상萬章上〉.

10. 인륜을 어지럽힌 자는 용서하지 않는다

《서경》〈강고康誥〉에 나오는 내용이다.

"하늘이 우리 백성에게 준 떳떳한 본성이 너무도 많이 사라지고 문란해질 것이니, 그러면 너는 문왕文王이 만든 형벌을 속히 적용하여 이들에게 형벌을 내리고 용서하지 말라."

○ 채침이 말하였다.

"예의가 밝혀지지 않고 인륜이 무너져서 아버지와 아들이 서로 상처를 주고, 형제가 서로 해쳐서 하늘로부터 부여받은 백성의 본성이 반드시 크게 사라지고 문란해질 것이다. 그러면 이들에게 형벌을 내리고 용서하지 말아야 하며, 징계하는 것을 늦추어서는 안 된다."

○ 여씨呂氏가 말하였다.

"문왕이 만든 형벌이라고 말한 것들로 말하면, 일반적인 사건에는 은殷나라의 법을 적용하고, 부자와 형제의 사건에는 문왕의 법을 적용한다."

11. 임금이나 어버이를 죽인 역적과는 친족의 관계를 끊는다

《춘추좌씨전》 장공莊公 원년에 나오는 내용이다.

"3월에 부인夫人이 제齊나라로 달아났다. 부인이라고만 부르고 강씨姜氏라 부르지 않은 것은 관계를 끊고 어버이로 여기지 않은 것이니, 예禮이다."

○《춘추공양전》 장공 원년에 나오는 내용이다.

"부인을 왜 강씨라 부르지 않았는가? 강씨를 격하한 것이다. 왜 격하하였는가? 노魯나라 환공桓公을 죽이는 데 강씨가 참여했기 때문이다. 환공을 죽이는 데 강씨가 어떻게 참여하였는가? 부인이 제나라 양공襄公에게 남편 환공을 헐뜯어 고하기를, '남편 환공이 「동同은 내 자식이 아니고 제나라 양공의 자식이다.」라고 하였습니다.' 하였다. 그러자 제나라 양공이 화를 냈다. 제나라 양공이 노나라 환공과 술을 마시고서는 환공이 돌아갈 때 공자公子 팽생彭生을 시켜서 환공을 수레로 돌려보내다가 등뼈를 꺾어 죽이게 하였다."

○ 호씨胡氏가 말하였다.

"부인은 문강文姜을 가리킨다. 노나라 환공을 죽일 때에 강씨가 참여하였다. 따라서 노나라 신하라면 도리로 볼 때 강씨와는 같은 하늘 아래에서 함께 살 수 없는 원수인 셈이다. 그러나 환공을 계승한 장공은 부인 강씨가 낳은 자식이니, 자기를 낳아 준 은혜에 대해서는 어찌할 것인가? 어머니와 자식 사이의 사사로운 인정을 따르면 세상의 대의명분을 해치게 되고, 나라의 법에 따라 집행하면 어머니와 자식의 지극한 은혜가 다치게 되니, 이는 국민 여론으로 단정하기가 어려운 것이다. 《춘추春秋》에 '부인이 제나라로 달아났다.'라고 썼는데, 이는 은혜와 도리 어느 쪽도 소홀하지 않게 잘 살펴서 밝힌 것이다. 양梁나라 사람 중에 아버지를 죽인 계모가 있었는데 아들이 그 계모를 죽였다. 사건을 담당한 관원이 그 아들을 대역죄大逆罪로 처단하려고 하였는데, 공계언孔季彦이 말하기를, '문강이 노나라 환공을 죽이는 데 참여했으므로 《춘추》에는 「강씨」라는 말을 빼 버렸고, 《춘추좌씨전》에는 「관계를 끊고 어버이로 여기지 않았으니, 예이다.」라고 하였다. 관계를 끊고 어버이로 여기지 않았다면 곧 어머니가 아니라 보통 사람일 뿐이다. 옛날의 대의명분과 비교해 보았을 때, 사법부의 책임자가 아닌데 멋대로 사람을 죽인 죄로 단정해야지 대역죄로 단정할 수가 없다.'라고 하니, 사람들이 합당하게 여겼다. 그러므로 《춘추》를 꿰뚫고 있어야 세상의 일을 상황에 맞게 잘 처리할 수가 있다."

《예기》에 나오는 내용이다.

"주루邾婁라는 제후 국가에 정공定公이 재위하고 있을 때 자기 아버지를 죽인 자가 있었다. 사건을 담당한 관원이 이 사건을 보고하니 정공이 놀라며 말하기를, '이는 나의 죄이다.' 하고, 또 말하기를 '내가 일찍이 이런 사건의 판결을 배운 적이 있다. 신하가 임금을 죽이면 관직에 있는 자는 누구나 그 신하를 죽이고 용서하지 말아야 하며, 자식이 아버지를 죽이면 그 집에 있는 사람은 누구나 그 자식을 죽이고 용서하지 말아야 한다. 그리고 그의 집을 헐고 그의 집터는 파서 못을 만들며, 임금은 한 달이 지난 뒤에야 술잔을 든다."【《예기》〈단궁檀弓〉에 나온다.】

○ 다산의 견해: 임금이나 어버이를 죽인 역적의 사건은 그때마다 사형을 적용하고 정황과 이치를 따지지 않았다. 그러므로 역사책에는 전해 오는 기록이 없고, 《유청신집留青新集》에만 어머니·형·남편·주인 등을 죽인 사건의 판결을 기록해 두었다. 그 판결 내용은 하편下篇에 편찬해 두었으니, 사건을 담당하는 자가 이를 참고해야 할 것이다.

12. 도적은 마음대로 죽인다

《주례》〈추관秋官·조사朝士〉에 나오는 내용이다.

"도적떼가 지방 고을이나 개인의 집을 포위하면 일반 사람들이 도적을 죽이더라도 죄가 없다."

○ 정중이 말하였다.

"도적떼와 군병이 함께 지방 고을이나 일반 가정의 사람들을 공격하고 도둑질하는 경우에는 그들을 죽이더라도 죄가 없다는 의미이다. 요즘으로 말하면, 아무런 이유 없이 남의 집안과 건물에 들어가거나, 남의 수레나 배에 오르거나, 사람을 이끌고 가서 범행을 저지르려고 하는 자가 있을 경우에 즉시 쳐 죽이더라도 죄가 없는 것과 같은 것이다."

○ 다산의 견해: 이것은 요즘에 명화적明火賊이라는 것과 같다. '도적떼가 지방 고을이나 개인의 집을 포위하면 일반 사람들이 도적을 죽이더라도 모두 죄가 없다.'라는 의미이다. 정중이 해석한 것과 구두를 끊은 것은 오류인 듯하다.

○ 《대명률》〈형률〉에 나오는 내용이다.

"밤에 아무런 이유 없이 남의 집 안으로 들어간 자에게는 80대의 형장刑杖을 친다. 주인집에서 즉시 죽인 경우에는 죄를 논하지 않는다."

13. 뇌물에 의한 수사와 재판에는 재앙을 내린다

《서경》〈여형〉에 나오는 내용이다.

"형사 사건을 판결할 때 받는 뇌물은 보물이 아니라 죄상罪狀을 모을 뿐이니, 온갖 재앙을 내려 보복한다. 따라서 하늘의 벌을 영원히 두려워해야 한다. 하늘은 재앙을 내릴 때 불공정한 경우가 없고, 백성만은 천명天命에 달려 있어 피할 수가 없다. 하늘의 형벌이 매우 공정하지 않다면, 일반 백성은 이 세상에서 좋은 정치가 펼쳐지는 것을 볼 수 없을 것이다."

○ 채침이 말하였다.

"옥화獄貨란 형사 사건을 팔아서 대가로 받는 돈이다. 부附는 모은다는 의미이다. 고공辜功은 죄상罪狀이라는 말과 같다. '서우庶尤로 보복한다.'라는 것은 '온갖 재앙을 내린다.'라는 의미이다."

○ 다산의 견해: '하늘이 재앙을 내릴 때는 불공정한 경우가 없다.'라고 한 말 이하의 내용은 '사람이 형사 사건을 판결할 때는 공정한 경우도 있고 불공정한 경우도 있지만, 하늘이 재앙을 내릴 때는 불공정한 경우가 없다. 이 백성만은 천명天命에 달려 있어서 더욱 도피할 수가 없다. 만일 하늘의 형벌이 이처럼 매우 공정하지 않다면, 이 일반 백성은 반드시이 세상에서 한 가닥 좋은 정치가 펼쳐지는 것을 볼 수 없을 것이다.'라는 의미이다. 즉 '임금이 하늘의 형벌을 두려워한다면 그래도 세상에 좋은 정치를 펼칠 수 있지만, 임금이 하늘을 두려워하는 마음이 없다면 일반 백성은 이처럼 좋은 정치를 볼 수 없다.'라는 말이다.

내가 남쪽 지역에 있을 때 보니, 사람의 목숨이 달린 형사 사건이 모두 뇌물에 따라 판결이 이루어졌다. 진짜 사람을 죽인 자는 뇌물을 주고 죽음에서 벗어났고, 무함을 당한 자는 뇌물을 아끼다가 마침내 걸려들었으니, 분명하고 깨끗하게 판결한 형사 사건이 하나라도 있겠는가! 아직도 선왕先王(정조正祖)께서 함봉련咸奉連의 형사 사건을 판결할 때 '재화財貨의 그물을 펼쳐 두니 의탁할 곳 없는 떠돌이만 재수 없이 걸려들었다.'라고 한 말을 기억하고 있으니, 아! 성인聖人이나 알 것이다.

경사
요의

❖

2

1. 허위 자백을 사실대로 바로잡다

○ 중국 송宋나라의 전약수錢若水가 동주同州의 추관推官으로 있을 때의 일이다. 지주知州가 속이 좁고 성격이 급하여 자주 자기의 억측으로 사건을 판결하여 판결이 합당하지 못하였다. 그래서 전약수가 강하게 만류하였으나 시정할 수 없었다. 그러던 중에 부잣집의 어떤 어린 여종이 도망하였는데 어디로 갔는지 모르자, 여종의 부모가 고을에 소송을 제기하였다.

고을에서는 녹사참군錄事參軍에게 신문하도록 명령하였다. 그런데 녹사가 옛날에 그 부잣집 사람에게 돈을 빌리려다가 빌리지 못한 적이 있다. 녹사가 다음과 같이 부잣집 사람을 추궁하였다.

"부잣집의 아버지와 자식 등 몇 사람이 합세하여 여종을 죽인 뒤 그 시체를 물속에 버려 마침내 시체를 잃어버렸다. 누구는 주도적인 범인으로, 누구는 가담한 범인으로 죄를 지었으니, 모두 사형에 처해야 한다."

그러자 그 부자가 고문을 견디지 못하고 스스로 범행을 저질렀다고 허위로 자백을 하였다.

녹사가 사건의 처리 결과를 문서로 갖추어 지주에게 올렸다. 지주가 2차 조사를 실시하였으나 1차 조사를 뒤집을 만한 사실이 없었으므로 모두 범죄의 진상을 잘 조사하였다고 생각했다. 그러나 전약수만 이 사건에 의문을 품고서 사건의 처리를 보류하고 며칠 동안 판결하지 않았다. 그러자 녹사가 전약수를 찾아가서 꾸짖었다.

"그대가 부자의 돈을 받고서 그의 사형죄를 벗겨 주려고 하는 것인가?"

전약수가 웃으며 대답하였다.

"이제 몇 사람이 죽임을 당할 것이다. 그러니 며칠을 더 기다리며 그 사건을 깊이 살펴보지 않을 수 있겠는가!"

그러고서는 또 10여 일을 보류하였다. 그러자 지주도 여러 차례 재촉하였고, 아랫사람이나 윗사람이 모두 의심하였다.

어느 날 전약수가 지주를 찾아가서 다른 사람들을 물리치고 말하였다.

"제가 이 사건의 처리를 보류했던 이유는 은밀히 사람을 시켜 여종을 찾게 했기 때문입니다. 오늘에야 그 여종을 찾았습니다."

지주가 놀라며 물었다.

"그 여종이 어디에 있는가?"

전약수가 은밀히 사람을 시켜 여종을 들여보내게 하였다. 지주가 발을 드리워서 여종이 보이지 않게 하고서는 여종의 부모를 불러 물었다.

"네가 이제 네 딸을 보면 알아보겠느냐?"

그러고는 발 안쪽에서 여종을 밀어 보여 주었다. 부모가 울면서 말하였다.

"제 딸이 맞습니다."

마침내 부잣집의 아버지와 아들을 모두 풀어 주니, 그들이 울부짖으며 돌아가려 하지 않았다. 지주가 말하였다.

"이것은 추관의 은혜이지 내 은혜가 아니다."

그 사람들이 전약수를 찾아갔으나, 전약수가 문을 꼭 닫고 만나 주지 않으면서 말하였다.

"지주가 스스로 찾아서 판결한 것이니, 내가 그 판결에 무슨 참여를 했겠는가!"

○ 다산의 견해: 《대명률》에 의하면, '주인이 노비를 고의적으로 죽인 경우에는 60대의 형장을 치고 1년의 도형徒刑에 처한다.'라고 하였다. 그런데 전약수가 추관일 때에는 부잣집 사람들이 어린 여종을 죽인 죄에 대해 녹사가 '사형에 처해야 한다.'라고 적용하였으니, 이는 필시 송나라

의 법이 명나라의 법과는 다르기 때문이었을 것이다. 그렇지 않으면 물속에 시체를 몰래 던진 경우는 드러내놓고 죽인 경우와 달라서 그 정상이 참혹하고 악독하기 때문에 사형에 처해야 한다고 했을 수도 있겠다.

2. 허위 자백을 사실대로 바로잡다

○ 중국 송宋나라의 문간공文簡公 상민중向敏中이 서경西京의 통판通判으로 있을 때의 일이다. 어떤 중이 저물녘에 시골집을 지나가다가 재워 줄 것을 부탁하였다. 주인이 허락하지 않자, 중이 문밖의 수레 안에서라도 자게 해 달라고 부탁하여 승낙을 받았다. 밤중에 그 집에 도둑이 들어 부인 한 사람을 끌고 옷 보따리까지 가지고 담을 넘어 달아났다. 중이 마침 잠이 들기 전이어서 그 광경을 목격하였다. 중이 스스로 생각하기를, '주인에게 숙박을 거절당한 데다 억지로 재워 달라고까지 하였는데, 이제 주인이 자기 부인과 재물을 잃었으니 내일이면 반드시 나를 붙잡아 고을 관아로 데려 갈 것이다.' 하고서는 밤중에 도망을 갔다. 중이 감히 사람들이 다니던 옛 길을 따라 도망하지 못하고 잡초 우거진 곳으로 달아나다 갑자기 물이 마른 우물에 빠졌다. 그런데 그 전에 부인이 피살되어 그 우물 안에 있었고, 그 피가 중의 옷을 더럽혔다.

이튿날 주인이 부인을 찾아 나섰다가 우물에서 중을 찾아낸 뒤 붙잡아 고을 관아로 데리고 갔다. 관아에서 고문하면서 신문하자, 중이 스스로 허위로 자백하였다.

"부인과 간통하고 꾀어서 함께 달아났으나 사람들에게 붙잡힐 것이 두려워서 죽인 뒤에 시체를 우물에 던졌습니다. 어두운 밤이라 저도 모르게 발을 헛디뎌 저도 우물 속으로 떨어졌습니다. 도둑질한 물건과 죽일 때 사용한 칼은 우물가에 두었다가 잃어버려서 누가 가져갔는지 모르겠습니다."

그리하여 형사 사건이 성립되었고, 고을 안에서는 누구도 의심을 하지 않았다. 그러나 상민중만은 도둑질한 물건과 죽일 때 사용한 칼이 발견되지 않았기 때문에 그 사건에 대해 의문을 가지고서 중을 데려다가 서너 차례 꼬치꼬치 캐물었다. 그러나 중은 죄를 인정하면서 다음과 같이 말할 뿐이었다.

"제가 전생에 그 부인에게 죄를 졌던 것 같습니다. 죽어도 할 말이 없습니다."

상민중이 재삼 물으니, 중이 그제야 사실대로 털어놓았다.

그래서 상민중이 은밀히 아전을 시켜 범인을 찾아보게 하였다. 아전이 마을 주막에서 식사를 하는데, 주막의 노파가 그가 고을 관아에서 나왔다는 말을 듣고서는 그 사람이 아전인 줄 모르고 물었다.

"아무개 중의 살인 사건은 어떻게 되었습니까?"

아전이 거짓말로 대답하였다.

"어제 이미 저자에서 때려죽였습니다."

그러자 노파가 탄식하며 물었다.

"이제 만일 진짜 범인을 잡으면 어떻게 합니까?"

아전이 대답하였다.

"관아에서 이 사건을 잘못 판결했기 때문에 진짜 범인을 잡는다고 하더라도 감히 죄를 심문하지 못합니다."

그러자 노파가 말하였다.

"그렇다면 말을 해도 무방하겠습니다. 부인은 이 마을의 소년 아무개에게 살해되었습니다."

아전이 물었다.

"그 사람이 어디에 있습니까?"

노파가 그 집을 가르쳐 주었다. 아전이 그 집으로 가서 그 사람을 체포해서 신병을 확보한 뒤에 죄를 심문하니, 모두 자백하였다. 그리고 도둑질한 물건까지도 함께 찾아내었다. 그러자 온 고을 사람들이 모두 귀신같다고 하였다.

○ 다산의 견해: 이 사건은 의문점이 있다. 부인이 도둑을 따라 담을 넘어 달아났는데, 또 어떻게 우물 안에서 살해를 당했단 말인가! 그리고 중이 발을 헛디뎌 우물에 빠졌다고 하는 것도 이치에 맞지 않다. 아마도 전해 들은 말을 기록하는 과정에서 착오가 있었던 것 같다.

3. 허위 자백을 사실대로 바로잡다
【꿈 속에서 신神이 알려 주다.】

○ 중국 송나라의 호숙胡宿이 선주宣州의 통판通判으로 있을 때의 일이다. 살인범으로 허위 고소된 자가 있었는데 형사 사건이 성립되어 법률에 따라 사형에 처해질 상황이었다. 호숙이 이 사건에 의문을 품고서 죄수를 불러 신문했으나, 죄수가 고문이 두려워 감히 바른대로 말하지 못하였다. 호숙이 옷차림을 단정히 하고 대청에 앉아 생각하다가 잠깐 졸았다. 꿈에 어떤 사람이 찾아와서 다음과 같이 알려 주었다.

"살인자는 오씨吳氏이다."

호숙이 곧바로 죄수를 데려와서 좌우에 있던 사람들을 물리치고 다시 신문하니, 죄수가 말하였다.

"아침에 밭에 나가려고 하는데 고을의 아전이 저를 붙잡아 관아로 왔습니다. 그러나 그 이유를 모르겠습니다."

호숙이 사건 관련자들의 진술서를 가져다가 살펴보고 샅샅이 조사해 보니, 남편에게 구타를 당한 부인이 오씨와 간통을 한 뒤에 간통한 오씨가 남편을 죽이고 그 부인과 짜고서 죄도 없는 사람을 잡아다가 고소한 사건이었다.

○ 다산의 견해: 고문을 두려워하여 허위 자백하는 자를 나도 여러 차례 보았다. 백성이 이처럼 어리석으니 잘 살펴야 한다.

4. 꿈에서 알려 주어 시체를 찾다

○ 중국 송나라의 면재勉齋 황간黃榦이 안풍군安豊軍의 통판으로 있을 때의 일이다. 회서 수사淮西帥司가 황간에게 격문檄文을 보내 화주和州의 형사 사건을 조사하도록 하였다. 그런데 이 형사 사건은 의문점이 있어서 판결을 내리지 못하고 있던 사건이었다. 황간이 죄수의 수갑과 차꼬를 풀어 주고 음식을 먹이며 상세히 신문하였으나 아무것도 알아내지 못하였다. 그러던 어느 날 밤 우물 안에 사람이 있는 꿈을 꾸었다. 이튿날 죄수를 불러 꾸짖으며 신문하였다.
"네가 사람을 죽여 우물에 던졌다. 나는 다 알고 있다. 어찌 나를 속일 수 있겠는가!"
죄수가 마침내 놀라서 자백하였다. 과연 쓰지 않고 버려둔 우물에서 시체를 찾아냈다.

5. 꿈에서 알려 주어 상처를 알아내다

○ 중국 송나라의 장흡張洽이 원주袁州의 사리참군司理參軍으로 있을 때의 일이다.【장흡은 주자朱子의 문인門人이다.】 백성 중에 사람을 죽인 자가 있었는데, 그 아들에게 뇌물을 주어 불태우게 하였다가 몇 년 만에 사건이

들통났다. 장흡이 그 사건을 맡았으나 증거가 없어 걱정하였다. 그래서 우선 군郡에 아뢰어 위관委官이 내려와서 조사하게 하였다. 어느 날 장흡은 어떤 사람이 뜰에서 절을 하고 옆구리에 난 상처를 보여 주는 꿈을 꾸었다. 다음 날 위관이 그 사건을 처리하였는데, 사건의 정황이 실제로 꿈과 같았다.

6. 살인범을 대신하여 갇힌 사건을 바로잡아 밝히다

○ 중국 송나라 때 주수창朱壽昌이 낭주閬州의 지주知州로 있을 때의 일이다. 세력 있는 집안의 옹자량雍子良이 여러 차례 살인을 하였으나, 세력과 재물에 힘입어 죽지 않을 수 있었다. 이때 또 사람을 죽이고는 마을 백성에게 뇌물을 주어 대신 관아에 나가게 하여 형사 사건이 성립되었다. 주수창이 그의 간악함을 알아보고 죄수를 끌어내 추궁하였다.

"옹자량이 너에게 돈 10만 냥을 주고, 네 딸을 맞아들여 부인으로 삼고, 또 네 아들을 사위로 삼겠다고 하였으므로 네가 그를 대신하여 목숨을 바치기로 하였다는 말을 들었다. 그런 일이 있느냐?"

죄수의 얼굴빛이 변하자, 또 그 일을 들추어내며 말하였다.

"네가 일단 죽게 되면, 저 옹자량이 계약서를 작성해서 네 딸을 윽박질러 여종으로 삼고 너에게 준 돈은 그 몸값이라 할 것이며, 또 네 아들을 사위로 삼지도 않을 것이니, 앞으로 어떻게 할 셈이냐?"

죄수가 잘못을 깨닫고서는 손으로 얼굴을 가리고 흐느끼면서 말하였다.

"제가 헛되이 죽을 뻔했습니다."

마침내 실토하니, 주수창이 곧바로 옹자량을 잡아다가 법대로 처형하였다.

7. 살인범을 대신하여 갇힌 사건을 바로잡아 밝히다

○ 중국 송나라의 후영侯詠이 괵주 참군虢州參軍으로 있을 때의 일이다. 그 지역의 토착 세력가인 조보趙寶가 사람을 죽이고 자기 품팔이가 죽인 것처럼 허위로 고소하여 대신 죽게 하려고 하였으며, 게다가 관리에게 뇌물까지 주어 형사 사건을 성립시켰다. 후영이 범죄의 진상을 조사하여 즉시 법에 따라 처형하니, 온 고을 사람들이 귀신처럼 지혜롭다고 여겼다.

8. 살인범을 대신하여 갇힌 사건을 바로잡아 밝히다

○ 중국 송나라의 유창劉敞이 양주揚州의 지주로 있을 때의 일이다. 천장현天長縣에서 사람을 죽인 혐의로 왕갑王甲을 신문하였다. 형사 사건의 서류를 갖추어 올리자, 유창이 보고서는 그의 억울함을 알아차렸다. 그러나 왕갑이 아전을 두려워하여 감히 자신이 정당하다는 것을 밝히지 못하였다. 유창이 호조戶曹의 두유杜誘에게 사건의 처리를 위임하였으나, 두유가 왕갑의 억울함을 풀어 주지는 못하고 도리어 억울한 누명만 더 늘어나게 만들었다. 죄수의 죄상을 논할 때가 되자, 유창이 말하였다. "억울한 사건이다." 그러고서는 왕갑을 직접 심문하였다. 그러자 왕갑이 자기의 정당함을 밝힐 수 있겠다고 판단하여 용감하게 고하였다. 사람을 죽인 진짜 범인은 부자인 진씨陳氏였다. 사람들이 이 판결을 서로 전하면서 유창을 귀신처럼 지혜롭다고 여겼다.

9. 느닷없이 살인범으로 몰린 사건을 바로잡아 밝히다

○ 시어사侍御史 왕평王平의 자는 보형保衡이다. 그가 송나라 진종眞宗 초기에 허주許州의 사리司理로 있을 때의 일이다. 여자가 나귀를 타고 혼자서 마을을 지나가는데 도둑이 그 여자를 밭 사이에서 죽이고 옷을 벗겨 가지고 달아났다. 나귀가 달아나자, 밭의 옆집에서 이를 붙들어 매두었다. 아전이 나귀를 매어 둔 자를 체포하여 여자를 죽인 범인으로 지목하였으나, 보형은 의문점이 매우 많다고 생각하였다. 주장州將이 형사사건의 서류를 갖추어 올리라고 재촉하였으나, 보형은 더욱 의문을 굳혔다. 몇 달이 지난 뒤, 허주로부터 도망해 온 자가 있다는 내용의 공문을 하남河南에서 허주로 보내왔다. 그자에게 죄상을 추궁하니 참으로 여자를 죽인 범인이었다. 주장이 보형에게 사죄하면서 말하였다.

"사리가 아니었으면 잘못하여 죄도 없는 백성을 죽일 뻔하였다."

○ 다산의 견해: '허주로부터 도망해 온 자가 있다는 내용의 공문을 하남에서 보내왔다.'라는 것은, 하남은 허주와 이웃해 있는 지역으로, 허주로부터 도망 온 자가 있기 때문에 하남에서 공문을 보내 허주에 도착하였다는 것이다. 사람을 죽인 자가 마음속으로 겁을 먹고 스스로 안심하지 못하고 도망하여 하남까지 왔던 것이다. 도망자가 있을 경우 이웃고을끼리 공문을 보내 알려 주는 법은 참으로 좋은 제도였으나, 우리나라에서는 폐지하고 시행하지 않았다.

10. 느닷없이 살인범으로 몰린 사건을 바로잡아 밝히다

○ 고려 공민왕恭愍王 때 정운경鄭云敬이 복주福州의 판관判官으로 있

을 때의 일이다. 복주에서 어떤 중이 길에서 도둑을 만나 채찍질을 당하여 거의 죽게 되었다. 역리驛吏가 중에게 그렇게 된 까닭을 물으니, 이렇게 대답하였다.

"내가 베를 가지고 가다가 길가에서 밭에 거름을 주는 자를 보았고, 또 김을 매고 있는 자도 보았습니다. 얼마 뒤 어떤 사람이 뒤에서 따라와 치면서 말하기를 '나는 밭에서 김을 매던 사람이다. 너와 말을 좀 하려고 불렀는데, 너는 왜 대답하지 않았는가!' 하고서는 베를 빼앗아 갔습니다."

중은 말을 마치자마자 숨을 거두었다.

목사牧使가 밭에서 김을 매고 있던 자를 붙잡아다 신문하여 자백을 받아냈다. 정운경이 밖에 나갔다가 돌아와서 말하였다.

"어리석은 백성이 신장訊杖의 고문을 견디지 못하고 두려워서 사실대로 진술하지 못한 것입니다."

목사가 정운경에게 다시 신문하게 하였다. 정운경이 밭의 주인을 불러서 신문하였다.

"중이 지나갈 때 곁에 누가 있었느냐?"

밭의 주인이 대답하였다.

"한 사람이 있었는데, 그 사람이 '중이 가지고 가는 베 정도면 술값으로 충분하다.'라고 하였습니다."

정운경이 그 사람을 잡아다가 밖에 구속해 두고, 먼저 그의 아내【그 사람의 아내이다.】를 심문하였다.

"어느 달 어느 날에 네 남편【'이而' 자는 '너[汝]'라는 의미이다.】이 너에게 얼마간의 베를 보내 주었다고 하는데, 그런 사실이 있느냐?"

그 아내가 대답하였다.

"그렇습니다. 남편이 베를 가지고 돌아와서 말하기를 '베를 빌려 갔던 사람이 갚아서 받아왔다.'라고 하였습니다."

정운경이 즉시 그 사람을 신문하니, 말이 꿀려서 죄를 자백하였다.

목사가 놀라서 그렇게 조사하게 된 경위를 물으니, 정운경이 대답하였다.

"도둑은 반드시 자기의 자취를 숨기고 남이 알게 될까 두려워하는 법입니다. 그런데도 '나는 밭에서 김을 매던 사람이다.'라고 말했다는 것은 속임수입니다."

이 일로 고을 사람들이 모두 탄복하였다. 왕이 이를 듣고 정운경을 불러서 술을 내리며 장려하였다.

○ 다산의 견해: 이 사건은 오히려 변별하기가 쉬운 것이다.【정운경은 정도전鄭道傳의 아버지이다.】

11. 남에게 뒤집어씌운 사건을 변별하여 밝히다

○ 중국 북위北魏의 이숭李崇이 효문제孝文帝 때 강주江州의 도독都督으로 있을 적의 일이다. 정주定州에 유배流配된 해경빈解慶賓 형제가 어떤 사건에 연루되어 함께 양주揚州로 옮겨져 유배되었다. 그런데 아우 해사안解思安이 부역負役을 팽개치고 도망쳐 돌아갔다. 해경빈이 나중에 부역을 소급해서 부담시킬 것이 두려워서 성명과 관향貫鄕을 없애 버릴 계획을 세우고, 성城 밖에 어떤 사람의 시체가 있는 것을 알고서는 남에게 죽임을 당한 자기 아우라고 거짓말을 하고 거두어들여 장례를 치렀다. 그 시체가 동생 해사안과 상당히 유사하여 시체를 본 사람도 분별할 수가 없었다. 또 양씨楊氏라는 무녀巫女가 스스로 "귀신을 보았다." 하고서는 해사안이 살해당할 때의 고통스러운 모습과 허기지고 목말라 한다는 뜻을 말하였다. 해경빈이 같은 군병軍兵이었던 소현보蘇顯甫와 이개李蓋 등이 죽였을 것으로 의심된다고 허위로 고소하여 주州에 나아가 송사訟事

를 제기하였다. 두 사람이 혹독한 고문을 견디지 못하고 각각 허위로 자백하였다.

그리하여 사건을 판결하여 마무리하려고 하였는데, 이숭이 의문을 가지고 사건의 판결을 중지시켰다. 그리고 고을에 얼굴이 알려지지 않은 두 사람을 은밀히 해경빈에게 보냈다. 두 사람은 외지外地에서 왔다고 속이고 해경빈에게 말하였다.

"저희는 북주北州에 살고 있습니다. 근래에 지나가던 한 사람을 재워 주게 되었는데, 밤중에 같이 말을 나누다가 보니 수상하다는 의문이 들었습니다. 그래서 즉시 다그쳐 물었더니, 그 사람이 말하기를 '나는 유배된 군병으로서 부역을 팽개치고 도망하였다. 성姓은 해解이고, 자字는 사안思安이다.' 하였습니다. 당시에 관아로 압송하려고 하였으나 간절하게 살려 달라 하였고, 또 말하기를 '나의 형 해경빈이 현재 양주의 상국성相國城 안에 살고 있고, 형수의 성은 서씨徐氏이다. 그대가 만약 나를 불쌍히 여겨 형을 찾아가서 알려 주고 사정을 자세하게 설명한다면, 나의 형이 그런 말을 듣게 될 경우에는 반드시 후하게 보답할 것이다. 이제 나는 인질이 되어 있을 뿐이니, 만일 그대가 갔다가 보답을 받지 못한다면 그때 나를 관아로 압송하더라도 늦을 것이 무엇이 있겠는가!' 하였습니다. 그래서 이처럼 찾아와서 그러한 뜻을 진술하는 것입니다. 당신은 저희들에게 어느 정도로 보답해 주실 생각입니까? 보답을 받는다면 당연히 동생을 풀어 줄 것입니다. 만약 이 말을 믿지 못하겠으면 따라가서 동생을 만나 볼 수도 있습니다."

그러자 해경빈이 실망하여 얼굴빛이 변하였으며, 조금만 기다려 달라고 부탁하였다. 그 두 사람이 이러한 사실을 자세히 이숭에게 보고하니, 이숭이 해경빈을 잡아다가 심문하여 사실대로 자백을 받았다. 그리고 이개 등을 다시 심문하니, 그제야 "스스로 허위 자백을 하였습니다."라고 하였다. 며칠 사이에 해사안도 사람을 시켜 체포해서 보내게 하였다. 이숭이 무녀 양씨를 불러 살펴본 뒤 태笞 100대를 쳤다. 이숭이 옥사를 판결할 때에는 모두 이처럼 정확하게 살폈다.

12. 남에게 뒤집어씌운 사건을 변별하여 밝히다

○ 중국 송나라의 사린謝麟이 회창 영會昌令에 임용되었을 때의 일이다. 한 백성이 술에 취해 밤에 원한이 있던 사람과 싸우고 돌아갔는데, 친족이 그를 죽였다. 그러고는 그 친족이 죽은 사람과 원한이 있던 사람을 살인 혐의로 허위 고소하였다. 사린이 죽은 사람에게 아들이 없고 친족이 그의 재산을 탐내왔던 사실을 알고서는 한 차례 신문하여 사실을 밝혀냈다.

○ 다산의 견해: '소친所親'이란 죽은 사람의 친족을 말하는 것으로, 죽은 자가 죽게 되면 그 재산을 상속받을 수 있는 사람이다. 이러한 사건도 남에게 뒤집어씌운 사건의 부류이다.

13. 남에게 뒤집어씌운 사건을 변별하여 밝히다

○ 중국 송나라의 손장경孫長卿이 화주和州의 지주로 있을 때의 일이다. 한 백성이 자기 아우가 다른 사람에게 살해되었다고 고소하였다. 그런데 고소한 사람의 말을 살펴보니 진실하지 않았다. 그래서 심문하였다.

"너의 집은 몇 등급이며, 너의 가족은 몇 사람인가?"

고소한 사람이 대답하였다.

"아우 하나와 처자뿐입니다."

그러자 손장경이 말하였다.

"아우를 죽인 자는 형이다. 아마도 아우의 재물을 독차지하려고 저지른 짓일 것이다."

사실을 조사해 보니 과연 그러하였다.

14. 남에게 뒤집어씌우는 것을 금지하는 법을 만들다
【남에게 뒤집어씌운 사건에 대해 적용하는 법률이 있다.】

○ 도승학陶承學이 휘주徽州의 수령守令으로 있을 때의 일이다. 그 고을 백성이 기가 드세고 소송하기를 좋아하였다. 살인 사건에 대한 고소가 있을 때면 도승학이 반드시 먼저 그 고소한 사람에게 다음과 같이 다짐하였다.

"이 사건은 너의 아버지가 죽은 사건이 아니라 너의 형제가 죽은 사건이다. 오래도록 원통함을 밝히지 못하여 살인범의 썩은 해골을 꺼내어 처형할 정도의 사건이 아니라면 살인범과 동일한 법률을 적용하겠다."

그리고 그에 대해 승복하는 진술서를 갖추게 하고서야 사건을 조사하였다. 만약 소송한 내용을 사실로 확인할 수 없으면 소송한 사람을 중죄로 다스렸다. 한두 사람을 이처럼 법에 따라 처벌하고 나니, 도승학이 재임하고 있던 기간에는 감히 살인 사건을 허위로 고소하는 백성이 없었다.

○ 다산의 견해: 이것도 남에게 뒤집어씌우는 것을 금지한 것이다.

○《대명률》에 다음과 같이 말하였다.

"허위로 고소한 사람에게는 각각 허위 고소로 이루어진 죄에 2등급이나 3등급을 추가하여 처벌한다. 허위 고소한 사건이 사형죄에 해당하는 사건이면, 허위 고소를 당한 사람이 이미 처형된 경우에는 반좌율反坐律을 적용하여 허위로 고소한 사람도 사형에 처하고, 아직 판결이 나지 않은 경우에는 허위 고소한 사람에게 100대의 형장을 치고 3000리의 유형流刑에 처하며, 3년의 부역負役을 추가한다."

○ 《대명률》에 다음과 같이 말하였다.

"조부모·부모가 자손을 고의로 죽이거나 가장家長이 노비를 고의로 죽이고서 그 혐의를 다른 사람에게 뒤집어씌운 경우에는 70대의 형장을 치고 1년 6개월의 도형에 처한다."

○ 또 다음과 같이 말하였다.

"만일 자손이 이미 죽은 조부모·부모의 시신을, 노비·품팔이가 집주인의 시신을 가지고 남이 죽인 것이라고 혐의를 뒤집어씌운 경우에는 100대의 형장을 치고 3년의 도형에 처한다."

○ 또 다음과 같이 말하였다.

"관아에 허위로 고소한 자는 그 고소한 사안의 경중에 따라 모두 죄 없는 사람을 허위로 고소하였을 때 적용하는 법률에 의거하여 죄를 처벌한다."【법률 조문이 매우 많아 여기에 다 기록하지 않았다. 따라서 사건을 담당하는 사람은 《대명률》을 참고해야 한다.】

○ 다산의 견해: '도뢰圖賴'는 '백뢰白賴'라고도 하는 것으로, 우리말로 옮기면 '악행을 저지르다.'라고 할 수 있고, '억지'라고 풀이할 수도 있다. 백뢰란 우리말의 '생억지'라고 하는 것과 뜻이 통한다. 우리나라에서는 아직도 '도뢰'가 무슨 일인지를 모르고 있다. 사람의 목숨이 달려 있는 사건은 '도뢰'가 반을 차지하는데, '도뢰'에 대한 법률 조문이 실려 있어도 지금 다루고 있는 사건이 바로 '도뢰'라는 사실을 모른다. 그러므로 법관이 남에게 뒤집어씌운 자를 법률에 따라 처벌하지 못하고 논리적으

로 당해내지 못한 채 물러나니, 남에게 뒤집어씌운 사람은 태연하여 아무런 일이 없다. 이 때문에 너도나도 소송을 제기하여 징계할 줄을 모른다. 나라의 법을 관장하는 사람은 이런 것에 대해서도 강구해야 한다.

15. 남에게 혐의를 뒤집어씌운 자에게는 반좌율을 적용한다

○ 정승 남구만南九萬이 김후남金厚男의 죄를 정할 때 제시한 의견은 다음과 같다.

"김후남이 최남산崔南山에게 분풀이를 하려고 자기 아우의 집에서 병들어 죽은 사내아이의 시체를 파내어 와서 자기 아들이라 하면서 최남산이 밟아 죽였다고 허위로 꾸몄습니다. 그리고 자기 딸아이를 아우의 집에 보내어 숨어 있게 하고서는 시정時丁을 시켜 관아에 고소장을 바치게 하였습니다. 관아에서는 시체를 검안檢案하고 형사 사건을 성립시켰으며, 최남산은 결국 형장을 맞고 죽게 되었습니다. 이제 김후남에게 허위로 고소한 죄를 적용하기로 한다면, 고소장을 제출한 시정이 주범主犯이 되어 목숨으로 보상해야 하고, 허위 고소 계획을 주도한 김후남은 종범從犯이 되어 죽음을 벗어나게 됩니다. 그렇게 될 경우에는 범죄의 정상情狀을 따져볼 때 처벌의 강도가 서로 어긋나게 됩니다. 김후남에게 계획적으로 살인한 죄를 적용하기로 한다면, 김후남은 계획을 세운 자로서 주모자가 되고, 시정은 고소장을 제출한 자로서 가담자가 되니, 모두 사형죄로 처벌해야 합니다. 그러나 어떤 사람은 이 사건에 적용할 법률은 허위로 고소했을 때 적용하는 법률이 해당 법률이고, 계획적으로 살인했을 때 적용하는 법률은 참작하는 법률이라고 생각하기도 하였습니다. 이 점이 형조가 판결을 내리지 못하고 주저하면서 신들에게 자문을 구한 이유입니다. 그러나 지금 두 사람의 범죄 정황으로 볼 때, 남을 허위 고소한 죄로 판결한다면 시정은 고소장을 제출한 사람으로서 반좌율을 적용하여 사형에 처하는 것이야 본래 당연한 일입니다. 그러나 계획을 세워 고소장을 제출하게 하고 아이의 시체를 바꾸어 시체를 검안할 때 그것이 김후남의 아이 시체인 줄로 알고 사건을 성립시키게 한 것은 모두 김후남에게서 나왔습니다. 그렇다면 김후남을 종범으로 삼아 도리어 시정보다도 가볍게 처벌해야 할 이치는 결코 없습니다. 게다가 《대명률강해大明律講解》〈형률刑律〉에서도 '계획적으로 사람을 죽인다는 것은 몽둥이나 칼로 죽인 것만을 가리키지 않고 서로 길을 에워싸거나 가로막고서 위협한 자들도 모두 가담자로서 교수형絞首刑에 처한다.'라고 하였으니, 이제 사람을 죽였다고 남을 허위로 고소하고 시체를 바꾸어 증거를 조작한 자에게 계획적인 살인을 한 사람으로 판결을 내리는 것도 가능하다고 봅니다. 예전에 선왕先王인 현종顯宗 때 평안도에서 이지휼李枝恤의 살인 사건[32]이 있었는데, 이지휼의 아버지에게는 남을 허위 고소한 죄를 적용하고, 이지휼의 아내에게는 다른 사람의 시체를 이지휼의 시체인 것처럼 거짓으로 믿게 하여 사건을 성립시킨 죄를 적용하여 모두 반좌율에 따라 사형에 처하였습니다. 이제 이 두 사람의 범죄도 이지휼의 살인 사건을 심리했던 것과 비교해 차이가 없어야 합니다."

---

32 이지휼李枝恤의 살인 사건: 평안도 수안遂安에 사는 이지휼이 동서인 김애격金愛格의 집에서 물건을 찾아가지고 돌아오다가 도망하였는데, 이지휼의 아버지 이승립李承立이 김애격이 재물 때문에 다투다가 이지휼을 죽였다고 고소하였다. 이지휼의 숙부 이호림李豪林은 길가에 있던 시체를 이지휼의 시체라고 증언하였고 이지휼의 아내 선합先合도 숙부의 말을 따라 증언하였다. 결국 김애격이 살인 혐의를 벗지 못하고 신장訊杖을 맞고 사망하였다. 그러자 김애격의 아내가 남편의 원수를 갚기 위해 14년을 찾아다닌 끝에 이지휼을 발견하였다. 그리하여 이지휼과 그의 아내 선합은 계획적인 살인을 한 죄로 사형에 처해졌다. 이 사건은 1656년(효종 7) 봄에 발생하여 1670년(현종 11) 겨울에서야 마무리되었다.

○ 다산의 견해: 여기 인용한 《대명률강해》의 내용은 남에게 죄를 뒤집어씌운 사건에 적용하는 조문이다. 남에게 뒤집어씌운 죄에 대해서는 본래 적용하는 법률이 있으나, 우리나라에서는 사건의 판결을 의논할 때 이 법률을 인용하여 적용할 줄을 모른다. 그래서 의논한 결과가 공정성을 상실하는 경우가 있다.

16. 얼굴빛을 살펴보고 살인범을 알아내다

○ 중국 삼국시대 위魏나라의 고유高柔가 정위廷尉로 있을 때의 일이다. 호군영護軍營의 병사인 두례竇禮가 가까운 곳에 외출했다가 군영軍營으로 돌아오지 않았다. 그러자 군영에서는 두례가 도망쳤다고 생각하여 황제에게 표문表文을 올려 추격하여 체포할 것을 요청하고, 두례의 아내와 자식까지도 아울러 몰수하였다. 그러자 두례의 아내 영씨盈氏 및 자녀가 억울하다고 하면서 스스로 소송을 제기하였으나, 사건을 살펴 처리해 주는 사람이 없었다. 그리하여 정위인 고유에게 나아가 억울하다고 호소하였다.

고유가 그들에게 물었다.

"남편이 죽었다는 사실을 어떻게 아는가?"

영씨가 대답하였다.

"남편은 경솔하거나 교활하여 가정을 돌보지 않을 사람이 아닙니다."

고유가 또 물었다.

"네 남편이 다른 사람과 원수를 진 일이 없는가?"

영씨가 대답하였다.

"남편이 선량하여 다른 사람과 원수를 진 일이 없습니다."

고유가 또 물었다.

"네 남편이 다른 사람과 돈을 거래하지는 않았는가?"

영씨가 대답하였다.

"일찍이 같은 군영의 병사인 초자문焦子文에게 돈을 빌려준 적이 있습니다."

당시에 초자문은 사건에 연루되어 감옥에 구속되어 있었다. 고유가 초자문을 불러 연루된 사건 내용을 묻고, 이런저런 이야기를 나누다가 물었다.

"네가 일찍이 다른 사람에게 돈을 빌린 적이 있는가?"

초자문이 대답하였다.

"제가 외톨이이고 가난하여 감히 남에게 물건을 빌리지 못했습니다."

고유가 초자문의 얼굴빛이 달라지는 것을 살피고 나서 마침내 말하였다.

"네가 전에 두례에게 돈을 빌린 사실이 있는데, 왜 빌리지 않았다고 말하였느냐?"

초자문이 사실이 들통난 것을 괴이하게 여겨 대답이 횡설수설하였다. 고유가 추궁하였다.

"네가 두례를 죽였지? 냉큼 실토하라."

초자문이 이에 머리를 숙여 사죄하며 모두 자백하였다.

17. 얼굴빛을 살펴보고 살인범을 알아내다

○ 중국 삼국시대 위魏나라의 호질胡質이 상산 태수常山太守가 되었다가 동완 태수東莞太守로 자리를 옮겼을 때의 일이다. 선비 노현盧顯이 남에게 살해되었으나, 범인을 잡지 못하였다. 호질이 다음과 같이 생각하였다. '이 선비가 원수를 진 사람은 없고 집에 젊은 아내가 있다고 하던데, 그래서 죽은 것인가?'

그 이웃에 사는 소년들을 모두 불렀는데, 서리書吏 이약李若이란 자의 얼굴빛이 달라졌다. 마침내 그에게 정상을 샅샅이 다그쳐 물으니, 즉시 자수하고 죄를 인정하였다.

○ 다산의 견해: 젊은 아내가 있었다고 한 것을 보면 노현은 늙은 사람이라는 것을 알 수 있다.【소년이 젊은 아내를 거느린 경우에는 '젊은 아내[小妻]'라고 말하지 않는다.】늙은 사람이 젊은 아내를 거느리고 있었고 그의 죽음에 다른 단서가 없는 경우에는 당연히 이와 같이 의문을 품어야 한다.

18. 얼굴빛을 살펴보고 살인범을 알아내다

○ 중국 송나라의 군산君山 채고蔡高가 장계長溪의 현위縣尉로 있을 때의 일이다. 백성 중에 부부夫婦는 모두 외출하고 도둑이 집을 보던 아들을 죽인 사건이 있었다. 채고가 급히 마을 백성을 불러 모아 빙 둘러 앉힌 뒤 자세히 살펴보고는 한 사람을 가리키며 말하였다.
"이 사람이 사람을 죽인 사람이다."
그를 신문하니 과연 자백을 하였다. 많은 사람들이 어떤 방법으로 찾아냈는지를 몰랐다.【《구양공집歐陽公集》에 나온다.】

19. 얼굴빛을 살펴보고 살인범을 알아내다

○ 중국 송나라의 장일張逸이 익주益州의 지주로 있을 때의 일이다. 장일이 모두 4차례나 촉蜀 땅에 왔으므로 그곳 백성의 풍속을 익숙히 알고 있었다. 화양 추장華陽騶長이 사람을 죽이고 길을 지나가던 사람을 허위로 고소하였다. 현령이 뇌물을 받고 사건을 성립시킨 뒤에 살인범을 시켜 죄수를 지키게 하였다. 장일이 말하였다.

"죄수는 억울해하는 기색이고, 죄수를 지키는 자는 떳떳지 못한 기색이니, 아마도 죄수를 지키는 자가 사람을 죽인 듯하다."

죄수가 그제야 사실대로 말하였고, 죄수를 지키던 자도 사실대로 자백하자, 즉시 처형하였다. 촉 땅 사람들이 장일을 귀신같다고 하였다.

20. 얼굴빛을 살펴보고 살인범을 알아내다

○ 숙종肅宗 때 윤이건尹以健이 금성 현령金城縣令으로 있을 때의 일이다. 당시 어떤 사람의 시체가 길가에 버려져 있었으나 범인을 찾지 못했다. 윤이건이 문득 시체에 묶여 있던 끈을 풀어 감춘 채 가지고 가면서 여러 사람 중 행동이 수상한 사람을 자세히 살핀 뒤 속으로 기억해 두었다. 가까운 마을 백성의 집에 이르러 벽을 둘러보니 끈이 걸려 있었다. 시체에서 풀었던 끈을 가져와서 그 끈과 합쳐 보니 차이가 없었다. 그 끈의 주인 이름을 물어보니 지난번 살펴보고서 기억해 두었던 사람이었다. 그 사람을 조사하니 모두 자백하였다. 그러자 온 고을 사람들이 윤이건을 귀신처럼 지혜롭다고 하였다.【윤이건은 숙종 때의 사람이다.】

21. 소리를 듣고 살인범을 알아내다

○ 중국 춘추시대 정鄭나라의 자산子産이 새벽에 문밖으로 나오다가 부인이 종의 손을 치면서 곡하는 소리를 들었다. 한참 있다가 자산이 아전을 시켜 부인을 잡아와서 심문하게 하니, 그 부인이 바로 자기 남편을 죽인 것이었다. 그 종이 물었다.

"대감께서 어떻게 아셨습니까?"

자산이 대답하였다.

"사람은 자기와 가깝고 사랑하는 사람에 대해서는 병이 있는 줄을 알면 걱정하고, 죽을 때가 되면 두려워하고, 죽고 나면 슬퍼하는 법이다. 그런데 지금 이 부인은 죽은 남편을 위해 곡을 하면서도 두려워하니, 그 부인이 간통하였다는 것을 알 수 있었다."【《논형論衡》에 나온다.】

22. 소리를 듣고 살인범을 알아내다

○ 중국 한漢나라의 장준莊遵이 양주 자사揚州刺史로 있을 때의 일이다. 관할 지역을 순시하다가 여자가 곡하는 소리를 들었는데, 두려워만 하고 슬퍼하는 기색이 없었다. 장준이 물어보니 대답하였다.

"남편이 불에 타 죽었습니다."

장준이 아전에게 주의를 준 뒤에 시체를 내주어 사람을 시켜 지키게 하면서 말하였다.

"물건이 있을 것이다."

시체를 지키러 갔던 아전이 말하였다.

"파리가 시체의 머리로 모여듭니다."

그래서 상투를 헤치고 살펴보니 쇠꼬챙이가 정수리에 꽂혀 있었다.【또 다른 책에는 '쇠못[鐵釘]'이라고 기록되어 있다.】 마침내 고문하니, 자백하였다.

"간음姦淫 때문에 남편을 죽였습니다."

23. 소리를 듣고 살인범을 알아내다

○ 중국 당나라의 한황韓滉이 윤주潤州에 있을 때의 일이다. 밤에 수행원과 함께 만세루萬歲樓에 올라 한창 술을 마시다가 좌우의 사람들에게 말하였다.

"너희들은 부인의 곡하는 소리를 들었는가?"

그는 아전에게 명하여 곡한 여자를 잡아오게 하였다. 여자를 신문하니, 대답하였다.

"남편이 죽어 곡을 하였습니다."

한황이 의심을 품고서 재삼 고문하였으나 이틀 밤이 지나도록 사건을 성립시키지 못하였다. 아전이 죄를 물을까 두려워서 시체의 곁을 지키고 있었는데, 큰 쇠파리가 그 시체의 머리로 모여들었다. 그래서 상투를 헤치고 살펴보니, 과연 부인이 이웃 사람과 간통하고 자기 남편을 취하게 한 뒤에 못을 박아 죽인 것이었다. 사람들이 한황을 귀신같다고 하였다.

○ 다산의 견해: 이 사건은 엄준嚴遵의 사건과 같다.[33] 의심이 생겼으면 즉시 시체의 수의를 벗기고 검안을 해야 한다. 그런데도 기어이 아전에게 시체를 지키게 하여 파리가 날아든 뒤에야 검험을 시작한 것은 살인 사건은 매우 중대하여 증거가 없으면 시체의 수의를 벗겨 검험할 수 없기 때문이었다.【《순암정요順菴政要》에 다음과 같이 말하였다. "고려 때 아내가 남편을 죽인 사건이 있었는데, 시체를 검험해도 상처가 없어 형관刑官이 걱정을 하였다. 그 형관의 아내가 물어보더니 상황을 알고 나서는 말하기를, '시체를 방 가운데에 놓아 둔 뒤에 파리가 모이는 곳을 살펴보아야 합니다.' 하였다. 형관이 아내의 말에 따라 해 보니, 과연 배꼽 속에 작은 바늘이 꽂혀 있었다. 마침내 이를 증거로 그 부인을 법에 따라 처형하였다. 형관의 아내도 재혼하여 얻은 여자였으므로 간통하고 있는지 의심이 되어 내쫓았다고 한다." 하였다.】

---

33 이 사건은……같다: 다산이 말한 '엄준嚴遵의 사건'은 이 조항의 바로 앞에 수록된 '장준莊遵의 사건'을 가리키는 것으로 보인다. 앞의 조항에서는 《의옥집疑獄集》, 《절옥귀감折獄龜鑑》, 《당음비사棠陰比事》에 의거하여 '엄준嚴遵'을 '장준莊遵'으로 교감하였다.

24. 소리를 듣고 살인범을 알아내다

○ 고려의 이보림李寶林이 경산부京山府의 수령으로 있을 때의 일이다.【우왕禑王 원년(1375)이다.】 길에서 부인의 곡하는 소리를 듣고 말하였다.

"곡하는 소리가 슬프지 않으니 반드시 간통한 일이 있었을 것이다."

그 부인을 잡아다가 신문하니, 과연 간통한 사내와 함께 남편을 계획적으로 죽인 것이었다.

○ 다산의 견해: 이 조목도 반드시 사건의 실질적인 내용이 있을 것이니, 이것을 가지고 신통하다고 해서는 안 된다. 이와 같이 기록이 부실하니 사실을 알 수가 없다.

25. 소리를 듣고 살인범을 알아내다

○ 송당松堂 박영朴英이【무관武官 승지承旨였다.】 김해 부사金海府使로 있을 때의 일이다. 박영이 동헌東軒에 있다가 동쪽 이웃으로부터 부인의 곡하는 소리를 듣고 급히 형리刑吏를 시켜 그 부인을 잡아오게 하였다. 박영이 물었다.

"너는 왜 곡을 하였느냐?"

부인이 대답하였다.

"우리 남편이 병도 없이 갑자기 죽었기 때문입니다."

박영이 다시 물으니, 또 대답하였다.

"우리 부부가 매우 다정하게 함께 살아온 사실은 이웃과 마을에서 다 알고 있습니다."

뜰에 있던 하인들도 일제히 대답하였다.

"그렇습니다. 조금도 달리 의심할 것이 없습니다."

박영이 사람을 시켜 시체를 들고 오게 해서 안팎과 위아래를 돌려가며 살펴보았으나 상처가 전혀 없었다. 부인이 몸부림치고 울부짖으면서 말하였다.

"하늘은 나를 알 것입니다. 수령께서 왜 이렇게 하십니까?"

하인들도 모두 몰래 탄식하였고 그중에는 눈물을 흘리는 자도 있었다. 박영이 그 시체를 반듯이 누이게 하고 힘이 있는 군교軍校를 시켜 가슴부터 배까지 세차게 누르게 하니, 과연 배꼽 속에서 가운뎃 손가락만 한 길이의 가시가 빠져나왔다. 박영이 즉시 그 부인을 묶고서 말하였다.

"내가 본래 너에게 간통하는 사내가 있다는 것을 알고 있었다. 빨리 대라."

부인이 마침내 죄를 실토하였다.

"아무 마을 아무개와 같이 달아나기로 약속하고, 남편이 술에 취하여 자고 있는 틈을 타서 범행을 저질렀습니다."

군교를 보내 그 간통한 사내를 급히 체포하였는데, 그가 진술한 말도 여자의 진술과 일치하였으므로 바로 법에 따라 처형하였다.

사람들이 박영에게 물었다.

"어떻게 알았습니까?"

박영이 대답하였다.

"처음 그 여자가 곡하는 소리를 들었을 때 슬퍼하지 않았기 때문에 붙들어 오게 하였고, 시체를 검안檢案할 때에도 겉으로는 몸부림을 쳤으나 실제로는 두려워하는 기색이 있었다. 그래서 알았을 따름이다."

26. 우물을 헤아려 보고 살인범을 알아내다

○ 중국 송나라 심괄沈括의 《몽계필담夢溪筆譚》에 나오는 내용이다.

"장승張昇이 윤주潤州의 지주로 있을 때의 일이다. 어떤 부인의 남편이 외출하여 며칠이 지나도 돌아오지 않았다. 그런데 갑자기 채소밭 우물 속에 죽은 사람이 있다는 말을 듣고 여자가 즉시 달려가 곡을 하면서 말하기를 '내 남편이다.' 하였다. 이 사실이 관아에 알려졌다. 장승이 이웃과 마을 사람들을 모아 우물에 가서 살펴보았다. 모두 말하기를 '우물이 깊어서 누구인지 분별할 수 없다.' 하였다. 장승이 말하기를 '많은 사람이 모두 누구인지 분별하지 못했는데 부인만 홀로 남편이라는 것을 알았으니 무슨 까닭이냐?' 하였다. 신문해 보니, 간통한 사내가 살해하고 부인이 함께 계획한 사건이었다."

27. 새를 쏘려다가 잘못하여 사람을 맞히다

○ 중국 송나라의 하승천何承天이 유의劉毅의 참군參軍으로 있을 때의 일이다. 유의가 외출하였는데, 고을의 아전 진만陳滿이 새를 잡으려고 쏜 화살이 잘못하여 직수直帥를 맞혔다. 직수가 부상을 당하지는 않았으나, 법에는 저자에서 처형해야 한다고 규정되어 있었다.

하승천이 말하였다.

"형사 사건은 사건의 정황을 살펴보고 판단하는 것이 중요하고, 혐의가 의심스러우면 가벼운 쪽으로 처벌하는 법입니다. 옛날에 한漢나라 문제文帝가 타고 있던 수레의 말을 놀라게 한 사람이 있었는데, 장석지張釋之가 천자의 수레를 범한 죄로 논하여 벌금을 내는 정도로만 처벌하였습니다. 이는 천자가 탄 수레의 말을 놀라게 하려는 의도가 명백히 없었기 때문입니다. 그래서 천자가 탄 수레를 범하는 중대한 죄를 지었는데도 그 사람에게 특별법을 적용하여 가중 처벌을 하지 않았습니다. 그런데 지금 진만은 새를 쏘려는 생각이었지 애당초 사람을 맞히려는 의도가 없었습니다. 과오로 사람을 다치게 한 경우에는 법률에도 오히려 형벌을 감해 준다고 규정되어 있는데, 하물며 사람이 다치지도 않았으니 더 말할 것이 있겠습니까! 당연히 가볍게 처벌해야 합니다."

유의도 그 주장이 옳다고 하였다.

○ 다산의 견해: 직수直帥는 수레를 호위하는 관원이다. 수레를 호위하는 관원은 주장主將과 가까운 곳에 있기 때문에 날아온 화살이 그 관원을 맞혔다. 이런 경우에는 법에 '저자에서 처형한다.'라고 규정되어 있으나, 이번에는 단지 과오로 발생한 일이기 때문에 용서해 주었다.

28. 채소를 훔치려다 잘못하여 사람을 찌르다

○ 중국 송나라의 동파東坡 소식蘇軾의 〈외증조정공일사外曾祖程公逸事〉[34]에 나오는 내용이다.

"외증조의 이름은 인패仁覇이고, 미산眉山 사람이다. 외증조가 녹사참군綠事參軍을 맡고 있을 때였다. 미산위眉山尉가 무 뿌리를 훔치던 도둑을 붙잡았는데, 그 도둑이 무 뿌리를 훔치던 중에 잘못하여 가지고 있던 칼로 주인을 찔러 죽였다. 미산위는 포상을 바라고 위협하여 진술하게 하였고, 감옥의 담당 관리는 뇌물을 받고 고문하여 사건을 성립시켰다. 태수太守가 죄수의 범죄 사실을 조사하여 기록하려고 하는데, 그 도둑은 처마 아래에 앉아서 옷이 다 젖도록 울고만 있었다. 외증조가 마침 그곳을 지나다가 그의 원통함을 알아보고, 도둑에게 큰소리로 말하기를【색咋은 '큰소리'라는 의미이다.】'네가 원통하다면 어찌하여 스스로 말하지 않느

---

34 외증조정공일사外曾祖程公逸事: 소식蘇軾의 《동파전집東坡全集》〈외증조정공일사〉에 나온다.

94

냐? 내가 너를 위해 사건을 바로잡아 보겠다.' 하였다. 도둑이 참으로 억울하다고 호소하였으나, 태수가 들어주지 않았다. 사건을 다른 곳으로 옮겨 심리하였으나, 결국 그 도둑은 죽임을 당하였다. 외증조는 죄인을 유혹한 죄에 걸려 파면되어 돌아갔다.【'수誘'는 '유혹하다' 또는 '꾀어내다'라는 의미이다.】 그리고 한 달이 채 못 되어 미산위와 감옥의 담당 관리는 모두 갑자기 죽었으나, 외증조는 복록福祿이 더욱 성하였다."

○ 다산의 견해: 무 뿌리 하나를 탐내어 사람을 죽인다는 것은 이치에 맞지 않는다. 그러나 여러 사람이 죄를 만들어 사건을 성립시키면 한 사람의 말로는 사건을 바로잡을 수가 없다. 원통한 일을 밝힌다는 것이 이처럼 어렵다.

29. 메추리를 차지하려고 다투다가 잘못하여 사람을 죽이다

○ 중국 송나라의 한진경韓晉卿은 법을 집행하는 관리였다. 개봉開封의 백성이 메추리를 차지하려고 서로 다투다가 사람을 죽였다. 왕안석王安石은 다음과 같이 말하였다.

"도적이 체포를 거부하여 싸우다가 죽었으니, 죄가 없다."

반면에 한진경은 다음과 같이 말하였다.

"이것은 싸우다가 죽인 사건이다."

두 사람이 각각 자기의 주장을 끝까지 유지하고 바꾸려 하지 않았다.[35]

---

35 두 사람이……않았다: 왕안석은 무죄를 주장하였으나, 한진경은 사형에 처해야 한다고 주장하여 오래도록 결론을 내지 못하였다. 《송사宋史》〈한진경열전韓晉卿列傳〉.

30. 들새를 잡으려다가 잘못하여 사람을 죽이다

○ 중국 원元나라 때의 일이다. 제양현濟陽縣의 목동牧童이 쇠붙이가
연결되어 있는 도구를 가지고서 들새를 잡으려다가 잘못하여 같이 일하
는 목동을 죽이게 되어 몇 년이나 감옥에 갇혀 있었다. 답리마答里麻[36]가
다음과 같이 말하였다.

"어린아이가 잘못하여 같이 일하는 목동을 죽인 사건은 본래 남을 죽
이려는 마음이 없었던 것이니, 죄를 판정하기 어렵다."

벌금을 바치게 하고 보내 주었다.

31. 활쏘기를 연습하다가 어머니를 맞혀 죽게 하다

○ 우리나라의 역사서에 나오는 내용이다.

숙종이 즉위한 해에【갑인년(1674) 가을이다.】광주廣州의 백성 이상신李尙信
이 집 뒤의 마당에서 활쏘기를 연습하였는데, 그의 어머니가 마침 울타
리 안에 앉아 있었다. 이상신이 활시위를 당겨 화살을 쏘려고 할 때, 손
가락에 낀 깍지가 빠지면서 화살이 시위를 떠나 느닷없이 발사되어 자기
어머니의 허리와 등 사이를 정통으로 맞혀 3일 만에 죽게 되었다. 장례
를 치른 뒤에 이상신이 관아에 나아와서 자수하고 죽여 주기를 요청하
였다. 광주부에서 사실을 조사하여 확인하였다. 이상신의 아버지도 "이
상신이 변고를 당한 뒤 여러 차례 스스로 목매어 죽으려 하는 것을 겨우
말려 관아에서 죄를 받도록 하였다."라고 하였다.

이 사건을 형조刑曹에 내려 대신들과 의논하게 하였다. 영의정 허적許

---

36 답리마答里麻:《원사元史》〈달이마열전達爾瑪列傳〉에는 달이마達爾瑪로 되어 있다.

積 등이 의논하여 아뢰었다.

"이상신의 어머니가 죽게 된 원인이 이상신이 쏜 화살에 잘못 맞았기 때문이고 보면, 이상신의 도리로서는 하루도 이 세상에서 살 수가 없으니, 즉시 자결하여 한없이 슬픈 마음을 조금이라도 펴야 할 것입니다. 애당초 이상신이 스스로 목을 매어 죽으려 할 때 아버지의 만류를 받았다고는 하지만, 지금까지 죽지 않은 것을 보면 그가 사납고 형편없는 자라는 것을 알 수 있습니다. 자손이 실수로 부모를 죽인 경우에는 본래 100대의 형장을 치고 3000리의 유형流刑에 처한다는 법률이 있으니, 다른 법조문을 끌어다가 참작하여 적용할 수 있는 사안이 아닙니다. 조정에서 법을 적용할 때에는 해당 법률을 놓아두고 그 죄를 더할 수는 없습니다."

주상이 의논하여 아뢴 대로 시행하라고 명하였다.

○ 다산의 견해: 이 사건은 본래 적용할 수 있는 법률이 있기는 하지만, 갑자기 이러한 사건을 당하면 사람들이 반드시 당혹스러워한다. 차라리 고사故事를 인용하여 신중하게 처리하는 것이 낫다.

32. 발로 걷어찼다가 잘못되어 죽다

중국 송나라의 장흡張洽이 지주池州의 통판으로 있을 때의 일이다. 장덕수張德修란 자가 사람을 잘못 걷어차 죽게 한 사건이 있었는데, 옥리獄吏가 고의로 죽인 것이라고 허위로 꾸몄다. 장흡이 신문해 보고 의심스러워서 다시 신문할 것을 요청했으나 태수太守가 들어주지 않았다.

마침 제점상평提點常平인 원보袁甫가 도착하였다. 당시에 한창 크게 가뭄이 들었는데, 기우제祈雨祭를 지내도 효과가 없었다. 장흡이 원보에게 말하였다.

"한漢나라와 진晉나라 이후로 형벌을 함부로 사용하여 가뭄을 불러오고 억울한 사정을 풀어 주어 비를 내리게 한 사실이 서적에 실려 있어 살펴볼 수 있습니다. 요즈음 날씨가 크게 가문 것도 장덕수의 사건 때문이 아니라고 어떻게 보장하겠습니까!"

원보가 사건 중에서도 의심스러운 정황을 조사한 뒤에 마침내 장덕수에게 도배徒配를 적용하였다.

33. 장난치다가 잘못하여 사람을 죽이다

○ 정승 남구만南九萬이 이두진李斗鎭의 사건에 대해 차자箚子를 올려 다음과 같이 논하였다.

"이두진이 사람을 죽인 것은 본래 죽이려는 의도가 없었으나 불행하게도 물에 떨어져 죽게 된 것이니, 목숨으로 보상하도록 판결한다면 어찌 측은하지 않겠습니까! 그렇기는 하지만 선왕先王께서 법률을 제정할 때, 장난치다가 잘못하여 죽게 된 경우와 다른 사람을 때리다가 잘못하여 곁에 있던 사람을 죽인 경우는 모두 죽음으로 보상하도록 처리하였습니다. 이것이 어찌 그 정상은 참작하지 않고 차마 죄인을 죽이려고 그런 것이겠습니까! 법의 취지로 볼 때, 이와 같이 처리하지 않으면 죽은 사람이 원통함을 품고 있을 뿐만 아니라 앞으로 서로 죽이는 것을 금할 수도 없을 것이라고 여겼기 때문입니다."

○ 다산의 견해: 《대명률》〈형률〉에는 장난치다가 사람을 죽인 경우와 잘못하여 사람을 죽인 경우에는 분명히 등급을 낮추어 처벌한다는 조문이 있고, 《주례》〈추관秋官〉 '사자司刺'의 주注에도 '과실에 의한 살인은 분명하더라도 살인죄를 적용하지 않는다.'라고 하였다. 그러니 이 남구만의 차자는 자세히 살피지 못한 흠이 있다.

34. 어리석은 사람은 사형을 감해 준다

【이 조항은 살인 사건에 관한 일은 아니나 위의 《주례》 〈추관〉 '사자'의 뜻과 서로 참조
할 내용이므로 기록하였다.】

○ 사재思齋 김정국金正國이 말하였다.

"내가 황해도 관찰사로 있을 때였다. 연안延安에 이동李同이란 백성이
있었는데, 한창 밥을 먹던 도중에 자기 아버지와 말다툼을 벌이다가 밥
사발을 들어 던져서 아버지를 때렸다. 연안부延安府에서는 진술서를 갖
추어 감사인 나에게 보고하였다. 나는 그 사건이 윤리와 관계되는 사
안이었으므로 즉시 조사관을 정하여 신문하게 한 뒤 무거운 형벌을 내
리려고 하였다. 그런데 조사관이 고문을 하지도 않았는데 이동이 즉시
사실대로 자백을 하였다. 사형수에 대해서는 법률에 감사가 반드시 직
접 심문한 뒤에 사형으로 확정하는 문서를 작성하게 되어 있다. 그로부
터 얼마 지나지 않아 내가 순찰하다가 연안부에 도착하였다. 이동이 쉽
게 자백한 사실이 이상하여 죄수에게 섬돌로 올라오라고 명하고, 묻기를
'네가 무거운 죄를 지어 죽어야 하는데, 네가 이러한 사실을 아는가?' 하
니, 이동이 대답하기를 '제가 붙잡혀서 갇혔으므로 저의 심정을 정직하
게 말했을 뿐이며, 그 외의 다른 것은 모릅니다.' 하였다. 내가 말하기를
'아버지와 자식 사이에는 하늘과 땅 또는 임금과 신하 사이와 같은 도리
가 있다. 그런데 네가 사발로 아버지를 때렸으니, 법에는 죽이도록 되어
있다. 그러므로 내가 사형으로 확정하는 문서를 작성하여 너를 사형에
처하려고 한다.' 하니, 죄수 이동이 깜짝 놀라 얼굴빛이 변하여 말하기를
'저의 죄가 사형죄에 해당한다는 사실을 일찍 알았더라면, 애당초 어찌
감히 아버지에게 대들었겠으며, 조사를 받을 때에도 차라리 신장訊杖을
맞더라도 스스로 숨기지 어찌 대번에 정직하게 자백하였겠습니까! 저는

실로 아버지가 이렇게까지 중요한지도 모르고 있었습니다. 평소에 매번 아버지와 말다툼을 하다가 욕을 하기도 하고 심하면 물건으로 때리기도 하였으니, 이것은 저로서는 일상적인 일이었습니다. 이제야 부모가 중요하다는 것을 알게 되었으니, 영감께서 구해 주셔서 이제 우선 죄를 묻지 않으신다면 앞으로는 저의 아버지를 성실히 모시겠습니다.' 하였다. 내가 그 말을 듣고 가련한 생각이 들어 말하기를, '백성을 가르치지도 않고 형벌만을 시행하는 것은 백성을 속이는 것이다. 옛날에 「백성을 도덕으로 인도하고 형벌로 통일시킨다.」[37] 하였으니, 참으로 까닭이 있어서였다.' 하였다. 조사관을 시켜 형장만 약간 쳐서 깨닫도록 하고 용서해 주었다. 내가 그제야 법을 융통성 없게 운용해서는 안 된다는 사실을 알게 되었다."【《사재집思齋集》〈척언摭言〉에 나온다.】

35. 귀머거리이자 벙어리인 사람은 사형을 감해 준다

○ 야사野史에 나오는 내용이다.

숙종肅宗 때 귀머거리이자 벙어리로서 사람을 죽인 자가 있었는데, 이름을 애립愛立이라고 하였다. 정승 김석주金錫冑가 그 사건에 대해 의견을 아뢰었다.

"애립은 장애인이라고는 하지만, 그의 손과 발로 사람을 다치게 할 수 있을 뿐만 아니라 심지어 사람을 죽이기까지 하였으니, 사람을 죽인 자는 죽여야 한다는 법에 대해 본래 이견을 제시할 수가 없습니다. 그러나 그자는 듣지도 못하고 말하지도 못하니 끝내 죄를 심문하여 진술을 받을 수도 없고 조사하여 판결할 수도 없습니다. 게다가 법전法典을 살펴

---

37 백성을……통일시킨다: 《논어》〈위정爲政〉에 나오는 공자의 말이다.

보면, 벙어리와 난쟁이 및 사지 가운데 한 곳이 불구인 자를 폐질廢疾이라 하였으니 이는 신체 중 한 곳을 다쳐 기능이 폐해진 것을 말하며, 두눈이 멀거나 사지 가운데 두 곳이 불구인 자를 독질篤疾이라 하였으니이는 신체 중 한 곳을 다쳤을 뿐만 아니라 병에 의해서 장애가 더욱 심해진 것을 말합니다. 지금 애립은 귀가 먹은 데다 말까지 못하여 신체의두 가지 기능이 모두 폐해졌으니, 이는 그야말로 독질과 다름이 없습니다. 그렇다면 본도本道에서 '적용할 법조문을 의논하여 임금께 아뢰는 법률'38을 인용하여 형조에서 주상께 여쭈어 처리하게 할 것을 청한 일은큰 오류를 저지른 정도는 아닌 것 같습니다. 삼가 주상께서 재가해 주시기를 바랍니다."

36. 어린아이는 사형죄를 낮추어 처벌한다

○ 우리나라의 역사서에 나오는 내용이다.

숙종 7년(1681)에 서울에 사는 9살 짜리 준걸俊傑이 이웃에 사는 11살먹은 아이 호량虎良과 싸웠는데, 호량이 얻어맞아 상처를 입고 3일 만에죽었다. 형조에서 숙종에게 준걸을 고문하면서 조사하여 자백을 받아낼것을 청하였다. 그러자 주상이 하교하였다.

"'살인한 사람은 죽인다.'라고 한 법률은 매우 엄중한 것이다. 그러나나이가 겨우 9살이니, 아는 것이 전혀 없는 어리석은 한 어린아이일 뿐이다. 옛사람이 '만약 그 정황을 알게 되었으면 가엾이 여기고 기뻐하지

---

38 적용할⋯⋯법률:《대명률》〈명례율〉에 "80세 이상과 10세 이하 및 독질인 자가 반역죄反逆罪를 짓거나 사람을 죽여서 사형시켜야 할 경우에는 적용할 법조문을 의논하여 황제에게아뢰어 황제의 재가를 받는다."라고 한 조문을 가리킨다.

말라.'³⁹라고 말한 것이야말로 이와 같은 경우를 가리킨다. 이 사건을 사형죄로 판결하는 것은 참으로 애처로운 일이니, 대신들과 의논하라."

좌의정 민정중閔鼎重, 판중추부사 정지화鄭知和가 아뢰었다.

"주상의 하교가 매우 합당합니다."

마침내 사형죄를 낮추어서 유배하라고 명하였다.

○ 다산의 견해: 《대전통편》〈형전刑典〉에 '어린아이가 장난을 치다가 사람을 죽인 경우에는 나이가 10살 미만이면 죄를 용서해 주고, 10살 이상이면 처벌 수위를 낮추어 준다.'라는 조문이 있다. 그렇다면 준걸의 나이가 10살 미만이니, 자연히 죄를 용서해 주어야 할 대상에 해당한다.

37. 아들이 아버지의 원수를 갚다

○ 중국 한漢나라의 종리의鍾離意가 당읍堂邑의 수령으로 있을 때의 일이다. 당읍의 백성인 방광房廣【다른 책에는 '방광防廣'으로 되어 있다.】이 아버지를 위해 원수를 갚고 감옥에 갇혀 있었다. 그러다가 어머니가 죽자, 방광이 슬피 울며 밥을 먹지 않았다. 종리의가 가엾게 여겨 방광에게 집으로 돌아가서 장례를 치르도록 허락하였다. 그러자 읍승邑丞과 아전이 모두 옳지 않다며 반대하였다. 그러나 종리의가 말하였다.

"그에 대한 책임은 자연히 나에게 돌아올 것이니, 도리상 아랫사람에게 허물을 묻지 않을 것이다."

마침내 방광을 내보냈다. 방광이 어머니의 장례를 마치고 정말 감옥으로 돌아왔다. 종리의가 황제에게 은밀히 장계狀啓를 올려 보고하여, 방

---

39 만약……말라: 《논어》〈자장子張〉에 나오는 증자曾子의 말이다.

광은 사형죄를 낮추어 처벌받을 수 있게 되었다.

○ 다산의 견해: 이때에는 아들이 아버지의 원수를 갚은 경우에도 사형죄를 낮추어 처벌한다는 명백한 법이 없었다. 그러므로 종리의가 황제에게 은밀히 장계를 올려 보고하여 겨우 방광을 살릴 수 있었다.

38. 아들이 아버지의 원수를 갚다

○ 중국 양梁나라 때의 일이다. 성안락成安樂이 회양 태수淮陽太守를 맡고 있다가 상옹화常邕和에게 살해를 당하였다. 상옹화가 뒤에 파양 내사鄱陽內史로 있을 때 성안락의 아들 성경준成景儁이 사람을 사서 상옹화를 찔러 죽이게 하였다. 그로부터 오래 지나지 않았을 때 성경준이 상옹화의 집에 사는 사람에게 많은 돈을 주고 상옹화의 아들과 아우를 독약으로 죽이게 하여 식구가 모두 죽임을 당하였다. 양나라 무제武帝가 그를 의롭게 여겼으며, 항상 법을 왜곡하여 적용하였다. 성경준의 벼슬은 자사刺史에 이르렀다.【《남사南史》에 나온다.】

39. 아들이 아버지의 원수를 갚다

○《남사南史》〈손극열전孫棘列傳〉에 나오는 내용이다.
"장성長城의 오경은吳慶恩이 같은 군郡의 전중기錢仲期를 죽였다. 전중기의 아들 전연경錢延慶이 신역身役을 수행하기 위해 도성都城에 있다가 아버지가 죽었다는 소식을 듣고 급히 돌아왔다. 전연경이 오경은과 마주치자 직접 칼로 찔러 죽이고, 스스로 오정吳程의 감옥에 갇혔다. 태수太守 치옹郗顒이 황제에게 표문表文을 올려 죄를 묻지 말 것을 청하여 허락을 받았다."

40. 아들이 아버지의 원수를 갚다

○ 중국 후진後晉 개운開運(944~946) 말기의 일이다.

이린李璘의 아버지가 진우陳友에게 살해되었다. 건덕乾德(963~967) 초기에 이린은 전전산지후殿前散祗候가 되고, 진우는 군사 소교小校가 되어 서울에서 서로 만났다. 이린이 직접 칼로 진우를 찔러 죽인 뒤에 도망가지 않고, 스스로 '원수를 갚은 것이다.'라고 말하였다. 이린을 신문하여 사실이 밝혀지자, 태조太祖가 장하게 여겨 풀어 주었다.

41. 아들이 아버지의 원수를 갚다
【시체를 파묻고 나서 원수를 죽이다.】

○ 중국 명明나라 때의 일이다.

왕세명王世名의 아버지가 조카뻘인 왕준王俊에게 맞아 죽었다. 효자인 왕세명이 아버지의 시신이 손상될 것을 염려하여 차마 소송을 제기하지 못하고, 밭을 주고 화해를 청하는 왕준의 제의를 거짓으로 받아들이는 척하였다. 그러나 밭에서 들어온 수입은 그때마다 돈으로 바꾸어 봉해 두었다. 그리고 아버지의 초상을 몰래 그려 밀실에 걸어 놓고서는 스스로 몸에 항상 칼을 지닌 채 모셨으며, 아침저녁으로 울며 절을 하였다. 또 칼 하나를 사들여 '원수를 갚다.[報讎]'라고 새겼다. 그러나 어머니와 아내는 그러한 사실을 몰랐다.

아버지의 삼년상을 마치자, 향교鄕校에 다니면서 충성과 효도에 대한 격언格言 1편을 직접 써서 몸에 지니고 다녔다. 이윽고 아들을 낳은 지겨우 두어 달이 지나자, 어머니와 아내에게 다음과 같이 말하였다.

"나는 뒤를 이을 자식을 두었으니 죽을 수가 있게 되었습니다."

어느 날 왕준이 술에 취하여 돌아오자, 왕세명이 칼을 휘둘러 그의 머리를 깨부수고 여러 사람에게 알렸다. 집으로 돌아와서 어머니에게 사실대로 말하고, 마침내 예전에 봉해 두었던 밭에서 나온 수입과 왕준에게서 받았던 선물을 꺼내어 놓았다. 그러고는 자수하는 글을 들고 고을로 나아가 죽여 주기를 청하였다.

고을 수령이 사실을 조사해 보고 말하였다.

"이 사람은 효자이다." 그리고 그 사건을 고을이 속한 도道에 보고하였다. 도에서는 김화金華의 왕령汪令에게 사건을 위임하여 내려가서 신문하게 하였다. 왕세명이 신문에 대해 답변하였다.

"다시 무슨 말이 필요하겠습니까! 내 일은 끝났습니다. 한번 죽기만 기다리겠습니다."

왕령이 다시 말하였다.

"시신을 검안해서 만일 아버지의 시신에 상처가 있으면 아들은 죽지 않을 수 있다."

그러자 왕세명이 말하였다.

"내가 6년이나 고통을 참아 왔던 것은 차마 아버지의 시신을 손상시킬 수 없기 때문이었습니다. 내 목숨으로 원수의 목숨을 갚으면 되는데, 어찌 시신을 검안하겠습니까!"

마침내 고향으로 돌아가게 해 줄 것을 빌었다. 고향으로 돌아와서 아버지의 무덤에 절을 하고 어머니에게 하직 인사를 하고, 아들을 어루만진 뒤에 아내에게 당부하고는 목을 찌르고 죽었다.

○ 다산의 견해: 왕령이 '아버지의 시신에 상처가 있으면 아들은 죽지 않을 수 있다.'라고 한 말은 '시체를 검안檢案한 뒤 상처가 발견되어 살해당한 것이 명백하면, 아들의 복수가 도리에 맞는 행위이므로 목숨으로

보상해서는 안 된다.'라는 의미이다. 아버지 시신을 이리저리 뒤집는 것을 본래 자식으로서는 차마 볼 수 없는 일이다. 그러나 왕세명이 이 일로 자살한 것도 효자의 올바른 도리가 아니니, 이것을 교훈으로 삼아서는 안 된다.

42. 아들이 아버지의 원수를 갚다

○ 야사野史에 나오는 내용이다.

신면申㴐이 함길도 관찰사咸吉道觀察使로 있을 때 이시애李施愛의 난이 일어나자, 굽은 누각 속에 숨어 있었다. 그런데 어떤 아전 하나가 그가 숨어 있는 곳을 알려 주어 죽임을 당했다. 신면의 아들 신용개申用漑가 협객俠客과 친분을 맺고 함경도를 돌아다니면서 그 아전의 생김새를 알아 두었다. 신용개가 벼슬을 하여 사인舍人이 되었을 때, 원수가 도성에 들어온다는 사실을 염탐해서 알아내고는 밤을 틈타 도끼를 가지고 가서 찍어 죽였다. 조정에서는 사건을 그대로 두고 죄를 묻지 않았다.

43. 아들이 아버지의 원수를 갚다

○ 우리나라의 역사서에 나오는 내용이다.

인조 12년(1634)에 이문웅李文雄에게 형장을 치고 유배할 것을 명했다. 이에 앞서 역적 이괄李适의 난이 일어났을 때 청흥군靑興君 이중로李重老가 저탄瀦灘에서 싸우다가 사망하였다. 이괄의 장수 이수백李守白이 이중로의 머리를 가져다가 이괄에게 바치고 남의 공로를 가로챘다. 이괄이 패배하여 이천利川으로 달아나자, 이수백이 이괄의 머리를 베어 와서 항복하였으므로 사형죄를 용서해 주었다. 이때 이중로의 아들 이문웅이 이

수백의 머리를 베어 들고 대궐에 나아가 죽여 주기를 청하였다.

인조가 대신들과 어떻게 처리할지를 의논하였다. 대신 오윤겸吳允謙·
김류金瑬 등이 중국 양梁나라 성안락成安樂의 아들 성경준成景儁의 일[40]
과 우리나라 신면申㴐의 아들 신용개申用漑의 일[41]을 인용하여 증명하고
말하였다.

"이수백을 죽이지 않았던 것은 일시적으로 뒤탈이 생길 것을 염려해
서 내린 조치이고, 아들이 아버지의 원수를 갚는 것은 어느 시대에나 변
치 않고 지켜야 할 도리입니다. 그러니 어찌 일시적으로 뒤탈이 생길 것
을 염려해서 내린 조치 때문에 어느 시대에나 변치 않고 지켜야 할 도리
를 손상시킬 수 있겠습니까!"

주상이 이문웅의 죄를 참작하여 형장을 치고 유배만 하라고 명하였다.

44. 아들이 아버지의 원수를 갚다

○ 우리나라의 역사서에 나오는 내용이다.

영조英祖 12년(1736)에 충청도의 백성 박성창朴聖昌이 아버지의 원수를
찔러 죽이고 관아에 나아와서 죽여 줄 것을 청하였다. 충청 감사 이종백
李宗白이 그 사건을 영조에게 보고하자, 영조가 사건을 형조刑曹에 내려
주었다. 형조에서 사건의 처리 방향을 마련하여 보고하였다.

"박성창은 《주례》〈지관地官〉에서 말한 '정의에 따라 사람을 죽인 자'

---

40 중국……일: 중국 남북조南北朝 시대 양나라 때 성안락成安樂이 회양 태수淮陽太守를 맡고
    있다가 상옹화常邕和에게 살해를 당하였다. 성안락의 아들 성경준成景儁이 사람을 사서 상
    옹화와 그 가족을 죽여 복수하였다. 《남사南史》〈성경준열전成景儁列傳〉
41 우리나라……일: 이시애李施愛의 난이 일어났을 때 아전의 신고로 신면申㴐이 죽었다. 후
    일 신면의 아들 신용개申用漑가 그 아전을 죽여 원수를 갚았다.

라고 할 수 있습니다. 박성창이 어렸을 때 아버지가 죽는 변고를 당하고 떠돌아다니면서 숨어 살다가, 이윽고 장성하자 9년 만에 통쾌하게 원수를 갚았습니다. 그 일은 매우 기특하고, 그 효성은 숭상할 만합니다. 따라서 《대명률》 〈형률〉의 '관아에 신고하지 않고 제멋대로 죽인 자는 60대의 형장을 친다.'라고 한 조문에 해당합니다. 그의 어머니 김씨가 눈이 멀고 힘이 미약하여 흉악한 사내를 거부하지 못한 것은 본래 그럴 수밖에 없는 상황이었습니다. 그러나 자기 아들이 복수하겠다는 말을 기꺼이 들어주고 도와주었으니, 이는 여러 해 동안 속으로 고통스러워하던 마음을 드러낸 것입니다. 설사 올바른 처신에 부족한 점이 있다고 하더라도 '폐질廢疾인 사람은 죄가 사형에 이를 정도가 아니면 처벌하지 않는다.'라는 조문과도 합치됩니다."

주상이 홍문관에 명하여 옛날 사례들을 널리 살펴서 보고하게 하였다. 홍문관에서 중국 당나라 장심소張審素의 아들 장황張瑝과 장수張琇,[42] 양梁나라 성안락의 아들 성경준, 우리나라 신면의 아들 신용개가 복수한 일을 인용하고 박성창을 처벌해서는 안 된다고 말하였다.

주상이 다음과 같이 판결하였다.

"'중국 당나라 한유韓愈의 주장[43]뿐만 아니라 지난 역사서와 우리나라의 옛날 사례 모두 끌어다가 이 사건에 적용할 만하다. 박성창이 9살의 어린아이로 아버지의 원수를 잘 알고 있었고, 9년이 지난 뒤에 어머니를 찾았으며, 대낮에 원수를 갚았으니, 이전 사람들과 비교해 볼 때 특이하

---

42 당나라……장수張琇: 중국 당나라 때 사람으로, 전중시어사殿中侍御史 양만경楊萬頃이 장심소張審素를 죽이자, 장심소의 두 아들 장황張瑝과 장수가 양만경을 죽여 아버지의 원수를 갚았다. 이임보李林甫의 의견에 따라 두 사람은 사형을 당하였다.

43 중국……주장: 한유가 〈복수장復讎狀〉에서 자식이 부모의 복수를 위해 살인한 사건 처리에 대해 서술한 것을 가리킨다.

다고 말할 수 있다. 관아의 뜰에 나아와서 자수하고 죽는 것을 마치 돌아가는 것처럼 여겼으니, 옛날의 왕세명王世名에게도 부끄러울 것이 없다.[44] 특별히 형장을 치지 말고 풀어 주고 그 집에서 부담하던 부역도 면제해 주어 그의 효성을 표창하라. 그의 어머니도 풀어 주어 박성창이 보호하여 돌아가게 하라.' 이상과 같은 내용으로 충청 감사에게 전달하라."

○ 다산의 견해: 원수가 아버지를 죽이고 어머니를 빼앗아 갔으니, 이러한 자는 반드시 갚아야 할 원수이다.

45. 아들이 어머니의 원수를 갚다

○ 중국 송나라 때의 일이다. 견파아甄婆兒의 어머니 유씨劉氏가 같은 동네에 사는 동지정董知政과 분이 나서 싸웠는데, 동지정이 유씨를 때려 죽였다. 견파아가 이때 겨우 10살이었다. 견파아가 조금 장성하자, 어머니가 동지정에게 죽임을 당한 사실을 기억하고 술과 안주를 갖추어 어머니 무덤으로 가서 통곡하였다. 무덤에서 돌아오다가 뽕나무를 칠 때 사용하는 도끼를 소매에 넣고 동지정을 찾아가서 그 도끼로 머리를 찍어 죽였다. 담당 관리가 그 사건을 보고하여 판결해 주기를 청하자, 태종太宗이 어머니의 원수를 갚은 사실을 아름답게 여겨 특별히 용서해 주었다.

---

44 왕세명王世名에게도……없다: 왕세명은 중국 명明나라 때 사람으로, 아버지가 조카뻘인 왕준王俊에게 맞아 죽었다. 왕세명이 아버지의 삼년상을 마치고 아들을 낳자 왕준을 죽여 원수를 갚고 자살하였다.

46. 아들이 어머니의 원수를 갚다

○우리나라의 역사서에 나오는 내용이다.

숙종肅宗 26년(1700)에 황해도의 곡산谷山 땅에 사는 김이제金二悌란 사람이 어린 나이에 시장 안에서 원수를 찔러 죽여 어머니를 죽인 원수를 갚았다. 이어서 관아로 출두하여 신고하지 않고 제멋대로 죽인 죄를 처벌해 달라고 청하였다.

관찰사가 급히 장계를 올려 숙종에게 아뢰니, 그 사건을 형조에 내려 주어 대신들과 의논하게 하였다. 여러 대신들이 모두 표창해야지 죄를 처벌하면 안 된다고 하였다. 주상이 죄를 용서해 주라고 명하였다.

○ 다산의 견해: 견파아처럼 효성스럽고 의협심이 강한 행동[45]은 일반 사람들이 잘 할 수 있는 일이 아니다. 어린 나이에 큰일을 잘 판단하고 명분에 맞게 일을 처리하는 것은 대부분 어른의 가르침에 달려 있다. 형사 사건을 심리하는 자가 그 행적만을 보고서 깜짝 놀라 기특하다고 칭찬하고, 마침내 부화뇌동하여 사람의 아름다운 점을 온전하게 이루어 주려는 생각으로 판결하면 공평성을 잃을 때도 많게 된다. 형사 사건의 판결은 세상에 공평성을 실현하는 것이다. 언제나 한 사건을 맞이할 때마다 반드시 심사숙고하고 항상 마음속에 담아 두었다가 기준보다 더 높지도 않고 더 낮지도 않게 판결해서 기어이 공평성에 조금이라도 오류가 생기는 일이 없게 해야 한다. 그래야 공정하게 판결했다고 말할 수 있다.

---

45 견파아甄婆兒처럼……행동: 견파아는 중국 송宋나라 때 사람으로, 그의 어머니 유씨劉氏가 동지정董知政과 싸우다가 맞아죽었다. 견파아가 장성한 뒤에 동지정을 도끼로 찍어 죽여 원수를 갚았다.

47. 아내가 남편의 원수를 갚다

○ 숙종 8년(1682)에 전前 참봉參奉 신면申勉이 애봉愛奉을 매를 쳐서 죽였다. 애봉의 아내 옥례玉禮가 분을 참지 못하고 신면의 이마를 때려 상처를 입혔는데, 신면이 다친 지 16일 만에 죽었다. 신면의 아들 신광두申光斗가 관아에 고소하여 옥례 및 애봉의 두 아우가 구속되어 형벌을 받게 되었다.

형조 판서 이익李翊이 의견을 아뢰었다.

"옥례가 죽어야 할 사람을 신고하지 않고 제멋대로 죽였으나, 본래 사형죄는 아닙니다. 자기 남편의 원수를 갚았으니 또한 용서할 여지가 있습니다."

김석주金錫胄는 이렇게 아뢰었다.

"옥례가 남편의 복수를 했으므로 본래 살인한 대가로 죽여야 할 이유는 없습니다. 그러나 관아에 신고하지 않고 제멋대로 죽인 행위에 대해서는 본래 적용할 법률이 있으므로 온전하게 풀어 주어서는 안 됩니다."

주상이 김석주의 의견에 따랐다.

48. 아내가 남편의 원수를 갚다

○ 우리나라의 역사서에 나오는 내용이다.

숙종 13년(1687)에 경상도에 사는 사비私婢 춘옥春玉이 남편을 위해 복수를 하였다. 경상 감사가 목숨으로 보상하게 하려고 하였는데, 형조에서 대신과 논의하여 결정하기를 청하였다. 대신들이 모두 다음과 같이 의견을 아뢰었다.

"아들의 아버지에 대한 도리와 아내의 남편에 대한 도리는 동일한 것입니다. 따라서 그들이 복수를 행하였을 때 그에 대해 처리하는 방도도 서로 다르게 보아서는 안 됩니다. 게다가 그녀의 남편이 총알을 맞아 죽게 되었을 때 관아에 고소장을 제출하여 신고하였으니, 신고하지 않고 제멋대로 죽인 죄도 적용해서는 안 됩니다. 이 여자의 정의로운 행동은 세상에 깨우침을 주기에 충분하니 표창할 수는 있어도 처벌할 수는 없습니다."

주상이 다음과 같이 전교傳敎하였다.

"춘옥이 제명대로 살지 못하고 죽은 남편을 애통해하며 슬픔을 품고 고민을 거듭하다가 마침내 원수에게 칼을 꽂았다. 이는 참으로 장부丈夫들도 하기 어려운 일인데 시골의 미천한 여자가 실행하였으니, 매우 가상하게 여기며 표창해서 장려해야 한다.

법률에도 부모를 위해 자식이 복수한 경우에 적용하는 조문이 있으니, 남편을 위해 아내가 복수한 경우도 자연히 그 조문을 적용하는 대상 안에 포함된다는 것을 미루어 알 수 있다. 그러니 신고하지 않고 제멋대로 죽인 죄와 목숨으로 보상하게 하는 법률을 이 사건에서는 거론할 일이 아니다. 특별히 정려문旌閭門을 세워 주어 조정에서 선행을 표창하고 악행을 징계하는 뜻을 보이도록 하라."

○ 다산의 견해: 춘옥의 남편이 사망한 초기에 관아에 고소장을 제출하여 신고하였는데, 관아에서는 어찌하여 범인을 잡아와서 형사 사건을 성립시키지 않았는가? 이른바 남편이 총알을 맞았다는 것도 혹시 범인의 과오로 인해 맞은 것이기 때문에 관아에서 과오에 의한 살인으로 귀결시켰는데 이 여자가 제멋대로 죽인 것은 아닐까? 만약 그렇다고 한다면 그 원수는 죽어야 할 죄를 지은 것이 아니다. 그러므로 경상 감사가 목숨으로 보상하게 하려고 했을 것이다. 일반적으로 사람을 죽여서는 안

되는데, 죽인 경우에는 죽인 사람은 사형시켜야지 원수를 갚은 행위로 판결해서는 안 된다. 다만 숙종의 판결은 특별한 은혜를 베풀려는 의도에서 나온 것이니, 법을 집행하는 신하로서는 감히 이 숙종의 전교처럼 판결해서는 안 된다.

49. 아내가 남편의 원수를 갚다

○ 우리나라의 역사서에 나오는 내용이다.

숙종 36년(1710)에 경상도 삼가三嘉에 사는 출신出身(과거에 급제한 사람) 홍방필洪邦弼이 어떤 사람에게 죽임을 당했다. 그의 아내 최씨崔氏와 그의 딸 홍씨洪氏가 여러 해 동안 적당한 기회를 엿보다가 직접 칼로 찔러 원수를 갚았다.

경상 감사가 주상에게 보고하니, 주상이 다음과 같이 전교하였다.

"최씨와 홍씨 두 여자가 반드시 복수할 뜻을 가지고 있다가 마침내 적당한 기회를 엿보아 직접 칼로 찔러 복수하였고, 또 관아에 나아와서 자수하였다. 그 늠름한 절의節義는 옛사람과 비교해도 부끄러울 것이 없다. 이들에 대해서는 신고하지 않고 제멋대로 죽인 죄를 특별히 용서해 주기만 해서는 안 된다."

이어서 대신에게 문의한 뒤 보고하여 처리하라고 명하였다.

판중추부사判中樞府事 이유李濡와 좌의정 서종태徐宗泰가 모두 다음과 같이 아뢰었다.

"법률을 근거로 제 마음대로 죽이게 하면 뒷날에 생길 폐단이 우려됩니다. 정려문을 세워 주는 조치는 경솔하게 시행하기가 어려우니, 특별히 부역을 면제해 주어 대단히 가상하게 여긴다는 뜻을 보여 주는 것이 적합할 것 같습니다."

주상이 대신들의 의견을 따랐다.

50. 아우가 형의 원수를 갚다

○ 우리나라의 역사서에 나오는 내용이다.

현종顯宗 원년(1660) 가을에 사형수에 대한 세 번째 심리를 행하였다. 풍천豐川의 백성 김팔립金八立이 그의 형 김육립金六立이 박진朴進에게 살해당하자, 거짓으로 박진과 화해하는 척하면서 박진을 꾀어내어 찔러 죽였다. 그리고 스스로 풍천의 감옥에 나아와서, 목숨으로 보상하도록 규정한 법에 따라 처벌해 주기를 원하였다. 당시 김팔립의 나이가 23세였다. 주상이 사형죄를 낮추어 유배하라고 특별히 명하였다.

51. 관리를 죽여 복수하다

○ 중국 당나라 때의 일이다.

양만경楊萬頃이 장심소張審素를 죽이자, 장심소의 두 아들 장황張瑝과 장수張琇가 아버지의 원수를 갚기 위해 양만경을 죽였다. 장구령張九齡은 두 사람을 살리려 하였고, 이임보李林甫는 두 사람을 기어이 죽이려고 하였다. 두 아들이 끝내 사형을 당하였다.【송宋나라의 진양晉陽 사람 왕영王林이 지은《연익이모록燕翼貽謀錄》에 나온다.】

○ 왕영이 다음과 같이 말하였다.

"장구령은 군자이므로 남이 착한 일을 행하면 기뻐하였고, 이임보는 소인이므로 남이 착한 일을 행하면 시기하였으니, 두 사람의 의견이 갈렸던 것은 서로 좋아하고 싫어하는 것이 달랐기 때문이다. 만약 자기 아버지가 죽을죄를 지었다면 아들이 원수를 갚아서는 안 된다. 아버지가 죄를 지어서 죽은 것이 아니거나 주상의 명령에 따라 죽은 것이 아니라 남에게 모함을 당하여 죽은 것이라면 원수를 갚지 않을 수 없다. 장심소의 원수는 당연히 갚아야 한다.

태종太宗 옹희雍熙 3년(986) 7월 계미癸未에, 경조부京兆府 호현鄠縣의 백성 견파아甄婆兒가 어머니의 원수를 갚기 위해 사람을 죽였으나, 태종이 형장을 쳐서 내보내라고 조서詔書를 내린 적이 있다. 아! 장황과 장수가 훌륭한 임금이 다스리는 시대를 만나지 못한 것이 애석하다."

○ 다산의 견해: 《춘추공양전》에 다음과 같이 말하였다.
'아버지가 죽임을 당하지 않아야 하는데 죽임을 당하였으면 아들이 원수를 갚는 것이 옳다.'
그리고 위에서 인용한 왕영의 말은 다음과 같다.
'자기 아버지가 죽을죄를 지었다면 아들이 원수를 갚아서는 안 된다.'
이 두 가지는 더욱 법관法官이 강구해야 할 것이다. 요즘 들어 원수를 갚은 사건에 대해서는 본래 사건의 허위와 진실을 따져보지도 않고 오직 관용을 베풀어 용서해 주는 일에만 힘을 쓰니, 이것도 하나의 폐단이다. 반드시 본래의 사건이 장심소처럼 억울한 경우에도 죽이기를 주장하는 자는 이임보처럼 되는 것이니, 일률적으로 말해서는 안 된다. 형사 사건의 판결은 세상에 공평성을 실현하는 것이다. 판결이 털끝만큼이라도 어긋나면 이미 공평성을 잃은 것이니, 신중히 처리해야 한다.

52. 관리를 죽여 복수하다
【유종원의 의견과 한유의 의견】

○ 중국 당나라 측천무후則天武后 때의 일이다.
동주同州의 하규下邽 사람 서원경徐元慶이 아버지 서상徐爽이 현위縣尉

인 조사온趙師韞에게 죽임을 당하자, 마침내 아버지의 원수를 직접 찔러 죽이고 몸을 묶어 자수하였다. 이때 간관諫官 진자앙陳子昻이 사형을 시키되 그 마을에 정문旌門을 세워 줄 것을 건의하고, 또 법령으로 편찬하여 영구히 국가의 법으로 삼을 것을 청하였다.【《유주집柳州集》에 나온다.】

○ 유종원의 〈박복수의〉에서 다음과 같이 말하였다.

"신은 예의를 만든 중대한 근본 목적은 혼란을 방지하는 데 있다고 들었습니다. 만일 어떤 잘못한 행위도 없이 죽임을 당했다고 한다면, 그 자식으로서는 원수를 용서하지 말고 죽여야 합니다. 형벌을 만든 중대한 근본 목적도 혼란을 방지하는 데 있습니다. 만일 어떤 잘못한 행위도 없이 죽임을 당했다고 한다면 다스리는 자로서는 살인범을 용서하지 말고 죽여야 합니다. 그 근본 목적은 둘이 합치되지만 그 실제 운용은 서로 다릅니다. 따라서 표창과 사형은 한 사람에게 아울러 시행할 수 없는 것입니다. 표창할 만한 사람을 사형시켰다면, 이는 형벌을 대단히 남용한 것입니다. 사형할 만한 사람을 표창했다면, 이는 예의를 너무도 무너뜨린 일입니다. 참으로 이렇게 운용한 사실을 세상에 보여 주고 후대에 전하게 된다면, 인간의 도리를 실천하려는 사람은 무엇을 숭상해야 하는지를 모를 것이고, 형벌의 피해를 피하려는 사람은 어떻게 처신해야 하는지를 모를 것입니다. 그러니 이것을 본보기로 삼는 것이 옳겠습니까!

성인聖人이 예의와 형벌을 만들 때에는 하늘의 이치를 연구해서 상과 벌을 정하고 인간의 심정에 바탕을 두어 칭찬과 비난을 바로잡아서 이를 하나로 통합시켰을 뿐입니다. 가령 사건의 진실과 거짓을 조사하여 정하고 행위의 정당함과 부당함을 살펴서 바로잡되 맨 처음 원인을 따져서 그 실마리를 찾는다면, 형벌과 예의의 운용이 뚜렷하게 분리될 것입니다. 그 이유는 무엇이겠습니까?

만약 '서원경의 아버지가 공죄公罪에 빠지지 않았는데, 조사온이 개인적인 원한만으로 죽여서 관리로서의 위세를 떨치고 죄 없는 사람을 죽였다. 그런데 주목州牧에서는 그의 죄를 모르고 형관刑官은 심문할 생각을 하지 않아서, 위에서나 아래에서나 모두 그를 비호하고 억울함을 호소하는 소리는 들어주지 않았다. 그래서 서원경이 원수와 같은 세상에서 사는 것을 큰 수치라고 생각하였고, 복수하기 위해 무기를 지니고 다니는 것이 예의에 맞다라고 생각하였다. 그리하여 마음을 먹고 오래도록 생각한 끝에 원수의 가슴을 찌르고서는 꿋꿋하게 스스로 극복하여 즉시 죽어도 유감이 없다.'라고 한다면, 이는 예의를 지키고 도리를 실천한 것입니다. 따라서 사건을 담당한 관리는 부끄러운 낯빛을 가지고 사과하기에도 겨를이 없어야 합니다. 그런데 어떻게 서원경을 죽이겠습니까!

　　그와는 반대로 만약 '서원경의 아버지가 모면할 수 없는 죄를 지었으므로 조사온이 법을 위반하지 않고 죽였다.'라고 한다면, 이것은 관리에게 죽은 것이 아니라 법에 따라 죽은 것입니다. 그렇다면 법을 원수로 삼을 수 있겠습니까! 천자天子의 법을 원수로 여기고 법을 집행하는 관리를 죽인다면, 이것은 인륜을 어그러뜨리고 윗사람을 깔보는 짓입니다. 따라서 그러한 사람을 잡아다가 죽이는 것은 나라의 법을 바로잡는 것입니다. 그런데 또 어떻게 서원경을 표창하겠습니까!

　　그리고 진자앙이 올린 의견에는 다음과 같은 내용이 있었습니다. '사람은 반드시 자식이 있고, 자식에게는 반드시 어버이가 있습니다. 그런데 어버이와 어버이가 서로 원수가 된다면 그 혼란을 누가 구제하겠습니까!' 이러한 견해는 《예기》의 내용을 매우 잘못 이해한 것입니다. 《예기》에서 말하는 원수란 원통한 마음이 절절하지만 호소할 곳이 없는 것을 말하였지, 죄를 저지르고 법률에 저촉되어 사형을 받게 된 것을 말하지 않았습니다. 그런데도 '저 사람이 아버지를 죽였으니 나도 원수를 죽이겠다.'라고 하면서 정당함과 부당함을 따지지도 않고 숫자가 적고 힘이 약한 사람에게 폭력과 협박을 행할 뿐이라면, 그러한 행위는 경전의 뜻도 전혀 아니고 성인의 취지에도 매우 위배되는 것입니다.

《주례》〈지관地官〉에 다음과 같이 말하였습니다. '조인調人은 백성 사이의 원한을 살펴서 화해시키는 일을 관장한다. 정의에 따라 사람을 죽인 경우에는 원수를 갚지 못하게 하고, 원수를 갚으면 죽인다. 사람을 죽이고 또다시 사람을 죽인 자에 대해서는 국가에서 서로 복수하게 한다.' 그렇다면 또 어떻게 아버지와 아버지가 서로 원수가 될 수 있겠습니까!

그리고 《춘추공양전》 정공定公 4년에 다음과 같이 말하였습니다. '아버지가 죽임을 당하지 않아야 하는데 죽임을 당하였으면 아들이 원수를 갚는 것이 옳다. 그러나 아버지가 죽임을 당한 것이 당연한데 아들이 원수를 갚는 것은 한 차례 복수하고 한 차례 복수를 당하는 길이 된다. 원수를 갚더라도 앞으로 해가 될 원수의 아들까지 제거하지 않는다.' 이제 이 글을 인용하여 판단한 뒤 쌍방이 서로 죽인다면 예의에 합치되는 것입니다. 그리고 원수를 잊지 않는 것은 효도이고, 죽음을 아끼지 않는 것은 도리입니다. 서원경이 예의에 벗어나지 않았고 효도를 실천하고 도리를 행하다가 죽었으니, 이 사람은 필시 이치에 통달하고 도리를 깨달은 자일 것입니다. 이치에 통달하고 도리를 깨달은 사람이 어찌 나라의 법을 원수로 삼았겠습니까!

그런데 진자앙은 도리어 '형벌을 남용하고 예의를 무너뜨린 사람을 죽이는 것'이라고 여겼으니, 그의 의견을 본보기로 삼아서는 안 된다는 것이 분명합니다. 신의 의견을 내려 주어 이를 법령에 추가하게 해 주소서. 이러한 사건을 판결하는 사람들이 전에 진자앙이 올렸던 의견으로 판결해서는 안 됩니다."

【당순지唐順之가 다음과 같이 말하였다. "이러한 문장은 매우 근엄하여 허술하게 쓴

글자가 하나도 없다." ○ 모곤茅坤이 다음과 같이 말하였다. "유종원의 이 의견은 정교하고 엄밀하여 유종원의 글 가운데에서도 우수한 것이다."】

○ 한유의 〈복수장〉에서 다음과 같이 말하였다.

"신이 이달 5일에 내린 칙서勅書를 삼가 받들어 보니, 다음과 같은 내용이 있었습니다. '복수는 두 가지 측면이 있다. 《예기》에 근거하면 자식의 도리로는 아버지의 원수와 같은 세상에서 살 수가 없는 것이고, 법령에 의해 징계하면 사람을 죽여 복수한 자는 죽여야 한다. 예의와 법률 두 가지는 모두 제왕이 백성을 교화하는 단서인데, 이와 같이 차이가 있다. 따라서 반드시 옳고 그름을 분별하여 논한 의견들을 참고해야 하니, 도성都省에서 신하들을 모아 의논하여 내게 아뢰게 하라.' 조의랑 행상서직방원외랑 상기도위朝議郎行尙書職方員外郎上騎都尉 한유는 다음과 같이 의견을 아룁니다.

아들이 아버지의 원수를 갚도록 한 것은 《춘추공양전》에도 나오고, 《예기》에도 나오며, 또 《주례》에도 나오고, 또 제자諸子와 역사서에도 나와 이루 다 셀 수가 없으나, 복수를 살인죄로 인정하여 처벌한 경우는 없습니다. 복수에 대해서는 법률에 가장 자세히 규정되어 있어야 하는데도 법률에 복수에 대한 조문이 없는 것은 조문을 빠뜨린 것이 아닙니다. 그 이유는 복수를 허용하지 않으면 효자의 마음을 상하게 하고 선왕先王의 교훈에 어긋나며, 복수를 허용하면 사람들이 법을 근거로 마음대로 원수를 죽이게 되어 그 단서를 금지할 수가 없다고 여겼기 때문입니다.

법률은 성인이 제정한 것에 뿌리를 두고 있으나, 법률을 집행하는 사람은 담당 관리이고, 경전에 밝은 사람은 담당 관리를 제어하는 사람입니다. 경전에서 그 뜻을 꼼꼼히 규명하고 법률에서 그 조문을 깊이 연구하는 것은 법을 담당한 관리가 하나같이 법에 의해 판결하게 하고 경전에 밝은 선비가 경전을 인용하여 의논할 수 있게 하려는 의도에서 나온 것입니다.

《주례》〈지관〉에서는 다음과 같이 말하였습니다. '정의에 따라 사람을 죽인 경우에는 원수를 갚지 못하게 하고, 원수를 갚으면 죽인다.' 위의 글에서 '정의[義]'는 '정당하다[宜]'라는 의미로, 사람을 죽였으나 정당성을 확보하지 못한 자는 아들이 복수할 수 있음을 밝힌 것입니다. 이는 백성이 서로 복수하도록 허용한 것입니다.

《춘추공양전》 정공 4년에서는 다음과 같이 말하였습니다. '아버지가 죽임을 당하지 않아야 하는데 죽임을 당하였으면 아들이 원수를 갚는 것이 옳다.' 위의 글에서 '죽임을 당하지 않아야 한다.'라는 것은 '죽임을 당해야 할 죄를 짓지 않았다.'라는 의미입니다. '죽임[誅]'이란 윗사람이 아랫사람에게 시행할 때 쓰는 말이지, 백성끼리 서로 죽이는 것을 가리키는 말이 아닙니다.

또 《주례》〈추관〉에서는 다음과 같이 말하였습니다. '원수를 갚으려는 자가 먼저 법관에게 말을 하였으면 원수를 죽이더라도 죄가 없다.' 그 의미는 '복수를 하려고 할 때 반드시 먼저 법관에게 말을 하면 죄가 없다.'라는 것입니다.

이제 폐하께서 모범적인 규정을 남겨 주고 정해진 제도를 세우려고 생각하시어, 담당 관리가 법대로 집행하는 것은 억제하고 효자가 복수하는 마음은 가련하게 여기셨습니다. 다만 폐하께서 마음대로 결정하지 않겠다는 뜻을 보여 주시고 뭇 신하들에게 의논하게 하셨습니다. 그에 대한 신의 어리석은 생각을 말씀드리면 다음과 같습니다.

복수라는 이름은 똑같지만 복수하는 사안마다 각각 다릅니다. 《주례》에서 말한 것처럼 백성이 서로 복수하는 것은 지금 시대에도 시행할 수가 있겠으나, 《춘추공양전》에서 말한 것처럼 관아에서 복수한 사람을 죽이는 것은 지금 시대에는 시행할 수 없습니다. 또 《주례》에서는 다음과 같이 말하였습니다. '원수를 갚으려는 자가 먼저 법관에게 말을 하였으면 원수를 죽이더라도 죄가 없다.' 그러나 의지할 곳도 없고 힘도 없는 고아와 같은 자들이 복수하겠다는 작은 소원을 품고서 원수의 동태를 엿보는 경우에는 관아에 스스로 신고할 수가 없을 듯하니, 지금 시대에는 《주례》의 내용을 기준으로 판결할 수 없습니다. 그렇다면 복수한 사람을 죽이는 것과 용서하는 것은 일률적으로 적용할 수 없습니다. 따라서 그에 대한 제도는 다음과 같이 정해야 합니다.

아버지의 원수를 갚으려는 사람이 있을 경우에는 사건이 드러났을 때 그 사건의 경위를 갖추어 상서성尚書省에 보고하고, 상서성에서는 신하들을 모아 의논하여 폐하께 아뢰며, 폐하께서는 복수의 정당성을 참작하여 사건을 판결하신다면, 경전과 법률의 취지를 둘 다 잃지 않게 될 것입니다."

○ 다산의 견해: 한유의 의견이 유종원의 의견에 비해 매우 뒤떨어진다. 설사 백성끼리 서로 죽일 수 있다고 하더라도, 아버지가 정의롭지 못해서 죽었을 경우에는 《주례》에서 원수를 갚지 못하게 하였다.【도둑질을 하다가 죽었거나 음란한 짓을 행하다가 죽었으면 그 아들이 원수를 갚을 수 없다.】 반면에 법관이 살인한 사람을 죽일 수 있다고 하더라도 아버지가 매우 원통하게 죽었다면 《춘추공양전》에서는 복수를 허용하였다.【《춘추공양전》에서는 본래 오원伍員의 일을 논하였다.[46]】 복수한 사건을 판결하는 사람은 본래 원수

46　춘추공양전에서는……논하였다: 오원은 중국 춘추시대 초楚나라 사람으로, 자字를 붙여서 오자서伍子胥라고 불리기도 하였다. 오자서의 아버지 오사伍奢와 형 오상伍尙이 초나라 평왕平王에게 억울하게 죽자, 오자서가 오吳나라로 망명하였다가 후일 오나라 군대를 이끌고서 초나라를 공격하여 수도인 영郢에 들어가서 평왕의 무덤을 파헤친 뒤 시체를 꺼내어 3백 번이나 매질하였다. 《춘추공양전》에서는 오원의 복수에 대해 "아버지가 죽임을 당하지 않아야 하는데 죽임을 당하였으면 아들이 원수를 갚는 것이 옳다."라고 하여 긍정적으로

를 맺게 된 실마리를 추구하여 복수할 만한 사건이면 복수를 정의로 여기고, 복수해서는 안 되는 사건이면 복수를 죄로 여기면 된다. 이와 같이 처리하면 그만이니, 유종원의 의견이 명료하다.

53. 정의에 따라 음란한 부인을 죽이다

○ 중국 명明나라 홍무洪武(1368~1398) 연간에 있었던 일이다.

교위校尉가 이웃집 부인과 간통하였다. 어느 날 새벽에 그 부인의 남편이 나가는 것을 보고 즉시 문으로 들어가 침상에 올라갔다. 그런데 남편이 다시 돌아왔으므로 교위가 침상 밑에 숨었다. 부인이 물었다.

"어찌하여 다시 돌아왔습니까?"

그러자 남편이 다음과 같이 대답하였다.

"날씨가 매우 춥소. 생각해 보니 당신이 곤히 잠을 자다가 추위에 몸이 상할까 염려되어 이불을 더 덮어 주려고 돌아왔소."

그렇게 말하고서는 이불을 더 덮어 주고 나갔다. 교위가 언뜻 생각하였다. '저 남편이 아내를 저와 같이 사랑하는데 아내가 차마 남편을 배신한단 말인가!' 즉시 차고 있던 칼을 뽑아 부인을 죽이고 나갔다.

채소를 파는 노인이 그 부인의 집에 항상 채소를 공급하였다. 이때에도 그 부인의 집에 들어가서 불렀으나 사람이 없어 즉시 나왔다. 그런데 이웃과 마을에서는 그 노인이 범행을 저질렀다고 고소하였으므로 관아에서 잡아다가 구속하였다. 채소를 파는 노인은 범죄 사실을 부인하였지만, 형사 사건이 성립되었다. 시장에서 노인을 죽이려고 할 때, 교위가 나와서 다음과 같이 소리쳤다.

평가하였다.

"부인은 내가 죽였다. 어찌하여 다른 사람에게 누명을 씌우는가!"

사형을 집행하는 감독관이 교위를 데려다가 만나 본 뒤 '교위가 자수하여 죽여 주기를 원합니다.'라는 내용을 자세히 갖추어 황제에게 올렸다. 황제가 다음과 같이 말하였다.

"정의롭지 못한 부인 하나를 죽이고 죄 없는 노인 하나를 살렸으니, 가상하다."

즉시 풀어 주었다.

○ 다산의 견해: 이 사람은 스스로 간통하는 죄를 저질렀다. 남자로서 여자를 유혹하여 정분을 옮기게 하였다가 곧바로 정의롭지 못하다고 하여 여자를 죽였으니, 정의로운 사람이라고 말할 수 없다. 황제가 특별한 은전恩典을 베푼 것은 영원히 지켜야 할 공명정대한 법이 아니다. 우리 선왕先王(정조正祖) 때 장흥長興의 백성 신여척申汝倜이 우애하지 못하는 자기 아우를 죽였는데, 특별히 은전을 입어 석방되었다.【아래 편에 나온다.】 이와 같은 사건이라야 정의에 따라 사람을 죽인 것이라고 할 수 있다.

54. 홧김에 나무꾼을 죽이다

○《유산총화酉山叢話》에 다음과 같이 말하였다.

"공주公州의 가난한 한 선비가 걸음이 느린 말을 타고 호젓이 산 밑을 지나갔다. 산 위에서 나무꾼 십여 명이 늘어앉아 쉬고 있다가 선비에게 말에서 내리라고 멀리서 소리쳤으나, 가난한 선비가 듣지 못했다. 그러자 나무꾼들이 떼를 지어 내려와서 선비를 말에서 끌어내렸다. 그러고는 그들의 성기를 입안에 넣어 모욕을 주자고 의논하였다. 가난한 선비는 힘이 약하여 순순히 받아들일 수밖에 없었다. 그중 한 나무꾼은 성기가 매우 강하였는데 선비의 입에 넣어 앞뒤로 움직이며 한참이나 빼내지 않았다. 가난한 선비가 분노와 고통을 이기지 못해 이를 갈며 깨무니 피가 나왔다. 그러자 나무꾼들이 흩어져 돌아갔다. 그로부터 며칠이 지난 뒤에 깨물린 독이 크게 덧나서 마침내 죽게 되었다. 1차로 시체를 검안할 때와 2차로 시체를 검안할 때 모두 목숨으로 보상하게 할 것을 청하였다.

절도사節度使 이원李源은 제독提督 이여송李如松의 후손이다. 이때 서산군수瑞山郡守로서 마침 공주에 와 있다가 조사관으로 차출되었다. 이원이 조사를 마치고 감사를 찾아가서 다음과 같이 보고하였다. '이 사건은 목숨으로 보상하게 해서는 안 됩니다.' 이어서 정상을 참작하여 풀어 줄 것을 청하였다. 감사가 성을 내며 말하였다. '사람을 입으로 물어 죽였는데 어찌 목숨으로 보상하지 않는단 말인가!' 이원이 끝까지 주장을 굽히지 않으며 다음과 같이 말하였다. '가령 감사께서 그런 지경을 당하였다면 어찌 그의 성기를 깨물지 않겠습니까!' 감사가 크게 성을 내고, 마침내 '이원이 관청의 집무실에서 사리에 어긋난 말을 하였습니다.'라는 장계를 올려 이원의 파직을 청하였다. 그리고 선비의 일을 기록하여 승정원에 보고하였다.

영조대왕英祖大王께서 장계를 보고 의문이 생겨 승지를 불러 물었다. 승지가 그 사건에 대해 자세히 아뢰니, 주상이 다음과 같이 말하였다. '이원의 말이 옳다. 가령 승지가 그러한 지경을 당하였다면 그의 성기를 깨물지 않을 수 있겠는가! 사람의 마음은 똑같은 것이다. 처벌해서는 안 된다.' 마침내 선비는 무죄로 풀어 주고 조사관 이원은 파직하지 말라고 명하였다."

경사요의

3

1. 임금의 친척이 함부로 사람을 죽이다

○ 중국 송나라의 진계陳洎가 처음 개봉부開封府의 공조 참군功曹參軍이 되었을 때의 일이다.

당시에 정림程琳이 개봉부 윤尹을 맡고 있었다. 장헌태후章獻太后(송나라 진종眞宗의 비妃)가 국정에 관여하게 되자, 그 친족들이 권세를 믿고 교만해져서 스스로 늙은 군졸을 몽둥이로 쳐서 죽였으나, 사람들이 감히 말을 하지 못했다.

진계가 시체를 검안檢案하게 되자, 즉시 개봉부로 나아가서 정림에게 아뢰려고 하였다. 정림이 진계가 오는 것을 보고서는 맞이하며 물었다.

"시체 검안이 끝났는가?"

진계가 대답하였다.

"아직 거행하지 못했습니다."

그러자 정림이 갑자기 일어나 병풍 사이로 숨으면서 말하였다.

"서로 만나볼 수 없다."

진계가 알겠다고 대답하고 나와서 시체가 있는 곳으로 갔다. 그곳에는 벌써 장헌태후가 보낸 내시가 도착해 있었다. 내시가 말하였다.

"빨리 시체의 검안을 마치고 와서 아뢰라."

진계가 일어나 두 번 절하고 대답하였다.

"명령을 받들었으나 아직 마치지 못했습니다."

그 뒤로도 장헌태후의 명령을 전달하는 심부름꾼이 전후로 10명쯤 와서 독촉하였다.

아전 등이 모두 두려워하며 진계에게 말하였다.

"병들어 죽은 것으로 보고해야 합니다."

진계가 화를 내며 말하였다.

"어찌 사실대로 보고하지 않을 수 있겠는가!"

아전 등이 놀라서 말하였다.

"공께서는 본래 자신을 아끼지 않으시지만 저희들은 감히 사실대로 보고할 수 없습니다."

진계가 다시 화를 내며 말하였다.

"이 군졸이 원통하게 죽었는데, 이제 나의 조사를 통해 그 원통함을 풀 수 있게 되었다. 그런데 너희들은 애매모호한 태도를 취한 채 화를 당할까 두려워하고 있다. 법으로는 살인범을 이처럼 용서할 수 없으니, 내 스스로 그 실상을 사실대로 말할 것이다."

진계가 정림에게 나아가니, 정림이 또 맞이하며 물었다.

"어떻게 되었는가?"

진계가 대답하였다.

"몽둥이질을 당해 죽은 것입니다."

정림이 크게 기뻐하고 그의 등을 어루만지면서 말하였다.

"이와 같이 남모르게 덕행을 행하는 관리는 반드시 앞날이 뜻대로 잘 풀릴 것이다."

정림이 급히 말을 찾아서 타고 궁중에 들어가 아뢰기만 하였다. 장헌 태후의 친족은 황제의 특별명령으로 죄를 용서해 주었고, 진계에게도 죄를 묻지 않았다. 진계가 이때부터 명성이 드러나 대간臺諫의 벼슬을 역임하였고, 마지막에는 삼사 부사三司副使를 지냈다. 사람들이 이는 오랫동안 선행을 행한 데 대한 보답이라고 여겼다.

○ 다산의 견해: 요즘 사람들은 그저 죄수에게 관용을 베푸는 것만이 남모르게 덕을 베푸는 것이라고 여긴다. 그래서 형사 사건을 맡게 되면 우선 살려 주는 것만을 위주로 하고, 죽은 사람을 위해 목숨으로 보상하게 하는 것도 남모르게 덕을 베푸는 것인 줄은 모른다.

2. 절도사가 함부로 사람을 죽이다

○ 조선 선조宣祖 때의 일이다.

함경남도 절도사 소흡蘇潝이 개인적인 분노 때문에 함경북도의 관노官奴 두 사람을 죽인 일로 의금부義禁府에 붙잡혀 와서 신문을 받았다. 소흡이 범죄 사실을 자백한 뒤 그에 대한 처리를 대신大臣에게 의논하니, 함부로 형벌을 가한 죄로 처벌해야 한다고 아뢰었다. 그러자 대간臺諫이 아뢰었다.

"공적인 일 때문에 자기가 관할하는 군병이나 백성을 죽였다면, 함부로 형벌을 가한 죄로 처벌할 수 있습니다. 하지만 지금 소흡은 개인적인 분노 때문에 다른 도道의 백성을 죽였으므로, 살인죄를 적용해야 합니다."

주상이 조정의 2품 이상 관원에게 의견을 수렴하였는데, 모두 다음과 같이 아뢰었다.

"살인죄를 적용해서는 안 됩니다."

사헌부와 사간원에서 다시 여러 달 간쟁하였으나, 주상이 끝내 허락하지 않았다.

○ 율곡栗谷 이이李珥가 말하였다.

"사람을 죽인 사람은 죽여야 하니, 법으로 볼 때 용서할 수 없다. 순舜 임금의 아버지 고수瞽瞍가 만약 사람을 죽였다면 사법관인 고요皐陶로서는 법대로 집행할 뿐이고, 순 임금의 힘으로도 저지할 수가 없다. 그런데 소흡이 어떤 사람이기에 감히 멋대로 사람을 죽였는데도 처형할 수 없단 말인가! 팔의八議[47]를 적용하는 것으로 말하면, 담당 관리로서는

---

47 팔의八議: 죄인의 죄를 감해 주는 8가지 경우의 특례를 가리킨다. 8가지의 경우란 첫째는

128

당연히 사형죄를 적용해야 하고, 다만 그에 대해 임금이 특별한 은혜를 베풀어서 사형을 용서해 줄 수는 있다. 그런데 지금 함부로 형벌을 가한 죄로 처벌해야 한다고 하였으니, 나라의 법률을 크게 문란하게 한 것이다. 2품 이상의 관원 중에 정당한 의견을 아뢴 사람이 하나도 없으니, 조정이 텅 빈 지가 오래되었다고 할 수 있다. 그러니 어떻게 일을 바르게 처리할 수 있겠는가!"

3. 왕명을 수행하는 신하가 함부로 사람을 죽이다[48]

○ 조선 숙종肅宗 때의 일이다.

정제선鄭濟先이 왕명을 받고서 평안도에 갔다가 사람을 죽였다. 정승 남구만南九萬이 차자箚子를 올려 다음과 같이 아뢰었다.

"신이 의주義州로부터 순안順安까지 열 곳의 고을을 지나오는 동안에 정제선이 사람을 죽인 정황을 들었는데, 유난히 참혹하였습니다. 이 사건에 대해서는 평안도에서도 조사를 마쳤고 조정에서도 알고 있으므로 이제 다시 거론할 필요가 없겠습니다만, 조정에서 이 사건을 처리한 결과는 법의 취지와 어긋난 것이기에 괴이하다는 생각이 듭니다.

형사 사건을 의논하여 처벌을 완화해 주는 것은 임금이 소중하게 여

왕의 친척이 죄를 지었을 때 참작하여 죄를 감해 주는 의친議親, 둘째는 왕의 벗이 죄를 지었을 때 참작하여 죄를 감해 주는 의고議故, 셋째는 큰 덕행德行이 있는 사람이 죄를 지었을 때 참작하여 죄를 감해 주는 의현議賢, 넷째는 큰 능력이 있는 사람이 죄를 지었을 때 참작하여 죄를 감해 주는 의능議能, 다섯째는 큰 공로가 있는 사람이 죄를 지었을 때 참작하여 죄를 감해 주는 의공議功, 여섯째는 고위 관원이 죄를 지었을 때 참작하여 죄를 감해 주는 의귀議貴, 일곱째는 국가를 위해 크게 수고한 사람이 죄를 지었을 때 참작하여 죄를 감해 주는 의근議勤, 여덟째는 멸망한 나라의 왕족 후손이 죄를 지었을 때 참작하여 죄를 감해 주는 의빈議賓이다.

48 왕명을……죽이다: 이 조항은 저본에는 없으나 정본《여유당전서》에 의거하여 보충한 것이다.

겨야 할 일이지만, 사람을 죽인 자에 대한 처벌을 용서해 준 적은 없습니다. 늙은 사람에 대해 처벌을 면제해 주는 것은 주周나라의 아름다운 제도이지만, 사람을 죽인 경우에는 70세나 80세라 하더라도 늙은 사람이라는 이유로 죽음을 면한 적이 없습니다.

사람을 죽인 것이 죄인의 본심이었는지 참작하여 처리하는 것이 죄를 확정할 때 일반적으로 적용하는 규정입니다. 하지만 사람을 죽인 자가 과오로 죽이거나 장난을 치다가 죽이는 등 본심에서 나온 살인이 아니더라도 용서해 주지 않았습니다. 이렇게 한 것은 사람을 죽인 자의 목숨으로 보상하지 않으면 가엾게 죽임을 당한 자의 원통한 마음을 풀어줄 수 없다고 생각해서가 아니겠습니까!

의금부가 정제선의 죄상을 의논하여 아뢴 문서에서 '왕명을 받고서 수행하는 신하는 일반 사람과는 차이가 있습니다.'라고 한 말은 더구나 고금의 경전과 법률에 나온다는 것을 들어본 적이 없습니다. 만약 '왕명을 받아서 수행하는 신하는 일반 사람과 달라서 사람을 죽여도 목숨으로 보상하게 하지 않아도 된다.'라고 한다면, 일반 사람과 다른 천자天子의 아버지는 왕명을 받고서 수행하는 신하와 무슨 차이가 있어서 고요가 법대로 집행한단 말입니까![49]

한漢나라 고조高祖가 진秦나라 백성에게 약속한 3가지 법률에서는 '사람을 죽인 자는 죽인다.'라고 하였을 뿐이며, 신분이 귀하거나 천하거나 높거나 낮거나에 따라 차별을 둔 적이 없습니다. 이 법률은 여러 시대를

---

49 일반……말입니까: 도응桃應이 맹자孟子에게 "순舜이 천자天子이고 고요皐陶가 사법관인데, 순의 아버지 고수瞽瞍가 사람을 죽였다면 어떻게 합니까?"라고 질문하니, 맹자가 "법을 집행할 뿐이다."라고 대답하였다. 남구만南九萬은 천자의 아버지도 사람을 죽이면 법에 따라 처벌한다고 하였는데, 왕명을 받아 수행하는 신하가 사람을 죽이면 용서해 주는 것은 맹자의 말에 어긋난다고 이의를 제기한 것이다.

거치면서 통용되어 중대한 법률로 지켜져 왔고, 왕명을 받아 수행하는 신하와 일반 사람이 다르다고 한 적이 없습니다. 그런데도 의금부가 대신과 의논하여 처리할 것을 청하였으니, 과연 이것을 세상에 공평하게 적용하는 원칙이라고 말할 수 있겠습니까!

대신들에게 의견을 수렴한 내용 중에 '사안이 공적인 사안도 아니고 죽은 사람이 관리도 아니니, 관할하는 부하에게 함부로 형벌을 가하여 죽였을 때 적용하는 법률과 동일하게 적용하여 가볍게 처벌해야 합니다.'라고 한 말이 있는데, 법률을 제정한 취지가 참으로 이와 같은 것인지 모르겠습니다. 그러한 취지가 아니라면 이 사건을 은폐하는 것일 수도 있습니다. 그런데도 결국에는 인조仁祖와 현종顯宗 두 임금 때의 전례를 가지고서 사형을 감해 주어 유배하도록 한 명이 있었다고 하였습니다.

우리나라에서 법령을 너그럽게 적용해 온 지가 본래 오래되었습니다. 사람을 죽이고 의금부에 잡혀 들어간 사람 중에서 이증李曾 한 사람을 제외하고는 용서를 받지 못한 사람이 없었으니,[50] 어찌 왕명을 받아 수행하는 사람이냐 그렇지 않은 사람이냐를 따졌겠습니까!

의금부가 인용한 사건 중에서 권우權堣의 사건[51]은 오래전에 있었던 일이라서 신이 자세히 모르겠으나, 강석규姜錫圭의 사건[52]은 신이 벼슬하

---

50 사람을……없었으니: 1658년(효종 9)에 전 장령掌令 이증李曾이 재령載寧의 백성 최홍원崔弘源과 노비奴婢의 소유권을 두고 송사를 벌이다가 종을 시켜 최홍원을 죽여서 시체를 강에 던지게 하였다. 포도대장 이완李浣이 이증과 종을 신문하였으나 이증이 자백을 하지 않다가 끝내 감옥에서 죽었다.

51 권우權堣의 사건: 1642년(인조 20)에 권우가 함경도의 시재 어사試才御史로서 정평부定平府에 내려갔다가, 자기 형의 노비를 침탈했다는 이유로 박대순朴大順을 잡아다가 신문하였는데, 박대순의 아내 임생任生이 찾아와서 악다구니를 하자 고문하여 죽게 하였다. 권우에 대해 의금부에서는 100대의 형장刑杖을 치고 3년의 도형에 처해야 한다고 보고하였으나, 인조가 변경의 먼 지역에 정배하도록 하였다.

52 강석규姜錫圭의 사건: 1661년(현종 2)에 강석규가 가주서假注書로서 회덕懷德에 내려가다

고 난 뒤에 발생한 것입니다. 강석규가 죽인 사람은 강석규의 할머니가 양인良人으로 만들어 준 종으로, 다른 사람을 죽인 경우와는 차이가 있는 듯합니다. 그런데도 그 당시에 의금부가 왕명을 받아 수행하는 사람은 일반 사람과는 다르다는 의견을 애당초 올린 일이 없었고 오히려 형장을 치며 신문할 것을 곧바로 청하여 허락을 받아 여러 차례 형장을 치며 신문하였습니다. 그러다가 시간이 오래 지난 뒤에야 심리한 결과에 따라 사형을 감해 주었던 것이지 왕명을 받아 수행한 사람이기 때문에 그 죄를 감해 준 적은 없습니다. 그런데도 의금부가 이러한 사례를 인용하였으니, 이것도 사실과 다릅니다.

그리고 전하께서 정제선을 용서해 준 데다 다음과 같은 새로운 법까지 세우셨다고 들었습니다. '지금부터는 왕명을 받아 수행하는 신하가 개인적인 일로 사람을 죽인 경우 그의 목숨으로 보상하게 한다.' 신은 이러한 법에 대해 더욱 아쉬움을 금할 수가 없습니다. 지금 왕명을 받아 수행하는 신하로서 살인한 자를 만약 죽여도 된다고 생각하신다면, 동일한 경우인 정제선이 어떻게 죽음을 면할 수 있겠습니까! 반면에 정제선의 사형죄를 감해 주어도 된다고 생각하신다면, 뒷날 왕명을 받아 수행하는 자로서 살인한 자들도 어찌 반드시 사형을 당하는 지경까지야 가겠습니까! 이와 같이 법을 세우면, 나라 사람들이 임금의 총애를 얼마나 받는 신하인지를 엿보아 왕명을 받아 수행하는 신하를 깔보게 하는 길을 열어 주기에 충분합니다. 따라서 반드시 뒷날에 시행할 수 없는 법이라는 것을 어느 누가 미리 짐작하여 환히 알지 못하겠습니까!"

가 서원西原에 도착하였을 때, 자기 조모祖母가 값을 받고 판 종 개이价伊를 잡아와서 옛날 상전이라는 이유로 침탈하다가 신문하여 죽게 하였다. 강석규에 대해서는 심리를 거쳐 사형죄를 감해 주어 3000리의 유형에 처하였다.

○ 숙종이 차자에 대해 다음과 같이 비답을 내렸다.

"정제선의 사건은 죄명이 매우 무거워서 나라의 법으로는 용서하기 어렵다는 것을 나도 알고 있다. 그런데도 특별히 정제선의 사형죄를 감하여 용서해 준 이유는 예전에 이와 유사한 죄를 지은 자들이 모두 용서를 받았는데 정제선에게만 갑자기 목숨으로 보상하는 법률을 시행하는 것은 법률을 평등하지 않게 적용하는 결과가 되기 때문이었다. 이제는 이러한 경우에 대한 법령이 정해졌으니, 어찌 뒷날 시행하지 못할 리가 있겠는가!"

○ 다산의 견해: 남구만의 차자 내용 중에는 제대로 살피지 못하고 말한 흠이 있는 것 같다. 이제 《주례》〈추관·사자司刺〉의 주석을 살펴보면, 늙은 사람이 사람을 죽인 경우에도 죽이는 법은 본래 한漢나라의 법령이다. 과오로 사람을 죽이거나 장난을 치다가 사람을 죽인 경우는 '사자'에서 말한 과실에 의한 살인이라고 할 수 있다. 정중과 정현이 모두 '과오로 사람을 죽이거나 장난을 치다가 사람을 죽인 경우에는 죽이지 않는다.'라고 하였는데, 남구만은 또한 어찌하여 '용서해 주지 않았습니다.'라고 말하였는가!

《주례》〈추관〉의 팔의 중에 고위 관원이 죄를 지었을 때 참작하여 죄를 감해 주는 의귀議貴와 왕의 친척이 죄를 지었을 때 참작하여 죄를 감해 주는 의친議親이 있고 보면, 왕명을 받아 수행하는 신하가 일반 사람과 다르다는 것은 말할 필요도 없다. 고요가 고수에게 법을 집행한다는 말에 대해서는 이전 사람들도 모두 의문을 품었다.【나도 이에 대해서는 사리를 따져 밝힌 글이 있으며, 앞에 나와 있다.[53]】만일 맹자의 말과 같이 이해한다

---

53 나도……있다: 정약용은 도응의 가설적인 질문에 대해 맹자가 '고요로서는 법을 집행할

면, 주공周公의 '왕의 친척이 죄를 지었을 때 참작하여 죄를 감해 주는 의친議親'에 관한 법은 하늘의 이치에 어긋나는 셈이 되어 버린다.

왕명을 받고서 전쟁에 나가 싸운 자들이 대부분 불법으로 사람을 죽였으나 전혀 문제를 삼은 적이 없는데, 이들에게만 엄격하게 법을 적용하는 것이 과연 법을 공평하게 적용하는 것이라고 할 수 있는지 모르겠다. 한나라 고조가 진나라 백성에게 약속한 3가지 법률에는 왕명을 받아 수행하는 관원이 일반 백성과는 다르다는 문장이 본래 없지만, 왕명을 받아 수행하는 관원이 일반 백성과 똑같다는 문장도 없다. 차자의 이 구절은 남보다 강한 기질이 있는 것처럼 더욱 느껴진다. 대체로 법을 세울 때에는 '사람을 죽인 자는 죽인다.'라고 한다. 그러나 이처럼 고위 관원이 죄를 지어 참작하여 죄를 감해 주어야 할 상황이 되어 사형을 감해 주게 되었다면, 이는 《주례》〈추관〉의 취지에 합치된다고 할 수도 있는 것이다. 다만 본 사건처럼 힘없는 백성과 재물이나 여자를 두고 싸우다가 발생한 사건일 경우에는 지금까지 말한 나의 견해와는 관계가 없다.

4. 관아의 장관이 함부로 사람을 죽이다
【함부로 사람을 죽인 죄에 적용하는 법률이 있다.】

○ 우리나라의 역사서에 나오는 내용이다.

숙종 25년(1699)에 회양 부사淮陽府使 유신일兪信一이 자신의 행차를 침범했다는 이유로 유생儒生 이우백李友白에게 곤장을 쳐서 죽게 하였다.

뿐이다.'라고 대답한 것이 논리상 모순이 된다는 점을 들어 "'순이 천자이고 고요가 사법관인데 고수가 사람을 죽였다면 어떻게 합니까?' 하고 물으면, '감히 법을 집행하지 못한다.'라고 대답해야 할 것이다."라고 해석하였다. 다산의 이러한 견해는 앞의 〈경사요의〉 권1 9번에 나온다.

유신일이 이 일로 구속되었으나, 이우백의 죽음을 전염병에 걸려 죽은 것으로 몰아갔다. 그러자 의금부義禁府에서 진상 조사를 청하였다. 강원도와 함경도 두 도에서 조사하여 곤장에 맞아 죽은 정황을 알아냈다. 그런데 대신들이 모두 다음과 같이 말하였다. '살인 사건을 처리하는 절차에 문제가 있는데도 그에 구애받지 않고 그 사건 정황만을 가지고서 판결한다면, 뒷날 그에 따른 폐단이 생길까 염려됩니다.'

주상이 다음과 같이 판결하였다.

"'살인한 사람을 죽인다.'라는 형법은 준엄하다. 그런데 우리나라에서는 목숨으로 보상하는 법률이 사대부에게만 시행되지 않는다. 이 때문에 지방의 관리들이 거리낄 것이 없어져서 자기의 기분에 따르거나 개인적인 원한에 따라서 함부로 형벌을 사용하여 마치 풀을 베듯이 사람을 죽인다. 그러니 어찌 마음이 아프지 않겠는가! 이번에 유신일이 과거를 보러 가는 선비에게 곤장을 쳐서 죽인 일에 대해서는 그가 자백하였고, 이우백이 보고기한保辜期限[54] 안에 죽은 사실도 명백히 조사가 되었다. 그런데도 이제 시체를 검안하는 절차가 미흡하다는 것에 구애를 받아서 유신일에게 적용할 형량을 가벼운 쪽으로 조정한다면, 저승에 있는 죽은 사람의 원한을 무슨 수로 풀 수 있겠는가!

옛날 효종 때 있었던 사건을 아직도 기억하고 있다. 이증李曾이란 자가 사람을 묶어 물에 빠뜨려 죽인 죄로 결국은 형장을 맞아 죽게 되었다. 이증의 사건과 유신일의 사건이 똑같이 살인 사건인데 유신일만 처형을 피하게 된다면, 이증이 반드시 지하에서 억울해할 것이다. 게다가《무원

---

54 보고기한保辜期限: 남을 구타하여 상처를 입힌 사람에게 의무적으로 피해자의 상처를 치료해 주도록 정한 기간을 가리킨다. 만약 이 기간 안에 피해자가 사망하면 살인 혐의를 적용하였으나, 그 기간이 지난 다음에 사망하면 살인 혐의를 적용하지 않았다. 따라서 보고기한은 가해자에게 살인죄를 적용할지 정하는 기준이 되기도 하였다.

록》제9〈개관검험開棺檢驗〉'유골遺骨의 검안에 대해서는 정해진 제도가 없다.'라고 한 조문에 다음과 같이 말하였다. '어떠한 규정에 근거해서 유골을 검안하여 사망하게 된 근본 원인을 확정할 수 있겠는가! 피해 상황을 조사해서 명백할 경우에는 살인범과 연루된 사람을 샅샅이 추궁하여 종원칠鍾元七이 사망하게 된 확실한 근본 원인을 자세히 신문해서 각각의 진술을 받아 사실대로 자백하는 말을 받아 내야 한다. 원통함이 없도록 자세히 살펴서 규례에 따라 사건을 마무리한다.[55]【현재 간행되어 사용하고 있는《증수무원록》의 주註에는 '종원칠'이라는 한 구절이 없다.】이것을 가지고 보더라도, 세월이 오래 지난 뒤에서야 고소한 살인 사건은 시체를 검안하지 못하고, 다만 살해를 당한 정황이 명백하면 법률에 따라 사건을 마무리한다는 의미이다. 반복해서 생각해 보았으나, 유신일에 대해서는 살려 주는 쪽으로 판결할 수 있는 근거가 실로 없다. 그러니 심리하는 자는 법률에 따라 처단하라."

  승정원에서 마침내 왕명을 집행할 수 없다고 거부하면서 다음과 같이 아뢰었다.

  "살인 사건에서 시체를 검안하는 절차를 둔 것은 법률을 제정한 취지가 반영되어 있습니다. 의금부에서 대신들에게 의논하기를 청한 것과 대신들이 시체를 검안하는 절차에 대해 의견을 바친 것도 모두 형사 사건을 신중히 처리하고 뒷날에 생길 폐단을 우려하는 뜻에서 나왔습니다. 대신들에게 다시 물어서 처리하소서."

---

55 원통함이……마무리한다:《증수무원록》에는 이러한 내용이 수록되어 있지 않다. 다만 숙종대의 실록과《승정원일기》및 정본《여유당전서》에 모두 실려 있을 뿐이다. 이 앞의 내용도《증수무원록》의 내용과는 차이가 있으나, 문맥이 통하는 경우에는 교감하지 않고 그대로 번역하였다.

○ 주상이 다음과 같이 비답을 내렸다.

"법은 역대 임금께서 만드신 것이니, 그대들이 감히 마음대로 조종할 수 있는 것이 결코 아니다. 임금이 법을 지키려고 하는데 신하가 이의를 제기하여 법을 부정하게 적용하기를 바라는 경우가 예로부터 언제 있었는가! 지난날 정제선鄭濟先을 구제해 주어야 한다는 말들이 매우 어수선하게 제기되었고, 대간들로부터 구차한 의견이 제시되기까지 하였으므로 마음속으로 개탄스러워하다가 하교한 적이 있다.[56] 그런데 뜻밖에 지금까지도 옛 버릇이 남아 있어 이처럼 방자한 짓을 하였으니, 유신일의 기세가 대단하다고 할 수 있겠다. 그러나 이준백李俊白(이우백의 아우)의 진술 가운데서 「명관名官이 함경도 선비에게 곤장을 쳐서 죽였으나, 어찌 목숨으로 보상할 것까지야 있겠는가!」라는 말이 벼슬아치들에게 크게 유행합니다.'라고 한 말은 참으로 속이지 않은 말이다. 정제선에게 법을 부정하게 적용한 것은 잘못 조치한 것이었으니, 어찌 재차 잘못을 저지를 수 있겠는가! 아, 만일 유신일이 살아서 의금부의 문을 나간다면, 이것은 나라의 법이 없는 것이나 마찬가지이다. 역대 임금께서 만드신 법을 내가 감히 고치지는 못한다."

이어서 다음과 같이 비망기備忘記를 내렸다.

"유신일의 살인 사건은 감출 수 없이 명백하게 드러났으니, 형법을 적용하면 어떻게 죽음을 면할 수 있겠는가! 가령 특별한 은혜를 베풀어 사

56　지난날……있다: 1683년(숙종 9)에 정제선鄭濟先이 서장관書狀官으로서 중국으로 가다가 평안도에 도착하였을 때, 도망간 노비를 찾는 일로 혹독하게 형장을 쳐서 6명이나 죽게 하였다. 이 사건의 처리에 대해 의금부와 대신들은 왕명을 받아 수행하는 신하가 사람을 죽인 것은 일반 사람이 사람을 죽인 것과는 다르므로 살인죄를 적용해서는 안 된다고 하였다. 숙종은 정제선에게 살인죄를 적용해야 한다고 하였으나 결국 사형을 감하여 3000리의 유형에 처하였다. 당시 이러한 처리에 대해 적극적으로 간쟁하는 대간이 없었으므로 숙종이 대간들을 한심하다고 하였다.

형을 용서해 주라는 명을 내렸다고 하더라도 임금 가까이서 시종하는 관직에 있는 관원으로서는 용서하지 말아야 한다고 간쟁해야 당연한 일이다. 하물며 내가 판부判付한 내용은 실로 목숨으로 보상하게 한 법률을 중시하고 죽은 사람의 원통함을 위로해 주려는 뜻에서 나온 것이니 더 말할 것이 있겠는가! 이러한 나의 조치는 일시적인 감정에 따라 나온 것이 아닌데도 허겁지겁 서둘러서 이의를 제기하여 유신일을 살려 주는 쪽으로 판결하게 하려고 한 것이 어찌 매우 해괴한 짓이 아니겠는가! 승지 조태채趙泰采 이정겸李廷謙을 모두 파직하라.”

유신일이 마침내 감옥에서 죽었다.【《국조보감國朝寶鑑》에 나온다.】

○《대명률》〈형률刑律·인명人命〉에 다음과 같이 말하였다.

“관리나 공무로 파견된 사람 등이 공무 때문이 아닌 일로 평민平民을 위협하여 죽게 한 경우에는 100대의 형장을 친다.”【이에 대해《대명률강해大明律講解》에 다음과 같이 해석하였다. “관부官府의 위세를 믿고 평민을 능멸하고 협박하여 자결하여 죽게 한 자를 가리킨다.”】

○《경국대전經國大典》〈형전刑典·남형濫刑〉에 다음과 같이 말하였다.

“관리가 형벌을 함부로 가하다가 죽게 한 경우에는 100대의 형장을 치고 영구히 관리로 임용하지 않는다.”

○《속대전續大典》〈형전·남형〉에 다음과 같이 말하였다.

“왕명을 받아 수행하는 신하라고 하더라도 사적인 일로 사람을 죽인 경우에는 역시 목숨으로 보상한다. 서울과 지방의 관리로서 법률을 벗어나서 형벌을 사용한 사람은 형벌을 당한 자가 우연히 죽게 되었더라도 죄를 용서하지 않는다.”

○ 다산의 견해: 이 여러 법전의 조문들은 법을 만든 취지를 상세히 밝혀 주고 있다. 수령守令이 공무 때문에 사람을 죽이면 죽음을 모면할 수 있으나, 사적인 일 때문에 사람을 죽이면 목숨으로 보상해야 한다. 이번에 유신일俞信一이 하찮은 일 때문에 거리낌 없이 다른 고을의 선비를 함부로 죽인 행위는 사적인 분노로 빚어진 일이다. 그러므로 숙종께서 법을 지키고 고치지 않으셨다.【또 《속대전》〈형전·검험檢驗〉의 주注에 다음과 같이 말하였다. "수령이 관할하는 아랫사람을 때려죽게 한 경우에는 영구히 관리로 임용하지 않는다는 법률이 본래 있지만, 죽은 사람의 시체를 검안하는 것은 일의 체모를 손상시키는 면이 있으므로 시행하지 않는다."】

5. 관아의 장관이 함부로 사람을 죽이다[57]

○ 야사野史에 나오는 내용이다.

정승 남구만南九萬이 다음과 같이 차자箚子를 올렸다.

"신이 선천부宣川府를 지나다가 다음과 같은 이야기를 들었습니다. 전 청강 만호清江萬戶 이경건李景建이 청강진에 소속된 토병土兵이 밭 안에서 은銀을 찾았다는 말을 듣고 그에게 주리를 트는 형벌을 시행한 뒤에 토병의 군관軍官을 시켜 토병의 집으로 압송해 가서 은을 채취해 오게 하였습니다. 그런데 그 은을 찾아냈던 토병이 중도에서 도망가 버리자, 이경건은 그 군관이 고의로 놓아주었다고 의심하여 그를 붙잡아서 선천부로 보냈습니다. 선천 부사宣川府使 이홍술李弘述이 또 군관에게 주리를 틀고 나서는 더욱 엄중히 가두어 두고 은자를 찾아냈던 자를 찾아내려고 하였는데, 군관의 병이 위급하다는 말을 듣고서야 석방하였습니다. 그러

---

57 관아의……죽이다: 이 조항은 저본에는 없으나 정본 《여유당전서》에 의거하여 보충한 것이다.

나 군관은 형벌을 당하고 7일 뒤에 죽었습니다.

이경건이 또 죽은 군관의 아버지가 원한에 사무친 말을 한다는 이야기를 듣고서는 다른 일을 핑계로 죄를 씌우려고 군관의 아버지를 영조감관營造監官으로 차출한 뒤에 '감관의 일을 회피하고 상관을 모욕하였다.'라고 하면서 감사監司와 병사兵使에게 보고하였습니다. 감사와 병사는 이경건의 보고 문서만 보고 선천부에서 죄를 다스리게 하였습니다. 선천부사 이홍술은 이경건이 다른 일을 핑계로 군관의 아버지에게 죄를 덮어씌운 상황을 알고 있었으면서도 더욱 엄하게 형벌을 가하여 한 차례의 형벌을 받고 죽게 만들었습니다.

만약 '이경건이 은을 찾아냈던 토병에게 주리를 틀었던 의도가 재물을 탐낸 데 있었다.'라고 한다면, 또 이홍술이 고의로 놓아준 군관에게 주리를 튼 의도도 재물을 탐낸 데 있었던 것이 아니라고 어떻게 보장하겠습니까! 만약 '조작할 마음을 먹은 것은 이경건이고 이홍술은 그에게 속은 것이다.'라고 한다면, 이경건이 이홍술에게 말한 것은 은을 찾아낸 사람에 대한 것뿐이었고 애당초 본심을 숨긴 적이 없으니 속일 것이 무엇이 있겠습니까!

토병의 군관이 설령 죄가 있다고 하더라도 청강 만호인 이경건이 스스로 다스릴 수가 있는데, 어찌하여 부사까지 간여하게 한 것입니까! 토병을 고의로 놓아준 죄가 설령 명백하다고 하더라도 태형笞刑이나 장형杖刑을 가하면 되는 일인데 어찌하여 주리를 틀기까지 한 것입니까! 이홍술이 군관의 아버지에게 형장을 치며 신문한 것이야 상급 관사에서 내려보낸 제사題辭(보고 문서에 대한 판결)에 따른 것이라고 핑계를 댄다 하더라도, 그의 아들에게 주리를 튼 것이 어찌 상급 관사에서 내려보낸 제사에 따른 것이겠습니까! 게다가 두 사람의 죄를 엮어 낸 사람은 이경건이지만 두 사람의 목숨을 직접 끊은 사람은 실로 이홍술이니, 그 죄상을 따진다면 이홍술이 무겁다고 하겠습니다. 그런데 의금부가 두 사람에게 적용한 법률을 보면, 이홍술에게는 겨우 고신告身을 빼앗는 처벌만 하는 것으로 그쳤고, 이경건에게는 3년의 도형에 처하는 것으로만 그쳤습니다. 이경건에 대한 처벌도 본래 가벼운 처벌이라고 할 수 있겠으나, 이홍술의 죄는 감해 주고 또 감해 주어 도리어 함부로 형벌을 사용했을 때 적용하는 형률보다도 가볍게 적용하여 법에 정해진 대로 형벌을 집행하지 않은 죄만으로 은폐하였습니다.

그리하여 형벌을 가볍게 가하거나 무겁게 가하는 데 대한 기준도 없고 죄인에게 적용한 법이 죄에 합당하지도 않았으니, 관리로 있는 자들이 법을 두려워하여 자신을 단속할 일이 없게 되었습니다. 게다가 오막살이 집에서 울부짖고 억울해하며 애통한 마음을 품고 있는 저 과부와 고아는 어떻게 한단 말입니까! 신의 어리석은 생각은 다음과 같습니다. '이제 이경건에게는 형벌을 더 시행할 수 없더라도 이홍술은 무거운 형벌로 다시 처벌하여 이경건이 도리어 균등하지 못한 처벌을 받았다는 원통한 마음을 갖지 말게 해야 합니다.'"

○ 숙종이 차자에 대해 다음과 같이 비답을 내렸다.
"차자의 내용이 매우 준엄하고 정당하여 사람들이 자신도 모르게 감탄하게 되었다. 이홍술에 대해서는 의금부에서 다시 보고하여 더 무겁게 처벌하도록 하겠다."

6. 사나운 종이 함부로 사람을 죽이다

○ 중국 후한後漢 때의 일이다.
동선董宣이 낙양 영洛陽令으로 있을 때, 호양공주湖陽公主의 종이 대낮에 사람을 죽이고 공주의 집에 숨어 있었으므로 아전이 그를 체포할 수 없었다. 그러다가 공주가 외출하면서 그 종을 시켜 수레 옆에 함께 타게 하였다. 동선이 하문정夏門亭에서 기다렸다가 공주의 수레와 말을 멈추게 하고 칼로 땅에 선을 그어 넘어오지 못하도록 하였다. 그리고 큰소리로 공주의 잘못을 열거하고 종을 꾸짖어 수레에서 내리게 한 뒤에 맨손으로 때려죽였다.【'격살格殺'이란 기계器械를 사용하지 않고 맨손으로 죽이는 것을 말한다.】

공주가 즉시 궁宮으로 돌아가 황제에게 호소하였다. 황제가 크게 성이 나서 동선을 불러 채찍을 쳐서 죽이려고 하였다. 그러자 동선이 머리를 조아리며 아뢰었다.

"폐하께서 훌륭한 덕행으로 나라를 중흥시켰는데, 종을 풀어 사람을 죽이게 한다면 앞으로 어떻게 세상을 다스리겠습니까!"

말을 마치고서는 즉시 머리로 기둥을 들이받아 얼굴 가득 피가 흘렀다. 황제가 내시를 시켜 부축하게 하고, 동선더러 머리를 조아리면서 공주에게 사죄하도록 하였다. 그러나 동선이 명령을 따르지 않자, 억지로 머리를 조아리게 하였다. 동선이 두 손으로 땅을 짚고서 버티며 끝내 머리를 구부리려 하지 않았다. 그러자 황제가 '목이 뻣뻣한 수령[强項令]은 나가라.'라고 명을 내리고, 돈 30만 냥을 하사하였다. 동선이 돈을 여러 아전에게 모두 나누어 주었다.

이러한 일이 있은 뒤로는 권세를 믿고 포악한 짓을 행하는 자들을 체포할 수 있었으므로 서울 사람들이 무서워서 벌벌 떨었다.

7. 사나운 종이 함부로 사람을 죽이다

○ 세조世祖 14년(1468)의 일이다.

인산군仁山君 홍윤성洪允成이 거느리던 여종의 남편이 길에서 홍산鴻山 사람 나계문羅季文을 만났는데, 무례하다고 꾸짖고서는 역리驛吏를 시켜 구타하여 죽게 하였다. 현감 최륜崔倫이 홍윤성의 권세에 겁을 먹어 역리만 가두고 나머지는 모두 죄를 묻지 않았다. 홍윤성의 두 종이 또 그 역리를 빼앗아갔다. 감사 김지경金之慶이 또 사면령이라는 핑계를 대고서는 모두 석방하여 돌려보내고, 도리어 나계문의 장인 윤기尹耆가 홍윤성을 해치려고 모의하였다는 죄목으로 체포하여 감옥에 가두었다.

마침 이때 주상이 온천溫泉에 행차하였는데, 나계문의 아내 윤씨尹氏가 행궁行宮 밖에서 통곡하였다. 주상이 윤씨를 불러 직접 신문하고서는 가엾게 여겼다. 그리고 즉시 김지경과 최륜을 잡아다가 홍윤성까지 아울러 신문하고, 여종의 남편과 두 종을 모두 사형에 처하였다.

8. 세력 있는 자가 함부로 사람을 죽이다

○ 중국 양梁나라의 사도司徒이자 양주 자사揚州刺史인 임천왕臨川王 소굉蘇宏의 첩 동생이 사람을 죽이고 소굉의 저택에 숨었다. 황제가 소굉에게 내놓으라고 명을 내려 그날로 처형하였다. 어사중승御史中丞이 아뢰어 소굉을 해임시켰다.

9. 세력 있는 자가 함부로 사람을 죽이다

○ 중국 송나라의 갈원葛源이 홍주洪州의 사리참군司理參軍으로 있을 때의 일이다. 주장州將의 생질이 배다른 형과 함께 사람을 때리다가 생질이 그 사람을 죽였다. 주장이 갈원을 협박하였다.

"두 사람은 모두 나의 생질로, 사람을 죽인 자는 그중의 형이다. 내가 알기로 그들은 대대로 번창하는 집안이니, 사건을 담당하는 관리가 잘 못 처리하지 않도록 해야 할 것이다. 그렇게 하지 않으면 이 사건은 반드 시 번복될 것이다."

그러나 갈원이 사건을 사실대로 조사하고 변경하지 않았다.

10. 세력 있는 자가 함부로 사람을 죽이다

○ 세종世宗 10년(1428)의 일이다.

형조 판서 서선徐選의 아들 서달徐達이 신창新昌의 아전 표예평表藝平 을 죽였다. 조사관들이 주범과 종범을 나누되 종을 주범으로 삼았고, 게다가 피해자의 가족과 사사로이 화해한 것을 받아 주었다. 사건이 드 러나자, 주상이 전후의 조사관과 관찰사를 모두 의금부로 보내 차등을 두어 적용할 형률을 의논하여 아뢰라고 명하였다.

11. 노비를 사사로이 죽이다

○ 우리나라의 역사서에 나오는 내용이다.

세종 26년(1444)에 다음과 같이 하교하였다.

"우리나라의 풍속은 상하의 구분이 엄격하여, 노비에게 죄가 있어 그 주인이 죽인 경우에는 으레 모두 그 주인을 편들어 주고 노비를 억눌러 왔다. 이런 제도는 참으로 아름다운 뜻이 담겨 있다. 그러나 상을 주거 나 벌을 주는 것은 임금의 큰 권한으로, 임금이 죄 없는 한 사람을 죽이 는 것조차도 옳지 않다. 하물며 노비가 미천한 신분이기는 하지만 그들 도 하늘이 낸 백성인데, 어찌 죄 없는 사람을 함부로 죽일 수 있겠는가! 임금의 덕德은 살리기를 좋아할 뿐이다. 그런데도 죄 없는 사람이 살해되는 것을 앉아서 보고만 있으니, 어찌 두렵지 않겠는가! 지금부터 노비에게 죄가 있더라도 관아에 신고하지 않고 때려죽인 자는 모두 옛 규례에 따라 처벌하라. 만약 불에 달군 쇠로 지지는 형벌, 코나 귀를 베는 형벌, 얼굴에 먹물로 글자를 새기는 형벌, 발꿈치를 도려내는 형벌, 쇠·칼·나무·돌을 사용하는 형벌 등 참혹한 방법으로 함부로 사람을 죽인 모든 경우에는 죽은 노비의 가족들을 법률에 따라 관아에 소속시키라."

○ 《대명률》에 다음과 같이 말하였다.

"만일 노비에게 죄가 있어 그 가장家長과 가장의 기년복朞年服을 입는 친척 및 외조부모가 관아에 신고하지 않고 때려죽인 경우에는 100대의 형장을 치며, 죄가 없는데 죽인 경우에는 60대의 형장을 치고 1년의 도형에 처하며 죽은 노비의 가족들은 모두 풀어 주어 양민으로 삼는다. 만일 가장이 품팔이하는 사람을 때렸는데 품팔이하는 사람이 그로 인해 죽게 된 경우에는 100대의 형장을 치고 3년의 도형에 처하며, 고의로 죽인 경우에는 목을 매달아 죽인다. 만일 노비가 명령을 위반하여 법에 따라 처벌하는 과정에서 우연히 죽게 하였거나 실수로 죽게 한 경우에는 각각 죄를 묻지 않는다."

○ 《속대전》에 다음과 같이 말하였다.

"관아에 신고하지 않고 제멋대로 노비를 죽인 자에게는 《대명률》의 장형과 도형에 처하도록 한 법을 적용하되, '죽은 노비의 가족은 모두 풀어 주어 양민으로 삼는다.'라고 한 조문은 적용하지 않는다."

12. 여종의 남편을 사사로이 죽이다

○ 우리나라의 역사서에 나오는 내용이다.

태종太宗 5년(1405)에 원윤元尹 이백온李伯溫이 여종의 남편을 죽였다. 주상이 그의 죄를 용서하자, 대사헌 이래李來 등이 청하였다.

"옛날에는 천자의 아버지가 사람을 죽이면 사법관이 법을 집행하여 죄를 논하였고 천자조차도 사사로이 개입할 수 없었습니다. 이백온을 법대로 처리하여 죄 없이 죽임을 당하고 흐느끼는 원통한 영혼을 위로해 주소서."

재삼 요청하니, 주상이 다음과 같이 말하였다.

"도성 밖으로 축출하라."

이래 등이 합문閤門 밖에 엎드려 굳게 청하니, 주상이 종부시宗簿寺와 순금사巡禁司를 시켜 이백온에게 형장을 쳐서 함주咸州로 유배하게 하였다.

사헌부에서 이백온을 묶어 호송하자, 주상이 성을 내어 지평持平 이흡李洽을 순금사의 감옥에 가두도록 하였다. 이래가 아뢰었다.

"이백온의 형은 전 왕조인 고려 때 사람을 죽였고 이백온이 이제 또 사람을 죽였으니, 이는 이백온 형제가 살리기를 좋아하시는 전하의 성대한 덕을 실로 더럽힌 것입니다. 그를 묶어서 호송했던 것은 그가 도망칠까 염려해서였습니다."

주상이 말하였다.

"경卿은 이씨 나라의 신하가 아닌가? 어찌하여 종친宗親을 이와 같이 대우하는가!"

이래가 아뢰었다.

"신 등이 종친을 모욕하려는 것이 아니라 전하의 덕을 보필하려는 것입니다."

대관臺官이 모두 물러나서 주상의 처벌을 기다렸다. 간관諫官 조서趙敍 등이 다음과 같이 청하였다.

"이흡이 법을 지키고 변하지 않으니, 그의 죄를 용서해 주어 사람들의 바람에 부응하소서."

주상이 마침내 풀어 주었다.

○ 《대전통편》의 부록에 나오는 내용이다.[58]

정조正朝 계축년(1793, 정조 17)에 다음과 같이 하교하였다.

"상전의 집에 데리고 사는 여종의 남편이 아내의 상전에게 인정과 도리에 몹시 어긋나는 흉악한 말을 내뱉어서 아내의 상전이 죄를 다스렸는데 우연히 죽게 된 경우에는 살인 사건을 성립시키지 말라. 인정과 도리에 몹시 어긋날 정도가 아닌데 죄를 다스렸다가 우연히 죽게 된 경우에는 살인 사건을 성립시킨 뒤에 초기草記로 아뢰어 결정하라."【12월에 형조가 재가받아 관문關文을 보냈다.】

○ 다산의 견해: 이로부터 여종의 남편이 살해된 경우에는 목숨으로 보상하지 않는 경우가 많았다. 내가 생각하기에 여종의 남편을 일괄적으로 말할 수는 없다고 본다. 조정의 관리나 양반이 남의 여종을 데려다가 첩으로 삼은 경우에 그 관리나 양반도 여종의 남편으로 논할 것인가! 천한 백성으로서 남의 집 일을 하는 자라 하더라도 그가 죽여야 할 죄를

---

58 대전통편의……내용이다: 1793년(정조 17)에 박소완朴紹完이 고용한 여종의 남편 방춘대房春大가 술에 취해 행패를 부리다가 끌려 나갔는데 이튿날 사망하였다. 방춘대의 형 방연득房連得의 고소에 따라 사건을 조사하였으나, 방춘대의 몸에 특별한 상처가 없었다. 형조가 이 사건에 대해 정조에게 보고하자, 정조가 신하들과 논의한 뒤 이하에 나오는 내용의 하교를 내렸다. 이러한 내용이 《대전통편》의 부록에 실렸는지는 확인할 수 없으나, 고종 때 편찬된 《대전회통大典會通》의 〈형전刑典·살옥殺獄〉에 수록되어 있다.

지었으면 형조가 당연히 죽여야 한다. 그러나 죽여야 할 정도의 죄를 짓지 않았는데 분에 못 이겨서 함부로 죽인 자는 어찌 목숨으로 보상하지 않을 수 있겠는가! 조선 초기에 종친宗親이 여종의 남편을 죽이자, 사헌부에서 강력히 법에 따라 처벌할 것을 청하였으니, 아! 엄격했다고 하겠다.

13. 배반한 종이 주인을 죽이다

○ 이영휘李永輝가 석성 현감石城縣監으로 있을 때의 일이다.

부여扶餘의 진씨陳氏 성을 가진 사람이 그의 조카와 함께 임천林川으로 가서 종의 신공身貢을 거두었다. 그런데 종들이 밤에 무리를 지어 두 진씨를 묶고 그중 숙부를 죽여 시체를 강물에 던졌다. 조카는 달아나 죽음을 모면하여 관아에 나아가 스스로 고소하였다. 군수 홍세형洪世亨이 종들에게 뇌물을 받고, 다음과 같이 말하였다.

"종에게 딸이 있었는데 두 진씨가 그 딸을 두고 서로 싸우다가 조카가 숙부를 죽인 것이며, 종은 실제로 억울하게 고소당한 것이다."

그리고 살인 사건도 성립시켰다. 그때 절도사가 이영휘에게 이 사건을 같이 심리하라고 부탁하였다. 이영휘가 가서 여러 정황과 진술을 조사해 보니 크게 상반되었으며, 또 조카 진씨를 억압하여 들어오지 못하게 하고 있었다. 이영휘가 아전을 꾸짖고 조카 진씨를 불러들여 말하였다.

"사건이란 원고와 피고가 있어야 한다."

조카 진씨가 사건의 전말顚末을 자세하게 진술하였다. 이영휘가 아전에게 전에 작성했던 진술서를 가져와서 읽게 하고, 조카 진씨에게 그 내용을 듣게 하였다. 그러고 나서 물었다.

"지난번에는 이와 같이 진술하였는데 오늘 진술을 바꾼 이유가 무엇이냐?"

조카가 크게 놀랐다. 홍세형이 사실이 드러난 것을 알고서는 머리를 숙이고 감히 다시는 말을 하지 못했다. 이날 이영휘가 혼자 그 사건을 처리하여, 종이 주인을 죽인 죄로 처형할 것을 청하였다. 홍세형이 연명으로 서명하면서도 감히 이의를 제기하지 못하였다.

14. 계모가 아버지를 죽이다

○ 중국 한漢나라 경제景帝 후원後元(기원전 143~141) 연간의 일이다.

정위廷尉가 죄수의 명단을 올렸는데, 그중에 방년防年이란 자가 있었다. 그의 계모 진씨陳氏가 자기 아버지를 죽였기 때문에 방년이 진씨를 죽인 것이다. 법률에 따를 경우에는 어머니를 죽이면 대역죄大逆罪로 처벌하도록 되어 있는데, 경제가 그렇게 처리하는 것에 대해 의문이 있었다.

그 당시 무제武帝가 12세로 태자가 되어 곁에 있었다. 경제가 태자에게 그 사건에 대한 생각을 물으니, 다음과 같이 대답하였다.

"《의례儀禮》〈상복喪服〉에 '계모는 친어머니와 같다.'라고 하였으니, 이는 분명히 계모가 친어머니에게는 미치지 못한다는 뜻입니다. 아버지 때문에 계모를 친어머니에 견주는 것일 뿐입니다. 이제 계모가 형편없어서 직접 자기 남편을 죽였으니, 범행을 저지른 날에 어머니로서의 인연이 끊어진 것입니다. 따라서 방년은 어머니가 아닌 일반 사람을 죽인 것과 똑같이 처벌해야지 대역죄와 동일하게 처벌해서는 안 됩니다."

경제가 그 말을 따랐다.

15. 계모가 아버지를 죽이다

○ 중국 양나라 사람이 후처後妻를 맞아들였는데, 후처가 남편을 죽였

다. 그러자 그 아들이 또 후처를 죽였다. 공계언孔季彦【공희孔僖의 아들이다.】이 양나라를 지나게 되었는데, 양나라 재상이 다음과 같이 말하였다.

"이 아들은 대역죄로 처벌해야 합니다. 《의례》〈상복〉에 '계모는 어머니와 같다.'라고 하였으니, 이는 어머니를 죽인 것입니다."

공계언이 말하였다.

"'어머니와 같다.[如母]'라고 말한 것을 보면 친어머니와 같지는 않지만 자식의 도리로서 독려한 것입니다. 옛날에 문강文姜이 남편인 노魯나라 환공桓公을 죽이는 일에 참여하였기 때문에 《춘추春秋》에는 '강씨姜氏'라는 말을 빼 버렸습니다. 그리고 《춘추좌씨전》에서는 '강씨라고 부르지 않은 것은 관계를 끊고 어버이로 여기지 않았기 때문이니, 예에 맞는다.'라고 하였습니다. 관계를 끊고 어버이로 여기지 않았다면 어머니가 아니라 보통 사람일 뿐입니다. 게다가 자신이 직접 남편을 죽인 것은 죽인 정황만 알고 있었던 것보다 더 중대한 죄입니다. 죽인 정황만 알고 있었어도 오히려 어버이로 여길 수 없었으니, 자신이 직접 남편을 죽인 시점부터 어머니와 자식이란 명분은 끊어지는 것입니다. 옛날 사람들의 도리와 비교해 보아도, 이 아들은 사법관이 아닌데도 관아에 신고하지 않고 제멋대로 죽인 죄를 적용해야 합니다."

양나라 재상이 그 말에 따랐다.【《북사北史》에 나온다.】

○ 성호星湖 이익李瀷이 다음과 같이 말하였다.

"이것은 깨닫기 어려운 것이 아니다. 아들은 아버지의 마음을 자기 마음으로 삼아야 한다. 죽은 아버지가 알고 있다면 반드시 계모를 죽이라고 명령할 것인데, 아들이 그 명령을 어기겠는가! 다만 자기를 낳아 준 어머니인 경우는 어찌해야 하는가? '급伋의 아내가 되지 못한 사람은 백

白의 어머니도 되지 못한다.'⁵⁹라고 한 것처럼 어머니가 아니라면 보통 사람일 뿐이다. 그러나 어머니가 쫓겨났더라도 아버지의 후사後嗣가 아닌 아들은 오히려 어머니를 위해 상복을 입으니, 쫓겨난 어머니라 하더라도 어머니라는 이름은 그대로 남아 있기 때문이다. 그러니 어찌 차마 직접 죽일 수 있겠는가!

시골의 어떤 사람이 여종과 간통을 하였다. 여종에게는 본래 남편이 있었는데, 그 남편을 몽둥이로 때려죽였다. 그 여종의 아들이 자란 뒤에 이 사실을 알고서는 말하였다. '아버지가 어머니 때문에 죽었으니 이는 죽이는 일에 관여한 것이다. 어찌 차마 어머니라고 할 수 있겠는가!' 마침내 달아나서 소식을 알지 못했다. 내가 이 말을 듣고 말하였다. '이 백성이야말로 명분과 도리에 맞게 행동하였다. 인정의 가장 적합한 지점을 가르쳐 주지 않았는데도 스스로 이와 같이 깨달아 처신하였다. 이 사람과 같은 상황을 만난 사람은 이 백성을 표준으로 삼아야 한다.'"

16. 계모를 죽이려고 모의하다

○ 중국 당나라의 두아杜亞가 유양維揚을 진수鎭守할 때의 일이다. 부유한 백성 중에 아버지가 죽자 계모를 도리에 어긋나게 모시는 자가 있었다. 새해 첫날에 계모에게 장수하기를 축원하는 술을 올리자, 계모도 아들에게 술잔을 내려 주었다. 아들이 술에 독이 들어있을까 의심하여 술을 땅에 부으니 땅이 부풀어 올랐다. 이에 계모를 꾸짖자, 계모가 가

---

59 급伋의……못한다:《예기》〈단궁 상檀弓上〉에 나오는 자사子思의 말이다. 급은 공자의 손자인 자사의 이름이고, 백白은 자사의 아들 이름이다. 자사가 아내와 이혼한 뒤 이혼한 아내가 죽었는데, 자사의 아들 공백孔白이 어머니를 위해 상복을 입지 않았다. 자사의 제자들이 그 이유를 묻자, 자사가 이와 같이 대답하였다.

슴을 치며 인정하지 않았다. 아들이 계모를 붙잡아 관아로 나아갔다. 두아가 추궁하였다.

"네가 어머니에게 장수하기를 축원하는 술을 올렸는데, 그 술은 어디서 났느냐?"

아들이 대답하였다.

"큰며느리가 술잔을 주관하였습니다."

두아가 신문하였다.

"어머니가 너에게 내려 준 술잔은 또 어디서 났느냐?"

아들이 대답하였다.

"그것도 큰며느리가 주관하였습니다."

두아가 신문하였다.

"큰며느리는 누구냐?"

어머니가 대답하였다.

"이 아들의 아내입니다."

두아가 꾸짖으며 말하였다.

"독은 아내에게서 나왔다. 어찌 어머니를 모함하느냐?"

마침내 분별하여 조사하니, 이 사건은 부부가 공모하여 어머니를 모함한 것이었다. 드디어 법에 따라 처벌하였다.

17. 어머니를 죽이고 뇌물을 바치다

○ 선조宣祖 14년(1581)에 박민헌朴民獻이 강원 감사로 있을 때의 일이다.

횡성현橫城縣의 백성 존이存伊가 자기 어머니를 죽였다. 살인 사건이 성립되자, 박민헌의 사랑을 받던 기생이 많은 뇌물을 받고 석방해 주기를 청하였다. 그러자 박민헌이 직접 신문하겠다는 핑계를 대고서는 존이를 감영의 감옥으로 잡아왔다가 갑자기 석방하였다. 그리하여 백성이 분통하고 억울하게 여겼다. 그러다가 사건이 드러나서 의금부에서 다시 신문하게 되었다. 의정부·사헌부·의금부가 함께 모여 신문하니, 증언이 하나로 모아졌다. 존이는 죄를 인정하지 않다가 형장을 맞아 죽었고, 박민헌은 죄에 상응하는 처벌을 받았다.

18. 아버지를 죽인 사건의 범인을 밝히다

○ 선조 22년(1589)의 일이다. 용산龍山의 부자 윤백원尹百源이 죽었다. 그 첩의 아들 등이 본부인의 딸 윤씨가 독약을 써서 죽였다고 고소하여, 마침내 국문鞫問하는 법정이 설치되었다. 조사관이 올린 문서에 대해 주상이 다음과 같이 답변하였다.

"윤씨가 깊숙한 규방閨房에서 자란 몸으로 하루아침에 구박을 당하였고, 옥리獄吏와 대면하여 심문을 받고 난장亂杖을 맞아 넋이 나갔으니, 그녀가 죽지 않은 것만도 다행이라고 하겠다. 그러니 그녀의 진술 내용이 어찌 착오가 없을 수 있겠는가! 만일 이 진술 내용을 근거로 혹독한 형벌을 곧장 가한다면, 지극히 원통한 일이 생길까 두렵다. 세상의 죄 가운데 아버지를 죽이는 것보다 큰 죄는 없다. 따라서 사건의 정황과 이치를 참작하여 최대한 상세하게 밝히고 신중해야 한다. 그녀의 아버지는 용산에 오랫동안 살았고, 평상시에 여러 첩들에게 둘러싸여 있고 여러 손님과 상대하였으니, 밖에서 찾아온 시집간 딸이 어떻게 독약을 써서 죽일 수 있겠는가! 그리고 윤백원이 평소에도 음식에 독약을 넣었을까 의심하여 딸의 집에서 보내온 음식을 먹지 않았다고 한다. 이 말이 사실이라면 그 딸이 왔을 때 빨리 내쫓기에도 급급하였을 터인데, 어찌 그런 딸을 자기 집에 받아들여 독약을 먹고 죽는 빌미를 스스로 만들었겠는가! 여러 첩에게는 아들이 많지만, 본처에게는 이 딸 하나만 있다. 이번에 이 딸을 콕 짚어서 고소한 것은 그 첩의 아들들의 입에서 나온 것이니, 사람들의 마음을 납득시킬 수 있겠는가! 만일 평소에 딸이 순종하지 않았다고 해서 아버지를 죽인 범인이라고 지적한다면, 이 세상에는 순종하지 않는 아들도 많다. 흉악한 노비가 그녀가 집에 찾아온 기회를 틈타 그녀에게 혐의를 덮어씌울 셈으로 독약을 쓴 것은 아닐지 모르겠다. 세 첩이 곁에 있었으니, 신문하지 않을 수 없다. 모두 고문하여 신문하라.”

19. 어머니와 간통한 사내를 죽이다

○ 우리나라의 역사서에 나오는 내용이다.

숙종肅宗 9년(1683)에 주상이 김석주金錫胄에게 말하였다.

“형조에 백년百年이란 자의 살인 사건이 있다고 하는데, 경도 들어 알고 있는가? 어머니에게 간통한 사내가 있어 아버지가 분통한 마음에 병이 생겼는데, 죽을 때가 되자 아들에게 반드시 원수를 갚아 달라고 유언하였다. 어느 날 간통한 사내가 자기 어머니의 방에 와 있자, 백년이 분함을 견디지 못한 데다 아버지의 유언을 차마 저버릴 수 없었으므로 마침내 칼로 찔러 죽였다. 사건이 드러나자 스스로 숨기지 않았다.”

그러자 김석주가 아뢰었다.

“신이 전에 《한서漢書》를 보니, 다음과 같은 내용이 있었습니다. 아내가 남편을 죽이자 그 아들이 또 어머니를 죽였습니다. 경제景帝가 판결을 내리지 못하고 있었는데, 그 당시 무제武帝가 어린 나이로 곁에 있다가 ‘그 어머니가 남편을 죽인 시점부터는 어머니가 될 수 없으니, 죽이지 못할 명분이 무엇이 있겠습니까!’ 하였습니다. 그러자 경제가 매우 기특하게 여겼습니다. 이 일을 근거로 삼을 만합니다.”

그 뒤에 가뭄으로 인하여 죄수들을 심리하여 관용을 베풀 때 백년을 특별히 석방시키려고 하였으나, 형조에서 불가하다고 고집하여 마침내 유배하였다.

○ 다산의 견해: 이 사건은 중국 한漢나라 방년防年의 사건[60]과는 정황과 사례가 몹시 다르니, 인용할 필요가 없다. 《속대전》에 다음과 같이 말하였다. "어머니가 다른 사람과 몰래 간통하였는데 그 아들이 간통 현장에서 간통한 사내를 찔러 죽인 경우에는 정상을 참작하여 정배定配한다."

20. 부모가 자식을 죽이다
【가표賈彪·소식蘇軾·유위俞偉·우윤문虞允文의 사례이다.】

○ 《후한서後漢書》에 다음과 같이 말하였다.

"가표가 신식新息의 수령이었을 때의 일이다. 백성 중에 가난 때문에 자식을 기르지 않는 사람이 많았다. 가표가 그에 대한 규제를 엄격하게 하여 사람을 죽인 것과 똑같은 죄로 다스렸다. 성城의 남쪽에는 사람을 해친 강도가 있었고, 성의 북쪽에는 자식을 죽인 여인이 있었다. 가표가 현장검증을 하기 위해 나가려고 하는데 아전이 성의 남쪽으로 인도하려고 하였다. 가표가 화를 내며 말하였다. '도적이 사람을 해치는 것은 일상적인 일이지만, 어머니와 자식이 서로 죽이는 것은 하늘의 이치를 거

---

60 방년防年의 사건: 중국 한漢나라 때 방년이 아버지를 죽인 계모 진씨陳氏를 죽였다. 당시의 법률에는 자식이 부모를 죽이면 대역죄로 처벌하도록 하였는데, 경제景帝가 방년에게 대역죄를 적용하는 것은 옳지 않다고 생각하였다. 무제가 당시 12살의 태자太子로서 경제에게 "아버지를 죽인 시점부터 어머니와 자식의 명분은 끊어졌기 때문에 방년에게는 일반적인 살인죄를 적용해야 합니다."라고 건의하자, 경제가 그대로 따랐다.

스르고 인간의 도리를 어기는 짓이다.' 마침내 수레를 몰아 성의 북쪽으로 가서 그 여인의 죄를 다스렸다. 그러자 남쪽의 도적도 두 손을 묶고서 스스로 자수하였다. 그 뒤로 몇 년 동안에 사람들이 자식을 천여 명이나 길렀다. 그리고 말하기를 '이는 가표 덕분에 낳았으니 가표가 아버지인 셈이다.' 하고, 모두 이름을 가賈라고 지었다."

○ 소식이 악주鄂州의 수령 주씨朱氏에게 보낸 편지에 다음과 같이 말하였다.

"악주岳州와 악주 사이는 전답이 적어서 사람들이 으레 2남 1녀만 기르고, 이 숫자를 넘으면 번번이 죽이는 풍습이 있습니다. 자식이 태어나자마자 곧바로 찬물에 담가서 죽이곤 하였는데, 그 부모도 차마 볼 수가 없어서 항상 눈을 감고 얼굴을 돌리고는 물동이 안에서 손으로 아이를 누르고 있으면 한참동안 '응애응애'하다가 죽었습니다.【중간의 내용은 생략하였다.】형률에 따르면, 자손을 고의로 죽인 경우에는 2년의 도형에 처한다고 하였습니다. 이는 고을의 수령이 조사하여 거행할 일입니다. 그러니 귀하께서 백성에게 아이를 죽일 경우의 법률을 알려 주고 행실에 따라 복과 재앙이 온다는 내용으로 깨우쳐 준 뒤에 형률대로 처리하소서. 그러면 이러한 풍습이 사라질 것입니다."

○ 또 유위가 검주劍州의 순창順昌 수령으로 있을 때의 일이다. 백성이 자식을 낳아 3~4명이 될 정도로 많아지면 대부분 기르지 않았다. 이는 재산이 부족하기 때문이었다. 유위가 '자식 죽이는 것을 경계하는 글'을 지어 백성을 깨우쳐 주었다. 그로 인해 살아난 아이가 천여 명이었다.

○ 우윤문이 태평太平의 지주로 있을 때의 일이다. 백성이 해마다 성인

남성에게 부과된 돈과 명주를 세금으로 납부하였다. 가난하여 세금을 납부할 수 없는 백성은 아들을 낳으면 모두 버렸고, 아들이 어느 정도 자라면 즉시 죽였다. 우윤문이 갈대밭에서 나는 갈대로 대신 세금을 내게 하니, 그제야 백성이 아버지와 아들이 함께 사는 즐거움을 알게 되었다.

○ 다산의 견해: 중국에서 자식을 많이 낳으면 기르지 않는 풍속은 금기시하는 풍속 때문이기도 하고【예를 들면 5월 5일에 태어난 경우이다.】, 집이 가난하기 때문이기도 하며, 세금이 무겁기 때문이기도 하다. 우리나라에서는 유일하게 명천明川의 사건[61]만 역사서에 보일 뿐이다. 그러나 그러한 사건에 적용할 형률을 의논할 때에는 사건의 정황을 참작하여 처벌해야 하고, 의도적으로 흉악한 범죄를 저지른 사람과 똑같은 죄로 처벌해서는 안 된다.

21. 부모가 자식을 죽이다
【서문중徐文重의 상소와 《대명률》의 조문이다.】

○ 우리나라의 역사서에 나오는 내용이다.

숙종 7년(1681)에 함경도 명천明川의 시노寺奴 산봉山奉의 아내 막금莫今이 아들을 낳은 뒤 죽이려고 하다가 다른 사람에게 제지당했다. 정황을 심문하니 다음과 같이 진술하였다.

---

61 명천明川의 사건: 1681년(숙종 7)에 명천의 시노 산봉의 아내 막금이 아들을 낳은 뒤 키울 수가 없자 죽이려고 하다가 다른 사람에게 제지당했다. 그 사건의 처리를 두고 숙종과 신하들이 살인죄를 적용할 것인지 정상을 참작하여 사형을 면해 줄 것인지로 의견이 나뉘었는데, 최종적으로 사형을 감하여 정배하였다.

"거지로 생활하는 가운데 아들을 낳았으므로 결코 보호하여 기를 수가 없어 마지못해 이렇게까지 하였습니다."

감사 윤계尹堦가 그 사건을 주상에게 아뢰었다. 형조에서 검토한 뒤 대책을 마련해서 다음과 같이 아뢰었다.

"부모가 자녀를 죽인 경우에는 수교受敎에 사형으로 처벌하도록 되어 있습니다. 그러나 이는 살인이 이루어진 경우를 말하는 것입니다. 법률에 따라 60대의 형장을 치고 1년의 도형에 처하소서."

주상이 다음과 같이 판결하였다.

"다른 사람들이 제지했기 때문에 흉악한 계획을 이루지는 못했지만 그 마음의 자취를 캐 보면 죽인 것이나 다름없다. 따라서 사형으로 판결해서 풍속과 교화를 바로잡아야 한다."

영의정 김수항金壽恒이 다음과 같이 의견을 아뢰었다.

"함경도의 백성이 몹시 사납고 어리석기는 하지만, 자기의 갓난아기를 직접 죽이려고 한 것이 어찌 본마음에서 나온 것이겠습니까! 다른 도에 비해서 특히 생계가 어렵고 부역賦役이 무거워서 아버지와 자식이 서로 보호할 수 없기 때문이니, 참으로 가엾게 여길 수는 있어도 미워할 수는 없습니다. 게다가 죽이지는 못하였으니, 살인이 이루어진 것과는 다릅니다. 따라서 사형보다 한 등급 낮춘 법률을 적용하는 것이 정상을 참작하여 처리하는 방도에 합당할 듯합니다."

주상이 김수항의 의견에 따라 시행하라고 명하였다.

○ 숙종 10년(1684)에 호조 참판 서문중이 상소하여 다음과 같이 아뢰었다.

"법률 조문 가운데 '부모가 자식을 죽인 죄에 대해서는 장형杖刑과 도형까지만 적용한다.'라고 하였던 것은 취지가 있어서 그렇게 한 것입니다.

그리고 선왕先王의 수교受敎에 '부모가 자녀를 죽이거나 형이 아우를 죽였는데 고의故意로 저지른 사건일 경우에는 사형을 적용한다.'라고 한 것은 자식을 죽인 죄악을 징계하려는 것이지만, 도리어 임금이나 부모를 죽인 죄와 동일하게 사형을 적용하는 결과가 되고 맙니다. 그러니 형률을 그처럼 무겁게 적용하도록 한 것이 도리어 윤리를 어지럽히는 원인이 됩니다."

주상이 다음과 같이 답변하였다.

"부모가 자기 자식을 죽인 경우에는 이제부터 모두 법률 조문에 따라 시행하되, 정상이 흉악하여 별도로 처분해야 하는 경우에만 그때마다 아뢰어 결정하라."

○《대명률》에 다음과 같이 말하였다.

"자손이 명령을 위반하였는데 조부모·부모가 도리에 맞지 않게 때려 죽인 경우에는 100대의 형장을 치고, 고의로 죽인 경우에는 60대의 형장을 치고 1년의 도형에 처한다."

○《속대전》에 다음과 같이 말하였다.

"부모가 자녀를 죽이거나 형이 아우를 죽였는데 그 의도가 흉악한 경우에는 모두 서로 싸우다가 때려죽인 죄로 처벌한다."

그에 대한 주註에는 다음과 같이 말하였다.

"자녀를 죽이려고 계획을 세웠으나 실행하지 못한 경우에는 먼 곳에 정배定配한다."【또 모두 법률 조문에 따라 시행하라는 수교受敎가 있다.】

○ 다산의 견해: 중국 한漢나라 가표賈彪의 법에는 자식을 죽인 죄도 사람을 죽인 죄와 똑같이 처벌하도록 하였고, 송나라의 법률에는 2년의

도형에 처한다고 하였으며【모두 위에 나왔다.】, 《대명률》과 《속대전》은 또 각각 처벌 규정이 다르다. 이처럼 처벌 규정이 다른 이유는 부모가 자녀를 죽인 정황이 각각 달라서 일률적으로 논할 수가 없기 때문이다. 그러므로 그 정황이 가엾은 경우에는 도형으로만 처벌하도록 하였고, 의도가 흉악한 경우에는 사람을 죽인 것과 똑같은 형률을 적용하였던 것이다. 또 자식을 죽인 석작石碏의 경우에는 《춘추좌씨전》 은공隱公 4년에 '순수하고 독실한 신하[純臣]'라고 인정하였으나,[62] 자식을 죽이려고 계획한 고수瞽叟의 경우에는 옛날이나 지금이나 모두 악한 사람이라 부른다.[63] 《속대전》에 말한 것은 재산 다툼 또는 간음이 원인이거나 후처에게 빠져서 자녀를 원수처럼 여겨 죽이려고 계획을 세우기까지 한 자를 가리킨다. 그러므로 숙종이 하교하여 모두 《대명률》에 따라 판결하게 하되, 사형죄를 적용해야 할 경우에는 그때마다 아뢰어 결정하도록 하였다.

22. 효도를 위해 아내를 죽이다

○ 우리나라의 역사서에 나오는 내용이다.

영조英祖 33년(1757)에 사형수를 심리할 때 죄인 복도함卜道咸에 대해 사형죄를 낮추어 정배하라고 명하였다. 복도함은 함경도의 백성이다. 아내가 계모에게 순종하지 않자, 복도함이 때리다가 죽게 되었는데, 스스로 목을 매어 죽었다고 핑계를 댔다.

---

62 자식을……인정하였으나: 석작은 중국 춘추시대 위衛나라의 대부大夫이다. 그의 아들 석후石厚가 공자公子 주우州吁와 함께 위나라 환공桓公을 살해하자, 석작이 공자 주우와 자기 아들 석후를 잡아 죽였다. 이에 대해 《춘추좌씨전》에서는 '석작은 순수하고 독실한 신하이다.〔石碏純臣也〕'라고 평하였다.

63 자식을……부른다: 고수瞽叟는 순 임금의 아버지로, 순 임금의 이복동생인 상象과 함께 여러 차례 순 임금을 죽이려고 하였다.

주상이 그 사건에 관한 문서를 보고 다음과 같이 하교하였다.

"자식은 계모를 위해 자기 아내를 때렸고, 어머니는 자기 자식을 위해 며느리의 맞은 상처를 없앴다. 불효하다가 죽은 아내를 위해 그 남편에게 목숨으로 보상하도록 하는 것이 어찌 이상적인 정치라고 하겠는가!"

사형죄를 낮추어 처벌하라고 특별히 명하였다.

○《대명률》〈형률·인명人命〉에 다음과 같이 말하였다.

"아내와 첩이 남편의 조부모·부모를 때리거나 욕한 일로 인하여 남편이 신고하지 않고 제멋대로 죽인 경우에는 100대의 형장을 친다. 만일 남편이 아내와 첩을 때리거나 욕을 하였는데 그 일로 인해 자결하여 죽게 된 경우에는 처벌하지 않는다."

23. 며느리를 죽인 시어머니를 용서하다

○ 중국 당나라의 유공작柳公綽이 형부 상서刑部尙書로 있을 때의 일이다. 경조京兆에 사는 사람 중에 며느리를 채찍으로 때려죽게 한 시어머니가 있었다. 경조부京兆府에서는 사형으로 판결하였다. 그러나 유공작은 다음과 같이 의견을 아뢰었다.

"윗사람이 아랫사람을 때린 것은 싸움이 아닙니다. 게다가 그의 아들이 있는데, 아내 때문에 자기 어머니를 죽게 하는 것은 가르침이 아닙니다."

마침내 사형죄를 낮추어 처벌하였다.【《구당서舊唐書》와 《신당서新唐書》에 나온다.】

○ 다산의 견해: 훈계하기 위해 매질을 하는 것은 이와 같이 해야 한다. 그러나 평산平山의 백성 중 음란한 시어머니가 자기 며느리를 몰래

죽인 것과 같은 경우【아래 편에 나온다.】는 어머니가 자기 자식을 죽였더라도 그 죄를 용서할 수 없다.

24. 시어머니를 죽인 며느리라고 허위 고소하다

○ 중국 한漢나라의 우정국于定國이 정위廷尉로 있을 때의 일이다.

동해東海에 젊어서 과부가 되어 자식이 없으면서도 시어머니를 매우 부지런히 봉양하는 효성스러운 며느리가 있었다. 시어머니는 며느리를 시집보내려고 하였으나 며느리가 끝내 듣지 않았다. 시어머니가 이웃 사람에게 말하였다.

"내가 늙어 젊은 애에게 오랫동안 누를 끼치니, 어찌해야 할까!"

그러고는 스스로 목을 매어 죽었다. 그러자 시누이가 어머니를 죽인 범인으로 며느리를 고소하였다. 아전이 효성스러운 며느리를 조사하여 다스리니, 스스로 허위 자백을 하였다. 우정국이 사실이 아니라고 문제를 제기하였으나 받아들여지지 않았다. 태수太守가 마침내 효성스러운 며느리에게 살인죄를 적용하였다. 그로부터 군郡 안에 3년 동안 가뭄이 들었다.

우정국이 다음과 같이 말하였다.

"효성스러운 며느리가 부당하게 죽었으니, 재앙의 원인이 혹시 여기에 있는가?"

이에 태수가 효성스러운 며느리의 무덤에 스스로 제사를 지내고, 그 무덤에 정표旌表를 세우니, 하늘에서 즉시 큰비가 내렸다.

25. 형제가 서로 죽겠다고 다투다

○ 중국의 《남사南史》에 나오는 내용이다.

원단袁彖이 강릉江陵에 있을 때의 일이다. 고을의 백성 구장지苟蔣之 형제가 서로 죽겠다고 다투었다. 원단이 다음과 같이 말하였다.

"죄상을 심리하여 정하는 날에 형제가 우애하여 서로 희생하려고 하는데, 만약 이들에게 무거운 형벌을 적용한다면 실제로는 선행을 행한 사람을 해치는 셈이 된다."

이로 말미암아 구장지 형제가 죽음을 모면하였다.

○ 다산의 견해: 옛날 역사로부터 선왕先王(정조正祖)의 《상형고祥刑考》에 이르기까지 두루 살펴보면, 형제가 서로 죽겠다고 다툰 경우에는 모두 살려 주는 쪽으로 판결하였다. 그러나 형제가 함께 범죄를 저지른 사건에서는 어리석은 백성이 이러한 상황에서 벗어날 수 있는 경우가 드무니, 그것은 교화敎化가 밝게 이루어지지 못하였기 때문이다. 《시경》〈소아小雅·상체常棣〉에 다음과 같이 말하였다.

'할미새가 언덕에서 울고 있네. 급하고 어려울 땐 형제뿐이지.'

그런데 요즘 사람들은 어찌하여 이를 따르지 않는가! 옛날에 강굉姜肱이 도적을 만났는데, 형제가 서로 죽겠다고 다투자 도적이 마침내 둘 다 풀어 주었다.【《소학小學》에 나온다.】 조효趙孝의 아우 조례趙禮가 도적에게 붙잡혀 가 잡아먹힐 상황이었다. 조효가 스스로 묶고 도적에게 찾아가서 말하였다.

'조례는 여위어서 살이 찐 나만 못하다.'

도적이 그 뜻을 깨닫고 모두 놓아주었다.【《오륜행실五倫行實》에 나온다.】 도적들조차도 오히려 그러하였는데, 하물며 풍속이 교화된 상태에서는 더 말할 것이 있겠는가!

26. 형제가 서로 죽겠다고 다투다

【계모가 특히 자애로웠다.】

○ 중국 원元나라 때의 일이다.

진윤부秦潤夫의 후처後妻인 시씨柴氏가 아들 하나를 낳았는데, 전처前妻가 낳은 아들 하나와 함께 모두 어렸다. 진윤부가 병이 들었다가 죽게 되자 전처가 낳은 아들을 부탁하였다. 시씨가 두 아들을 차별 없이 길렀으며, 고생스럽게 길쌈을 해서 두 아들을 학교에 보냈다.

지정至正(1341~1367) 연간에 행실이 불량한 어떤 소년이 장복張福의 가족을 죽였다. 장복이 관아에 고소하였는데, 시씨의 큰아들을 연루시켰다. 법에 따르면 큰아들도 사형을 당해야 하였다. 그러자 시씨가 작은아들을 이끌고 관아에 나아가 울며 호소하였다.

"사람을 죽인 자는 나의 작은아들이지 큰아들이 아닙니다."

작은아들도 말하였다.

"나의 죄를 어찌 형에게 덮어씌울 수 있겠습니까!"

신문을 하였으나, 죽어도 말을 바꾸지 않았다. 관아에서 도리어 작은아들을 시씨가 낳은 아들이 아닌 것으로 의심하였는데, 다른 죄수를 신문하고서야 그 정황을 파악하게 되었다. 관아에서 시씨의 행위를 정의롭게 여기고 감탄하며 말하였다.

"아내는 사랑하는 자식을 포기하면서까지 남편의 말에 따랐고, 아들은 죽음에 나아가면서도 어머니의 뜻에 따랐다. 이것은 하늘의 이치와 인간의 감정으로 최고의 경지이다."

마침내 두 아들을 모두 석방하였다. 담당 관리가 이러한 사실을 황제에게 아뢰어, 시씨의 집에 정려문旌閭門을 세워 주고 부역負役을 감면해 주었다.

27. 형제가 서로 죽겠다고 다투다

○ 우리나라의 역사서에 나오는 내용이다.

인조仁祖 7년(1629)에 형조에서 다음과 같이 아뢰었다.

"이극성李克誠이 사람을 죽였으니 죽여야 합니다. 그런데 그의 아우 이극명李克明이 스스로 주범이라고 하면서 형제가 서로 죽겠다고 다투고 있습니다."

주상이 말하였다.

"죽음은 어느 누구나 모두 싫어하는 것이다. 이극명이 자기 형을 위해 자백했으니, 이는 실로 군자君子도 실천하기 어려운 일이며, 경박한 시대의 풍속에서는 보기 드문 일이다. 정상을 참작하여 그들의 선행을 표창하라."

○ 다산의 견해: 근래의 풍속은 가식적인 경우가 많아서 형제가 같이 구타하고서는 서로 죽겠다고 다투는 척하는 사례가 많다. 그러므로 모든 사례마다 형제 둘 다 죄를 면해 주어서는 안 될 듯하다.

28. 형이 아우를 위해, 어머니가 아들을 위해 대신 죽다

○ 중국 한漢나라 안제安帝 때의 일이다.

하간河間 사람 윤차尹次와 영천潁川 사람 사옥史玉이 모두 사람을 죽인 죄에 연좌되어 죽어야 할 상황이 되었다. 윤차의 형 윤초尹初 및 사옥의 어머니 군씨軍氏【성이 군씨이다.】가 모두 관아에 나아와서 자기 목숨으로 대신 갚을 것이니 아들과 아우의 죄를 용서해 주기를 요구하고 목을 매어 죽었다.

응소應劭가 경전의 내용에 의거하여 "형법은 지켜 나가야 할 것이 있다."라고 하면서 다음과 같이 의견을 아뢰었다.

"윤차와 사옥이 평화로운 시기에 사사로운 감정을 풀었으나, 조정에서 너그러운 은전恩典을 베풀어 다행히 겨울까지 왔습니다. 그런데 윤초와 군씨가 어리석고 성급하여 망령되게 자살하였습니다."

○ 다산의 견해: 응소의 의견은 대략 다음과 같은 의미이다.

'어리석은 백성이 아는 것이 없어서 대신 죽을 생각을 하였으나, 나라의 법은 지극히 엄격하여 목숨으로 갚아야 할 죄를 용서할 수가 없다. 요행을 바라는 길이 한번 열리면 그로 인한 폐단이 끝이 없게 되어, 인륜을 어긴 아들과 욕심 사나운 아우들은 당연히 처벌받아야 할 죄를 요행히 피하고, 자애로운 어머니와 어진 형들은 불행히 자살하는 슬픔을 당하게 될 것이다. 이것은 모두 임금이 염려해야 할 일이다.'

29. 본처가 첩을 무고하다
【억울한 판결에 대해서는 저승에서도 갚는다.】

○ 진목陳睦이 절동浙東과 절서浙西의 형사 사건을 조사하였을 때의 일이다. 당시 항주杭州의 백성 중에 하침향夏沈香이라는 첩이 있었다. 하침향이 우물가에서 빨래를 하고 있을 때 본처의 아들이 우물에 빠져 죽었다. 그러자 본처가 고을에 소송을 제기하면서 분명히 하침향이 아이를 밀어서 우물에 빠뜨렸을 것이라고 하였다. 그러나 세 차례나 사건 담당 아전을 바꾸었으나 진목의 뜻에 맞지 않았다.【하침향이 죄에서 벗어난 것이 진목의 뜻에 맞지 않았다는 말이다.】 진목이 화를 내며 아전을 꾸짖고, 특별히 조사관에게 맡겨 다스리게 하였다. 사건이 마무리되어 서류가 꾸며지

자 즉시 인재를 천거받아 마침내 세 아전을 축출하고 하침향을 죽였다.

소식蘇軾은 시에서 다음과 같이 읊었다.

"사람 죽인 증거 없어 아무래도 개운찮네. 이 사무친 한 죽도록 잊기 어려울 듯."

이렇게 읊은 이유는 충격이 있었기 때문이라고 한다. 뒷날 진목이 서울로 돌아왔으나, 오래도록 관직을 제수받지 못하였다. 도사道士인 형邢이 상당히 선인仙人의 풍모가 있다는 말을 듣고 은밀히 찾아가 앞날의 일을 물었다. 그러나 형이 끝내 거절하고 대답하지 않았다. 얼마 뒤에 형이 친한 사람에게 말하였다.

"침향은 어쩔 것인가?"

진목이 그 말을 듣고 마음이 섬뜩하여 땀을 흘렸으며, 여러 날 밥을 먹지 못했다.

30. 범행 현장에 남긴 칼집으로 도둑을 잡다

○ 중국 삼국시대 위魏나라의 사마열司馬悅이 예주 자사豫州刺史로 있을 때의 일이다. 상채上蔡의 동모노董毛奴가 돈 5천 냥을 가지고 가다가 길에서 죽었다. 어떤 사람이 장제張堤가 강탈했을 것이라고 의심하였으며, 또 장제의 집에서 돈 5천 냥도 찾아냈다. 장제가 고문이 두려워서 사실이라고 허위 자백을 하였다. 그러나 사마열은 의문이 생겼다. 그래서 동모노의 형을 데려다가 물었다.

"사람을 죽이고 돈을 빼앗아 갈 때 허둥지둥하여 빠뜨리고 간 물건이 있었을 것이다. 무슨 물건이 있었는가?"

그 형이 대답하였다.

"칼집 하나가 있었습니다."

사마열이 칼집을 가져다가 살펴보고 말하였다.

"이 칼집은 마을에서 만든 것이 아니다."

예주 안의 칼을 만드는 장인匠人을 불러다가 칼집을 보여 주니, 곽문郭門이란 사람이 다음과 같이 말하였다.

"제가 손수 만든 것입니다. 지난해에 성곽 안에 사는 사람인 동급조董及祖에게 팔았습니다."

사마열이 동급조를 추궁하여 자백을 받았다.

31. 짐승 잡는 칼로 도둑을 가려내다

○ 중국 당唐나라의 유숭귀劉崇龜가 남해南海를 진수鎭守하고 있을 때의 일이다. 부자 상인의 아들이 강 언덕에 배를 정박시켰다. 한 솟을대문 집에 아름다운 여자가 있는 것을 보고서는 소년이 장난삼아 말을 걸었다.

"오늘 밤에 댁으로 찾아가겠습니다."

여자도 난처한 기색을 보이지 않았다. 그날 저녁에 여자가 정말로 문을 열어 놓고 소년을 기다렸다. 그런데 소년이 아직 오지 않았을 때 도둑이 방으로 들어왔다. 여자가 그런 줄도 모르고 반갑게 맞아들였다. 도둑이 붙잡히게 되었다고 생각하여 칼로 찔러 죽이고 칼을 버린 채 달아났다. 뒤이어 소년이 도착했다가 피를 밟고 미끄러져 땅에 넘어졌다. 그리고 주검을 발견하고 달아나 배로 돌아와 밤중에 닻을 풀고 도망쳤다.

이튿날 그 집에서 피 묻은 발자국을 추적하여 강 언덕까지 이르렀다. 언덕 위에 있던 사람이 말하였다.

"그 집에 어떤 객선客船이 들렀다가 어젯밤에 바로 떠났습니다."

드디어 관아에 소송을 제기하였다. 관아에서 사람을 보내 소년을 쫓아가 체포하였다. 고문을 하면서 조사하니 사실대로 실토하였으나, 사람을 죽인 일만은 부인하였다.

유숭귀가 범행 현장에 남겨진 칼을 보니, 짐승을 잡는 칼이었다. 그에 따라 다음과 같이 명령을 내렸다.

"어느 날 온 경내 백정들의 모임을 크게 열 것이니, 모두 모여 짐승을 도살하는 법을 살펴보라."

이윽고 모임이 끝나고 해산할 때 백정들에게 각각 칼을 두고 가게 하였다. 다음 날 백정들이 다시 모이자, 현장에 남긴 칼을 가지고서 추궁하라고 명하였다. 그러자 백정이 다음과 같이 대답하였다.

"이것은 저의 칼이 아니라, 아무개의 칼입니다."

속히 사람을 보내 체포하게 하였으나 이미 도망친 뒤였다. 이에 사형이 확정된 다른 죄수를 부자 상인의 아들이라고 하면서 밤중에 죽였다. 도망쳤던 자가 이 소문을 듣고 돌아오자, 곧바로 사로잡아서 처형하였다. 부자 상인의 아들에게는 밤에 남의 집에 침입하였다는 죄목으로 등에 형장을 쳤을 뿐이다.

32. 할머니를 놓아주어 간통한 범인을 잡다

○ 중국 당나라 정관貞觀(627~649) 때의 일이다. 위주衛州의 판교板橋에 있는 여관 주인 장적張逖의 아내가 친정에 갔다. 위주魏州·왕위王衛·양정楊正 등 3인이 여관에 투숙하였다가 5경更에 일찍 떠났다. 그런데 밤중에 어떤 사람이 왕위의 칼을 가져다가 장적을 죽였다. 그 칼은 도로 칼집 안에 꽂혀 있었으나, 양정 등은 그러한 사실을 모르고 있었다. 날이 밝은 뒤에 여관 사람들이 양정 등을 쫓아와서 그 칼을 뽑으니, 피가 잔뜩 묻어 있었다. 그에 따라 양정 등을 구속하여 고문하며 신문하니, 양정 등이 고통스러워서 마침내 스스로 허위 자백을 하였다.

태종이 이 사건에 대해 의심을 가지고 어사御史 장상蔣常을 차출하여 다시 조사하게 하였다. 장상이 도착해서 여관 근처에 사는 사람으로서 나이 15세 이상인 사람들을 모두 찾아 모이게 하였다. 사람의 숫자가 모자란다는 이유로 해산시키고, 나이 80 남짓 되는 할머니 한 명만을 남겨 두었다가 날이 저물 때가 되어서야 내보냈다. 그리고 감옥의 관리를 시켜 비밀리에 엿보게 하라고 하면서 말하였다.

"할머니가 나가면 할머니와 말을 나누는 사람이 있을 것이다. 즉시 그 사람의 성명을 기억해 두되, 누설하지는 말라."

정말로 그런 사람이 한 명 있었으므로 즉시 기억해 두었다. 이튿날에도 다시 그와 같이 하였다. 3일 동안 이와 같이 하였는데, 모두 동일한 사람이었다. 이에 남녀 300여 명을 모두 모이게 하여 그 가운데 할머니와 이야기한 자를 불러내고 나머지 사람들은 놓아주었다. 할머니와 이야기한 자를 신문하니, 모두 자백하면서 다음과 같이 말하였다.

"장적의 아내와 간통하고 장적을 죽였습니다."

33. 아이들을 풀어놓아 살인범을 잡다

○ 중국 당나라의 한사언韓思彦이 병주幷州의 순찰사로 있을 때의 일이다. 당시 병주에 도적이 사람을 죽인 사건이 있었다. 주범의 이름은 불립취호不立醉胡【사람의 이름이다.】라고 하였으며, 칼을 품고 있었고 성질이 사나웠다.【한胡은 성질이 본래 흉악하다는 의미이다.】 고문하니 죄를 자백하였다.

한사언이 그 사건에 대해 의문을 품었다. 새벽에 수백 명이나 되는 아이들을 모았다가 저물 때가 되어서야 내보냈다. 3일 동안 이와 같이 한 뒤에 물었다.

"아이들이 나가면 물어보는 자가 있었는가?"

모두가 있었다고 대답하였다. 즉시 그 사람을 찾아내어 신문하였다. 그리하여 진짜 범인을 붙잡았다.

34. 여관 주인이 장사꾼을 독살하다

○ 중국 당나라의 위고韋皐가 검남劍南을 진수鎭守할 때의 일이다. 어느 날 여관에 머무르던 대상大商이 있었는데, 그가 가진 재물이 1만 꿰미나 되었다. 그가 병이 들자 여관 주인이 그에게 독약이 든 술을 먹여 죽이고 그 재물을 몰래 차지하여 부자가 되었다. 위고는 그러한 사실을 알았다.

또 북쪽에서 온 소연蘇延이란 사람이 촉蜀 땅에서 장사하고 돌아오다가 그 여관에 머물렀는데 병이 들어 죽었다. 이러한 사실이 위고에게 보고되었다. 위고가 여관 주인의 장부를 조사하게 하였으나, 여관 주인이 이미 장부를 바꾸어 놓았다. 위고가 과거의 행적을 추적하고 은밀히 마을의 풍속을 조사하였는데, 사람들의 말이 대부분 같지 않았다. 마침내 여관 주인과 동업자를 조사하니, 즉시 속인 사실을 자백하였다. 여관 주인이 차지한 돈이 무려 수천 꿰미였는데, 아전 20여 명과 나누어 가졌던 것이다. 모두 법에 따라 처벌하라고 명하였다. 이러한 일이 있은 뒤부터 검남에서는 뜻밖의 재앙으로 죽는 길손이 없었다.

35. 도둑이 같은 무리의 도둑을 죽이다

○ 중국 송나라의 한기韓琦가 지심원사知審院事로 있을 때의 일이다. 그전에는 도둑이 같은 무리의 도둑을 죽이고 자수하여 체포되면 으레 사형을 시키지 않았다. 그런데 한기가 다음과 같이 아뢰었다.

"이러한 자들은 재물을 모두 차지한 뒤 같은 무리의 입을 틀어막으려는 속셈에서 죽이고 자수한 것일 뿐입니다. 스스로 허물을 고치고 새로워지려는 마음이 있어서 자수한 것은 아니니, 불쌍하게 여길 것이 못 됩니다. 그러니 그 법을 다시 의논하여 정하소서."

그러자 황제가 다음과 같이 조서詔書를 내렸다.

"도둑이 같은 무리의 도둑을 죽이고도 자수하지 않은 자는 정상을 참작해 줄 수 없다."【《동도사략東都事略》에 나온다.】

○ 다산의 견해: 한漢나라의 장창張敞이 교동 태수膠東太守로 있을 때, 현상금을 명확히 내걸어 도적떼끼리 서로 잡아 죽이게 하고 자수한 자는 죄를 사면해 주었다. 이 때문에 도둑들이 흩어지고, 관리와 백성은 편안하게 살 수 있었다. 또 한나라 광무제光武帝 때, 황제의 명을 수행하는 관원을 각 제후국에 내려보내 도적떼끼리 서로 적발하도록 하여 다섯 명이 공동으로 한 사람을 베어 죽이면 그 죄를 사면해 주게 하였다. 그렇다면 도둑이 같은 무리의 도둑을 죽이고 자수할 경우에 죄를 사면받는 제도는 한나라 때부터 있었던 것이다. 그러나 지금 도둑끼리 서로 죽이는 것은 고을 수령이 도둑들을 불러서 회유한 데 따른 것이 아니기 때문에 그 사정이 다르다.

36. 도장을 가지고 도둑을 잡다

○ 중국 명明나라 주신周新이 절강성浙江省의 안찰사按察使가 되어 처음 부임할 때의 일이다. 파리들이 날아와 말의 머리 쪽에 모여들므로, 사람을 시켜 파리를 뒤따라가게 하여 매장하지 않고 버려져 있는 시체를 발견하였다. 시체 주변에는 베에 찍는 작은 나무 도장【나무에 새긴 개인의 도장으로, 이 도장을 베에 찍어 표시하는 것이다.】이 유일하게 남아 있었으므로 이

를 가지고 임지任地에 도착하였다. 사람을 포목 시장으로 보내 똑같은 도장을 사용하는 사람을 잡아서 신문하니, 포목상을 죽인 도둑이었다. 그가 훔친 물품을 모두 거두어 포목상 가족을 불러 건네주자, 가족들이 크게 놀라며 그때서야 도둑에게 죽은 사실을 알게 되었다.

37. 억울함을 풀어 주고 진짜 도둑을 잡다

○ 중국 송나라 용도각학사龍圖閣學士 요중손姚仲孫이 허주許州의 사리참군司理參軍으로 있을 때의 일이다. 당시에 왕사종王嗣宗이 허주의 지주사知州事였다. 백성 중에 도둑에게 죽임을 당한 사람이 있었는데, 죽은 사람의 아내가 이장里長을 고소하면서 다음과 같이 말하였다.

"이장이 예전에 제 남편에게 뇌물을 요구했으나 주지 않아 미움을 받았습니다. 이 사람이 틀림없이 도둑일 것입니다."

그래서 이장을 붙잡아 감옥에 구속하였고, 사형에 처해질 상황이었다. 그러나 요중손이 의심을 가졌다. 그러자 왕사종이 화를 내며 말하였다.

"그자가 도둑이 아니란 말인가! 그러나 감히 급하게 판결할 수도 없다."

그로부터 며칠 뒤에 실제로 진짜 도둑을 붙잡았다. 왕사종이 기뻐하며 말하였다.

"형사 사건은 이와 같이 심리해야 한다."

○ 다산의 견해: 범인이 누구인지 모르는 살인 사건에서는 으레 평소에 원한 관계에 있던 사람을 의심하기 마련이다. 죽은 사람과 원한 관계라는 것을 많은 사람들이 알고 있는 상태에서 살인 사건이 발생하면, 반드시 그 사람에게 혐의가 돌아가게 된다. 그러니 지각이 있는 사람이라면 어찌 그런 살인을 저지르겠는가! 이러한 살인 사건을 맡게 될 경우에

는 정황과 이치를 세밀히 살펴야지, 피해 가족의 주장만을 근거로 갑자기 범인이라고 단정해서는 안 된다.

38. 목이 없는 시체를 남겨 두고 아내를 훔쳐가다

○ 중국 오대五代 때의 일이다.

행상行商을 하는 사람이 집에 돌아와 보니, 자기 아내가 남에게 죽임을 당했는데 시체에 머리가 없었다. 아내의 친정에서 사위를 붙잡아 관아로 보냈다. 관아에서 행상을 엄중히 신문하니 아내를 죽였다고 자백하였다. 그러나 종사從事가 의심을 가지고 이 사건의 판결 기한을 늦추어 더욱더 샅샅이 조사할 것을 청하니, 태수太守가 허락하였다.

관할 지역 안의 시체를 염하는 사람들을 추적하여 근래 남의 집 장례에 참여하였는지를 진술하게 하고, 무덤의 숫자와 갔던 곳을 일일이 대면하여 추궁하였다. 또 다음과 같이 물었다.

"장례를 치를 때 상당히 의심할 만한 자가 있었느냐?"

그러자 한 사람이 대답하였다.

"제가 근래 세력이 있는 집의 장사를 치를 때 죽은 사람은 유모乳母라고만 말하였고, 5경更이 시작될 무렵 담장 모퉁이로 흉기凶器【시체 넣는 관을 가리킨다.】를 메고 지나가는데 시체가 없는 것처럼 가벼워 보였습니다. 아무 곳에 묻는 것을 보았습니다."

급히 사람을 보내 파헤쳐 보니, 여인의 머리만 있었다. 곧장 그 머리를 시체에 맞추어 놓고 남편에게 확인시키니, 자기 아내가 아니라고 하였다. 이어 세력 있는 집의 사람을 잡아와 신문하니, 유모를 죽여 머리만 상자에 담아 장사 지내고, 시체는 행상의 아내처럼 바꾸어 놓은 뒤 그 여자를 자기 첩으로 삼은 사건이었다. 세력이 있는 집의 사람은 저잣거리에서

처형하고, 사위인 행상은 죽음을 면할 수 있게 되었다.【《옥당한화玉堂閒話》에 나온다.】

39. 목이 없는 시체를 남겨 두고 형수를 훔쳐가다

○ 중국 송나라 때의 일이다. 태평주太平州에서 한 부인이 시동생과 같이 외출을 했다가 비를 만났다. 비를 피해 오래된 사당집으로 들어갔는데, 그 안에는 몇 사람이 먼저 와 있었다. 시동생이 술에 취해 곤히 잠들었다가 저물 때가 되어서야 깨어 보니, 사람들은 모두 떠나고 형수는 살해되었는데 시체에 머리가 없었다. 놀라 부르짖다가 붙잡혀 관아로 끌려갔다. 시동생이 고문을 견디지 못해 '형수를 강간하려다가 따르지 않으므로 죽였다. 그리고 그 머리와 칼을 강물에 던졌다.'라고 허위로 자백하고, 마침내 사형을 받았다.

그 뒤에 그 부인의 남편이 여릉廬陵에 갔다가 공연장公演場에서 자기 아내를 찾게 되었다. 광대들이 모두 도망쳤다가 체포되어 처형되었다. 지난번 머리가 없던 시체는 사당집 안에 먼저 와 있던 사람이었으며, 광대가 그 머리를 자르고 이 부인의 옷으로 갈아입히고 부인을 끌고 갔던 것이다.

40. 간악하게 중으로 변장하다

○ 중국 송나라 장영張詠이 익주益州의 지사知事로 있을 때의 일이다. 신분이 분명하지 않은 중이 있었다. 담당 관리가 붙잡아 장영에게 보고하였다. 장영이 그 중의 승려증명서를 보고서는 '사람을 죽인 도둑'이라고 판단하였다. 이윽고 신문해 보니 실제로 중이 아니라 일반 백성이었

다. 중과 함께 길을 가다가 도중에 중을 죽이고, 예부禮部에서 발행해 준 승려증명서와 중이 입고 있던 삼의三衣를 빼앗았으며, 스스로 머리를 깎고 중의 행세를 하였던 것이다.

속관屬官이 장영에게 물었다.

"어떻게 아셨습니까?"

장영이 대답하였다.

"내가 그의 이마를 보니 아직도 망건網巾을 썼던 흔적이 있었다."

41. 음탕한 중이 기생을 죽이다

○ 중국 송나라 때의 일이다. 영은사靈隱寺의 중 명요연明了然이 기생 이수노李秀奴를 좋아하여 오랫동안 왕래하느라 가진 재산을 탕진하였다. 이수노가 관계를 끊었으나 중은 잊지 못하고 그리워하였다. 어느 날 저녁 명요연이 술에 취해 찾아갔으나, 이수노가 받아들이지 않았다. 명요연이 화가 나서 이수노를 쳤는데 즉시 죽어 버렸다.

사건이 군郡에 이르렀는데, 이때 소식蘇軾이 군수郡守로 있었다. 중을 감옥으로 보내 조사하였는데, 중의 팔뚝에 다음과 같이 글자가 새겨져 있었다.

"그저 극락 세상에 같이 태어나 지금 세상의 괴로운 사랑 벗어나게만 해 주오."

소식이 최종 진술서를 보고 붓을 들어 판결한 답사행사踏莎行詞[64]에 다음과 같이 말하였다.

---

64 답사행사踏莎行詞: 〈답사행踏莎行〉이라는 곡조에 맞추어 지은 사詞이다. 〈답사행〉은 측운仄韻을 사용하여 58자, 64자, 66자 등으로 지었으며, 〈답설행踏雪行〉, 〈유장춘柳長春〉, 〈전조답사행轉調踏莎行〉 등으로도 불렸다.

"이 까까중놈 수행修行에 빠져서 구름 걸린 산꼭대기에서 계율戒律을 지켰다네. 일단 기생을 좋아하면서부터는 기워 입은 누더기 옷 아무런 소용없네. 사나운 손으로 사람을 해치니 꽃 같은 얼굴 산산이 부서졌네. 존재하는 것은 모두 헛된 것이니, 이제 무엇이 남았는가! 팔뚝에 글자 새겨 사랑의 고통을 말했으니, 이제는 사랑의 빚을 돌려주어야겠네."

판결을 마치고 저잣거리로 압송하여 참형에 처하였다.

42. 도둑이 부인의 팔을 자르다

○ 중국 송나라의 여공작呂公綽이 개봉부開封府의 지사知事로 있을 때의 일이다. 남편이 외출한 밤에 도둑이 집에 들어와서 군영軍營에 소속된 여자의 팔을 잘라 간 사건이 발생하여 개봉부의 사람들이 놀라 떠들썩하였다. 여공작이 다음과 같이 말하였다.

"남편의 원수가 아니면 이렇게까지 잔인한 행동을 할 수 없다."

사람을 말에 태워 보내 남편을 추궁하여, 실제로 같은 군영의 한원韓元이란 자를 체포하였다. 한원의 간악한 정상을 서류로 갖춘 뒤에 처형하였다.

43. 도둑이 중의 아내를 넘보다

○ 고려 시대 정운경鄭云敬이 전주 목사全州牧使를 맡고 있을 때의 일이다.【공민왕恭愍王 때이다.】 아내를 얻어 집에 거주하는 중이 있었는데, 어느 날 외출을 했다가 남에게 죽임을 당하였다. 그의 아내가 관아에 고소하였으나 증거가 없어 오래도록 결말을 짓지 못하였다.

정운경이 그 아내에게 물었다.

"간통하던 사람이 있었느냐?"

아내가 대답하였다.

"없습니다. 다만 이웃에 사는 한 사내가 항상 우스갯소리로 말하기를, '늙은 중이 죽으면 일이 잘 풀릴 것이다.'라고 하였습니다."

이에 그 사내를 잡아다 밖에 두고, 그 어머니를 먼저 신문하였다.

"어느 달 어느 날에 네 아들이 집에 있었느냐? 외출하였느냐?"

그 어머니가 대답하였다.

"그날 아들이 나갔다가 들어오면서 말하기를, '친구와 술을 마셨는데 몹시 취해 피곤합니다.'라고 하였습니다."

즉시 그 사내를 신문하였다.

"함께 술을 마신 자가 누구냐?"

그러자 즉시 범행을 자백하였다.【정운경은 정도전鄭道傳의 아버지이다.】

44. 귀신의 곡소리로 종을 속이다

○ 안정복安鼎福의 《순암정요順菴政要》에 나오는 내용이다.

"남쪽 고을에 사는 한 여자가 목화를 따러 갔는데, 글방의 한 총각 서생書生이 그 여자를 보고 반하여 유혹하니 거절하지 않았다. 그래서 저녁에 찾아가겠다고 약속하였다. 곁에 있던 종이 이 사실을 몰래 엿듣고는 먼저 찾아갔으나 여자가 거절하였다. 그러자 종이 칼을 뽑아 여자를 죽였다. 서생이 나중에 찾아갔다가 피가 홍건한 것을 보고 놀라 돌아갔다.

이튿날 여자 집에서 범인을 추적하여 서생을 붙잡아 군수郡守에게 신고하였다. 군수가 의문이 생겨 판결을 내리지 못하고, 은밀하게 사람을 시켜 밤중에 여자를 가매장한 곳에서 다음과 같이 거짓으로 귀신의 곡소리를 내게 하였다. '너, 이 흉악한 놈아! 어찌하여 나를 죽였는가! 내가 이제 너를 죽일 것이다. 자비로운 부처님만 제외하고 누가 너를 용서해 주겠는가! 내가 지금 목이 마르고 배가 고파서 참으로 견디기가 어렵다. 네가 또 먹고 남은 술과 고기로 나를 구해 주지 않는다면, 내가 이제 너를 죽일 것이며 결코 너를 놓아두지 않을 것이다.' 그 소리가 번민과 억울함이 가득하였으므로 마을에서는 괴이한 일이라고 전파되었다. 종이 산에 들어가 공양供養하고, 또 술과 고기를 가지고 여자를 가매장한 곳에서 밤에 제사를 지냈다. 드디어 종을 붙잡았다."

45. 바다에서 자면서 시체를 찾아내다

○ 중국 송나라 군산君山 채고蔡高가 장계長溪의 현위縣尉로 있을 때의 일이다. 장계현에 사는 노파의 한 아들이 바다에 고기잡이를 나갔다가 소식이 없었다. 노파가 아무개를 원수라고 지목하면서 도둑을 체포해 달라고 현에 고소하였다. 그러나 현의 아전들이 난처해하며 모두 말하였다.

"바다에는 파도가 있으니, 물에 빠져 죽지 않았다고 어떻게 보장하겠습니까! 게다가 실제로 원수에게 죽임을 당했다 하더라도 시체를 찾지 못하면 법으로 처벌할 수가 없습니다."

채고만 다음과 같이 말하였다.

"노파의 얼굴에 원통한 기색이 있으니 내가 처벌하지 않을 수 없다."

그러고서는 원수의 집을 은밀하게 염탐하여 그의 자취를 파악하였다. 그리고 노파와 약속하였다.

"내가 너와 바다에서 묵되 10일의 기한 안에 시체를 찾지 못한다면 너를 위하여 도둑을 잡지 못한 책임을 지겠다."

바다에서 묵은 지 7일 만에 바다의 조류에 두 사람의 시체가 떠올라왔다. 시체를 조사해 보니 모두 살해된 것이었다. 그리하여 원수를 체포

하여 법에 따라 처형하였다.【송나라 구양수歐陽脩의 문집인 《문충집文忠集》에 나온다.】

46. 물속을 그물질하여 시체를 찾다

○ 마량馬亮이 홍주洪州의 지사知事로 있을 때의 일이다. 아버지와 아들이 맏며느리를 잃어버렸다고 함께 호소하였다. 마량이 몰래 아전을 시켜 그가 거주하던 곳에 가서 염탐하게 하여, 앞과 뒤에 모두 나루가 있다는 사실을 알았다. 마량이 은밀하게 일을 잘 처리하는 아전을 뽑아 물속에서 그물질하게 하여 다음 날 물속에 잠겨 있던 시체를 찾아냈다. 즉시 계획적인 살인임을 밝혀냈다.

47. 강바닥을 훑어서 시체를 찾아내다

○ 우의정 이완李浣은 무신武臣이다. 형사 사건을 처리하는 것과 도둑을 탐문하여 찾는 것이 귀신같이 밝다고 일컬어져 왔다. 이완이 전에 형조 판서를 맡고 있을 때, 명관名官 이증李曾과 소송을 벌인 백성이 있었다. 우의정 이완이 그 백성을 도왔다. 어느 날 저녁 그 백성이 행방불명되었는데, 아무리 찾아도 찾지를 못하였다. 이증이 그를 죽였을 것이라고 의심하여 많은 현상금을 걸고 시체를 찾았다.

사람들이 강변 아래위에 기계를 설치하고 갈고리로 훑었으나 10일이 지나도록 찾지 못하였다. 이완이 별도로 사람을 시켜 탐문하게 하면서 은밀히 부탁하였다.

"처음부터 끝까지 한결같은 사람이 있으면 그 사람을 체포하라."

도성 백성이 3~4일을 찾거나 6~7일을 찾다가 의기소침해지면 떠나갔다. 그런데 한 사람이 처음부터 끝까지 많은 사람들 사이에 뒤섞여 있으면서 시체를 찾기 어려울 것이라고 앞장서서 떠들었다. 그 사람을 체포하여 신문하니, 실제로 사람을 죽인 자였다. 시체를 찾아내고, 이증은 마침내 감옥에 갇히게 되었다.

48. 바람에 날린 나뭇잎으로 시체를 찾아내다

○ 중국 명나라의 주신周新이 절강浙江의 안찰사按察使로 있을 때의 일이다. 어느 날 업무를 보고 있는데, 갑자기 회오리바람이 일며 이상한 나뭇잎이 앞으로 날아왔다. 좌우의 사람들이 말하였다.

"성城 안에는 이러한 나무가 없고 절간 한 곳에만 있는데, 성에서 거리가 꽤나 멉니다."

주신이 깨달은 바가 있어 다음과 같이 말하였다.

"틀림없이 절간의 중이 사람을 죽여 그 나무 밑에 묻었을 것이다. 원통한 혼백이 나에게 알린 것이다."

그 나무의 밑을 파서 부인의 시체를 찾았다. 그러자 중이 즉시 범행을 자백하였다.

49. 뱀을 뒤쫓아 시체를 찾아내다

○ 중국 명나라 섭종인葉宗人이 전당현錢塘縣의 지사로 있을 때의 일이다. 어느 날 업무를 보던 중 뱀 한 마리가 섬돌로 올라왔는데, 호소할 말이 있는 듯하였다. 섭종인이 말하였다.

"네게 원통한 일이 있느냐? 내가 너를 위해 처리해 주겠다."

그러자 뱀이 즉시 나갔다. 하인을 보내어 뱀을 따라가게 하였더니, 뱀이 떡 파는 가게의 화로 밑으로 들어갔다. 그 밑을 파니 시체가 나왔다. 떡 파는 가게의 주인이 사람을 죽여 묻은 것이었다. 고을 백성들이 섭종인을 귀신같다고 하였다.

50. 거지의 머리를 잘라다가 채우다

○ 중국의 선주宣州와 흡주歙州 사이에서 강도가 밤에 한 나그네를 죽이고 시체는 길에 버린 채 그 머리만 잘라 가지고 달아났다. 새벽이 될 무렵에 한 사람이 그곳에 도착했다가 피를 밟고서는 급히 달아나 피하였다. 뒤이어 추격을 받아 체포되어 감옥에 갇혔으나, 반년이 지나도록 판결이 나지 않았다. 담당 관리가 머리를 찾아 사건을 종결지으려는 생각이 간절하여 아전을 엄중히 독촉하여 두루 돌아다니면서 찾게 하였다.

마침 한 거지가 병이 들어 그릇 굽는 가마 안에 누워 있었으므로, 아전이 그 거지의 머리를 베어다가 바쳐 담당 관리의 명령에 호응하였다. 살인 혐의를 받은 죄수도 오랜 고문에 지쳐서 허위로 자백을 하고 처형당하였다. 그로부터 반년 뒤에 진짜 강도를 붙잡고서야 그가 잘라 간 머리가 흡현의 경계에 묻혀 있다는 사실을 알게 되었다. 담당 관리가 머리를 찾아 사건을 종결시키는 데에만 마음이 급하였으므로 아전이 거지의 머리를 베어다가 그의 명에 호응하여 생긴 일이었다.

51. 선비의 머리를 깎아 중으로 만들다

○ 안정복의 《순암정요順菴政要》에 나오는 내용이다.
"근세近世에 어느 군郡의 선비들이 절간에서 모임을 갖는 일이 많아지자 중들이 괴롭게 여겼다. 심지어 이들과 싸우는 경우까지 있었는데, 한 중이 매를 맞아 쓰러지자 다른 중이 큰소리로 중이 죽었다고 외쳤다. 선비들이 일시에 흩어져서 달아났으나, 선비 한 사람이 어지러이 널려 있는 돌 사이로 떨어져 죽었다. 이윽고 쓰러졌던 중이 다시 일어났는데, 선비가 죽어 있는 것을 보고서는 머리를 깎고 중의 옷을 입혀 중인 것처럼 만들어 관아에 신고하였다. 관아에서는 선비들을 엄중하게 처벌하였다. 죽은 선비의 집에서는 이러한 사실을 모른 채 죄가 두려워 도망친 것으로 잘못 알고 있었다.

그 뒤에 절의 중들끼리 서로 싸우다가 그러한 사실이 상당히 누설되었다. 다시 조사해 보니 사실이었다. 아! 그 계책이 교묘하였으니, 누가 진실을 알 수 있었겠는가! 이런 사건을 가지고 찾아보면 형사 사건을 이와 같이 처리한 경우가 한둘이 아닐 것이다. 형사 사건을 다루는 자들이 이러한 사건을 유추하여 살펴야 한다.”

52. 벼의 까끄라기로 범인을 잡다

○ 중국 후한의 주우周紆가 소릉召陵의 후상侯相이었을 때의 일이다. 정연廷掾(현령 소속의 관리)이 주우의 엄격하고 명확한 일처리를 꺼려 그 위엄을 손상시키려고 생각하였다. 그래서 새벽에 길가에 죽어 있는 사람의 시체를 가져다가 손과 발을 잘라서 절간의 문에 세워놓았다.

주우가 이를 듣고서는 곧바로 시체가 있는 곳으로 가서 시체와 같이 웃으며 말하는 것처럼 하면서 시체를 은밀히 살펴보니, 입 안과 눈 안에 벼의 까끄라기가 묻어 있었다. 주우가 성城의 문을 지키는 사람에게 은밀히 물었다.

“볏짚을 싣고 성으로 들어온 사람이 누구인가?”

성의 문을 지키는 사람이 대답하였다.

"정연만 싣고 왔습니다."

주우가 또 문을 지키는 병졸에게 물었다.

"내가 죽은 사람과 웃으며 말하는 것을 의심스러워하는 사람이 외부에 꽤나 있느냐?"

병졸이 대답하였다.

"정연이 대감을 의심하였습니다."

그리하여 정연을 잡아서 신문하니 범행을 모두 자백하였다.

53. 술잔에 독을 타서 죽인 것을 적발하다
【사랑받는 첩이 지아비를 죽였다.】

○ 중국 송나라의 범순인范純仁이 제주濟州의 지사로 있을 때의 일이다. 녹사참군錄事參軍 송담년宋儋年이 독약에 중독되어 갑자기 죽었다. 범순인이 죄인을 잡아 법에 따라 처형하였다. 애당초 송담년이 손님들과 모임을 가진 뒤 헤어졌는데, 그날 밤에 집안의 집사가 갑자기 병으로 죽었다고 알려왔다. 범순인이 집안의 종과 자제를 보내 초상 치르는 일을 보살피게 하였다. 송담년을 소렴小殮할 때 입과 코에서 피가 흘러나와 시신을 덮은 비단을 흥건하게 적셨다. 범순인이 그의 죽음이 정상적이지 않다고 의심하였는데, 실제로 송담년의 사랑을 받던 첩이 미천한 아전과 간통하고 저지른 범행이었다.

담당 관리에게 넘겨 조사하게 하니 범행을 모두 자백하였다. 다만 손님들과의 모임이 있었을 때 자라구이에 독을 넣었다고 하였다.【송담년이 자라구이를 먹지 않는다는 것을 알고 이처럼 거짓으로 자백한 것이다.】 범순인이 말하였다.

"자라구이가 몇 번째 순서로 음식상에 나왔기에 독약에 중독되었는데도 자리가 끝날 때까지 있을 수 있겠는가!"

재차 조사하라고 명하였다. 송담년은 실제로 자라구이를 좋아하지 않았으며 그날도 참석했던 손님들이 모두 먹었다. 손님이 돌아가고 송담년이 취하여 돌아왔는데, 술잔 속에 독을 넣어 죽인 것이었다. 범인이 후일 사건의 판결에 변화가 생기기를 기대하면서 죽음을 모면할 셈으로 진술한 것이었다.

사람들은 범순인이 범인의 간악한 정상을 적발하여 죄를 자백받은 것을 귀신처럼 명확하다고 하였다.

○ 다산의 견해: 독약을 넣었다고 자백을 하였으면서도 술잔 속에 넣었다는 사실은 오히려 숨겼으니, 이것이 살인 사건의 진상을 알기 어려운 이유이다. 옛날에 조趙 아무개가 평양 서윤平壤庶尹으로 있다가 어느 날 갑자기 죽었다. 독약이 든 술을 마셨기 때문이라는 것은 알았으나, 감사가 그 간악한 정상을 밝혀내지 못했으니, 아! 원통한 일이다.

54. 왼손으로 수저질하는 것을 보고 살인범을 가려내다

○ 중국 악주鄂州의 숭양崇陽은 본래 다스리기 어려운 곳이라고 알려졌다. 송나라 때 구양엽歐陽曄이 이곳을 다스릴 때의 일이다.【한편으로는 구양엽이 단주端州의 지사로 있을 때의 일이라고도 한다.】 구양엽은 부임하여 판결이 지체되었던 형사 사건 100여 건을 판결하였다.

그중 계양桂陽의 백성 중에 배[舟]를 가지고 다투다가 여럿이 서로 구타하여 죽게 한 자가 있었는데, 오래도록 사건을 판결하지 못하였다. 구양엽이 그 죄수가 갇힌 감옥에 직접 찾아가서 죄수들을 나오게 하여 뜰 가운데에 앉혀 놓고 차꼬와 수갑을 풀어준 뒤 음식을 먹게 하였다. 식사를 마치자 모두 위로하여 감옥 안으로 돌려보내고, 한 사람만 홀로 뜰에 남겨 놓았다. 남은 죄수가 얼굴빛이 달라지며 두려워서 안절부절못하였다. 구양엽이 말하였다.

"사람을 죽인 자는 너다."

죄수는 그렇게 단정한 까닭을 몰랐다. 구양엽이 말하였다.

"내가 식사하는 사람들을 보니 모두 오른손으로 수저를 잡는데 너만 왼손으로 잡았다. 지금 죽은 사람은 오른쪽 늑골에 상처가 있다. 이것이 네가 그를 죽인 분명한 증거이다."

죄수가 즉시 눈물을 흘리면서 말하였다.

"제가 죽였습니다. 감히 다른 사람에게 허물을 씌울 수 없습니다."

구양엽이 사건을 맡아서 명확하게 처리하는 것이 마치 옛날 훌륭한 관리가 형사 사건을 판결했던 방법처럼 대부분 이와 같았다.

○ 다산의 견해: 일반적으로 찔려서 죽은 사건과 맞아서 죽은 사건에서 두 사람이 뒤섞여 구타한 경우에는 전적으로 죽을 정도로 손을 댄 사람을 주범主犯으로 판단한다. 왼손과 오른손 중 어느 쪽을 편리하게 사용하는지를 살피는 것은 더욱 교묘한 비결이다.

55. 왼손으로 수저질하는 것을 보고 허위 고소를 가려내다

○ 중국 송나라의 전유제錢惟濟가 강주絳州의 지사知事로 있을 때의 일이다. 한 백성이 뽕을 따고 있었는데 강도가 뽕을 억지로 빼앗으려다가 뜻대로 되지 않자 칼로 스스로 자기의 오른쪽 팔을 베고 사람을 죽이려 하였다고 허위로 고소하였다.【형률에 의하면, 칼이나 흉기를 사용한 경우에는 상대가 다행히 죽지 않았더라도 고의로 사람을 죽인 죄로 처벌하였다.】 관아에서는 이 사

건을 판결하지 못하고 있었다. 전유제가 고소한 사람을 데려다가 심문하고, 대면한 상태에서 음식을 주었다. 강도가 왼손으로 수저를 들자, 전유제가 말하였다.

"다른 사람이 칼을 쓰면 위쪽에 무거운 상처가 생기고 아래쪽에 가벼운 상처가 생기는데, 이번에는 아래쪽에 무거운 상처가 생기고 위쪽에 가벼운 상처가 생겼다. 이야말로 왼손을 써서 오른쪽 팔을 다치게 한 것이다."

허위로 고소한 자가 그제야 죄를 자백하였다.

56. 죽인 뒤 불타 죽은 것처럼 꾸미다

○ 중국 삼국시대 오吳나라의 장거張擧가 구장 영句章令으로 있을 때의 일이다. 어떤 아내가 남편을 죽이고 불을 질러 집을 태우고는 남편이 불타 죽었다고 거짓말을 하였다. 남편의 친가親家에서 의심하여 관아에 고소하였으나, 아내는 범행을 부인하고 자백하지 않았다.

장거가 돼지 두 마리를 끌어다가 한 마리는 죽이고, 한 마리는 산 채로 섶을 쌓아 놓고 불을 질렀다. 죽은 돼지의 입안에는 재가 없었으나, 살아 있던 돼지의 입안에는 재가 있었다. 이어서 남편의 입안에 재가 없음을 확인한 뒤에 이러한 사실을 가지고 신문하니, 아내가 결국 죄를 자백하였다.

○ 다산의 견해: 《무원록無冤錄》〈화소사火燒死〉에 살아 있을 때 불타 죽은 것인지 죽은 뒤에 불에 태운 것인지를 가리는 방법은 전적으로 입과 코에 재가 있는지 없는지 및 뇌 안에 연기가 남아 있는지 없는지로 허위와 진실을 판정한다고 하였다. 그렇다면 이 법률 조문이 장거 이후에

만들어진 것인가? 아니면 장거 이전에 이러한 법조문이 있었던 것인가?

57. 종이우산으로 상처 자국을 찾아내다

○ 태상 박사太常博士 이처후李處厚가 여주廬州의 지사로 있을 때의 일이다. 일찍이 사람을 때려죽인 사건이 있었는데, 이처후가 현장에 가서 시체를 검안해 보니 상처 자국이 전혀 없었다. 한 늙은 서리書吏가 면회를 요청하여 만났더니 이렇게 말하였다.

"이것은 분별하기가 쉽습니다. 한낮에 시체를 붉은 색깔의 기름종이로 만든 새 우산으로 가리고 시체에 물을 흘리면 상처 자국이 반드시 나타납니다."

이처후가 그의 말과 같이 하니, 상처 자국이 선명하게 나타났다.【《몽계필담夢溪筆談》에 나온다.】

○ 다산의 견해: 《무원록》〈세엄법洗罨法〉에 명유明油(무명석을 넣어 끓인 들기름)를 먹인 종이로 만든 우산을 이용하여 상처를 밝혀낸다는 내용이 있다. 그러니 늙은 서리가 알려 준 방법도 근거가 있는 것이다.

58. 거류欅柳나무로 상처 자국을 만들다

○ 중국 송나라의 이남공李南公이 장사현長沙縣의 지사로 있을 때의 일이다. 장사현에 구타 사건이 있었다. 갑은 강하고 을은 약하였는데, 각각 푸르스름한 상처 자국이 있었다. 이남공이 불러다가 앞으로 나오게 해서 상처를 손가락으로 문질러 보고 말하였다.

"을은 사실이고 갑은 거짓이다."

신문해 보니, 말한 대로였다.

남쪽 지방에는 거류라는 나무가 있다. 그 잎을 피부에 문지르면 구타를 당한 상처처럼 푸르스름해지고, 나무의 껍질을 벗겨 피부 위에 걸쳐 놓고 불로 뜨겁게 해 주면 매를 맞은 상처처럼 되어 물로 씻어도 떨어지지 않는다. 다만 구타를 당해 생긴 상처는 피가 엉겨 굳어지고, 거짓으로 만든 상처는 그렇지 않다.

59. 야갈野葛[65]을 먹고 중독되다

○ 중국 송나라의 가창령賈昌齡이 요주饒州의 부량위浮梁尉로 있을 때의 일이다. 그 지역의 풍속이 죽음을 가벼이 여겨, 남과 원한이 있으면 종종 야갈을 먼저 먹고서 살인 혐의를 씌워 허위로 고소하고는 하였다. 가창령이 번번이 진짜와 가짜를 판별해 냈다.

○ 다산의 견해: 이것이 바로 남에게 허물을 덮어씌우는 풍속이다.

60. 가시나무 꽃에 중독되다

○ 중국 연주부兗州府의 단현單縣에서 밭일을 하던 사람이 있었다. 그 아내가 들밥을 내다 먹였는데, 식사를 마치고서는 죽었다. 시부모가 며느리의 짓이라고 하면서 관아에 고소하였다. 부인이 매를 견디지 못하고 마침내 허위로 자백을 하였다. 이로부터 오랫동안 비가 오지 않았다.

65　야갈野葛:《본초강목本草綱目》에 의하면, 일반적인 칡과는 다른 독초의 일종으로, 구문鉤吻, 독근毒根, 호만초胡蔓草, 단장초斷腸草 등으로도 불렸다.

양의공襄毅公 허진許進이 이때 산동山東에서 벼슬을 하고 있었는데 다음과 같이 말하였다.

"형사 사건에 억울한 일이 있는가?"

마침내 몸소 그 지방을 낱낱이 돌면서 감옥의 죄수를 나오게 하여 두루 살펴보았다. 들밥을 내갔던 부인의 차례가 되자, 허진이 말하였다.

"부부끼리 서로 지켜 주는 것은 어느 누구나 매우 바라는 일이고, 독약을 써서 사람을 죽일 경우에는 매우 치밀한 계획을 세워야 하는 것이다. 그런데 어찌 스스로 밭에서 들밥을 먹이면서 독약을 넣을 자가 있겠는가!"

허진이 마침내 그날 먹였던 음식과 경유했던 길을 물었다. 그러자 부인이 대답하였다.

"생선탕과 쌀밥을 먹였고, 길은 가시나무 숲으로 지나왔으며, 달리 이상한 일은 없었습니다."

허진이 생선을 사서 밥을 지은 뒤 가시나무 꽃을 음식 속에 넣어 개와 돼지에게 시험 삼아 먹여 보니 모두 즉시 죽었다. 부인의 억울함이 마침내 밝혀졌으며, 그날 바로 큰비가 퍼붓듯이 내렸다.

61. 한련旱蓮에 중독되다

○ 중국 송나라의 왕대거汪待擧가 처주處州의 수령守令으로 있을 때의 일이다. 고을 백성이 손님에게 술을 대접하였다. 손님이 취하여 빈방에 누워 있었는데 밤중에 목이 말라 물을 찾다가 찾지 못하자 꽃병의 물을 가져다가 마셨다. 주인이 다음 날 아침에 문을 열어 보니, 손님이 죽어 있었다. 그 집에서 관아에 고소하였다. 왕대거가 방안에 있던 물건들을 조사하였으나, 한련을 물속에 꽂아 놓은 꽃병만 있었다. 사형수에게 시

험 삼아 꽃병의 물을 마시게 하였더니 즉시 죽었다. 그리하여 고소 사건
이 밝혀졌다.

○ 다산의 견해: 《본초강목》에 다음과 같이 말하였다.

"한련초旱蓮草는 다른 이름으로 예장鱧腸이라고도 한다. 맛이 달고 시
며 독성이 없어서 사용하는 곳이 매우 많다." 그런데 지금 이 처주의 손
님이 한련의 물을 마시고 죽었다고 한 것은 이해할 수가 없다.

○ 《춘저기문春渚紀聞》에 다음과 같이 말하였다.

"흡현歙縣의 길손이 잠산潛山을 지나다 보니, 배가 몹시 부풀어 오른
뱀이 풀 하나를 씹어 먹고 배를 비볐다. 조금 뒤에 부풀어 오른 배가 꺼
지자 뱀이 사라졌다. 길손이 이 풀은 반드시 부풀어 오른 배의 독을 사
라지게 하는 약일 것이라고 생각하여 그 풀을 꺾어 상자 안에 넣어 두
었다. 밤에 여관에서 묵는데, 옆방에서 묵는 나그네가 배가 부풀어 올라
고통을 겪고 있었다. 길손이 그 약초를 가져다가 솥에 넣고 달여서 한
잔을 마시게 하였다. 잠시 후에 그 사람의 살과 피가 모두 물로 변하고
해골만 남았다. 길손이 급히 보따리를 들고 달아났다. 이튿날이 되자, 주
인은 어떻게 된 일인지를 알 수가 없었다. 그런데 솥을 깨끗이 씻어 밥을
지으니, 솥 전체가 금이 되었다. 주인은 해골을 남모르게 묻었다."【명의유
안名醫類案》에 보인다.】

독풀을 잘못 먹고 죽은 사람도 더러 있으니, 이와 같은 사실도 알아
두어야 한다.

62. 약물로 치료하여 죽어가는 사람을 살려내다

○ 섭남암葉南巖이 포주蒲州의 자사刺史로 있을 때의 일이다. 떼를 지어 싸운 사람들이 포주에 고소하였다. 그중 한 사람은 얼굴 가득 피를 흘리고 있었고, 뒤통수가 거의 깨져 있었다. 섭남암이 보고서는 가엾게 여겼다. 그때 집에 칼로 베인 상처에 사용하는 약이 있었으므로 섭남암이 안으로 들어가서 직접 약재를 찧어 조제하였다. 환자를 관사官舍의 장막으로 떠메어 오게 한 뒤 성실한 관사지기와 장막지기에게 맡기면서 말하였다.

"잘 보살피되, 바람을 쐬게 하지 말라. 이 사람이 죽으면 너희들의 책임이다. 그리고 이 환자의 집안사람들을 접근하지 못하게 하라."

그러고서는 해당 사건을 어느 정도 심리審理하여 가해자는 감옥에 가두고 그 나머지는 석방하였다. 친구가 그렇게 한 까닭을 물으니, 섭남암이 대답하였다.

"일반적으로 사람들이 싸울 때에는 좋은 감정이 없는 법이다. 이 사람은 즉시 구원하지 않으면 죽을 상황이었다. 이 사람이 죽게 되면 죽게 만든 한 사람도 목숨으로 보상해야 하고, 그러면 그 사람의 아내는 과부가 되고 그 사람의 아들은 고아가 되며 더욱이 증인까지도 연루가 되니, 한 사람의 집안만 파산하는 것이 아니다. 그러나 이 사람이 치료를 받아 낫는다면 싸우다가 때린 사람 한 명만 처벌하면 된다. 게다가 사람의 마음은 소송에서 이기려고 하기 때문에 환자의 부모형제처럼 아주 가까운 가족조차도 환자가 죽는 것까지 감수하면서 이기려고 하게 된다. 이것이 내가 그 환자의 집안사람들을 접근하지 못하게 한 이유이다."

얼마 지나지 않아 환자가 낫고 소송도 마침내 끝나게 되었다.

○ 다산의 견해: 지방의 수령은 백성을 자식같이 여겨야 한다. 만일

구타당하여 거의 죽게 된 사람이 있으면 관아에서 치료하여 생명을 잃게 하지 않는 것이 참으로 남모르게 행하는 큰 덕행이다. 두 사람을 죽게 하는 것보다는 두 사람을 모두 살려서 무사하게 하는 것이 나은 법이다.

63. 살인 사건에 뇌물을 바쳤으나 결국 죽임을 당하다

○ 중국 춘추시대 월越나라의 범려范蠡가 제齊나라로 나가서 도주공陶朱公이라고 불릴 때의 일이다. 가운데 아들이 사람을 죽여 초楚나라에 갇혔다. 도주공이 말하였다.

"내가 천금千金을 가진 부자의 자식은 저잣거리에서 죽지 않는다고 들었다."

마침내 황금 천 일鎰을 포장하여 막내아들을 파견하려고 하였다. 그러자 큰아들이 자신이 가고 싶다고 굳이 요청하였다. 도주공이 들어주지 않자, 큰아들이 자살하려고 하였다. 도주공이 마지못해 큰아들을 보냈다. 그리고 예전부터 잘 지내는 장생莊生에게 보내는 편지 한 통을 써서 봉해 주면서 말하였다.

"그가 하는 대로 따르기만 하고, 일과 관련해서 그와 다투지 말고 신중하라."

큰아들이 초나라에 도착해 보니, 장생의 집이 성곽을 등지고 있었다. 잡초를 헤치고서야 대문에 도착하여 천금을 장생에게 바쳤다. 장생이 궁궐에 들어가서 초楚나라 왕을 만나 말하였다.

"어느 별이 어느 곳으로 이동하였으니, 초나라에 해롭습니다."

초나라 왕이 물었다.

"어떻게 해야 좋겠는가?"

장생이 대답하였다.

"덕德으로 행해야만 제거할 수 있습니다."

초나라 왕이 세 가지 재물을 보관하는 창고[66]를 봉하였다.【사면령을 내리려고 하면 도둑이 있을까 우려하여 이 창고를 미리 봉하였다.】

초나라의 귀인貴人이 말하였다.

"왕이 장차 사면령赦免令을 내릴 것이다."

그러자 도주공의 큰아들은 노력하지 않아도 아우가 당연히 석방될 것이라고 생각하였다. 그래서 다시 장생을 만났다. 장생이 황금을 도로 가져가려는 그의 뜻을 알아채고는 말하였다.

"네가 스스로 방에 들어가서 금을 가져가라."

장생이 궁궐로 들어가 초나라 왕을 만나 말하였다.

"신이 전에 말씀드렸던 어느 별에 관한 일에 대해, 지금 길거리에서는 모두 이렇게 말을 합니다. '부자인 도주공의 아들이 사람을 죽이고 초나라에 갇혀 있는데, 그 집에서 금을 많이 가지고 와서 왕의 좌우 신하에게 뇌물을 바쳤기 때문에 사면령을 내리려고 한다.'"

초나라 왕이 크게 화를 내고는 판결을 내려 도주공의 아들을 처형하게 하고, 그다음 날 마침내 사면령을 내렸다. 도주공의 큰아들은 결국 아우의 주검을 가지고 돌아갔다.

○ 다산의 견해: 우리나라의 법은 사면령을 내릴 때가 되더라도 사람을 죽인 자는 사면하지 않는다. 그러나 중국은 범려가 살아 있을 때부터 벌써 사면령을 내리면 사람을 죽인 자도 석방되었다. 중국 한漢나라의 영제靈帝 때, 장성張成은 길흉吉凶을 점치는 법에 능통하였다. 앞으로 사

---

66 세 가지……창고: 금·은·동 세 가지 재물을 각각 보관하는 창고를 가리킨다. 사면령이
    내릴 때가 되면 도둑들이 훔칠 것을 우려해서 이 창고를 미리 봉하는 조치를 내렸다.《사기
    史記》〈월왕구천세가越王句踐世家〉.

면령이 있으리라는 것을 알고서는 아들을 시켜 사람을 죽이게 하였다가 7일 만에 사면되었다. 이는 모두 하夏·은殷·주周 삼대三代의 법이 아니다. 우리나라의 법이 옳은 것이다.

批詳儁抄

비상준초

❀

1

○ 비批란 상급 관사에서 내려 주는 비판批判을 가리키고, 상詳이란 소속 고을에서 올리는 신상申詳을 가리킨다. 우리나라에서는 신상을 첩보牒報[67]라 하고, 비판을 제사題詞[68]라 한다. 비판과 신상 이외에도 심審·박駁·얼讞·의擬[69] 등이 있는데, 그 체제는 대체로 서로 비슷하다.

사륙변려체四六騈儷體[70]를 써서 대구로 의견을 제시하는 경우도 있고 대구를 쓰지 않고 논리적으로 의견을 제시하는 경우도 있는데, 어느 경우나 모두 우아하면서도 엄밀하여 우리나라의 제사와 첩보처럼 속되고 지루하여 싫증을 일으키는 경우와는 다르다. 장난을 치는 것처럼 익살스러운 내용 등이 더러 섞여 있어서 경박한 단점이 있기도 한데, 이는 심리를 신중하게 하고 죄수를 가엾게 여기는 취지가 아니다. 현재 사용되는 중국어로 기록하여 이해하기 어려운 것도 있는데, 이것도 찬찬히 연구하고 사례를 찾아보면 모두 뜻을 이해할 수 있다.

이제 신하가 황제에게 올린 건의문建議文과 관아에서 발표한 공지문公知文 등 몇 편을 뽑아서 이 편의 맨 앞에 실었으니, 이것은 이 편의 총론이라고 할 수 있다. 그다음에는 비판과 신상의 글을 열거하여 사건 처리에 대한 많은 사람들의 생각을 갖추어 놓았으니, 형사 사건을 담당하는

---

67 첩보牒報: 하급 관사에서 상급 관사에 보고할 때 사용하는 문서인 첩牒 또는 첩정牒呈을 가리킨다.

68 제사題詞: 상급 관사에서 하급 관사가 올린 문서의 여백에 적어 내려 주는 재가 내용을 가리킨다. 일반 백성이 관아에 올린 문서의 여백에 관아에서 판결 내용을 적어 내려 주는 것도 제사 또는 뎨김[題音]이라고 하였다.

69 심審·박駁·얼讞·의擬: 형사 사건의 심리 및 판결과 관련하여 관원들이 작성한 의견서들로, 그 체제와 내용은 큰 차이가 없다. 다만 심은 사건의 심리에 대한 의견, 박은 사건의 처리에 대해 논박하는 의견, 얼은 사건의 처리 방향에 대한 의견, 의는 죄인에게 적용할 법률 조문에 대한 의견 등이 주를 이룬다.

70 사륙변려체四六騈儷體: 중국의 육조六朝와 당唐나라 때 유행한 한문 문체이다. 문장 전편이 대구로 구성되어 읽는 이에게 아름다운 느낌을 주며, 4자로 된 구와 6자로 된 구를 배열하기 때문에 사륙문四六文이라고도 한다.

자들이 참고할 수 있을 것이다. 이 편에 실린 글은 수량이 적고 내용이 간략하지만, 일부분만으로도 전체를 알 수 있으니 양이 많아야 할 필요는 없다.

1. 죄인의 신문에 대해 조목별로 올린 동국기의 건의문
* 7조목으로 서술하였다

○ 죄인의 신문에 대한 법규를 조목별로 건의하여 명확하고도 신중하게 형벌을 적용하는 데 도움을 주기 위한 목적으로 아룁니다. 신은 국가를 통치하는 도리 중에 형률이 가장 중대하다고 생각합니다. 서울에 있는 관사 중 형부刑部·도찰원都察院·대리시大理寺 등의 아문衙門이 모두 사법 기관이니, 9경卿 가운데 형률을 담당하는 관사가 실로 셋이나 됩니다.

신이 관보官報를 열람하면서 성상께서 내리신 문서, 형사 사건에 대한 판결과 논박 및 세 사법기관의 조사 의견을 읽어 보니, 정밀하면서도 엄격하다고 할 수 있었습니다. 다만 초招가 있어야 간看이 있고, 간이 있어야 의議가 있는 법입니다. 의란 법률을 인용하여 그 죄에 적용하는 것이 합당한지 의논하는 것이고, 간이란 조사관이 심리하여 판결하는 말이며, 초란 조사관이 심리하여 판결한 말에 따라 범인이 스스로 진술한 내용을 부연한 것입니다. 그중 의와 간이 서로 어긋나면 사법기관이 법률을 살펴서 잘못된 것을 바로잡을 수가 있으나, 초와 간 사이에서 범인의 정황을 놓친 것이 있을 경우에는 법사로서도 어떻게 할 수가 없습니다.

그중에서도 가장 중요한 것은 살인 사건과 강도 사건 두 가지입니다. 살인 사건의 진실과 거짓은 전적으로 시체를 검안한 결과에 의거하여 판결합니다. 송宋나라 때는 《세원록洗冤錄》이란 책이 있어 이를 법령法令에 덧붙여 세상에 반포하여 시행하였습니다. 그러나 명明나라 때는 오랫동안 이 책에 관심을 두지 않았으므로 형사 사건을 조사하는 관원들이 그 취지를 살피지 못하여 여러 차례 사건을 심리하면서도 결정을 내리지 못하는 바람에 사건의 판결이 지체되어 해를 넘기게 되었습니다. 따라서 정상적인 판결에 따라 죽는 백성은 적고 송사를 진행하는 과정에서 죽는 백성이 많았습니다.

신이 '소송은 줄어들게 하고 형벌은 줄여 주라.'라는 칙서勅書를 받들었습니다만, 만약 그 이치를 밝히지 못하고 그 폐단을 분석하지 못한다면, 소송이 어떻게 줄어들 수 있겠으며, 형벌이 어떻게 공정하게 시행되겠습니까! 삼가 살인 사건에 대해 조목별로 건의하는 7개 조목을 우리 황제 폐하를 위해 아룁니다.

○ 용어 해설
칙례則例는 법식法式과 같다.

명신明愼은 형사 사건 처리의 기본 정신이다.【《주역周易》〈여괘旅卦〉에 말하였다. "명확하면서도 신중하게 형벌을 적용한다."】

비박批駁은 형사 사건에 대해 판정하는 것과 반박하는 것으로, 비批란 조사하여 판정하는 것을 말하고, 박駁이란 이의를 제기하는 것을 말한다.

범인犯人은 죄를 저지른 사람을 가리킨다. 우리나라 사람들은 정범正犯과 종범從犯만 직접 범죄를 저지른 범인이라 여기고, 살인을 주도적으로 계획한 자라 할지라도 직접 범죄를 저지르지 않았으면 그를 주범이라고 부를 수는 없다고 의문을 가지는데, 이것은 잘못된 생각이다.

인명人命은 중국에서 인명이라 말하면 우리나라의 살인이란 말과 같다.

엄루淹累는 형사 사건의 판결을 지체시키는 것을 말한다.【구속되어 지연되는 것이다.】

칙勅은 조서詔書를 가리킨다.

1) 살인 사건의 고소장에는 반드시 어떤 도구를 사용하여 어느 곳을 때렸는지, 지금 어느 곳에 좁고 길게 난 상처는 길이와 너비가 얼마인지, 어느 곳에 둥글게 난 상처는 지름과 둘레가 얼마인지를 명백하게 조목조목 열거해야 합니다. 조사관이 신문을 해서 고소장의 내용이 진실일 경우에는 구타를 당한 곳에 대해서만 상처를 검안해도 진실과 거짓이 바로 나타납니다.

신이 죄인의 진술서를 열람할 때마다 조사관이 전혀 이해하지 못한 경우를 보아 왔습니다. 예를 들면 다음과 같은 경우입니다. 원고原告는 본래 '귀뿌리를 한 차례 얻어맞고 죽었습니다.'라고 말하였으나, 조사관은 온몸을 검안하여 수십 곳의 상처를 사망 원인으로 지적합니다. 그리하여 사법기관에서는 상처가 사망 원인과 합치되지 않는다면서 이의를 제기하여 반문하고, 조사관은 구타당한 내막을 부풀려서 사망 원인과 합치시키려고 합니다.

사람이 어려서부터 장성할 때까지 한 세상을 살다 보면, 발을 헛디뎌 넘어져서 상처가 생기기도 하고, 병을 앓거나 매를 맞거나 짓눌려서 상처가 생기기도 하며, 부스럼이 난 곳을 건드려서 상처가 생기기도 하고, 무거운 것을 짊어지다가 딱딱한 물건에 눌려서 피가 통하지 않기도 하는데, 조사관이 이러한 사실을 모릅니다. 그리고 가벼운 상처를 입어 생긴 멍은 붉은색을 띠고 오래 지나면 없어지지만, 심한 상처를 입어 생긴 멍은 푸른색을 띠고 죽을 때까지도 사라지지 않습니다. 조사관이 이러한 사실을 모르기 때문에 몇 년이 지나도록 소송을 판결하지 못하여 감옥에 갇혀있다 죽는 경우가 매우 많게 됩니다.

○ 용어 해설
명개明開는 명백하게 조목조목 열거하는 것을 말한다.

사상斜傷은 좁으면서 기다랗게 난 상처이다.

원상圓傷은 둥글게 난 상처이다.

부대不對는 합치되지 않는다는 말과 같다.

박사駁詞는 이의를 제기하여 반문하는 것이다.

합蹈은 '차蹉'로 써야 하고, 차질蹉跌이란 다리를 헛디뎌 넘어지는 것을 말한다.

추捶는 몽둥이로 치는 것이고, 안按은 짓눌리는 것이니, 평소에 몽둥이로 맞아 상처가 생기기도 하고 짓눌러서 상처가 생기기도 하는 것을 말한다.

누폐累斃는 감옥에 갇혀 있다가 죽는 것을 말한다.

○ 다산의 견해: 우리나라에서는 둥글게 난 상처의 크기를 항상 '둘레의 길이가 몇 치[寸] 몇 푼[分]이다.'라고 하는데, 문법文法에 맞지 않으니 반드시 고쳐야 한다.

2) 목숨을 잃을 수 있는 부위가 있고, 목숨을 잃게 하는 상처가 있습니다. 정수리, 숫구멍, 귀뿌리, 목구멍, 명치, 허리 양쪽의 들어간 곳, 아랫배, 음낭은 즉시 죽을 수 있는 부위입니다. 뒤통수, 이마의 양쪽, 가슴팍, 뒷등, 늑골은 반드시 죽는 곳입니다. 살이 검푸른 상처, 피부가 찢어진 상처, 살이 터진 상처, 뼈가 부러진 상처, 뇌腦가 드러난 상처, 피가 흐르는 상처는 목숨을 잃을 수 있는 상처입니다.

즉시 죽을 수 있는 부위에 목숨을 잃을 수 있는 상처를 입으면 3일을 넘길 수 없고, 반드시 죽는 부위에 목숨을 잃을 수 있는 상처를 입으면 10일을 넘길 수 없습니다. 만일 목숨을 잃을 수 있는 부위라도 상처를 가볍게 입었거나 매우 심한 상처를 입었더라도 목숨을 잃을 수 있는 부위가 아니라면, 보고기한保辜期限 안에 죽었더라도 별도의 원인을 조사해야지 일률적으로 사형죄를 적용해서는 안 됩니다.

○ 용어 해설

반드시 급소에 심한 부상을 입는 두 가지 요소가 서로 합치되어야 사형의 증거로 삼는다. 만일 두 가지 요소가 합치되는 경우가 아니라면 밝혀지지 않은 원인을 찾아내야 한다. 위의 구절은 본래 《무원록無冤錄》 〈검복檢覆〉에 나오는 글이다.

3) 시체를 검안할 때 검안하는 관원이 흉측하고 더러운 것을 싫어하여 모두 시체에는 가까이 가지 않고, 큰소리로 보고하는 오작仵作(시체를 검안하는 실무자)의 말만 듣고 상처의 크기를 부풀리기도 하고 멍의 색깔을 어지럽게 보고하기도 합니다. 간혹 범인과 유족이 상처를 가지고 다투는 일이 있더라도, 검안하는 관원이 끝내 눈으로 확인하지 않고 붓을 잡고는 오작이 보고한 대로 베껴 기록할 뿐입니다.

그러다가 검안하는 관원과 오작을 바꾸어 재차 검안하게 되면, 시체의 검안 결과를 기록한 장부를 몰래 팔아 서로 부화뇌동하기로 약속하기도 하고, 시체에 난 상처의 정도를 바꾸려는 의도에서 의문점을 많이 부풀리기도 합니다. 그리하여 두 차례의 검안 결과를 서로 다르게 만들어서 상급 관사에서 이의를 제기할 때마다 네다섯 차례씩 시체를 검안하게 합니다.

살아 있을 때에는 몽둥이로 맞거나 칼에 찔려 목숨을 잃고, 죽고 난 뒤에는 또 삶겨서 시체가 분해되었는데도, 원수를 갚지 못한 채 시체를 묻지도 못하고 해를 넘깁니다. 더구나 죽은 지 얼마 안 된 시체의 상처는 분별하기가 쉽지만 죽은 지 오래된 시체의 상처는 분별하기가 어렵습니다. 그럴 경우에도 시체를 몇 차례 삶게 되면 진짜 상처조차도 사라질 지경이 되니, 시체를 검안할수록 더욱 오류만 늘어나는 것입니다. 여러 차례 검안을 하였으나 판결을 내리지 못한 사건이 있으면, 처음 시체를 검안한 관원의 실적을 하위 등급으로 평가해야 합니다.

○ 용어 해설

오작仵은 오伍와 의미가 통하는 글자로, 마주 대하는 것을 오仵라 하니, 시체를 들어 뒤집어가며 살피는 사람이다. 두 사람이 짝이 되어 함께 마주 들기 때문에 오작仵作이라고 한다.

갈보喝報는 소리쳐 말하는 것과 같다.

청홍靑紅은 멍 자국의 색깔이다.

시격屍格은 격식을 갖추어 시체의 검안 결과를 기록한 장부이다.

중경重輕은 상처가 경미한 것을 변조하여 중대하게 만들고 상처가 중대한 것을 변조하여 경미하게 만드는 것이다.

상급 관사의 반박이 네다섯 차례에 이르면, 사건의 진상은 의혹 속에 감춰지고 간악한 계획만 성공을 거두게 된다.

혈시血屍는 죽은 지 얼마 안 된 시체이다.

○ 다산의 견해: 이 조목은 시체를 여러 차례 검안한 사건에 대해 말한 것이다. 처음 시체를 검안한 관원의 실적을 하위 등급으로 평가해야 한다는 말은 옳지 않은 듯하다. 처음 검안에서는 사망 원인을 사실대로 알아냈으나 두 번째 검안에서 잘못 파악하여 세 번째 검안과 네 번째 검안까지 이르는 경우도 많은데, 그럴 경우에도 처음 검안한 관원을 처벌할 것인가! 내 생각에는 결말을 지어 진상을 파악해야 하는 날까지 진상을 파악하지 못한 관원은 처벌하고, 진상을 파악한 관원은 권장해야 옳다고 본다.

4) 여러 사람이 한 사람을 함께 구타하여 죽게 한 경우에는 시체를 검안하여 가장 중대한 상처를 입힌 사람을 밝혀서 주범으로 정해야 합니다. 그러나 밤중에 술에 취한 채 떼를 지어 구타하였는데 누가 어느 곳

을 구타하였는지 정하려고 하면, 구타한 사람조차도 구타한 부위를 알수 없고 구타한 횟수도 기억할 수 없습니다. 하물며 증인이 어떻게 알 수 있겠습니까! 대체로 많은 사람이 함께 구타한 경우에는 구타한 사람에게 그 이유만 심문해야지 융통성 없이 고집을 부려서 억울한 사정이 있게 해서는 안 됩니다.

5) 보고기한은 사람을 죽일 때 손과 발을 사용하였는지, 칼을 사용하였는지, 그 외의 다른 물건을 사용하였는지 등을 살펴서 20일·30일·50일로 분류하여 기한을 정해 놓은 것이 법률에 자세히 기재되어 있습니다. 다만 1개월에 해당하는 경우에는 큰달과 작은달【대건大建과 소건小建은 큰달과 작은달을 가리킨다.】을 살펴야 합니다. 이는 삶과 죽음이 달려 있는 경계이니, 신중히 하지 않을 수 없습니다.

6) 오작의 폐단으로는 백반白礬·소목蘇木·흑반黑礬·오배五倍·꼭두서니[茜草] 등의 물건으로 푸른색이나 붉은색 등의 상처를 만들고 입에서 나오는 대로 큰소리로 보고하는 경우가 있습니다. 시체를 검안하는 관원은 직접 눈으로 보지 않은 데다 심리하여 판정한 의견도 정밀하지 못하여 허위로 큰 사건을 성립시키는 경우가 있습니다. 이러한 폐단을 가장 깊이 살펴야 합니다.

7) 살인 사건처럼 중대한 사안은 걸핏하면 해를 넘깁니다. 그중 사건과 관련된 사람들은 대부분 고을 감옥에 갇혀 있으니, 그것만으로도 고통을 겪는다고 할 수 있습니다. 그런데 심지어 상급 관사로 압송押送되어 한겨울이나 한여름을 지내기도 하고 노약자나 환자가 섞여 있기도 하니, 백성의 고통이 어느 정도인지 말로 표현하기가 어렵습니다. 그렇게 하는

것보다는 오히려 가장 긴요한 범인만 골라내야 합니다. 주범으로부터 도형徒刑·유형流刑의 죄에 해당하는 자까지 아울러 상급 관사로 압송해야 할 사람 이외에는 죽은 사람의 친척 한 명과 증인 한두 명을 대질시키는 것만으로도 충분합니다. 그 나머지의 사건과 관련된 사람은 모두 골라 낸 뒤에 집으로 돌려보내야 합니다.

○ 용어 해설

재현수후在縣守候는 본 고을에 구속되어 있는 것이다.

기해起解는 잡아서 상급 관사로 보내는 것이다.

도류죄명徒流罪名은 종범 등을 말한다.

영가寧家는 자기 집으로 돌려보내는 것을 말한다.

○ 내가 옛날 해주海州에 있을 때 송화松禾의 형사 사건을 조사한 일이 있었다. 당시 한 일가붙이 20여 명이 2차로 행하는 조사 때문에 감영監營의 감옥에 70여 일이나 구속되어 있었다. 내가 주범 1명을 제외하고 모두 풀어 주어 집으로 돌려보내 농사를 짓게 해야 한다고 요청하였다. 그러자 모두 말하였다. '임금의 재가를 받은 죄인을 허락도 없이 지레 풀어 줄 수는 없다.' 내가 대답하였다. '감사監司의 직무는 본래 여러 고을을 순행하는 것이기 때문에 여러 군현郡縣에서 모두 죄인을 구속할 수가 있는데, 구속하더라도 감영이 아닌 송화에서 구속해도 됩니다.' 재삼 요청하여 풀어 주어 돌려보낼 수 있었다.

2. 살인 사건에 대해 조목별로 올린 이사정의 건의문
*6조목으로 서술하였다

○ 형률에는 일정하게 심리하여 결정하는 법이 있고, 중대한 안건 중

에는 나중에 문란해지는 조목이 있습니다. 하찮은 신의 의견을 삼가 아뢰니, 살펴 주소서. 만약 채택할 만한 내용이 있으면, 재가한 뒤에 이 조항들을 발간하여 소속된 여러 고을에 시행하게 해 주시기를 삼가 기다립니다.

○ 용어 해설

헌감惠鑑은 상급 관사에서 살펴보는 것을 말한다.

비행批行은 우리나라 사람들이 '제사題辭를 내려 준다.'라고 하는 말과 같은 의미로, '제사를 내려 주어 이 조항들을 발간하여 소속된 여러 고을에 시행하게 해 주기를 삼가 바란다.'라는 말이다.

1) 살인 사건은 고소장을 근거로 삼고 고소할 때마다 바로바로 시체를 검안하되, 지체하더라도 3일을 경과할 수 없습니다. 이것이 정해진 규정입니다. 시체를 검안할 때가 되어서야 유족이 다시 최초의 진술과는 다른 진술을 하여 사건의 정황을 바꾸고 범인과 증인을 추가하거나 줄여서 자꾸만 사람을 끌어다가 고소하는 일을 허락해서는 안 됩니다.

구속해야 할 흉악한 범인을 제외하고는 목격자와 이웃 사람은 많아도 서너 명을 넘지 못하게 하되, 그들에 대해서도 사안에 따라 몸소 심문한 뒤에 분별하여 보증인을 세우고 풀어 주어야지, 일률적으로 구속하도록 허용해서는 안 됩니다. 명을 받아 사건을 처리하는 사람과 밑에서 일을 집행하는 사람의 말만 듣고서 많은 사람을 사건에 연루시켜 속임수만 늘어나게 하는 일을 허용해서도 안 됩니다.

○ 용어 해설

원사原詞는 유족과 원고原告의 고소장을 말한다.

수심隨審은 바로 시체의 검안을 시행하는 것을 말한다.

시체를 검안할 때 진술서를 올린다는 것은 유족이 최초의 진술을 바꾸어 진술하는 것이다.

범증犯證은 범인과 증인이다.

기금羈禁은 구속拘束한다는 말과 같다.

질심質審은 몸소 심문한다는 말과 같다.

보후保候는 우리나라 사람들이 '보증인을 세우고 풀어 준다.'라고 한 말과 같다. 보후라고 말한 것은 우선 보증인을 세우고 풀어 주어 재차 심리하는 날을 기다린다는 뜻이다.

경승經承은 좌우에서 일을 받들어 처리하는 사람이다.

차역差役은 밑에서 일을 집행하는 사람이다.

사편詐騙은 속임수라는 말과 같다.

2) 살인 사건은 상처를 증거로 삼고, 상급 관사는 보좌관이나 무능한 관원에게 사건의 처리를 위임하지 못하도록 한 것이 정해진 규례이며, 수령守令은 시체가 있는 장소에 직접 나가서 검안해야 합니다. 만일 수령이 벽을 사이에 두고 시체에 대해 오작의 보고하는 말만 듣는다면, 수령은 반드시 시체가 있는 장소에 직접 나가서 검안하도록 한 규정이 무슨 의미가 있겠습니까! 반드시 시체의 상처와 얼굴빛, 상처의 크기와 부위, 왼쪽과 오른쪽 중 어느 쪽에 상처가 몰려 있는지, 살갗이 터졌는지와 뼈가 부러졌는지, 피가 흘러나온 흔적과 살갗이 온전한 상처, 어떤 도구에 의해 상처를 입었는지 등을 가지고서 그것이 목숨을 잃게 한 것인지 목숨을 잃게 하지는 않은 것인지를 분별해야 합니다.

칼·손발·벽돌·몽둥이 등과 같은 도구가 실제로 상처와 서로 부합하고, 검안 결과가 확실하며, 검안한 의견과 죄수의 구두 진술에 착오가 없다면, 즉시 시체의 검안 결과를 기록하는 장부에 써넣어 변치 않는 최종 보고서를 정해야 합니다. 오작과 명을 받아 사건을 처리하는 사람의 말만 듣고서 애매모호하게 보고하여 결론을 짓기 어려운 의심스러운 사안으로 만들게 해서는 안 되며, 시간을 끌다가 시체가 훼손되어 검안하기 어렵게 만드는 것은 더욱 해서는 안 될 일입니다.

　○ 용어 해설

봉헌奉憲은 상급 관사이다.

좌이佐貳는 본 고을의 현령을 보좌하는 관직이다.

보원補員은 자리만 채우는 관원이라는 말과 같다.【검안하는 관원의 정원을 구차하게 채우기만 한 것이라는 의미이다.】

인관印官은 현령縣令이다.

위하爲何는 본래의 취지가 아니라는 말이다.

홍사紅樝는 피가 흘러나온 흔적이다.

백사白樝는 피부가 온전한 상처이다.

전磚은 벽돌이다.

곤棍은 몽둥이로, 우리나라에서 말하는 곤장棍杖은 아니다.

검안한 의견과 유족의 구두 진술에 착오가 없어야 시체의 검안 결과를 기록하는 장부에 써넣어서 변치 않는 최종보고서를 정한다.

산山은 변치 않는다는 뜻이다.

난결難結은 끝내 결말을 지을 수 없는 것을 말한다.

3) 살인 사건은 처음 시체를 검안할 때 진술한 말을 진실로 여겨야 합니다. 시체를 검안하는 날에 즉시 살해당한 사람의 친족과 범인 및 중요한 증인을 자세히 신문하여 각각의 구두 진술을 확실하게 받아 두고, 수

시로 흉기를 추가로 확보하며, 사건의 발단이 무슨 일 때문이었는지, 목격한 증인은 누구인지, 누가 먼저 범행을 시작하고 누가 나중에 가담했는지, 목숨을 잃게 할 정도로 심각한 상처를 입힌 사람은 누구인지, 범행을 저지른 날짜 및 사망한 날짜가 언제인지, 주범은 누구이고 종범은 누구인지 등 사건의 내막을 하나하나 신문하여 밝힌 뒤 즉시 최종 보고서를 확정하여 나중에 교묘히 변명하여 어긋나게 하는 폐단을 막아야 합니다.

○ 용어 해설

초정初情은 1차로 시체를 검안할 때 진술받은 사건의 진실을 말한다.

연신研訊은 상세히 심문한다는 말과 같다.【갈고 또 갈아서 거칠지 않게 한다는 의미이다.】

추획追獲은 '찾아내다.'라는 말과 같은 것으로, 우리나라에서는 '습득하다.'라고 하는데, 그 말은 속어俗語이다.

교변狡辯은 간교하게 속이는 말이다.

○ 해주海州가 본관本貫인 정술인鄭述仁이 말하였다.

"혐의를 명백하게 벗겨 주는 사안의 경우에는 명확하게 밝히는 것을 꺼리지 말아야 한다. 그러나 여러 사람이 연결된 사건의 경우에는 가능하면 질박한 말을 사용해야 한다. 만일 허튼소리는 다 없애고 확실한 증거만 드러내며 의심스러운 단서를 모두 무너뜨리고 감춰져 있던 진실을 다 드러내어 죄인에게 나중에 감히 조금도 변명할 수 없게 한다면, 조사한 관원으로서는 강직하고 명석하다는 칭찬을 받을 수는 있겠지만, 복을 기르고 덕을 세우는 행위는 아니다."

내가 그의 말에 매우 탄복하였다. 인정이나 사리로 보아 흉악한 경우를 제외하고, 분을 못 이기거나 술기운을 빌려 순간적으로 범행을 저지른 경우에는 검안하는 관원이 이 말을 깊이 새겨 두고, 내막을 샅샅이 드러내는 것을 잘한 것이라고 뽐내지 말아야 한다.

4) 계획적인 살인과 고의적인 살인에 대해서는 청淸나라의 형률이 매우 엄중합니다. 만약 실제로 은밀한 모의와 기묘한 계획이 있었거나 살해하려는 의도가 있었으면, 반드시 법률에 따라 처형해야 합니다. 그러나 계획적으로 살해하거나 고의적으로 살해한 실제 행적은 없는데 근거할 만한 증언이 있고 스스로도 변명하지 않고 범죄를 인정한 경우에는 경솔하게 의논하여 살인한 죄를 무리하게 끌어다 댈 수 없습니다. 싸우다가 구타하여 죽인 경우, 과오로 죽인 경우, 장난치다가 죽인 경우, 실수로 죽인 경우, 협박하여 죽인 경우 등에 대해서는 각각 적용할 수 있는 일정한 법률이 있고, 각각 서로 다른 정황들도 있습니다.

싸우다가 죽인 경우란 한 사람이 한 사람을 상대로 싸우다가 죽인 것입니다. 두 사람이 한 사람을 상대로 싸우다가 죽였으면 공동으로 구타하다가 죽인 것이지 싸우다가 구타하여 죽인 것이 아닙니다. 싸우다가 죽인 경우에는 한 사람과의 싸움에서 발생한 것이기 때문에 또 종범으로 논할 수가 없습니다.

고의적인 살인이란 고의로 사람을 죽인 것으로, 마음속에서 생각이 발동하여 물건을 가지고서 때리거나 독약을 먹여 목숨을 잃게 하는 것입니다. 즉시 사망하였으면 목숨을 해치려는 마음이 있었던 것이니, 이것이 고의적인 살인에 해당합니다. 며칠 지나서 사망하였으면 싸우다가 죽인 사건에 해당합니다. 만약 사람을 죽이려는 의도를 가지고서 먼저 종범인 자에게 말을 하여 자신을 따라 사람을 죽이게 하였다면, 이는 계획적인 살인에 해당하지 고의적인 살인이 아닙니다. 고의적인 살인은 그 사람의 생각에서 나온 것이기 때문에 종범으로 논할 수가 없습니다. 만약 어떤 사람이 고의적으로 죽이려는 의도를 모르고서 갑자기 서로 만나 공동으로 구타하여 죽였다면, 그 사람도 공동으로 구타할 때 가담한 사람에 해당할 뿐입니다.

○ 공동으로 모의하고 공동으로 구타하여 죽인 사건은 분리하여 보아야 하는 경우와 통합하여 보아야 하는 경우가 있습니다. 분리하여 말하면, 공동으로 모의하였으나 공동으로 구타하지는 않은 경우가 있고, 공동으로 구타하였으나 공동으로 모의하지는 않은 경우가 있습니다. 통합하여 말하면, 시작할 때부터 공동으로 모의하고 마지막에도 공동으로 구타한 경우입니다. 이러한 살인 사건은 범행을 따져서 목숨을 잃게 한 부위를 구타하여 상처를 입힌 사람은 교형으로 처벌하고, 원래 모의했던 사람은 공동으로 구타하였는지를 막론하고 모두 100대의 형장을 치고 3000리의 유형에 처하니 사건의 빌미를 만들었기 때문입니다. 공동으로 구타한 사람이 죽은 사람의 다른 곳에 무거운 상처를 입혔더라도 100대의 형장만 치는 것은 범행을 저질러 목숨을 잃게 한 사람이 목숨으로 보상했기 때문에 무겁게 처벌하지는 않습니다.

원래 모의한 사람이 스스로 범행을 저질러 목숨을 잃게 하였거나 서로 뒤엉켜 구타하여 누가 결정적인 범행을 저질렀는지를 모를 경우에는 모두 원래 모의한 사람에게 죄를 물어 교형에 처하고, 나머지 사람들은 모두 가담한 사람으로 처리합니다. 만약 함께 갔던 사람이 모의에 참여하지도 않았고 힘을 보태지도 않았으면, 권장하지도 않고 저지하지도 않은 것이기 때문에 당연히 해서는 안 될 짓을 한 죄만 묻습니다. 예를 들어 갑·을·병으로 나누어서 말씀드리겠습니다. 갑·을·병은 모두 공동으로 모의하고 공동으로 구타하였을 때의 예에 따라서 처벌하되, 구타로 인해 사망하게 한 경우에는 목숨을 잃게 한 상처를 중시하여 을은 결정적인 상처를 입힌 사람에게 적용하는 법률에 따라 교형에 처하고, 갑은 원래 모의한 사람에게 적용하는 법률에 따라 100대의 형장을 치고 3000리의 유형에 처하며, 병은 가담한 사람에게 적용하는 법률에 따라 100대의 형장을 치는 것이 옳습니다.

○ 용어 해설

자인自認은 자백한다는 말로, 자기가 자기의 죄를 아는 것이다.

공동으로 구타한 사건은 범행을 따져서 중대한 상처를 입힌 사람을 주범으로 삼는 것이 법규이다. 이러한 사건은 가장 처리하기가 어려우니, 전적으로 증인에게만 의지하는 것보다는 차라리 정황과 사리를 천천히 살펴보는 것이 낫다. 그렇게 하면 누가 주범이고 누가 종범이며, 누가 강자이고 누가 약자인지 분별할 수 있게 될 것이다.

5) 공동으로 구타하여 사람을 죽인 사건은 흉기가 있어야 하고 또 구타하여 목숨을 잃게 할 정도의 중대한 상처를 입힌 경우라야 충군充軍[71]하는 법률을 인용하여 적용할 수가 있습니다. 흉기가 있더라도 중대한 상처가 없는 경우 및 중대한 상처가 있더라도 흉기가 없는 경우는 모두 법률 조문을 집어내어 망령되이 인용할 수가 없습니다. 만약 어떤 정황에 해당되는지를 판단하였다면 바로 어떤 죄로 처벌할지를 정해야 합니다. 범인의 구두 진술, 이웃 목격자의 증언, 적용할 법률의 인용이 동일한 의미로 일관되도록 힘써야지, 범인의 구두 진술과 이웃 목격자의 증언을 뒤섞어 연결시킴으로써 적용할 법률을 인용한 것과 어긋나게 해서는 안 됩니다.

---

71 충군充軍: 죄인을 군역軍役에 복무하게 하는 제도이다.

공동으로 구타하여 죽게 한 사건의 경우에는 반드시 어떤 사람이 어떤 도구를 가지고서 어느 부위에 목숨을 잃게 할 정도의 상처를 입혔는지를 다 밝히고 범인의 구두 진술이 상처 및 흉기와 서로 부합되도록 힘써야 합니다. 그래서 중대한 상처를 입힌 사람만 사형죄로 논해야지, 조사관의 개인적인 짐작만으로 터무니없이 법률을 적용하여 범인이 변명하며 빠져나갈 구멍을 키워 주어서는 안 됩니다.

자결하여 사망한 사람이 있을 경우에는 그때 즉시 정말로 협박한 정황이 없었는지를 물어본 뒤에 곧바로 풀어 주고 책임을 추궁하지 않아야 합니다. 이어서 관아의 하인을 시켜 압송하여 3일 이내에 매장하게 한다면, 목숨을 가볍게 버려서 악을 조장하는 풍조가 자연히 사라질 것입니다.

○ 용어 해설

전적예문剪摘例文은 '법률 조문을 집어내서 앞뒤를 모두 잘라 내고 증언과 합치되는 한 구절만 가지고서 살인 사건을 성립시키는 것'을 말한다.

구공口供은 범인의 진술이다.

참간參看은 이웃 목격자가 증명한 것으로, 이른바 증언이다.

적용할 법률을 인용하는 원칙은 전적으로 본인의 구두 진술을 위주로 한다. 증언이 참으로 확실하더라도 적용할 법률을 인용하는 사람이 구두 진술과 증언을 뒤섞어 연결하여 죄를 성립시키는 것은 법의 취지가 아니다. 반드시 구두 진술과 상처가 서로 부합되어야 형벌을 신중하게 사용한다는 옛 법에 맞게 된다. 이는 많은 사람이 함께 모의하여 외롭고 약한 사람에게 죄를 덮어씌워서 자기들이 아끼는 사람의 죄를 벗겨 주게 될까 염려하기 때문이다.

지금 형사 사건을 판결하는 사람들이 언제나 '많은 사람의 증언이 하나로 모아졌다.'라고 하면서 승복하지도 않은 사건을 경솔하게 판결하는데, 이것은 어진 사람이 신중히 해야 할 일이다.

내가 아직도 서울 북부北部의 함봉련咸奉連 사건[72]을 기억하고 있다. 당시에도 많은 사람의 증언이 하나로 모아져서 서재흥徐再興을 죽인 사건에서 벗어나게 해 주었다. 만약 주상께서 굽어살펴 주시지 않았더라면 함봉련이 어떻게 살아날 수 있었겠는가! 이 건의문에서 경계한 것은 이런 따위의 사건을 위한 것이다.

○ 의저議柢는 사형죄로 논한다는 말이다.【저柢는 목숨으로 보상한다는 의미이다.】

췌마현좌揣摩懸坐는 범인이 구두 진술에서는 승복하지 않았으나 조사관이 개인적인 생각으로 추측하여 터무니없이 법률을 적용하는 것을 말한다.

변두辯竇는 범인이 변명하여 스스로 탈출할 구멍을 말한다.

간석趕釋은 진작 무죄로 석방하고 책임을 추궁하지 않는 것을 말한다.

압송하여 매장하게 한 것은 다시 제기하지 못하게 하려는 것이다.

경생조악經生刁惡은 자살하여 남에게 죄를 뒤집어씌우는 것을 말한다.

조용刁踊과 조등刁騰은 모두 저절로 격렬해져서 서로 고양된다는 의미이다.

6) 시체를 검안할 때에 일종의 이상한 폐단이 있으니, 시체를 매매하는 것과 상처를 만들어 내는 것을 말합니다. 상처가 가짜일 뿐만 아니라 시체까지도 가짜여서 추측하여 알 수가 없습니다. 이처럼 간악한 백성은 새로 조성한 무덤 안의 시체를 일상적으로 훔친 뒤에 조반皁礬·오배五倍·소목蘇木 등의 물건으로 옅은 청색이나 홍색 등의 상처를 만들어서 살인 사건이라고 허위로 고소한 사람에게 팔고, 오작에게 뇌물을 줍니다. 이러한 수법으로 선량한 백성을 모함하여 해를 끼치지만, 검안하는 관원은 그러한 사실을 깨닫지 못하고 간간이 억울하게 사형죄를 성립

---

72 함봉련咸奉連 사건: 1794년(정조 18) 한성부 북부北部에 사는 함봉련이 서재흥徐再興을 구타하여 12일 만에 죽게 한 사건이다. 정조가 사형을 감하여 정배定配하도록 하였다.

시키는 경우도 있습니다. 그래서 시체를 검안하는 것이 가장 어렵습니다. 따라서 경미한 상처인지 중대한 상처인지를 분별해야 할 뿐만 아니라 시체가 가짜인지 진짜인지까지도 아울러 살피지 않을 수가 없습니다.

○ 다산의 견해: 우리나라에는 다행히 이러한 풍속이 없다. 그러나 시체를 검안하는 관원으로서는 이 세상에는 이러한 일도 있다는 사실을 알아야 한다. 대체로 시체를 검안하는 장소에서는 유족과 범인이 모두 시체를 보게 해야 하나, 범인은 항상 포승줄에 묶인 채 다른 장소에 있어서 시체를 보지 못한다. 따라서 혹시라도 이러한 풍속이 있게 된다면 그 간악한 속셈을 밝힐 수가 없을 것이다.

3. 살인 사건에 대한 서사적의 건의문
* 남에게 허물을 덮어씌우는 행위를 금지하다

○ 하늘과 땅은 살리기를 좋아하는 것이 유일한 덕이고, 법률은 살인 사건을 가장 중시하여 엄격하게 적용합니다. 그러므로 처음 죽었을 때 시체를 검안하고 심지어 시체가 썩어 문드러진 뒤에 뼈를 발라내어 검안하기도 하며, 한 차례의 검안으로 그치지 않고 두세 차례씩 검안하기도 합니다. 그렇게 하는 이유는 죽임을 당한 사람으로서는 원통한 마음을 풀 수 있게 하고, 처형을 당할 사람으로서는 자기의 허물을 인정하게 하려는 것입니다. 시체의 상처는 처음 보고한 것에 중점을 두고 시체의 검안은 세 차례를 초과하지 못하니, 이는 시간이 오래 지나면 폐단이 불어나게 될 것을 방지하려는 것이고, 게다가 죽은 사람까지 연루시켜 마른 해골까지도 해치게 될 것을 우려하기 때문입니다. 그러므로 법을 제정할 때 유독 상세히 정하였으니, 총론으로 말하면 백성의 목숨을 조심스럽

게 다루는 것으로 주를 삼았습니다.

만약 경솔하여 법률을 자의적으로 적용하게 된다면, 위로는 하늘과 땅의 화기和氣를 침범할 것이고 아래로는 자기 자신의 복록福祿을 감할 것이며, 살아서는 국가의 법률에 따라 내리는 벌을 받을 것이고 죽어서는 귀신의 징계를 당하게 될 것입니다. 하물며 공공연히 뇌물을 받고서 옳고 그름을 뒤바꾼 경우야 더 말할 것이 있겠습니까! 이처럼 탐욕스런 마음으로 자기 양심을 속이는 사람은 진술서만 보고 살인 사건을 처리하니 어찌해야 한단 말입니까! 그들은 진실이거나 거짓이거나 따지지 않고 한 번 보고서는 혼자 기뻐하면서 보기 드문 재화를 차지할 수 있게 되었다고 생각합니다. 뒷날 탐욕을 행하거나 법률을 왜곡하는 것은 따지지 않더라도 이러한 생각을 가진 것만으로도 천지의 신령神靈이 이미 그의 목숨을 빼앗을 것입니다.

○ 용어 해설

앞의 살인 사건에 대한 건의문에서는 '이처럼 간악한 백성〔有等奸民〕'이라 하였고,[73] 여기의 살인 사건에 대한 건의문에서는 '이처럼 탐욕스러운 마음을 가진 사람〔有等貪心〕'이라 하였다.

유등有等이란 '혹시라도 이러한 사람이 있으면'이라고 말한 것과 같다.

○ 다산의 견해: 중국의 법에는 시체의 검안을 세 차례 초과하지 못하게 하였다. 우리나라의 법에는 4차 검안도 하고 5차 검안도 하는 등 횟수를 한정하지 않아 혼란만 키울 뿐이고 명확하면서도 신중하게 처리하

---

73 앞의……하였고: 살인 사건에 대해 6조목으로 올린 이사정李士禎의 건의문 중 6번째 조목에 나오는 말로, 무덤 안의 해골을 훔쳐서 상처를 조작하는 사람들을 '이처럼 간악한 백성'이라고 표현하였다.

는 데 도움도 되지 않는다. 형벌을 담당한 관원은 주상께 아뢰어 3차까지 검안하는 것을 법도로 삼는 것이 합리적일 듯하다.

살인 사건이 십중팔구는 허위라는 것을 전혀 모릅니다. 서북 지역은 돌에 부딪히거나 벼랑에 몸을 던져 죽는 경우가 많고, 동남 지역은 독약을 마시거나 목을 매어 죽는 경우가 많습니다. 이러한 일들은 실로 일시적인 격분에서 나온 것으로, 상대의 목숨을 빼앗을 수는 없더라도 반드시 상대의 가정은 파괴할 수 있다고 생각하기 때문입니다. 이 때문에 하루아침에 목숨을 가볍게 버리곤 합니다.

형사 사건을 다스리는 사람은 그것이 허위라는 것을 분명히 알면서도, 요즘은 이것을 비결秘訣로 여기고서 살인 사건을 빌미로 삼아야 돈을 가장 잘 벌 수 있다고 생각합니다. 원고原告는 허위 사실이라는 것을 스스로 알고 있으므로 원망을 품지도 않으며, 피고被告는 석방될 수 있으므로 도리어 은혜를 감사하게 여깁니다. 그리하여 마음껏 소리를 지르고, 밑에서 일을 집행하는 사람, 시체를 검안할 때의 실무자, 고소장을 꾸며 주는 사람, 진술을 도와주는 사람, 곤장을 쳐야 할 정도로 교활한 사람 등 가지가지 소인들이 이런 사건을 기회로 삼아 공공연하게 억지로 죄를 덮어씌우고 남몰래 뇌물을 요구하며, 사망한 시기를 고치고 미치광이처럼 위장하는 등 못하는 짓이 없으므로 그 집안이 실제로 파산하고야 맙니다.

그러나 위에 있는 사람은 자신의 죄를 모를 뿐만 아니라 더 나아가 그것을 자신의 공로라고 여기면서 다음과 같이 말합니다. "저 사람이 이 무거운 법의 그물에 걸려들었는데 내가 그 그물에서 탈출시켜 죽지 않게 해 주었다. 많은 돈을 쓴 것도 그가 기꺼이 따른 것이니, 억울할 일이 무

엇이 있겠는가!" 아! 이것이 또 불인不仁을 매우 도와주는 것입니다.[74]

뇌물을 받고 죽음에서 벗어나게 해 주었다면, 뇌물을 바치지 않아서 처벌을 받은 사람도 있다는 것을 알 수 있습니다. 그리고 그나마 양심이 있는 사람은 즉시 처벌하지 않고 지체시키면서 판결하지 않는다는 것도 알 수 있습니다. 심한 경우에는 상세하게 심리한다는 구실로 여러 차례 반박하여 시체는 썩고 해골은 버려두게 하니, 죽은 사람은 땅에 묻힐 수가 없고 살아 있는 사람은 집에 돌아갈 수가 없습니다. 이것이 백성을 맡고 있는 관원의 죄가 아니고 누구의 죄이겠습니까!

○ 용어 해설

이것은 남에게 죄를 뒤집어씌우는 허위 고소이다.

서북 지역과 동남 지역은 풍속이 다르다. 그러나 독약을 마시고 죽는 풍속과 목을 매어 죽는 풍속은 온 세상이 똑같으니, 동남 지역만 그런 것은 아니다.

장사狀師는 고소장을 교묘하게 수식하는 사람이다.

방송幇訟은 진술을 도와주는 사람이다.【지도하고 사주使嗾하는 자이다.】

광곤光棍은 사납고 교활하여 곤장을 쳐야 할 자를 말한다.

명륵明勒은 법관 앞에서 공공연하게 억지로 죄를 덮어씌우는 것을 말한다.

암색暗索은 아무도 없는 곳에서 은밀하게 뇌물을 요구하는 것을 말한다.

당세장풍撞世裝風은 사망 시기를 고치고 미치광이로 위장하는 것을 말한다.

○ 다산의 견해: 뇌물을 받고 형사 사건을 부정하게 판결하는 것은 항

---

74 이것이……것입니다: 《맹자》〈고자 상告子上〉에 "인仁이 불인不仁을 이기는 것은 마치 물이 불을 이기는 것과 같다. 그런데 지금 인을 행하는 사람들은 한 잔의 물로 수레 하나에 가득 실은 섶의 불을 끄는 것과 같은 사람들이다. 불이 꺼지지 않으면 물이 불을 이기지 못한다고 말한다. 이것이 또 불인을 매우 도와주는 것이다."라고 한 말을 인용한 것이다.

상 있는 일이다. 가령 수령은 반드시 사리사욕을 채우지는 않는다 하더라도 보좌하는 아전과 빈객賓客들 중에는 뇌물을 받는 자가 있다. 수리首吏와 형리刑吏의 경우에는 10건이면 10건 모두 뇌물을 받으니, 사건과 관련하여 뇌물을 받지 않는 경우를 나는 보지 못하였다. 중국에서는 남에게 죄를 뒤집어씌우는 사건에만 이처럼 뇌물을 받는데, 우리나라에서는 진짜 살인이거나 과오로 인한 살인이거나 모두 뇌물이 오간다. 내가 민간에 오래 있었기 때문에 이러한 사실을 자세히 알고 있다. 가정을 파괴할 뿐만 아니라 반드시 한 마을을 파괴하고야 만다. 아! 어찌 살피지 않을 것인가!

아! 사건에는 원인이 있으나 조사하지 않으면 밝혀지지 않고, 사람에게는 양심이 있으나 날로 속이면 손상을 입게 됩니다. 저는 억울하게 죽는 자는 모두 관아에서 죽이는 것이라고 생각합니다. 저들은 조갑趙甲이 죽고 전을錢乙이 패소한 것을 보면 자연히 손병孫丙이 복수에 앞장서고 이정李丁이 동조하여 또 사건을 만드니, 경쟁하고 싸우다가 죽이는 사람들이 이 때문에 날이 갈수록 많아집니다. 그러므로 모두 관아에서 죽게 한다고 말합니다.

허위 살인 사건 및 남에게 죄를 뒤집어씌운 사건에 대해서는 법률에 명확한 조항이 있습니다. 가령 송사를 심리하는 관원이 의연하게 하늘에 맹세코 애매하게 법률을 적용하는 일이 전혀 없고 반좌율反坐律로 죄를 다스린다면, 반좌율로 처형된 사람은 이미 죽어서 남에게 누를 끼칠 수 없다는 것을 저들이 보았고 죽은 사람을 다시 죽이더라도 이익이 없으니, 그가 온전히 살려 주는 사람이 많지 않겠습니까! 게다가 공정하면 밝은 세상을 만들고[75] 천지와 귀신은 본래 꿈속에서도 통할 수가 있으

---

75 공정하면……만들고: 《순자荀子》〈불구不苟〉에 "공정하면 밝은 세상을 만들고 편파적이면

니, 더 이상 어찌 원통한 사건이 있겠습니까! 우연히 잘못 판결하여 원통한 마음을 호소할 곳이 없는 백성이 있다고 하더라도 진심으로 공정하고 신중하게 처리하였으므로 죄가 없다는 것을 고할 수도 있을 것입니다.

○ 용어 해설

갑과 을은 앞 사건에서 반좌율로 죄를 묻지 않은 사람을 말한다.

병과 정은 뒤 사건을 또 이어서 일으킨 사람을 말한다.

내 마음이 공정하고도 신중하였다면, 설령 잘못된 판결이 있었더라도 진심으로 공정하고 신중하게 처리하였으므로 죄가 없다는 것을 스스로 고할 수도 있을 것이다.

나이와 품계에 따라 순차적으로 승진한 관원들도 하나의 관직을 맡게 되면 밤낮으로 위에서 말한 내용에 대해 스스로 맹세해야 미천한 백성에게 부끄럽지 않습니다. 그러므로 또 위에서 말한 내용을 수령·선생·부모 앞에서 포고布告해야 합니다. 부자가 되는 방법은 이것 말고도 어찌 방법이 없겠습니까.

만약 수령이 살인 사건과 관련하여 한 푼의 돈이라도 받지 않는다면, 고을에서 억울하게 죽는 사람이 없는 것도 모두 그 수령이 재임하고 있는 덕입니다. 만약 감사가 살인 사건과 관련하여 한 푼의 돈이라도 받지 않는다면, 한 성省에서 억울하게 죽는 사람이 없는 것도 모두 그 감사가 재임하고 있는 덕입니다. 그러면 자연히 천지가 도와주고 귀신도 보살펴 주어 녹봉과 지위는 높아질 것이고 자손은 오래오래 이어질 것입니다. 앞에서 말했던 뇌물을 받는 사람들이 돈을 받자마자 곧바로 남에게

어두운 세상을 만든다.〔公生明偏生闇〕"라고 한 말을 인용한 것이다.

바치는 것으로 이득을 삼는 것과 비교해 볼 때 그 이득이 백배나 천배도 넘을 것입니다.

진정한 살인 사건일 경우에는 관용을 베푼다고 하더라도 반드시 가엾게 여기는 마음에서 나온 것이어야지, 사적인 마음이 조금이라도 개입되면 결국 죽은 사람의 원망을 불러오게 됩니다. 그러니 두려워하지 않을 수 있겠으며, 신중하지 않을 수 있겠습니까!

○ 용어 해설

일반적으로 자살하는 사람은 원수를 모함하여 그 가정을 파괴하려는 의도에서 자살한다. 만약 법률 조문을 엄격하게 세워서 자살하여 남에게 죄를 덮어씌우려는 경우에는 자살 원인을 조사하지 못하게 한다면, 자살하는 사람이 적어질 것이다. 원통해도 호소할 곳이 없는 사람이 어쩔 수 없이 자살한 경우에는 남에게 죄를 덮어씌우기 위해 자살한 것이 아니다.

4. 살인 사건에 대한 진병직의 공지문
* 망령된 보고를 금지하다

○ 강녕江寧의 폐해가 누적된 지방을 살펴보니, 살인 사건은 진짜이거나 허위이거나 간에 보갑保甲[76]이 뇌물을 강요하고 즉시 관아에 보고하지 않아 살아 있는 백성은 사건에 연루되고 죽은 백성은 매장되지 못한 채 기다리게 되어 폐해가 적지 않다.

---

76 보갑保甲: 청淸나라 때의 호적 제도인 보갑법保甲法에 따라 설치된 직역職役으로, 보장保長과 갑두甲頭를 아울러 일컫는 말이다. 보갑법은 10호戶로 1패牌를 만들어 1명의 패두牌頭를 두고, 10패로 1갑甲을 만들어 1명의 갑두를 두며, 10갑으로 1보保를 만들어 1명의 보장을 두던 제도이다.

본사本司에서 그러한 폐단을 모두 자세히 알고 있었으므로 전에 거듭 금지한 적이 있다. 실제로 진정한 계획적인 살인, 고의적인 살인, 구타에 의한 살인이라야 보갑이 실제 내용을 갖추어서 보고하도록 허용하였다. 그 외에 강물에 투신한 사건, 스스로 목을 매어 죽은 사건, 길에서 고꾸라져서 죽은 사건은 발을 헛디뎌서 물에 떨어져 죽은 사건 등과 함께 죽은 사람의 친족이 즉시 시체를 거두어 매장하도록 허용하였고, 보갑이 망령되이 보고하는 것은 허용하지 않았다. 여러 차례 이러한 내용의 방문榜文을 내걸어 고지하여 엄중히 금지하고 신고하지 못하게 하였는데도 오히려 옛날의 폐단을 답습하고 여전히 불법적인 행위를 저지르고 있다.

○ 용어 해설

보갑保甲은 우리나라의 이정里正[77]과 같다.【이정은 이웃으로 편성된 가호家戶의 우두머리이다.】

색사索詐는 뇌물을 강요하는 것을 말한다.

노도路倒는 길바닥에 쓰러져 죽은 것을 말한다.

출시出示는 방문을 내걸어 고지하는 것을 말한다.

이제 들으니, 상하上河 지방 장서의張瑞義의 아들 장안아張安兒가 발을 헛디뎌서 물에 떨어져 죽었다고 한다. 이러한 사실을 보갑이 고을 관아에 통보하자, 해당 고을의 수령은 분명하게 살펴보지 않았고 차역差役이 사방으로 달려 나갔다. 차역은 재물을 차지할 기회라 생각하고 뇌물을 요구할 속셈으로 매장을 허용하지 않았다고 한다.

---

77 이정里正: 조선 시대의 호적 제도에 따라 설치된 직역이다. 《경국대전經國大典》에 의하면, 지방에는 5호戶로 1통統을 만들어 1명의 통주統主를 두고, 5통마다 1명의 이정을 둔다고 하였다.

실제로 진짜 살인 사건이라면 해당 고을에서 바로 수령이 직접 시체를 검안하고 본 마을에 부탁하여 임시 매장을 하게 했어야지, 차역이 마음 껏 소란을 일으키게 해서도 안 되는 일이었다. 더구나 발을 헛디뎌 물에 빠져 죽은 사건은 원래 진짜 살인 사건도 아닌데, 본 마을에 부탁하여 구속하고 억지로 범인이라고 지목하였으니, 무슨 짓을 하려는 속셈이었 단 말인가! 법을 무시하고 백성에게 재앙을 끼쳤으니, 매우 통분하고 한 스럽다.

즉시 보갑과 고을의 차역을 잡아다가 조사하여 처리하는 것을 제외하 고는 우선 전에 금지했던 사항을 재차 엄중히 시행하라. 이처럼 공지하 니 온 성省의 군인과 백성은 물론 보갑까지 아울러 이러한 사실을 잘 알 게 하라. 앞으로 지방의 살인 사건은 실제로 계획적인 살인, 고의적인 살 인, 구타에 의한 살인이라야 보갑의 보고를 허용한다. 강물에 투신하여 죽은 사건, 스스로 목을 매어 죽은 사건, 발을 헛디뎌서 물에 빠져 죽은 사건 등은 모두 가족들에게 매장하도록 허락하고, 일체 망령되이 보고 하는 것은 허용하지 않는다. 만약 보갑이 여전히 준수하지 않고 어떤 단 서를 빌미로 망령되이 보고하거나 해당 고을의 수령이 멋대로 차역을 보 내 소란을 일으키면, 손해를 입은 사람이 즉시 본사에 나아와서 호소하 도록 허용한다. 그리하여 그 호소에 근거하여 즉시 잡아다가 조사하여 처리하고 결코 재차 용서하지 않을 것이다.

○ 용어 해설
청현廳縣은 고을 관아의 청사를 말한다.
차역差役은 우리나라의 포교捕校와 형리刑吏 따위와 같다.
즉착卽著은 즉속卽屬과 같은 말로, 본 마을에 부탁한다는 말이다.
착구著拘는 본 마을에 부탁하여 구속한다는 말이다.

늑지勒指는 억지로 범인이라고 지목한다는 말이다.

막법藐法은 멸법蔑法과 같은 말로, 법령을 무시한다는 말이다.

'즉시 보갑과 고을의 차역을 잡아다가 조사하여 처리하는 것을 제외하고는[除立拿保甲縣役究處外]' 이하의 내용은 먼저 적발된 자부터 엄중히 처벌하는 것 외에 또 이를 거듭 금지한다는 말이다.

함품喊稟은 호소한다는 말과 같다.

입나立拿는 즉시 잡아온다는 말이다.

5. 살인 사건에 대한 이사경의 보고서
* 보좌관에게 위임하는 것을 금지하다

○ '살인 사건은 전적으로 첫 번째 시체 검안에 의거하는데 사건을 심리하는 관원이 사적인 이익을 추구하는 경우가 많으니, 고을을 신칙하여 수령이 반드시 직접 신속히 검안하게 해서 범인과 죽은 사람 둘 다 원통한 일이 없도록 하소서.'라는 내용으로 올립니다.

삼가 살펴보면, 살인 사건처럼 중대한 사건은 처음부터 끝까지 상처를 따져서 판단하니, 목숨을 잃게 만든 진짜 상처이면 사형에 처하는 법이 있고 그렇지 않으면 살려 주는 법이 있습니다. 목을 매어 죽거나 독약을 마시고 죽거나 강물에 투신하여 죽고서 남에게 죄를 뒤집어씌운 사건에 대해서는 혐의자를 처벌하지 않음으로써 목숨을 가볍게 버리는 나쁜 풍속을 줄이고, 다시 또 반좌율을 두어 도박하듯이 남의 시체를 가져다가 살인이라고 덮어씌워서 재산을 약탈하는 풍속을 경계하였으니, 근거할 법을 분명하게 살펴야 합니다.

수령은 아랫사람에게 검안을 위임하여 혼란의 실마리를 열어 주는 일이 없어야 하고, 사건을 느슨하게 처리하여 해악이 널리 퍼져 나가는 사태를 확산시키는 일이 없게 해야 법률이 어그러지지 않고 확정된 판결이 이루어집니다. 그런데 고을의 수령이 더럽고 번잡한 검안을 항상 싫어하여 살인 사건을 처음 보고하면 즉시 직접 가서 검안을 행하지 않고 번번이 승丞·부簿·위尉·순巡에게 위임합니다. 이들은 스스로 신중할 줄 아는 자가 드물기 때문에 망령되이 '수령은 눈뜬장님과 마찬가지이다. 검안을 나에게 위임한 것은 필시 나에게 은택을 베풀려는 의도일 것이다.'라고 하면서 범인으로 지목된 사람에게 급히 뇌물을 요구하고, 욕심이 채워지지 않으면 만족하지 못합니다. 아전과 오작作의 부류들까지도 일시에 떼를 지어 일어나 뇌물을 요구합니다. 그러다 보니 시체를 실어 와서 수령이 보기도 전에 고소된 사람의 가정은 벌써 거의 다 파산이 되고 맙니다.

수령이 검안할 때가 되면 오작의 입과 위임받은 아전의 손이 꼭두각시처럼 등장하여 윗사람과 아랫사람이 서로 속여 은폐합니다. 그리하여 진짜 상처를 감추고서는 '피부 색깔이 변한 것입니다.'라고 뒤섞어 말하며, 상처의 크기는 말하지 않고 '여기저기 흩어져 있습니다.'라고 일률적으로 말하기도 합니다. 또 검푸른 상처를 뒤섞어 보고하여 독약을 마시고 죽은 증거로 삼기도 하고, '팔八' 자 모양의 상처를 날조하여 스스로 목을 매어 죽은 단서로 삼기도 합니다.

○ 용어 해설

신상申詳은 하급 관사에서 상급 관사에 보고하는 것이다.

위관委官은 살인 사건을 심리하는 관리이다.

인귀人鬼는 범인과 죽은 사람을 가리킨다.

차시借屍는 다른 사람의 시체를 가져다가 살해당한 사람의 시체라고 거짓말하는 것을 말한다.

돈을 걸고 도박하는 사람이 마지막에 가진 돈을 몽땅 내기에 거는 것을 고주孤注라고 하니, 다른 사람의 시체를 가져다가 살해당한 사람의 시체라고 거짓말하는 자가 그러한 방법으로 남의 재산을 모두 약탈하는 것을 말한다.

위대委貸는 하급 관리에게 위임하여 권한을 빌려주는 것을 말한다.

만해蔓害는 널리 퍼져서 폐해가 번지는 것을 말한다.

승丞은 부관副官이다. 그다음은 주부主簿이고, 그다음은 위尉이며, 그다음은 순찰하는 관리로 우리나라의 군관軍官에 해당한다.

청목靑目은 눈뜬장님이다.

하윤河潤은 은택이 입혀지는 것을 말한다.

피범被犯은 피고 또는 범인을 말한다.

날흔팔자捏痕八字는 '팔八' 자의 모양처럼 허위 상처를 날조하여 스스로 목을 매어 죽은 것이 아님을 밝히는 것을 말한다.

스스로 목을 매어 죽은 것과 남에게 목이 졸려 죽은 것은 분별할 수 있고, 물에 빠져 죽은 것과 시체를 물에 던진 것도 분별할 수 있으며, 스스로 목을 찔러 죽은 것과 남에게 살해를 당한 것도 분별할 수 있고, 산채로 불에 태워 죽인 것과 시체를 불에 태운 것도 분별할 수 있으니, 이와 같은 사건들은 이루 다 셀 수가 없습니다.

가령 첫 번째 시체 검안을 행할 때는 조사하여 밝히지 않았다가 시일이 오래 지나 시체가 부패한 뒤에서야 2차나 3차의 검안을 행할 경우에는 먼저 검안할 때의 확실했던 증거들이 없어집니다. 하물며 부하 관리들이 뇌물 받는 것을 법률처럼 여겨서 증거와 상처를 조작하는 것이 필연적으로 생길 수밖에 없는 형세이니 더 말할 것이 있겠습니까! 근래에는 상급 관사가 보고에 의거해서 즉시 재가하여 2차 검안을 행하게 합니다. 그러면 2차 검안을 행하는 관원의 오작은 첫 번째 검안의 결과 보고를 확보하여 그대로 베끼게 됩니다. 의문의 핵심과 분별의 허점에 대해 상급 관사가 여러 차례 반박하고 중지하지 않으며, 길에서 죽는 일과 감옥에서 죽는 일이 꼬리를 물고 일어나는 것은 모두 첫 번째 검안을 수령이 직접 행하지 않아서 생기는 재앙입니다.

○ 용어 해설

포시拋屍는 죽은 사람의 시체를 물에 던져 물에 빠져 죽은 것처럼 가장하는 것을 말한다.

간시簡時는 2차, 3차 검안하는 때를 말한다.

'근래에는 상급 관사에서' 이하의 내용은 '근래에는 상급 관사가 보고에 의거해서 즉시 재가하여 2차 검안을 행하게 한다. 그러면 2차 검안을 행하는 관원의 오작은 반드시 첫 번째 검안의 결과 보고를 확보하여 그대로 베껴 첫 번째 검안과 서로 똑같게 만든다.'라는 말이다.

의관疑關은 의심할 만한 핵심 내용이다.

변두辨竇는 분별할 만한 허점이다.

누박屢駁은 상급 관사에서 검안 보고서를 자주 지적하여 의문을 제기하고 허점을 들추어내서 반박하는 것을 말한다.

비종批踵은 꼬리를 물고 일어난다는 말과 같다.

저는 다음과 같이 생각합니다. 살인 사건이 처음 일어났을 때 반드시 살인 사건이 일어난 현장과의 거리를 헤아려서 10리에서 20리 이내인 경우에는 수령이 즉시 아전과 오작을 데리고 급히 가서 직접 시체를 검안하고 시체를 손대지 못하게 해야 합니다. 가령 100리 내외로 멀 경우라도 3일 이내로 시체를 담은 널이 도착하기를 기다렸다가 직접 검안해야 합니다. 그리고 살인 사건이 일어난 시일, 손과 발 중 무엇으로 구타했는지, 범행에 사용한 도구, 시체의 상처, 범인과 증인을 처음 검안 보고서에 모두 기록해야 합니다. 마음속의 진실한 생각을 숨김없이 다 밝힌 뒤에야 상급 관사에 보고하는 결론을 적되, 보좌관에게 대신 쓰게 해서는 안 됩니다.

2차 검안을 행할 경우에도 시체를 직접 검안하여 전에 검안할 때의 오작이 잘못을 저지르지 않았는지 결정해야 합니다. 그러면 사람을 죽인 자가 목숨으로 보상하게 되어 황천에 있는 사람은 눈을 감을 수 있을 것이고, 허위로 고소한 자가 남을 함부로 고소하는 일이 없어져서 폐석肺石 옆의 서 있는 자리가 비어 있을 것이며, 상급 관사의 법관을 보좌하여 상세히 살핀 덕은 선량한 백성이 영원히 도움을 받을 것입니다.

○ 용어 해설

직職은 자신을 가리키는 말이다.

'시체를 담은 널이 도착하기를 기다렸다가 직접 검안해야 한다.'라는 말은 중국의 풍속은 먼 지역에 있는 시체를 옮겨 와서 고을로 들여보내 관아의 검안을 요청하기 때문에 널이 도착하기를 기다리는 것이다.

상단詳斷은 검안 보고서의 최종 결론으로, 우리나라의 검안 보고서의 발사跋詞[78]와 같다.

가수假手는 검안 보고서의 최종 결론을 다른 사람의 손을 빌려 대신 짓게 하는 것을 말한다.

중행간시重行簡時는 2차 검안을 말한다.

폐석肺石은 《주례周禮》의 법이다. 《주례》〈추관秋官·대사구大司寇〉에서 말하였

---

78 발사跋詞: 신하가 임금에게 보고하는 문서 및 하급 관사가 상급 관사에 보고하는 문서의 말미에 보고자의 최종적인 견해를 적은 것이다.

다. '호소할 곳 없는 곤궁한 백성의 의사를 폐석으로 전달한다.【붉은색 돌이다.】형제가 없거나 자식이 없는 백성으로서 의사를 전달할 수 없는 백성이 폐석에 3일 동안 서 있으면 조정의 관원이 그의 말을 들어서 고한다.' 폐석의 옆에 서 있는 사람이 없어 비어 있다면 원통한 백성이 없다는 것을 알 수 있다.

상대上臺는 상급 관사의 법을 집행하는 신하이다.

가사嘉師는 선량한 백성을 말한다.【《서경書經》〈여형呂刑〉에 나온다.】

6. 살인 사건에 대한 우통의 약속 조항
* 남에게 죄를 덮어씌우는 것을 금지하기로 약속하다

○ 첫째, 죄를 남에게 덮어씌우는 것을 금지한다.

삶을 좋아하고 죽음을 싫어하는 것은 일반적인 사람들의 심정이고, 곤경에 빠져 스스로 목을 매어 죽는 것은 하찮은 사내들의 소심함이다. 우연한 계기로 생긴 작은 분노 때문에 걸핏하면 목을 매어 죽는 것을 어찌해야 하는가! 죽은 사람이 다시 살아날 수 있겠는가! 그에 따라 남의 시체를 가져오고 무리를 모아서 속박하고 고문하여 부녀자까지 모욕하게 된다. 또 곤장을 쳐야 될 정도로 악랄한 자가 있어 그 안에서 농간을 부려 남을 부추겨 송사를 일으키게 한다. 그리하여 속임수가 난무하고 진실과 허위가 구분되지 않으니, 집안이 바로 파산하게 된다.

관아에 신고하게 되면, 관아의 고루한 풍속 중에는 효포孝布를 지급해 주도록 판결하는 예가 있다. 그러므로 아내는 목을 맨 지아비를 보고도 풀어 주지 않고, 자식은 목을 맨 아버지를 보고도 구원하지 않는다. 어떻게 할 수 없을 정도로 가난하다 보니 스스로 죽는 한 가지 방법을 생각해 낸다. 그리하여 자신을 죽여서 아내와 자식을 이롭게 하지만, 죽은 사람은 얼마나 어리석은가! 재물을 받을 셈으로 아버지와 형을 버리니,

살아 있는 사람은 얼마나 잔인한가!

앞으로는 스스로 목을 매어 죽은 사람에게 실제로 협박을 당한 진짜 정황이 있을 때에만 장례 비용을 지급하도록 판결하는 관례를 적용한다. 만일 공포를 느낄 정도의 협박을 당한 상황이 없었다면 그가 스스로 목숨을 가볍게 여겨서 죽은 것이니, 남에게 무슨 해를 끼치겠는가! 그런 경우에는 장례 비용을 지급하도록 판결할 수가 전혀 없을 뿐만 아니라 이어서 허위로 고소한 죄로 처벌한다.

○ 용어 해설

도뢰圖賴는 시체를 가지고서 악랄한 짓을 조장하는 것을 가리킨다. 우리나라의 말로, 뇌뢰는 억지臆持라 하고, 백뢰白賴는 생억지生臆持라 하며, 도뢰는 모억지謀臆持라 한다. 《대명률大明律》에는 남에게 죄를 뒤집어씌우면 그 뒤집어씌운 죄로 처벌하는 법이 있으나, 우리나라 사람은 그것이 무슨 죄인지를 모르기 때문에 해당 법률을 적용하지 못한다.

투환投繯은 스스로 목을 매어 죽는 것이다.

차시借屍는 무덤을 파서 남의 시체를 가져오는 것이다.

규당糾黨은 무리를 모아서 떼 지어 간악한 짓을 행하는 것이다.

악곤惡棍은 사납고 악랄하여 곤장을 쳐야 할 사람이다.

강방扛幇은 부추긴다는 뜻으로, 뒤에서 조종하여 사건을 일으키는 것을 말한다.

가선家先은 재산을 말한다.【조상이 남겨 준 재산이다.】

효포孝布는 상복喪服에 사용하는 베이다. 죄를 뒤집어쓴 사람이 뒤집어씌운 사람의 집에 재물을 보내 주는데, 이것을 효포라고 하였다.

'목을 맨 끈을 풀어 주지 않는 것〔不解〕'과 '죽어가는 사람을 구원하지 않는 것〔不救〕'은 그들의 재물을 이롭게 여기기 때문이다.

무료無聊는 가난하여 의지할 곳도 없고 뾰족한 수도 없는 것을 말한다.

일착—著은 이 한 가지 방법만이 재물을 얻을 수 있는 길이라는 말이다.【일착은 본래 바둑에서 바둑돌을 놓는 것을 말한다.】

소매은량燒埋銀兩은 중국의 풍속에 화장火葬과 매장埋葬이 있어서 협박에 의하여 사람을 죽게 한 경우에는 목숨으로 보상하지는 않더라도 장례 비용을 도와주게 하였는데, 이것을 소매은燒埋銀이라 하였다.

가외可畏는 협박한 상황이 실제로 두려움을 느껴 죽음을 선택하기에 충분한 것을 말한다. 만일 그 협박이라는 것이 충분히 공포를 느낄 수 있는 정도가 아니었다면, 관아에서는 돈으로 도와주지 말게 해야 하고, 또 반좌율을 적용해야 한다.

○ 다산의 견해: 우리나라에는 장례 비용을 징수해서 주는 법이 없기 때문에 남에게 죄를 뒤집어씌우는 사건도 적다. 이를 통해서 보면, 중국에서 장례 비용을 징수하는 법은 쇠퇴하고 혼란스러운 말세의 일이라고 할 수 있다. 그 돈을 장례에 쓸 것인가? 원수의 재물로 자기 어버이의 장례를 치르게 해서는 안 된다. 그 돈을 집에 쓸 것인가? 옛날에는 '군자는 상을 당한 것을 계기로 개인의 부를 축적하지 않는다.'[79]라고 하였다. 하물며 어버이가 죽었는데 무슨 명목으로 이익을 삼아 원수인 것도 잊고서 그가 준 재물을 쓰겠는가!

세상을 통치하는 자는 백성에게 도리를 가르쳐야지 이익을 가르쳐서는 안 된다. 중국의 백성이 이러한 풍속에 길들어서 이익으로 유혹하여 살아남았다. 그러므로 남에게 죄를 덮어씌우는 허위 고소가 꼬리를 물고 일어나는 것은 모두 장례 비용을 징수하고 배상 비용을 지급하는 등의 풍속에서 연유한 것으로, 인간의 본성을 파괴하고 세상의 풍속을 오염시켰다. 뒷날의 군자君子들은 중국의 법이라 하여 우리나라에도 모방

---

79 군자는……않는다: 《예기禮記》〈단궁 상檀弓上〉에 나오는 말이다.

하여 시행하려고 생각해서는 안 된다. 《주례》〈지관地官·조인調人〉에 '백성 사이의 원한을 살펴서 화해시킨다.' 하였고, 재물을 징수한다는 법은 없다.【재물을 징수하는 법은 법률로 성립된 것이 아니라 언어로만 이루어진 것이다.】

7. 살인 사건에 대한 정선의 개인적인 건의문
* 남에게 죄를 뒤집어씌우는 것을 엄히 금하다

○ 살인 사건은 천명天命과 관계가 있으니, 허위로 살인죄를 뒤집어씌우는 것은 매우 참혹하다. 아랫사람들이 이를 믿고 마구 악행을 저질러 종이 주인을 위협하고 사나운 소작농이 땅 주인에게 횡포를 부리며 아내와 첩이 남편을 억누른다. 그러다가 만일 뜻밖의 사망 사건이 발생하면, 즉시 향족鄕族은 그 틈을 타 팔을 걷어붙이고 나서며 벼슬아치는 그 사건을 계기로 야욕을 드러낸다. 그리하여 재산을 약탈하고 부녀자를 모욕하며 시체를 묶고서 독약을 쓴 뒤에 뇌물을 요구하면, 자식은 어머니를 충동질하여 죽게 하고 아내는 남편의 화를 돋우어 죽게 한다. 아들이 많은 사람은 자살하고서 남에게 죄를 뒤집어씌울 이유가 없다는 점을 믿고 부잣집을 좋은 먹잇감으로 지목하면, 시체를 파내어 상처를 조작하고 아전과 오작仵作이 집안을 쑥대밭으로 만든다.

가난한 고소인은 이를 수수방관하고 고소를 당한 사람의 부자 친척은 재앙을 만나 처벌을 받는다. 이러한 가지가지의 사건은 이루 다 서술하기가 어렵다. 그런데 세상의 수령들만 혼자 '시체가 있는 장소에 나가서 한 차례 검안을 하기만 하면 충분히 원통한 일을 분별하여 시원하게 해 줄 수 있다.'라고 생각한다. 하지만 벌써 이렇게까지 사람들이 고초를 겪고 재산을 빼앗긴 사실을 누가 알겠는가!

○ 용어 해설

방조放刁는 마구 악행을 저지른다는 말과 같다.【제멋대로 악행을 조장한다는 말이다.】

완전頑佃은 고용된 머슴으로, 농사를 짓는 자이다.

업주業主는 고용된 머슴의 주인이다.

가사家私는 재산을 말한다.

관즙灌汁은 죽은 뒤에 독약을 쓰는 것을 말한다.

남에게 죄를 뒤집어씌우려고 하는 경우에는 자식이 자기 어머니를 충동질하여 어머니의 죽음을 권유하고, 아내가 자기 남편의 화를 돋우어 남편의 죽음을 돕는다. 아들이 많은 집은 가난하고 외로운 사람이 아니라서 본래 자살하고 남에게 죄를 뒤집어씌울 리가 없으므로【자살하고 남에게 죄를 뒤집어씌우는 것은 본래 곤궁한 사람들이 하는 일이다.】 이를 믿고서 스스로 변론한다.

학시소골虐屍燒骨은 시체를 발굴하여 상처를 조작하는 것이다.

답문파옥踏門破屋은 아전과 오작仵作이 야료를 부리는 것이다.

원대冤對는 고소한 사람이다. 아전과 오작이 야료를 부리면 고소한 사람은 수수방관하고, 점차 확대된 화는 고소당한 사람의 친척에게까지 미치니, 집안의 재산을 탕진하는 변고는 수령이 시체를 검안하기 전부터 일어나게 된다.

○ 다산의 견해: 살인 사건이 처음 일어났을 때 수령은 아직 듣지도 못했는데, 아전·포교捕校·오작·종 등은 일찌감치 듣고서는 벌써 신바람이 나서 사방으로 달려 나가 혐의자를 체포한 뒤에야 들어와서 수령에게 아뢴다. 수령이 또 거드름을 피우며 재빨리 시체를 검안하러 나가지 않기 때문에 사건이 일어난 마을은 벌써 집안이 망하자 사람들이 뿔뿔이 흩어지고 마을에 밥 짓는 연기가 끊어져 쓸쓸해졌다는 사실도 모른다.

백성을 다스리는 수령은 평소에 마을에다 방문榜文을 내걸어 공지하기를 '살인 사건이 일어났을 때에는 주범主犯 1명만 해당 마을에 구속할 것이니, 나머지 사람들은 놀라 소란을 떨지 말라.'라고 해야 한다. 또 아전과 포교에게 약속하기를 '살인 사건이 일어났을 때 수령이 나가기 전에 한 사람이라도 먼저 나가면 엄중히 처벌하고 용서하지 않을 것이다.'라고 해야 한다. 이처럼 엄중하게 경계한다면 사건을 처리할 때 제멋대로 행동하게 되지는 않을 것이다.

이러한 폐단을 개혁하지 않으면 사람들에게 자살하는 길을 열어 줄 뿐만 아니라, 게다가 아버지와 자식, 형과 아우가 사망 사건을 이용하여 이익을 취할 셈으로 시체를 매장하지 않고 놓아둔 채 법을 무시한다. 그렇게 하는 이유를 헤아려 보면, 손으로 때려죽이거나 칼로 찔러 죽인 것과 차이가 없다. 이제 그대로 두고 처벌하지 않을 수 없으니, 허위로 신고하면 등급을 올려서 처벌하는 법을 엄격히 적용하기만 하면 된다.

약을 먹고 죽거나 목을 매어 죽거나 물에 투신하여 죽었는데 즉시 스스로 사실을 자백하지 않은 사람은 심문하여 법률대로 적용할 것이다. 친족을 협박하여 죽게 하고서는 남에게 죄를 뒤집어씌울 빌미로 삼은 사람은 명확하게 조사하여 엄중히 처벌할 것이다. 혼란한 틈을 타서 속임수를 쓰고 무분별하게 주리를 튼 자는 엄중히 추궁하여 호령할 것이다. 그렇게 하면 친척들은 사망 사건을 이용하여 이익을 챙기려는 마음이 없어질 것이고 풍속은 남의 재산을 약탈하는 폐해가 없어질 것이니, 안전하게 보호하는 것이 많지 않겠는가!

○ 용어 해설

수명首明은 스스로 자백하는 것이다.

모인冒認은 모몰冒沒과 같은 말로, 분별하지 못한다는 말이다.

협협挾은 곤장을 끼우는 것이다.【우리나라의 주리를 트는 것이다.】

반창搬搶은 그 재산을 빼앗는 것을 말한다.

8. 살인 사건에 대한 증복의 새로운 상주문

* 검골도격檢骨圖格[80]

○ 형부刑部에서 건의하였다.

"안휘 안찰사安徽按察使 증복增福이 아뢴 내용에 따르면 다음과 같습니다. '부패한 시신을 조사할 경우나 시체의 검안이 충실하게 이루어지지 않은 사건을 조사할 경우에는 시체를 검안한 보고서에 의거하지 말고, 전적으로 뼈를 검안하는 법에만 의존하여 신뢰할 수 있는 증거로 삼아야 합니다. 《세원록洗冤錄》제1권 안에 뼈를 검안하는 법이 실려 있기는 하나, 연신골절沿身骨節 1편은 반포되지 않았고 골격정식骨格定式만 있습니다.

1차 검안의 보고서를 살펴보면 남자와 여자는 하체下體의 한 곳만 다를 뿐이라고 하였으나, 검골에서는 남자와 여자는 구별되는 곳이 상당히 있다고 하였습니다. 예를 들면, 남자는 촉루골髑髏骨(두개골)이 8조각이지만 여자는 6조각이고, 남자는 좌우의 늑골肋骨(갈비뼈)이 각각 12조각이지만 여자는 또 각각 14조각이며, 남자는 양쪽 손의 조胱와 양쪽 겸인臁肕(정강이)에 모두 비골髀骨(넓다리뼈)이 있으나 여자는 비골이 없으며, 남자는 미저골尾蛆骨(꼬리뼈)에 9구멍이 있으나 여자는 6구멍 밖에 없으니, 이는 남자와 여자의 골격이 판이하게 다르다는 것을 뜻합니다. 따라서 시체를 검안하는 관원이 검안 보고서를 작성할 때 조금이라도 착오가 있게 되면, 살아 있을 때의 원래 상처 부위와 부합하지 않게 됩니다.

상처는 목숨을 잃게 한 상처와 목숨을 잃게 할 정도는 아닌 상처로 구별되고, 죄는 사형시켜야 할 죄와 사형시켜서는 안 될 죄로 구별됩니다.

---

80 검골도격檢骨圖格:《세원록》의 끝에 첨부된 검골도檢骨圖와 검골격檢骨格을 가리킨다.

삼가 신의 생각으로는 검시 보고서의 뼈를 검안한 기록이 시체를 검안한 기록보다 배나 어렵다고 봅니다. 따라서 뼈를 검안하는 데 대한 그림과 격식을 반포하여 기준을 정해 놓지 않으면 검안하는 관원들이 끝내 애매모호한 의견을 제시하게 되고 서리와 오작作作이 만드는 폐해도 면할 수가 없습니다. 사람 신체의 골절骨節을 가지고 검골도격을 정한 뒤에 양식을 간행하여 직접 관할하는 지역과 각 성省에 반포하소서.【이상과 같은 내용 등이다.】

검안 보고서를 살펴보니, 뼈를 검안한 것에 대해서는 상처가 있는지 없는지 및 상처가 드러나 있는지 숨겨져 있는지에 대한 분석이 애매모호하니, 당연히 갑절로 신중히 행하여 규정을 준수하고 있음을 밝혀야 합니다. 신들이 검골도격을 이어서 편찬하여 《세원록》의 〈시격屍格〉 뒤에 포함시키려고 합니다. 이를 영구히 준행한다면 뼈를 검안하는 법에 매우 도움이 될 것입니다.

○ 용어 해설

'여자는 비골髀骨이 없다.'라고 한 것은 팔의 기능을 도와주는 비골을 말한 것이지【비裨는 '도와준다.〔輔〕'라는 의미이다.】 어깻죽지와 넓적다리의 비골을 말한 것은 아니다.

○ 다산의 견해: 의서醫書에 이르기를 '천령개天靈蓋(마루뼈)는 남자의 경우 세 갈래로 꿰매져 있고 여자는 십十 자 모양으로 꿰매져 있다.' 하였으니,【천령개는 두정골頭頂骨을 말한다.】 이것이 또 남자와 여자가 다른 점이다. 또 여자의 음부陰部 위에는 별도로 수비골羞秘骨이 있다.【《대명률大明律》의 주에 나온다.】

○ 다산의 견해: 의서에 이르기를 '침골枕骨(뒷머리뼈)의 모양은 사람마다 각각 달라서, 품品 자처럼 생긴 경우도 있고, 산山 자처럼 생긴 경우도 있으며, 천川 자처럼 생긴 경우도 있고, 둥글고 뾰족하게 생긴 경우도 있으며, 초승달처럼 생긴 경우도 있고, 반달처럼 생긴 경우도 있으며, 달걀처럼 생긴 경우도 있다.' 하였다.

또 안휘 안찰사가 다음과 같이 아뢰었습니다. '급소急所 또는 목숨과 관계되는 부위에 상처를 입은 곳의 살갗과 살이 삭아 없어졌을 경우에는 모두 검안할 수 있는 뼈가 있는 곳에 해당합니다. 다만 손가락으로 목구멍을 파헤쳐서 죽인 경우에는 당사자가 살아 있을 당시라도 숨길의 빈곳에 손가락으로 파헤쳐지는 상처를 입은 것이 실질적인 사망의 단서가 되지 못합니다. 그러니 목구멍 뼈의 살갗과 살이 삭아 없어진 뒤에는 어떤 뼈를 검안해야 합니까? 또 스스로 목을 찔러 죽은 경우와 남에게 살해된 뒤에 스스로 목을 찔러 죽은 것처럼 가장한 경우에는 시간이 오래 지나 시체가 부패한 뒤에 그 뼈의 색깔을 또 어떻게 분별하여 검안해야 합니까?

이러한 것들은 모두 예전에 처리했던 각 성省의 검안 중 의문점이 있는 검안 보고서를 하나하나 자세하게 검사한 뒤에 《세원록》 안에 수록되어 있지 않은 것이 있으면, 이어서 편찬하여 《세원록》 안에 포함시키고 직접 관할하는 지역과 각 성에 반포하소서.【이상과 같은 내용 등이다.】

《세원록》〈의난잡설疑難雜說〉의 조항을 살펴보면 다음과 같은 내용이 실려 있습니다. '사람이 죽은 뒤 시일이 오래 지나 시체가 부패하여 증거로 삼을 만한 흔적이 없을 경우에는 정수리뼈 하나만 검안하면 된다. 그럴 경우에는 반드시 머리뼈의 봉합된 곳 이외 부분에서 약간을 깨끗이 떼내어 보아 그 뼈의 색깔이 옅은 홍색을 띠거나 약간 청색을 띠는 것은 모두 숨을 쉬지 못하도록 틀어막아 기氣와 혈血이 위로 솟구친 탓에 생긴 것이다. 그러니 이 뼈만 검안하면 사망 원인이 밝혀진다.【이상과 같은 내용 등이다.】

이 조항은 숨을 쉬지 못하도록 틀어막아 기와 혈이 위로 솟구쳐서 죽게 된 경우에는 반드시 정수리뼈 하나를 검안해야 한다고 한 것입니다. 지금 안휘 안찰사가 말한 '기도가 손가락으로 파헤쳐진 경우'가 '숨을 쉬지 못하도록 틀어막아 기와 혈이 위로 솟구쳐서 죽게 된 경우'의 조항과 서로 딱 부합됩니다.

○ 2차 검안의 보고서는 담당 관리가 조사하여 알아낸 것이 아니라 유족과 이웃 증인이 신고한 내용으로 작성된 것입니다. 저희 형부刑部가 처리했던 검골檢骨에 관한 보고서를 살펴보니, 그중 복건성福建省의 종우자鍾牛仔가 재산을 차지할 셈으로 주장음周長吟의 목구멍을 찔러 죽게 한 경우는 시체를 검안할 때 목구멍의 연골軟骨에서 검안할 상처를 찾을 수 없었고, 범행에 사용한 칼과 훔쳐 간 부채가 나왔기 때문에 종우자가 범행을 숨길 수 없었습니다.

또 섬서성陝西省의 소첨수蘇添受가 소학룡蘇學龍과 소학호蘇學虎 두 사람을 죽인 뒤 시체를 태워 증거를 없애고 강물이 불어난 틈을 타서 시체의 뼈를 꺼내어 남김없이 물속에 가라앉힌 경우에는 소첨수와 함께 구타한 연사烟四 등을 잡아오고 보고서가 도착한 뒤 증인의 진술이 확실하여 마침내 죄명을 확정하여 판결하였습니다.

이상의 사건은 검안할 수 있는 상처가 없는 경우 및 근거로 삼을 만한 시체의 뼈가 전혀 없는 경우의 사건입니다. 승심관承審官이 세심하게 조사하면 본래 신뢰할 만한 범죄의 증거가 있기 때문에 법률을 잘못 적용할까 우려할 필요는 없습니다. 따라서 원래 썩은 뼈에만 전적으로 의거

하여 신뢰할 만한 증거로 삼은 적이 없습니다."【건륭乾隆 35년(1770, 영조 46)의 일이다.】

○ 용어 해설

위의 단락은 부패한 시체는 정수리뼈만 검안해야 한다는 말이다.

아래의 단락은 부패한 시체는 증인과 증거에 의거해야지 뼈를 검안하는 것에만 전적으로 의지해서는 안 된다는 말이다.

비
상
준
초

✤

2

1. 목을 졸라 죽인 사건에 대한 모제가의 보고서

* 아내를 죽이고 죄를 남에게 덮어씌우다

○ 심리한 결과는 다음과 같습니다.

서성룡徐成龍이 기회를 틈타 계획적으로 아내를 죽이고 남에게 살인죄를 덮어씌운 사건은 사실상 그가 매우 어리석어서 스스로 법의 그물에 뛰어든 것입니다. 처음에는 진전陳典 등이 상급 관사에 '장광전張光前이 사람을 때려죽였습니다.'라고 신고하여 재가를 받았습니다. 그러나 제가 조사해 본 결과 진전은 결코 서성룡의 집에 간 적이 없고, 고을의 차인差人인 장광전도 결코 서성룡의 아내와 한 차례도 만난 적이 없으니, 장광전이 서성룡의 아내를 때려죽였다는 것은 사실이 아니었습니다. 그래서 그들에게 각각 형장刑杖을 칠 것을 청하는 내용으로 의견을 갖추어 보고하였습니다. 그러자 상급 관사로부터 '서성룡이 시체를 옮겨 놓고 소송을 제기하였으니, 그러한 풍속을 조장助長하게 할 수 없다.'라는 논박을 받았습니다.

상급 관사에서 마치 속을 들여다보듯이 환히 살펴 주었으므로, 다시 구속하여 재차 신문하였는데, 갑자기 '구타를 당해 죽은 것이 아니라 목을 매어 죽었습니다.'라고 진술을 모두 바꾸었습니다. 만약 참으로 목을 매어 죽은 사건이었다면, 이전에 재차 삼차 자세히 추궁할 때 증인인 서개기徐開基 등이 어찌하여 목을 맸다는 말 한마디를 전혀 언급하지 않았단 말입니까! 이웃과 증인들로부터 서성룡의 아내가 목을 매어 죽었다는 진술을 받은 뒤에야 시체를 검안하려고 하였으나 그들은 모두 그러한 내용으로 진술하려 하지 않았고, 목을 매어 죽었다고 진술한 사람은 이옥李玉 한 사람뿐이었습니다.

○ 용어 해설

서성룡은 주범이다.

진전은 이갑里甲[81] 따위인 듯하다.

장광전은 고소를 당한 사람이다.

서개기와 이옥은 부화뇌동한 사람이다.

진전이 '장광전이 사람을 때려죽였습니다.'라고 상급 관사에 고소한 것이다.【상급 관사에 직접 고발하는 제도는 우리나라의 법과 다르다.】

몽비蒙批는 우리나라의 '재가를 받다.'라는 말과 같다.

직職은 자신을 일컫는 말이다.

심審은 조사한다는 말과 같다. 그 실상을 조사해 보니, 진전은 서성룡의 집에 가지도 않았는데 망령되이 고소한 것이며, 장광전은 서성룡의 아내를 보지도 못했는데 느닷없이 허위 고소를 당한 것이다. 그래서 앞서 보고할 때 그러한 사실을 말했던 것이다.

의장擬杖은 우리나라의 '형장을 칠 것을 청한다.'라는 말과 같다.

구상具詳은 우리나라의 '의견을 갖추어 보고한다.'라는 말과 같다.

몽헌박蒙憲駁은 상급 관사의 논박을 받은 것이다.

다시 구속하여 재차 신문한 것은 상급 관사의 명령에 따른 것이다.

액사縊死는 스스로 목을 매어 죽은 것을 말한다.

지증知證은 증인과 같다.

'이웃과 증인들로부터 진술을 받은 뒤에야 검안하려고 하였다.'라는 것은 '가까운 이웃과 증인들로부터 그 부인이 정말 스스로 목을 매어 죽은 정황에 대해 진

---

81 이갑里甲: 중국 명明나라 때 지방의 최하위 통치 조직의 하나로, 이장里長과 갑장甲長을 아울러 가리킨다. 110호戶를 1리里로 삼고 1명의 이장을 두었으며, 110호 중에서 1인당 세금을 많이 내는 사람 10명을 골라서 갑장을 삼고 10호씩을 1갑甲으로 조직하여 갑장이 1개의 갑을 책임지도록 하였다.

술을 받은 뒤에야 시체를 검안하려고 하였다.'라는 말이니, 우리나라에서 시체를 검안하기 전에 진술을 바치게 하는 것과 같다.

'여러 사람이 모두 진술하려 하지 않았다.'라는 것은 '시체의 상처를 검안한 결과 스스로 목을 매어 죽은 상처가 아닐 경우에는 허위로 진술한 죄를 짓게 될까 우려하였기 때문에 진술하려 하지 않았던 것이고, 흉악한 이옥만 유일하게 감히 진술하였던 것이다.'라는 말이다.

제가 즉시 상급 관사에 보고하고서 직접 시체를 검안하였으나, 목숨을 잃게 할 정도의 상처 등이 결코 없었습니다. 그리고 목에 난 끈으로 맸던 상처는 앞뒤로 귀 뒤까지 단단히 졸라맨 흔적이 있었고 더욱이 스스로 목을 맨 흔적은 없었으니, 확실히 남에게 목이 졸려 죽임을 당한 것이지 스스로 목을 매어 죽은 것은 아닙니다.

조사해 본 결과 서성룡의 아내 유씨劉氏가 7월 1일에 죽어 대서大暑를 지나 대한大寒이 되는 지금까지 아직도 염습殮襲하여 입관入棺하지 않았는데도 그 시체가 여전히 부패하지 않았으니, 아마도 원통한 혼백이 사실이 밝혀지기를 기다리기 때문일 것입니다.

검안을 마치고서 즉시 심문하였더니, 서개기는 이르기를 '검안을 거쳤으니 공의 판결을 따르겠습니다.' 하였고, 이옥은 진술을 바꾸어 이르기를 '서성룡으로부터 「아내가 지혜롭지 못하다.」라거나 「잡아서 죽였다.」라는 등의 말을 들었습니다.' 하였습니다.

그래서 서성룡을 신문하니, 그제야 다음과 같이 진술하였습니다. '아내 유씨는 원래 재가再嫁한 사람으로, 재가하기 전에 관아에 있는 사람과 간통하는 죄를 지었는데, 제가 시골에 살고 있었기 때문에 그러한 사실을 모르고 잘못 장가를 들었습니다. 저 스스로 「나는 관아의 관리로서 집안도 괜찮은데, 다른 사람들에게 비웃음거리가 되는 것이 부끄럽다.」라고 생각하였으나, 없애려고 해도 방법이 없었습니다. 그러다가 마침내 기회를 틈타 고을의 차인인 장광전과 서로 힐난하고 그가 떠나간 뒤에 문을 닫고 목을 졸라 아내를 죽였습니다. 그러고는 시체를 널빤지로 세운 울타리 사이에 매달아 놓고 스스로 창을 통해 넘어 들어가서 서개기의 집으로 달려갔습니다. 서개기의 집을 나와 집으로 돌아가는 도중에는 짐짓 모른 척하여 시체도 옮겨 놓고 살인의 책임도 전가하는 일거양득의 계획으로 삼았습니다.' 그러고서는 머리를 숙이고 죄를 자백하였습니다.

제가 조사해 본 결과 이 사건은 정말 살인 사건이고 또 허위로 고소한 죄에 해당하지도 않아서 살인죄를 적용해야 하는 사건입니다. 이옥이 부화뇌동하여 망령되이 거짓으로 진술한 것은 용서할 수 없는 죄입니다. 서개기가 처음 조사할 때 즉시 정직하게 진술하지 않은 것은 우선 친족을 위하려는 생각에서 숨긴 것이므로 참작할 만한 정상이 있다고 하겠습니다. 장광전·서성룡·진전은 앞에서 밝힌 죄목에 따라 법률을 적용해야 합니다.

○ 용어 해설
상헌詳憲은 우리나라에서 관찰사에게 보고한다는 말과 같다.【중국의 법은 상급 관사에 먼저 보고하고서야 검안을 행한다.】
'목숨을 잃게 할 정도의 상처 등이 결코 없었다.'라는 것은 차인인 장광전이 때려죽인 것이 아니라는 것을 밝힌 것이다.
조흔弔痕은 목을 맨 흔적이다.
늑사勒死는 타인에게 목이 졸려 죽임을 당한 것이다. 스스로 목을 맨 흔적은 귀 뒤를 지나서까지 날 수 없는 법인데, 이번의 경우에는 귀 뒤까지 단단히 졸라맨 흔적이 있었으므로 목이 졸려 죽임을 당한 것임을 안 것이다.【늑靳은 마주 보고

묶은 것이다.】

서개기는 본래 서성룡의 친족이기 때문에 서성룡이 자기 집에 시체를 옮겨 놓은 원한이 있기는 하였으나 즉시 사실대로 말하지 않고, '검안을 거쳤으니 공의 판결을 따를 뿐입니다.'라고만 하였으니, 이는 판결을 인정한 것이고 판결에 의지한 것이기도 하다.

부재不才는 이옥이 '서성룡으로부터 자기 아내가 지혜롭지 못하다는 말을 들었습니다.'라고 한 뜻이다.

집사緝死는 집포緝捕의 집緝처럼 읽으며, 잡아서 죽인다는 말이다. 관아에서 이처럼 진술을 바꾸는 것을 보고서는 흉악한 죄인을 엄히 신문하자 그제야 사실대로 밝힌 것이다.

언소言笑는 비웃는다는 말과 같다.

상양相嚷은 우리나라의 '서로 힐난하다.'라는 말과 같다.

삽병揷屛은 두 집의 사이에 설치한 것으로, 우리나라의 널빤지로 친 울타리를 말한다. 여기에 시체를 매달아 놓고서는 벽의 틈을 통해 넘어가 서개기의 집으로 가서 스스로 목을 매어 걸려 있는 모양처럼 연출하고, 길가로 도로 나와서 짐짓 모른 척한 것이다. 그가 기어이 이 집에다가 시체를 옮겨 놓은 이유는 '아내 유씨가 마침 이 집에 갔다가 고을의 차인인 장광전에게 구타를 당하고 분노와 수치를 견디지 못하여 이처럼 스스로 목을 맨 것이다.'라고 핑계를 대고 서개기에게 증인이 되어 달라고 아울러 부탁하려는 생각에서 나온 것이었다.【시체를 옮기지 않으면, 자기 집에서 죽인 것으로 의심할 수 있기 때문이다.】

직인直認은 죄를 자백한다는 말이다.【죄를 안다는 말과 같다.】

진정인명眞正人命은 진짜 사람을 죽인 사건이라는 말과 같다.

장광전까지도 함께 처벌하려는 것은 서로 힐난한 허물이 있기 때문인 듯하다.

2. 독약을 써서 죽인 사건에 대한 심적길의 보고서

* 남편을 죽이고 남에게 죄를 덮어씌우다

○ 왕양옥王良玉이 정인鄭仁을 구타한 사실은 본래 사람들이 함께 목격한 것입니다. 다만 정인은 실제로는 조사하는 사건인 구타 사건에 의해서 죽은 것이 아니라 조사하는 사건이 아닌 독약 사건에 의해서 죽었고, 원수인 왕양옥의 손에 죽은 것이 아니라 자기 아내 정씨丁氏와 조카 정기鄭奇 및 처남 정호아丁好兒의 손에 죽었습니다.

정씨가 정기와 간통을 하였는데, 정인이 그러한 사실을 의심하여 정씨를 매달아 놓고서 구타하였습니다. 게다가 '정기를 반드시 죽여야 속이 후련하겠다.'라는 말을 하였습니다. 그러자 정기가 이웃 마을로 도피하여 숨어서 오래 지나도록 돌아오지 않았습니다.

어느 날 정인이 잔치 모임에 참석하였다가 좁은 길에서 우연히 원망이 쌓인 사람을 만났는데, 그 사람은 다른 일로 원수가 된 왕양옥이었습니다. 정인과 왕양옥이 서로 치고받고 싸웠는데, 마침 그곳에 함께 있었던 왕양옥의 아우 왕양진王良珍도 주먹을 휘두르며 형을 도와 구타하였습니다. 정인이 마침내 그날 밤에 목숨을 잃었습니다. 이것이 정인의 어머니 왕씨王氏가 이 사건을 살인 사건이라고 고소한 이유입니다.

왕양옥으로서는 스스로 '사람을 죽이면 처벌을 받는 것에 대해서는 국법에 명백히 나타나 있다.'라고만 생각을 하고 정인이 다른 일로 죽었을 것이라고는 절대로 의심하지 않았습니다. 그래서 형제 두 사람이 마침내 고문하지도 않았는데 자발적으로 주범과 종범을 나누고 목숨으로 보상하는 것을 기꺼이 인정하였습니다.

소송을 심리하는 관원으로서는 이러한 상황에서 자연히 목숨으로 보상하는 것 말고 지엽적인 것들을 더 이상 따로 찾지를 않았습니다. 이것이 정씨와 정기의 무리가 한 해가 지나도록 법의 그물에서 빠져나가 문제가 있는데도 드러나지 않을 수 있었던 이유입니다.

○ 용어 해설

왕양옥은 고소를 당한 사람이다.

정기는 죽은 사람의 조카이다.

정호아는 죽은 사람의 처남이다.

구구舅라고 한 것은 처가妻家의 친족을 구라고 하니, 이것은 속칭俗稱이다.【아래에도 이와 같은 호칭이 있다.】

지풍知風은 의심한다는 말과 같다.

조고弔拷는 매달아 놓고 때리는 것이다.

부집赴集은 잔치 모임에 나아가는 것으로, 사회社會[82]와 같은 것이다.

공공控은 고소하는 것이다.

'목숨으로 보상하는 것을 기꺼이 인정하였다.'라는 것은 기꺼운 마음으로 범행을 자백하고 스스로 목숨으로 보상하려고 한다는 말이다.

제가 이 사건을 반복해서 조사하였는데 유독 의문스러운 점이 있었습니다. 정인이 구타를 당한 뒤에도 오히려 혼자 귀가할 수 있었고, 귀가한 뒤에도 오히려 술을 마시고 담배를 피울 수도 있었으니, 대단히 심하게 낭패를 당한 것은 아닌 듯하였습니다. 그렇다면 어떻게 죽을 수 있었으며, 게다가 그처럼 빠르게 죽을 수 있었습니까? 정인이 죽을 때의 목소리에 대해 물어보고 시체의 검안 결과를 기록한 장부에 기록된 얼굴빛을 살펴보니, 목소리에 대해서는 사람들이 이구동성으로 소리를 질렀다

---

82 사회社會: 봄과 가을에 토지의 신에게 제사를 지내는 날의 모임을 가리킨다.

고 증언하였고 얼굴빛은 온몸이 순전히 푸른색이라고 기록되어 있었습니다. 이러한 것으로 보면 그가 약물에 중독되었다는 것을 어찌 의심하겠습니까!

그래서 정인의 집안 사정에 대해 은밀히 수소문해 보고서야 원래 부인의 추문에 관한 말들이 있었다는 사실을 알게 되었습니다. 그리고 정씨의 주변에는 별달리 노비가 없고 남동생 하나만 있는데 이름이 정호아라는 사실도 듣게 되었습니다. 마침내 정호아를 급히 관아로 잡아들인 뒤에 다른 많은 범인들과 격리시켜 엄히 심문하였습니다. 정호아를 속여 왕씨【정인의 어머니이다.】의 구두 진술이라고 하면서 말하기를 '독약을 써서 정인을 죽인 것은 정씨의 짓입니다.' 하고, 또 거짓으로 정씨의 구두 진술이라고 하면서 말하기를, '독약을 써서 죽인 것은 진실이지만, 독약은 정호아의 손에서 나온 것입니다.' 하였습니다.

정호아가 그 말을 듣고서는 마침내 허둥지둥하며 어쩔 줄을 모르더니 급히 변명하였습니다. '이 일은 저와는 확실히 관련이 없는데, 어찌 거짓말을 하는 것입니까!' 이 말은 '내가 이 사건과 관련이 없다면 나 이외에 관련 있는 사람이 있다는 뜻이고, 나에 대해 거짓말을 한다면 남에 대해서는 유리하게 말하는 사람이 있을 것이다.'라는 말입니다. 그래서 약간 고문을 하면서 신문하니, 정기가 화를 입을까 두려워하며 살고 싶어 했다는 사실 및 정씨가 기회를 틈타 독약을 쓴 사실에 대해, 정호아가 가까운 친족이라 어쩔 수 없이 악행을 도와준 일까지 아울러 모두 숨김없이 실토하였습니다.

왕씨를 다시 신문하기를 '왜 독약을 써서 죽인 사실을 숨긴 채 말하지 않고 구타하여 죽였다고 말하였는가?' 하니, 대답하기를 '애당초 저도 독약에 중독되어 죽은 것으로 의심하였습니다. 그러나 왕양옥에 대한 원한이 깊었기 때문에 다른 사람들과 입을 맞추어 똑같이 말을 하고 애써 참으면서 진실을 숨겼습니다. 그렇게 함으로써 왕양옥이 실제 범인들과 잘못을 나누지 못하게 하려고 하였습니다. 그리고 정씨의 약점을 이용하여 돈을 받아 노후를 준비하려고 계획하였습니다. 그래서 속으로 참으면서 말하지 않았으니, 보상해 줄 사람이 없어질까 우려했기 때문입니다.' 하였습니다.

이번 사건을 조사하여 죄를 정한 것이 여기까지 진전된 것은 사실 그동안 귀신이 지시해 주어서이지, 제가 한마디로 판결할 수 있는 것이 아니었습니다. 저 3명의 범인들도 본래 양심이 살아 움직이고 있었기 때문에 모두 머리를 숙여 죄를 인정하고 변명하지 않았습니다. 살인 사건의 중대한 정황이 처음의 조사 결과와 나중의 조사 결과가 달라서 제가 감히 마음대로 판결할 수가 없습니다. 당연히 조사 결과를 갖추어 올리니, 관원을 차출해서 다시 조사하게 하여 이 사건을 판결해 주시기 바랍니다.

○ 용어 해설

시단屍單은 시체의 검안 결과를 보고하는 서류이다.

장획臧獲은 남녀종이다.

질제疾提는 급히 잡아오는 것이다.

여중범격별與衆犯隔別은 여러 범인을 다른 곳에 격리해 두어 서로 말을 들을 수 없게 한 것을 말한다.

도설倒說은 거짓으로 말한다는 말과 같다.

화반탁출和盤托出은 숨겨진 사실까지 아울러 털어놓는 것을 말한다. 마치 큰 소반에 반찬을 벌여 놓고 처음에는 안주 하나, 고기 한 점을 먹게 하다가 마침내는 그 소반까지 아울러 밀어 주면서 모두 먹게 하는 것을 말한다.

교정咬定은 혀를 깨물면서 참는다는 말과 같다.

수수售는 물건을 팔아 대가를 받는다는 뜻이다. 정씨가 죽으면 팔아서 보상받을 당사자가 없어지는 것이다.

삼범三犯은 정씨, 정기, 정호아를 말한다.

전후심이前後審異는 앞서 조사한 결과가 뒤집히는 것을 말한다.

연인해탈連人解奪은 관원을 차출하여 다시 조사하게 해서 이 억울한 사건을 해결해 주기를 청한 것이다.

3. 가짜 살인 사건에 대한 임운명의 보고서
* 시체를 사서 죄를 남에게 덮어씌우다

○ 심리한 결과는 다음과 같습니다.

사응선査應選이 숙부가 살해되었다면서 사승업査承業을 고소하였습니다. 사응선의 숙모인 호씨胡氏가 그에 앞서 고을에 고소하여 남편이 병들어 사망한 것으로 판결을 받았고 그에 대한 서류도 있습니다. 그런데 사응선이 이익을 얻을 수 있는 기회라 생각하고 다시 나서서 시끄럽게 외치면서 자극하여 선동하였습니다. 그러자 그 사건의 증인인 사천의査天意 등 10여 명이 또 한목소리로 사응선의 편을 들면서 사실이 아닐 경우에는 반좌율을 적용해도 좋다는 각서를 쓰겠다고 하였습니다.

따라서 시체의 검안을 상세히 행하여 그 입을 막을 수밖에 없었습니다. 검안을 위해 사응선이 사천의 등과 함께 숙부의 시체가 담긴 관을 메고 오다가 도중에 여관에 투숙하였는데, 여관으로부터 10여 리 떨어진 곳의 냇가에 숙부의 관을 머물러 두었습니다. 그날 밤에 서로 번갈아가면서 왕래하며 간수하였는데, 날이 밝자 시체를 잃어버렸다고 소리를 지르고 사승업이 훔쳐 갔을 것이라고 고소하였습니다.

관은 사응선 등이 메고 오던 것입니다. 그런데 여관에 투숙할 때 무슨 이유에서 10리 밖의 멀리 떨어진 냇가에 머물러 두었단 말입니까? 그날 밤에 '간수하기 위해 서로 번갈아가며 왕래하였습니다.'라고 하였으니, 사승업이 시체를 훔쳐 갔다면 목격한 사람이 어찌 없겠습니까! 이것은 철부지 어린아이조차도 허무맹랑한 말이라는 것을 알 수 있습니다. 그러나 감추어 둔 시체를 찾아내지 못한다면 사응선 등이 끝내 죄를 인정하지 않을 것입니다.

○ 용어 해설

숙명叔命은 숙부가 살해당한 것을 말한다.

사승업은 고소를 당한 사람이다.

이에 앞서 소송의 단서가 있자, 사응선의 숙모가 시체를 검안할까 두려워서 고소장을 제출하여 남편이 병들어 죽었음을 스스로 밝혔다.

거기居奇는 뜻밖의 이익을 차지할 수 있다는 말이다.

효명嘵鳴은 시끄럽게 외치는 것과 같다.

원립願立은 만약 시체를 검안하여 사실이 아니면 반좌율을 적용 받겠다면서 미리 죄를 인정하는 각서를 작성하겠다고 청한 것이다.

조검弔檢은 시체를 검안하는 것과 같다.

관을 메고 돌아간다는 것은 중국의 법에 의하면, 멀리 있는 시체를 검안하기 위해 백성이 시체를 메고서 고을로 옮겨 오는 것을 말한다.

돈관頓棺은 관棺을 머물러 두는 것이다.

제가 은밀히 수소문하는 방법을 잘 알기에 10일 안에 사응선 등이 경작하는 콩밭에서 시체를 찾았습니다. 그에 따라 다시 엄중히 신문하니, 모두 다음과 같이 진술하였습니다. '사응선의 숙부는 사실 병으로 죽었기 때문에 검안할 수 있는 상처가 없었습니다. 그래서 시체를 관에서 꺼내어 가격하여 뼈를 부러뜨리기까지 하였으나, 피멍자국도 없었습니다.

이웃 사람인 사고查高의 아버지가 예전에 구타를 당해 죽었다는 말을 듣고서는 돈 5냥을 주고 시체를 사서 숙부의 시체로 가장하기로 하였습니다. 그런데 사고가 처음에는 허락했다가 나중에는 뉘우치고 철회하였으므로 어떻게 할 방법이 없었습니다. 마침내 본래 숙부의 시체는 은밀히 묻고, 썩은 쇠고기와 돌덩이를 빈 관 안에 채워서 길 중간까지 메고 왔다가 시체를 잃어버렸다고 거짓말을 하고서는 사승업이 훔쳐 갔을 것이라고 고소하였습니다. 이것이 진실입니다.'

거짓 살인 사건을 허위 고소한 경우에는 처벌 수위를 올려서 적용해야 합니다. 하물며 허위 고소한 뒤에 처음에는 시체를 훼손하여 상처를 조작하였고, 이어서 시체를 사서 대신 검안을 받으려고 하였으며, 마지막에는 시체를 숨기고 남에게 죄를 뒤집어씌워 고소하여, 소송하기를 좋아하고 무조건 이기려고 하는 종잡을 수 없는 태도가 갈수록 더욱 기괴한 경우에는 더 말할 것도 없습니다.

원고와 피고 양쪽의 공정한 진술이 한입에서 나온 것처럼 일치하였으니, 사응선은 법률에 따라 참형에 처하겠습니다. 잡범雜犯은 법에 따라 유배하더라도 중대한 범죄 정황에 비하면 적용하는 법이 가벼워서 유감입니다. 사천의 등은 소송을 도와 악행을 조장하였으니, 각각 형장을 쳐서 경계하게 하겠습니다. 사승업 등은 처벌할 만한 죄가 없으니 석방하겠습니다.

○ 용어 해설

식법識法은 은밀히 수소문하는 방법을 아는 것이다.

득시得屍는 쇠고기를 넣은 관을 찾아낸 것이다.

출시박격出屍撲擊은 상처를 조작하는 것이니, 정선鄭瑄이 말했던 '시체를 발굴하여 상처를 조작한다.〔虐屍燒骨〕'라고 한 것[83]이 바로 이러한 사건을 가리킨다. 우리나라에는 이러한 악랄한 풍속이 없다.

취육臭肉은 이미 썩은 고기이다.

석두石頭는 돌덩이와 같다.

영조逞刁는 기분이 내키는 대로 악행을 조장하는 것이다.

면의免議는 법률을 적용할 만한 죄가 없는 것이다.

생석省釋은 무죄로 석방하는 것과 같다.

○ 다산의 견해: 살인 사건은 10명이 함께 모의하였더라도 1명의 목숨으로만 보상하도록 처벌하고 두 사람의 목숨으로 보상하게 하지 않는다. 이번 사응선의 사건은 흉악하기 짝이 없다. 사천의 등 그 일을 도와준 자들을 어찌 잡범으로 처리하여 유배시키기만 하고 그만둘 수 있겠는가! 이 사건은 한 사람은 참형에 처하고 두 사람은 교형絞刑에 처하며 나머지는 모두 얼굴에 자자刺字하여 유배해야 한다.

4. 가짜 살인 사건에 대한 마서도의 보고서
* 시체를 빌려 남에게 죄를 뒤집어씌우다

○ 심리한 결과는 다음과 같습니다.

시춘柴春은 남을 해치려는 음흉한 마음을 품고 승냥이나 이리처럼 사나운 성품을 가진 자로, 주제朱齊와 사이가 약간 틀어지자 대번에 사내아이를 죽인 일로 본 고을에 주제를 고소하였습니다. 이전에 법을 만들

---

83 정선鄭瑄이……것: 백성이 자살하고 남에게 죄를 덮어씌우는 풍속을 금지하는 일에 대해 올린 정선의 건의문 안에 나오는 내용이다. 그 당시 백성이 남에게 죄를 뒤집어씌우기 위해 무덤에서 시체를 파내어 상처를 조작하여 살인 사건으로 고소한다는 것이다.

었는데, 살인 사건으로 고소한 경우에는 반드시 먼저 시체를 여단厲壇[84]으로 떠메 오게 해서 검안하여 사실인 경우에야 고소장을 인정하도록 하였습니다.

시춘이 어떻게 할 방법이 없자, 죽은 조카인 시사나柴舍那의 시체를 빌려다가 옮겨와서 검안을 받았습니다. 소인은 교묘한 잔꾀가 많아 본 고을을 설득력 있는 말로 속이려고 하였던 것입니다. 그러나 그의 생각과는 달리 아이의 시체를 찾던 왕씨王氏가 눈물로 호소하며 그 뒤를 따랐습니다.

가짜 살인 사건으로 남을 허위 고소한 데다 더욱이 시체를 훔쳐 윗사람을 속였으니, 엄중한 벌로 다스려야 할 죄입니다. 그러나 그 사람을 살펴보면 하나의 무지렁이에 불과하니, 이른바 지금의 어리석은 사람으로 속이기만 했을 뿐입니다. 그래서 '시사나의 시체는 제사를 지내고 묘소에 매장하여 자기의 허물을 속죄하도록 하고, 죄인의 목에 계속 칼을 씌워 두고 40대의 판板을 쳐서[85] 서투르게 잔꾀를 부리는 자들의 경계가 되도록 하라.'라고 판결하였습니다.

---

84 여단厲壇: 제사를 받지 못하는 귀신에게 제사를 지내기 위해 세운 제단이다.

85 죄인의……쳐서: 이 부분의 원문 '잉가책사십판仍枷責四十板'에 대해 다산은 아래의 '용어 해설'에서 '가책枷責은 죄수에게 칼을 씌우고 또 형장을 치는 것이다.'라고 하였고, 판板은 죽간竹簡으로 보아 '사십판 四十板은 죽간 40벌을 내리는 것이다.'라고 하였다. 이러한 해석은 의미가 잘 통하지 않을 뿐만 아니라 잘못된 해석이다. 우선 원문의 구두를 '잉가仍枷'와 '책사십판責四十板'으로 끊어야 한다. 가枷는 가호枷號와 같은 말로, 죄인에게 칼을 씌워 대중에게 죄상을 공개하는 것을 가리키며, 죄의 경중에 따라 그 기간을 다르게 적용하였다. 가枷는 마른 나무[乾木]로 만들되 길이는 3자이고, 구멍의 지름은 2자 9치이며, 무게는 25근이었다. 책責은 책타責打와 같은 말로, 죄인을 형구刑具로 치는 것을 가리킨다. 판板은 형구의 일종으로, 대나무 조각인 죽비竹篦로 만들었다. 그 길이는 5자 5치이며, 굵은 부분의 지름은 2치이고 가는 부분의 지름은 1치 5푼이며, 무게는 2근을 넘지 못하였다.《대청회전칙례大清會典則例》〈형부刑部·형제刑制〉. 다산이 판을 죽간이라고 한 것은 죽비의 오류인 것으로 보이나, '용어 해설'에서는 교감 없이 다산의 견해대로 번역하였다.

입법立法은 본 고을에서 백성과 약속한 법을 말한다.

만약 이 보고서와 같이 한다면, 중국에서는 시체를 검안하지 않고도 사건을 판결하는 것이 가능하였다. 중국은 면적이 크기 때문에 멀리 떨어진 지역에서는 국법을 준수할 필요가 없다.

왕씨王氏는 시사나柴舍那의 어머니이다.

가책枷責은 죄수에게 칼을 씌우고 또 형장을 치는 것이다.

판板은 죽간竹簡이다.【번역서에 그렇게 말하였다.】40판은 죽간 40벌을 내리는 것이다.

○ 다산의 견해: 시체를 여단으로 떠메어 오게 하는 법은 처음 보면 엉성한 듯하나, 우리나라의 법에는 검안하는 관리가 시체가 있는 마을로 나가면 그 마을은 드디어 망하고 만다. 아전·포교捕校·차인差人·오작作作 등이 송아지를 끌어가고 솥을 떼어 가며 노적가리를 무너뜨리고 곡식 창고를 부수니, 중국의 한漢나라 때 백성을 잘 다스렸던 공수龔遂나 황패黃霸처럼 지혜로운 사람이라 하더라도 살필 수가 없다. 따라서 시체를 여단으로 떠메어 오게 하는 법은 편리하고 합당한 제도인 듯하니, 대신大臣이 아뢰어 시행한다고 해도 불가할 것이 없겠다. 의문점이 많은 사건의 경우에는 흉악한 범행을 저지른 장소까지도 아울러 자세히 살펴야 하니, 현장에 나가서 검안을 행하기도 하고 현장에 나가서 몸소 살펴보기도 하는 것을 중지해서는 안 된다.

5. 관을 불태운 사건에 대한 안요규의 심리 의견서
* 스스로 목을 매어 죽고 남에게 죄를 뒤집어씌우다

○ 섭명유聶明儒가 군영軍營의 병졸에게 군영의 빚을 갚으라고 독촉을

받을 때에 몸을 숨길 곳이 없었는데 담용광譚龍光의 집에 머무를 수 있게 되었으니, 그야말로 놀란 짐승이 숲으로 뛰어드는 것과 같은 신세였습니다. 따라서 섭명유로서는 은혜는 있어도 원한은 없었다는 것이 분명합니다. 그러나 섭명유는 군영에 진 빚의 원금과 이자를 완전히 다 갚을 수 없었고, 군영의 병졸이 독촉하며 가하는 매질을 견딜 수가 없었습니다. 그래서 담용광의 집에 투숙할 때 각각 살피는 사람이 없는 기회를 틈타 마침내 담용광의 집 뒤에서 기꺼이 목을 매었습니다.

만약 담용광이 섭명유를 죽게 한 사건이라고 한다면, 어찌하여 다른 곳에서 범행을 실행하지 않고 자기 집에서 목숨을 잃게 하였겠습니까! 담용광이 매우 어리석다고 하더라도 뜻밖의 재앙을 스스로 불러올 리가 결코 없습니다. 게다가 가령 담용광이 실제로 섭명유를 죽게 한 사건이라고 한다면, 그가 평소에 섭명유와 원한이 반드시 깊었을 것이니 그를 보기만 해도 멀리 피했을 것입니다. 그리고 섭명유가 매우 어리석다고 하더라도 결코 원수의 집에서 유숙하여 스스로 목숨을 버리지는 않았을 것입니다.

더구나 전에 시체를 검안할 때 스스로 목을 맨 상처가 선명하였으니, 우연히 다른 상처가 있다고 하더라도 군영의 빚을 갚으라고 독촉을 받을 때 생긴 것이지 담용광의 집에 투숙하고 난 뒤에 생긴 상처가 아닙니다. 유족 섭명전聶明傳이 사주를 받아 허위 고소하는 잘못을 저지른 것이 아니라면, 또 어찌하여 처음에는 소송하기를 좋아하였는데 지금은 후회하겠습니까!

○ 용어 해설

색가索價는 군영의 빚을 징수하는 것이다.

각무조관各無照管은 집안사람의 감시가 없는 것이다.

담용광과 섭명유 두 사람이 만약 묵은 원한이 있었다면, 주인으로서는 자기 집에 묵도록 허락했을 리가 없고, 손님으로서는 투숙했을 리가 없다. 그리고 담용광이 섭명유를 죽이려고 했다 하더라도 자기 집에서 죽이지는 않았을 것이기 때문에 섭명유가 스스로 목을 매어 죽었다는 것을 알 수 있다.

섭명유의 관棺은 전임 수령의 두 차례 검안을 거치고 난 뒤에 빈 들판에 머물러 두도록 처리하였고 원래 관리하는 사람이 없었습니다. 어느 때 어떤 사람인지는 모르겠으나 밭을 개간하기 위해 풀을 제거하다가 옛 무덤이 있는 곳 일대를 불태우고 3개의 관을 연이어 훼손시켰습니다. 상급 관사의 위임을 받아 3개의 관을 검안하고서야 섭명유의 관도 불탄 관 안에 포함되어 있다는 사실을 알았습니다.

지보地保(면임面任)의 첩보牒報가 사건 서류에 있으니, 관을 빈 들판에 머물러 둔 것에 대해 유족을 책망하기는 어렵습니다. 지보가 날마다 푸른 연기와 백골 사이에서 잠을 자며 지켰다고 하더라도 관이 불에 탈 것을 미리 생각하여 밭을 개간하기 위해 풀을 태우는 사람들에게 일찌감치 금지할 수도 없었던 일이었습니다.

결론적으로 말을 하면, 섭명유가 살아서는 빚을 진 사람이 되었고 죽어서는 남에게 누를 끼치는 귀신이 되었으니, 끊임없이 소란을 일으켜 화를 끼치는 그를 하늘도 싫어하였으므로 함양咸陽을 불태우던 횃불 하나를 훔쳐서 6월의 서리를 대신하게 한 듯합니다.[86]

---

86 함양咸陽을……듯합니다: '함양을 불태운 횃불 하나'는 항우項羽가 군대를 이끌고 진秦나라의 서울인 함양에 도착하여 궁궐을 불태웠을 때의 횃불을 가리킨다. '6월의 서리'란 억울한 원혼이 있으면 한여름인 오뉴월에도 서리가 내린다는 말에서 유래한 것이다. 여기에서는 섭명유聶明儒의 억울한 사정 때문에 6월에 내린 서리를 함양의 궁궐을 태우던 불씨를 가져다가 녹여 없앴다는 의미로, 섭명유의 관이 불에 탄 것을 희극적으로 표현한 말이다.

○ 용어 해설

전현前縣은 전임 수령을 말한다.

위검委檢은 상급 관사의 위임을 받아 3개의 관을 모두 검안한 것이다.

지보地保는 우리나라의 면임面任과 같다.

정명呈明은 첩보牒報 같다.

지방地方은 지보地保 즉 면임을 말한다.

횃불로 서리를 대신한다는 것은 '죽은 사람은 죽어도 아까울 것이 없고 불살라져도 원통할 것이 없다.'라는 말이니, 이는 익살스런 말이다.

6. 물에 빠져 죽은 사건에 대한 고상의 심리 의견서
* 아이가 물에 빠져 죽자 남에게 죄를 덮어씌우다

○ 심리한 결과는 다음과 같습니다.

호발胡發은 호군필胡君弼의 종으로, 소작인 이준李俊 및 농사꾼 황빈黃賓과 같은 농막에서 살았습니다. 비가 내리고 나서 세 사람이 모두 모내기하러 나간 사이에 세 집의 아이들이 모여 못[池] 안에서 놀다가 이준의 아들이 물에 빠졌습니다. 호발이 아이의 부르짖는 소리를 듣고 재빨리 달려가 껴안았으나 살릴 수가 없었습니다. 이준이 아이의 죽음을 애통하게 여겼지만 허물을 물을 만한 사람이 없자 호발에게 허물을 씌웠습니다. 그래서 아이를 때려죽였다고 호발을 고소하게 되었습니다.

대단히 분노한 상태에서는 세세한 것이 눈에 들어오지 않는 법인데, 어찌 어린아이를 큰 몽둥이로 쳤겠습니까! 더구나 아이를 구타했다는 증거도 없고 아이의 시체를 검안해 보았으나 상처도 없었으며, 많은 사람들이 뚜렷이 목격하였고 모든 사람의 진술에 차이가 없었으니, 호발을 원수로 삼으려고 해도 무슨 죄를 덮어씌우겠습니까! 게다가 아이가 물에 빠져 죽어 물가에 물어볼 수도 없는데, 어찌하여 아이를 구해 주려고 했던 사람을 허위로 고소하기까지 하는 것입니까! 아마도 구해 주려고 했던 사람은 죄가 있다고 여기고 도리어 옆에서 지켜보기만 했던 사람은 공이 있다고 여긴 듯합니다.

재차 삼차 여러 차례 추궁한 뒤에서야 다음과 같은 일이 있었다는 것을 알았습니다. 지난 어느 날 저녁에 이준의 아내와 호발의 아내가 아이의 잘못을 감싸 주는 일로 서로 싸워 마음속에 분노를 쌓아 두게 되었습니다. 그러다가 아이의 죽음을 핑계로 분풀이를 한 것입니다. 결론적으로 말하면, 아이가 물에 빠져 죽은 것은 운명이니, 형세로 볼 때 누구를 원망하겠습니까! 다만 이준은 객지에서 살고 있는 가난한 백성으로서, 아이가 물에 빠져 죽었으나 뼈를 묻어 주기도 어려운 형편입니다. 그러니 우선 호군필이 돈 5천 냥을 내어 이준을 구제해 주도록 판결하였습니다. 땅주인이 소작인을 구제하는 것은 의리 때문이지, 죄 때문이 아닙니다.

○ 용어 해설
전호佃戶도 호군필의 소작인이다.
호아護兒는 아이를 위해 아이의 잘못을 옹호하는 것이다.【우리나라의 방언에 '영나외營那外'라는 것이다.】
발계勃谿는 성이 나서 서로 다투는 것이다.

○ 다산의 견해: 호발은 우물가로 엉금엉금 기어가는 아이를 보고 구하듯이 이준의 아이를 구하려고 했으니, 이는 어진 사람이고, 이준은 사소한 원한을 호발에게 갚으려고 했으니, 이는 간사한 사람이다. 호발이 묵은 원한은 잊어버리고 새로 생긴 급박한 일을 구하려고 했으니, 어진

사람이 아니겠는가! 이준이 새로운 은혜를 무시하고 묵은 감정을 풀려고 했으니, 간사한 사람이 아니겠는가! 그런데 어진 사람은 허위 고소를 당하여 벌금을 내고 간사한 사람은 속임수를 썼는데도 도리어 구제를 받았다. 나로서는 수령 안요규顏堯揆의 판결[87]이 과연 사리에 맞다고 할 수 있는지 모르겠다.

남에게 죄를 덮어씌우는 무리가 매번 장례 비용과 구제 기금을 받는다. 그렇기 때문에 남에게 죄를 덮어씌우는 사건이 시간이 갈수록 많아지니, 이것은 모두 백성을 다스리는 수령들이 통치하는 방법을 모르기 때문이다. 더구나 땅주인은 무슨 죄가 있단 말인가!

7. 병들어 죽은 사건에 대한 장일괴의 심리 의견서
* 도사가 남에게 죄를 뒤집어씌우다

○ 심리한 결과는 다음과 같습니다.

호영수胡榮壽는 일명 화거도사火居道士라고도 부르고 또 음양산인陰陽山人이라고도 부르는 자로서, 입으로는 신선의 도를 읊으면서도 마음으로는 남을 해치려는 생각을 품었으니, 노자老子의 말대로 '도道를 도라고 말할 수 있다면 불변하는 도가 아니다.'라고 하겠습니다.

전에 호영수가 홍여준洪汝遵과 문도門徒를 빼앗으려고 다투었다가 본고을으로부터 처벌을 받았습니다. 그런데 죽은 사람을 위해 기도할 때를

---

87 수령 안요규顏堯揆의 판결: 안요규가 섭명유聶明儒의 자살 사건에 대해 내린 판결을 가리키는 것으로 보인다. 섭명유가 군영軍營의 병졸에게 빚 독촉에 시달리다가 담용광譚龍光의 집으로 피신하였는데, 그의 집에서 목을 매어 자살하였다. 그러자 섭명유의 유족이 담용광을 살인범이라고 고소하였다. 안요규가 사건을 조사하여 자살 사건임을 밝혔으나, 섭명유의 유족을 허위 고소한 혐의로 처벌하지는 않았다.

틈타 다시 문도들을 사주하여 제단祭壇에서 서로 싸우고 제멋대로 마구 구타하여 양쪽에 각각 상처 입은 사람들이 생겼습니다. 그러자 양쪽에서 보고기한保辜期限을 적용해 달라고 조운사漕運司에 요청하였습니다.

그로부터 얼마 지나지 않아 홍여준의 문도인 유건劉乾이 병들어 죽었는데, 홍여준이 끝내 살인 사건으로 고소하였습니다. 조운사에서 장부를 조사해 보았으나 보고기한에 관한 항목 안에는 유건이라는 이름이 결코 없었습니다. 그러니 이른바 살인 사건이라고 할 수 없는 사건까지도 도사道士의 고상한 행위라고 해야겠습니까! 호영수가 만약 유약한 태도로 처신하라는 노자의 가르침을 익혔다면, 홍여준이 어찌 헤아릴 수 없이 허황한 사건의 파문을 일으킬 수 있었겠습니까! 두 사람 모두에게 형장刑杖을 쳐서 다스리는 것은 도道를 해치는 것을 미워하기 때문입니다. 유건의 시체는 홍여준에게 맡겨 스스로 매장하게 하고, 구瞿는 70세이니 진술 없이 죄를 감수하게 하겠습니다.

○ 용어 해설

'도道를 도라고 말할 수 있다면 불변하는 도가 아니다.'라는 말은 노자《도덕경道德經》의 첫 구절이다.

문권門眷은 도사의 제자이니, 불가佛家에서 제자를 다투는 것과 같다.

사당唆黨은 문도를 사주한 것과 같다.

보고保辜는 범인을 구속하여 다친 사람을 치료해 주도록 정한 기간까지 기다리게 해 줄 것을 청하는 것이다.

양쪽이 모두 보고기한을 적용해 달라고 요청한 것은 서로 싸우고 서로 구타했기 때문이다.

양이糧衙는 조운사이다.

조사弔査는 소급해서 조사하는 것과 같다.

조운사에 보고기한에 관한 장부가 있는데, 장부 안에 유건의 이름은 결코 없었다.

보허성步虛聲은 도사가 공중을 걷는 소리이다.

수자守雌는 노자의 가르침으로, 남에게 복종하는 것을 말한다.

착箬은 맡기는 것과 같다.

구瞿는 범죄에 관련된 사람의 이름이다.

면공免供은 진술하지 않고 죄를 감수하게 하는 것이다.

8. 병이 들어 죽은 사건에 대한 이청의 심리 의견서
* 유건儒巾 때문에 남에게 죄를 덮어씌우다

○ 심리한 결과는 다음과 같습니다.

주기매朱其玫와 주기창朱其昌은 같은 집안의 친족으로 형제의 항렬입니다. 앞서 명明나라 천계天啓 연간(1621~1627)에 주기매가 예부禮部에서 급제及第한 선비에게 주는 유건儒巾과 유의儒衣 등을 받고서는 마치 고위 관료가 된 것처럼 영광스럽게 여겼습니다. 그리하여 으스대며 밖에서 들어오는 모습이 마치 자기 아내와 첩에게 거드름을 피우는 것과도 같았습니다.[88] 그러다가 숭정崇禎 4년(1631, 인조 9)에 이르러 주씨朱氏 형제가 마을의 일을 돌아가면서 담당하게 되었는데, 마침 주기창이 관아의 곡물

88　으스대며……같았습니다:《맹자》〈이루 하離婁下〉에 나오는 내용을 인용한 것으로,《맹자》에 나오는 내용은 대략 다음과 같다. 제齊나라의 어떤 사람이 밖에 나갔다가 돌아올 때면 항상 술과 고기를 실컷 먹고 돌아 왔는데, 아내가 누구에게 대접받았는지를 물어보면 고귀한 사람에게 대접받았다고 대답하였다. 하루는 아내가 외출하는 남편을 미행해 보니, 남편이 동쪽 성곽의 무덤 사이에서 제사 지내는 사람을 찾아가서 제사 지내고 남은 음식을 얻어먹고 부족하면 또 다른 사람에게 찾아가서 얻어먹었다. 아내가 집으로 돌아와서 그러한 사실을 첩에게 말하고 실망하여 통곡하였는데, 그러한 사실을 모르는 남편이 으스대며 밖에서 돌아와 아내와 첩에게 거들먹거렸다.

을 갚지 않자 주기매가 그의 이름을 열거해서 관아에 보고하여 독촉해
줄 것을 청하였습니다. 같은 집안끼리 서로 싸우게 된 것은 여기에서 시
작되었습니다.

그로부터 얼마 지나지 않아 주기창이 주기매에게 보복하려는 마음을
품고서는 엉뚱하게 유의와 유건을 가짜라고 지목하여 학궁學宮과 고을
에 고발하니, 유건과 유의를 빼앗아 망가뜨렸습니다. 유건과 유의가 남
아 있다고 하더라도 이는 원숭이에게 모자를 씌운 꼴이었으므로 영광스
러웠던 것도 한계가 있었던 것입니다. 더욱이 가죽옷을 빼앗아가기까지
하였으니, 참으로 모욕을 당한 것이라고 하겠습니다. 그로부터는 마을
사람들이 조롱하였고, 친족들도 비웃었으며, 더욱이 어머니와 아내마저
그를 원망하고 탓하였습니다. 이전에는 의기양양하고 얼굴에 기쁨이 넘
치게 해 주었던 물건이 이제는 체면을 깎아내리고 부끄러움만 끼치는 도
구가 되었으므로, 주기매가 마치 풀을 깎듯이 머리를 깎고 중이 되었습
니다. 일이 여기까지 온 것은 그의 어머니 주씨朱氏가 주기창을 끊임없이
거듭 고발하고, 과거에 급제한 것에 대해 주기창이 욕을 한 일에서부터
시작된 것입니다.

주기매의 아내 왕씨王氏도 시어머니 주씨를 믿고서는 똑같이 무식한
부녀자들처럼 말을 가리지 않고 쏘아붙였습니다. 왕씨가 7월에 주기창
과 말다툼을 하였고 11월에 목숨을 잃었는데 자연적인 죽음입니다. 그
런데 주씨가 주기창을 살인범으로 고소하였고, 주기매가 또 고소하였으
며, 게다가 '즉시 죽었습니다.'라는 말을 하기까지 하였으니, 어찌 그리도
망령된 것입니까! 아! 아내를 잃은 애통한 마음에서 절간으로부터 나왔
으니, 아마도 생전에 웃음거리가 되었던 것을 반전시킬 생각이었던 듯합
니다. 그러나 승려가 되었던 것을 스스로 한탄하고 자신에게 너무도 독
하게 모욕을 주었던 주기창을 소급해서 원망하였지만, 본래 그렇게 해서

는 주기창에 대한 원한을 풀기 어려운 것이었습니다.

주기창은 관아의 곡식을 갚지 않아 불화의 실마리를 열었고, 주기매는 아내의 죽은 정황을 너무도 지나치게 부풀려서 고소하였으니, 분별하여 형장刑杖을 쳐서 경계하도록 하겠습니다.

○ 용어 해설

차건箚巾과 편의匾衣는 과거에 급제한 사람의 복장으로, 예부에서 내려 주었기 때문에 고위 관료가 된 것처럼 영광스럽게 여긴 것이다.

시시施施 이하는《맹자》에 나오는 동쪽 성곽의 무덤 사이에서 술과 고기를 얻어 먹은 일을 인용한 것이다.

윤당이역輪當里役은 주씨 형제가 돌아가면서 마을 안의 일을 맡아 본 것을 말한다.

포량浦糧은 우리나라에서 말하는 환자還上를 납부하지 않은 것이다.

개명정독開名呈督은 이름을 열거하여 관아에 문서를 올려 독촉할 것을 요청했다는 말이다.

편의와 차건은 본래 예부에서 내려 주는 것인데, 주기창이 가짜라고 지목하여 학궁에 고발하고 고을 관아에 고발하여 빼앗아 훼손하기에 이른 것이다.

수首는 고발한다는 뜻이다.

치褫는 빼앗는다는 뜻이다.

체발剃髮은 주기매가 수치와 분노를 견디지 못하여 머리를 깎고 중이 된 것이다.

자음불택雌音不擇은 무식한 부녀자가 말을 가리지 않고 내뱉는다는 말이다.

각구角口는 서로 말다툼하는 것을 말한다.

자무두로自撫頭顱는 머리를 깎고 중이 된 것을 스스로 한탄한다는 말이다.

설체태독齧體太毒은 유건과 유의를 빼앗아 망가뜨렸다는 말이다.

고정태과告情太過는 자연히 죽은 것을 남에게 죽임을 당했다고 했다는 말이다.

○ 다산의 견해: 예부에서 내려 준 것을 가짜라고 지목하였으니, 주기창은 재앙의 근원이다. 사소한 분노를 격렬히 표출하여 신체를 훼손하였으니, 주기매도 망령된 사람이다. 이 사건은 남에게 죄를 덮어씌운 사건이기는 하지만 흉악한 정황이 없으니, 양쪽을 징계하는 것이 본래 당연하다.

9. 스스로 목을 매어 죽은 사건에 대한 모갱남의 심리 의견서

* 아내를 학대하여 자살하게 하다

○ 사람의 목숨을 하찮게 여기고 인간의 도리를 무너뜨린 사건으로는 진병陳丙이 아내를 죽인 사건보다 더한 것이 없습니다. 진병이 어린 여자를 탐내는 버릇을 고치지 않았는데, 전처가 죽어 혼자가 되었으나 재혼하지 않았습니다. 그러다가 과부로 살던 정씨鄭氏를 엿보고서는 아름다운 용모를 사모하여 장가를 가려고 생각하였으나 정씨가 허락하지 않았습니다. 미치광이 같은 진병이 아침저녁으로 탐을 내고 꾀를 내어 기어이 차지하고야 말려고 생각하였습니다. 또 정씨의 어린 아들을 돌보아 주기로 기꺼이 약속하였고, 많은 사람들의 의견에 따라 예물禮物을 돌려주어 정씨의 3살 된 아들의 양육비로 쓰게 하였습니다.

그러나 부인을 속여 정절貞節을 무너뜨리고 정씨가 시집온 뒤에 아이를 만나지 못하게 할 줄을 어찌 생각하였겠습니까! 더욱이 재가한 것을 나무라고 걸핏하면 모욕하였으며, 조금만 비위에 맞지 않으면 곧바로 관아의 형벌인 채찍을 사사로이 사용하여 잠방이를 벗기고 심하게 때렸습니다. 어느 해 어느 달 어느 날에 마침 진병이 납부의 책임을 맡은 관리로서 동구東甌로 나갔으므로, 정씨가 몰래 아들을 불러 하룻밤 재웠습니다. 그런데 뜻하지 않게 진병이 갑자기 돌아와서 보고는 성을 내고 아이를 쫓아 버렸습니다. 그로부터 하루도 빠짐없이 몽둥이로 치고 주먹으로 때렸으며, 심지어 대나무로 때리는 것은 가볍다고 하여 쇠자[鐵尺]로 바꾸었습니다. 진병이 창과 문을 모두 걸어 잠그고 때렸기 때문에 말리려는 사람이 들어가려고 해도 들어갈 문이 없었습니다. 정씨가 온몸에 상처를 입고 극심한 고통을 견디기 어려워 마침내 어느 날 스스로 목을 매어 죽었습니다.

아! 남편과 아내의 사이는 인간이 정한 도리이지만, 어머니와 아들의 관계는 하늘이 부여한 본성입니다. 그런데 아침에 어머니를 맞아들이고 저물녘에 아들을 내쫓았으니, 어머니와 자식의 정을 어떻게 감당하겠습니까! 정씨가 기회를 엿본 지 1년 남짓 만에야 아들의 얼굴을 한 차례 볼 수 있게 되었으니, 그때 정씨의 마음은 송아지를 핥는 어미 소처럼 몹시 가여웠을 것이며 새끼 잃은 원숭이마냥 몹시 애가 탔을 것입니다. 비통한 심정으로 어린 자식을 껴안고 젖 한번 물리고서 차마 돌려보내지 못하고 그대로 머무르게 하였다고 해서 마침내 살이 문드러지고 뼈가 부서져 가루가 될 줄을 어찌 생각하였겠습니까! 정씨가 살아서는 살갗이 온전한 날이 며칠도 되지 않았고 죽어서는 천년의 원통한 귀신이 되었습니다.

○ 용어 해설

방초訪草는 어린 여자를 찾아다닌다는 말이다.

광차狂且는 미치광이처럼 난동을 부리는 사람이라는 말이다.

남婪은 탐내는 것이다.

감인甘認은 기꺼운 마음으로 서약한다는 말이다.

상저相詆는 정절을 잃었다고 나무란다는 말이다.

책責은 때리는 것이다.

치경雉經은 스스로 목을 매어 죽는 것이다.

아! 슬픕니다. 정씨가 본래 자기 몸을 버리면서까지 자식을 살리려고 하였는데, 이제 도리어 자식 때문에 자기 목숨을 잃었습니다. 정씨가 죽어서 알지 못한다면 그만이지만 죽어서도 알 수 있다면, 피가 흐르고 살이 터지고 손가락이 잘리고 늑골이 부러진 몸으로 어찌 흉악한 진병을 위해 조금이라도 관대하게 보복하려고 하겠습니까!

진병으로 말하면, 재력을 내세워 스스로 우쭐한 것에 불과한 자로, '아내를 죽이더라도 거리낄 것이 없다. 더구나 아내가 목을 매어 죽었으니 법망을 요행히 빠져나갈 수 있다.'라고 그릇된 생각을 가졌습니다. 그러나 정씨가 스스로 목을 매어 죽었지만 실제로는 진병에게 맞아서 죽은 것이며, 목을 맨 것이 본래 사망 원인이기는 하지만 목을 매지 않았더라도 죽었을 것임을 진병이 알지 못했습니다.

이제 시체를 검안한 결과 두개골, 양쪽 이마, 양쪽 태양혈太陽穴, 가슴팍, 늑골 등의 여러 상처가 모두 쇠자로 맞아서 생긴 것이니, 어찌 하나같이 목을 매어 생긴 상처를 잘못 검안한 것이라고 하겠습니까! 게다가 검안할 때 많은 사람들이 일제히 하늘의 이치를 따라야 한다고 외쳤으니, 그가 평소에 쌓은 죄를 조사하면 이루 다 셀 수가 없습니다. 고을에서 조사한 12조목은 증거가 있는 것에 대해서만 말한 것일 뿐이고, 어느 정도까지 사나운 학대를 했는지에 대해서는 충분히 조사하지 못했습니다. 온 나라 사람들이 모두 죽여도 된다고 하였으니, 진병을 죽이는 것에 대해 의심할 것이 무엇이 있겠습니까! 빨리 죽이지 않을까 걱정할 따름입니다.

○ 용어 해설

12조목은 모두 진병陳丙이 아내를 학대한 조목이다.

○ 다산의 견해: 우리나라에서 이러한 사건이 일어났다면, 어떻게 처리할 것인가? 실제 사망 원인은 '스스로 목을 매어 사망하게 됨'이라 기록하고, 진병에 대해서는 '고소를 당한 사람'이라고 주註를 다는 것이 법이다. 그러나 진병이 앞서 아내를 구타하여 상처를 입힌 곳은 모두 반드시 죽는 부위이거나 빨리 죽을 수 있는 부위인 데다 더욱이 사용했던 흉기가 쇠자였으니, 진병에게는 사형죄를 적용해야 한다.

가령 어떤 사람이 다른 사람에게 구타를 당하여 거의 죽을 정도로 심한 상처를 뚜렷이 입고서 달아났다가 지레 스스로 못에 투신하였다면, 실제 사망 원인은 '물에 떨어져 죽음'이라 기록하고 죄인은 '고소를 당한 사람'이라고 기록하나, 그 죄인에 대해 사형죄를 적용한다는 점은 변함이 없다.

또 만일 어떤 사람이 새로 심한 상처를 입어 숨이 막 끊어질 듯하고 그러한 사실에 대해 이웃의 증언이 확실하였는데 갑자기 불이 나서 불에 타서 죽게 되었다면, 실제 사망 원인은 '불에 타서 죽음'이라 기록하고 죄인은 '고소를 당한 사람'이라고 기록하나, 그 죄인에 대해 사형죄를 적용한다는 점은 변함이 없다.

이것이 법례法例이니, 살인 사건을 심리하는 관원은 이 점을 알아 두어야 한다.

10. 자살 사건에 대한 왕사운의 심리 의견서
* 쫓겨난 아내가 스스로 죽다

○ 심리한 결과는 다음과 같습니다.

추씨鄒氏가 사로잡혔다가 속전贖錢을 내고 돌아와서 지금까지 14년이 흘렀습니다. 왕창王廠이 아내를 받아들이지 않은 것은 너무도 지나치게 아내의 도리를 따지는 태도에서 비롯된 것으로, 아내가 난리를 만나 정절貞節을 잃게 된 점을 고려하여 용서하는 말이 조금도 없었습니다. 그리하여 추씨 형제가 왕창을 기꺼이 죽이려는 마음을 갖게 하였을 뿐만 아니라 왕창의 어머니까지도 기꺼이 죽이려는 마음을 갖게 하였습니다. 추장주鄒章周 형제가 왕창을 단호하게 적대시한 것은 너무도 지나치게 현실을 인정하지 않는 태도에서 비롯된 것으로, 동기인 누나가 사로잡혔다가 돌아왔다는 점을 고려하여 마음을 억제하려는 생각이 조금도 없었습니다. 그리하여 왕창이 누나를 아내로 삼지 않았을 뿐만 아니라 그의 아들까지도 어머니로 여기지 않았습니다.

10여 년의 시간이 흐르는 동안에 사법기관과 고을 관아를 거치면서 낱낱이 심리하여 사건을 마무리하였습니다. 따라서 왕창으로서는 내쫓았던 아내를 별실別室에 거처하게 하고 아들 왕기아王祁兒를 시켜 어머니가 살아 있는 동안에는 봉양하고 죽으면 장례를 치르는 일을 맡게 해야 합니다. 그렇게 되면 추씨는 왕창의 아내가 되지는 못하지만 그래도 왕기아의 어머니는 될 수가 있습니다. 그런 뒤에 왕창이 따로 아내를 얻어 자기 어버이를 섬기게 하고 자기 자손까지 아울러 양육하게 한다면, 이것도 난리가 일어난 뒤 상황에 맞게 처리하는 방도라고 할 수 있습니다. 그런데 어찌하여 친정으로 돌려보내 왕래를 못하게 금지하였습니까? 그리하여 후처後妻인 이씨李氏와 재혼하는 자리에 갑자기 오게 되었으니, 그 자리에 참석했던 사람들은 원수가 그렇게 꾸민 일이라고 여겼을 것입니다.

추장주로서는 누나가 사로잡혔다가 돌아온 혐의가 있는 데다 또 시어머니를 때린 사건까지 있었다는 것을 스스로 알고 있었습니다. 따라서 완곡한 말로 왕창을 설득하여 자기 누나를 별실에서 홀로 지내면서 일생을 마치게 하였다면, 그것도 불행 중 다행인 것입니다. 그런데 어찌하여 왕창이 재혼하는 날에 14년 동안 얼굴도 보지 않던 쫓겨 난 누나를 왕창의 집으로 돌려보내 눈엣가시가 되게 하려고 한 것입니까? 그러니 '말썽의 꼬투리를 일부러 만들어 낸 것은 아니다.'라고 말을 해도 그 누가 믿겠습니까!

추씨로서는 쫓겨났어도 쫓겨난 것이 되지 않았고 돌아왔어도 실제로 돌아온 것이 되지 않았습니다. 그리하여 추씨가 두대杜大의 시골집에 따로 거처한 지 열흘이 되었으나, 남편의 집에서는 어떻게 결말을 지을지 친정에서는 어떻게 조정할 것인지 아직 알지 못하는 상태가 되었습니다. 추씨는 병이 많은 몸으로 이처럼 몹시 감당하기 어려운 일을 당하여, 남편은 자기를 아내로 인정하지 않고 아들은 자기를 어머니로 인정하지 않는 데다 더욱이 새로 아름다운 후처를 맞아들였다는 소식을 듣기까지 하였으니, 그런 상황에서 가슴을 치고 발을 구르지 않는 자가 있다면 본심이 아닐 것입니다. 그러니 추씨가 자살하여 세상과 이별한 것을 누가 뜻밖의 일이라고 하겠습니까!

○ 용어 해설
복수覆水는 〈백두음白頭吟〉[89]의 구절을 인용한 것이다.
포자胞姉는 동기인 누나이다.
기처岐處는 따로 거처하는 것이다.

---

89 백두음白頭吟: 탁문군卓文君이 지은 악부시樂府詩이다. 사마상여司馬相如가 무릉茂陵의 여자를 첩으로 삼으려고 하자 탁문군이 〈백두음〉을 지어 절교하니, 사마상여가 단념하였다.

○ 다산의 견해: 사로잡혀 정절을 지키지 못한 아내와 다시 부부로 지내지 않은 사실을 허물하여 '너무도 지나치게 아내의 도리를 지적하였다.'라고 하였으니, 중국의 풍속은 우리나라와 크게 다르다. 우리나라는 미천한 농부나 종이라 하더라도 정절을 지키지 못해 버림받은 아내에 대해서는 부모와 형제도 감히 말을 하지 못하고 법관法官이나 소송을 담당한 관리도 강제로 권유하지 못한다. 더구나 효성과 청렴으로 칭찬을 받는 청명淸明한 양반 집안이야 더 말할 것이 있겠는가! 우리나라가 예의 있는 나라라고 불리는 것은 이 때문일 것이다.

이에 추장주는 왕창이 누나를 때려죽인 것이라고 고소하였고, 왕창은 추장주가 독약을 먹여 추씨를 죽인 것이라고 고소하였습니다. 추씨를 때려죽였는지 또는 독약으로 죽었는지는 모두 시체를 검안하지 않고서는 단정할 수 없으나, 검안이라는 말을 제기하는 것은 양쪽 집안 모두 차마 듣지 못할 입장이었습니다.

왕창이 본래 야박하기는 하였으나, 14년 전에는 때려죽이지 않았다가 14년 뒤에야 때려죽였으며, 게다가 앞서 정씨鄭氏와 혼인하는 날에는 때려죽이지 않았다가 이씨와 재혼하던 해에 때려죽였다고 한다면, 이것을 어떻게 이해해야 하겠습니까? 추장주는 한 나약한 서생書生입니다. 세상에는 독약을 써서 사람을 죽이는 양숙자羊叔子도 없는데,[90] 하물며 동기인 누나를 독약으로 죽여 다른 사람에게 죄를 뒤집어씌우겠습니까! 게

---

90 세상에는……없는데: 이 말은 육항陸抗이 양호羊祜를 칭찬한 말 중에서 인용한 것으로, 양숙자羊叔子는 양호를 가리킨다. 중국 위진魏晉시대 진晉나라 장수인 양호와 오吳나라 장수인 육항이 장강長江을 사이에 두고 대치하고 있었다. 그러던 중 양호가 병이 들자 육항이 약을 보내왔는데, 양호가 전혀 의심 없이 약을 먹고서 쾌차하였다. 양호도 육항에게 술을 보내어 사례하였는데, 육항의 부하가 독이 들어 있을지 모른다고 의심하였다. 그러자 육항이 '어찌 독약을 써서 사람을 죽이는 양숙자가 있겠느냐!'라고 하였다.

다가 왕씨의 집에서 독약으로 죽이지 않고 두씨杜氏의 시골집에서 독약으로 죽였다고 한다면, 이것을 또 어떻게 이해해야 하겠습니까?

그리고 왕씨와 추씨 두 집안의 어른들은 모두 효성과 청렴으로 이름이나 있는데, 불행하게도 인륜의 변고를 만났다고 합니다. 그들이 주고받은 편지를 읽어 보면 모두 스스로 잘못을 통렬히 뉘우치고 경계하였으며, 처음에는 잘 지내다가 마지막에 사이가 벌어지는 잘못을 자신들도 되풀이하는 것을 부끄럽게 여겼습니다. 뜻밖에 두 집안의 자제들이 모두 지나치게 아내의 도리를 따지는 태도와 지나치게 현실을 인정하지 않는 태도에서 비롯하여 끝내는 끊임없이 재앙이 이어지게 되었습니다. 두 향교鄕校의 생도生徒들 수백 명이 모두 상급 관사에서 성대한 덕으로 인재를 양성하는 취지와 백성 사이에 소송이 없게 하려는 마음을 깨닫고서는 연명으로 진정서를 작성하여 바치며 소송이 종료되게 해 달라고 간절히 빌었습니다.

제가 이 사건을 자세히 따져 보았으나 잘 처리하는 방법만 있을 뿐이며 억지로 결단할 방법은 결코 없었습니다. 왕창과 추씨는 부부이니, 부부의 정의는 버릴 수도 있습니다. 그러나 왕기아와 추씨는 어머니와 자식이니, 어머니와 자식의 천륜은 끊는다고 없어지는 것이 아닙니다. 더구나 이제는 저승 사람이 되어 버렸는데도 오히려 서로 만나지 못하게 한다면, 인간의 도리로 볼 때 편안하겠습니까!

그러므로 제가 한편으로는 왕기아에게 상복을 입고 장례를 치르며 영위靈位를 설치하고 부음訃音을 알려 자식으로서 마음을 다하게 하였고, 한편으로는 왕창에게 매장할 땅을 잡고 좋은 날을 골라 조상들의 산소 곁에 덧붙여 장사를 지내어 남편의 도리를 지키게 하였습니다. 왕창은 절의를 굳게 지키는 대장부나 해낼 일을 배우지도 못한 여자에게까지 지키라고 요구할 줄만 알았지, 효성과 도리를 행하는 방도로 스스로 힘쓰고 자기 아들을 향교에 넘겨주어 징계하여 회초리를 치며 가르칠 수 있게 할 줄은 전혀 몰랐습니다. 그렇게 했더라면 살아 있는 사람들이 죽은 사람을 빌려 구실을 삼지 못하였을 것이고, 자식의 도리도 남편의 도리에 힘입어서 완전할 수 있었을 것입니다.

○ 용어 해설

종흥극말終兇隙末은 《후한서後漢書》 〈왕단전王丹傳〉을 살펴보면, '벗과 교제하는 도리는 어려워서 쉽게 말할 수 없다. 장이張耳와 진여陳餘는 마지막을 흉하게 끝맺었고,[91] 소육蕭育과 주박朱博은 끝에 가서 틈이 벌어졌다.[92]' 하였으니, 처음부터 끝까지 보전하지 못하였음을 말한다.

유식繇息은 소송이 그치기를 비는 것이다.

황천黃泉은 정鄭나라 장공莊公의 일[93]을 인용한 것이다.

발학계징發學戒懲은 고을의 향교에 넘겨주어 회초리로 치는 벌을 가하여 징계하게 하는 것을 말한다.

---

91 장이張耳와……끝맺었고: 장이와 진여陳餘는 중국 전국시대 위魏나라 사람으로, 진秦나라가 위나라를 멸망시키자 함께 진陳나라로 망명하여 복수를 다짐하였다. 두 사람은 절친한 사이였으나 나중에 장이가 한漢나라 유방劉邦에게 투항하여 한나라의 장수로서 지수泜水에서 진여를 죽였다.

92 소육蕭育과……벌어졌다: 소육과 주박朱博은 모두 한漢나라 사람으로, 두 사람의 우정은 당대에 소문이 자자하였다. 그러나 마지막에는 틈이 벌어졌다.

93 정鄭나라 장공莊公의 일: 중국 춘추시대 정나라 무공武公은 부인 무강武姜과의 사이에 두 아들을 두었다. 큰아들인 오생寤生은 태어날 때 어머니를 고생시켰기 때문에 어머니 무강의 미움을 받았고, 동생만 사랑을 받았다. 무공이 죽고 오생이 즉위하여 장공이 되었는데, 어머니 무강과 동생 태숙단太叔段이 모의하여 반란을 일으켰다가 실패하여 동생은 자살하였다. 그러자 장공이 무강을 영穎 땅에 구금하고 '황천에 가기 전에는 절대로 다시 만나 보지 않겠다.'라고 하였다. 시간이 지나자 장공이 자기가 한 말을 후회하였으나, 임금으로서 취소할 수도 없었다. 영고숙穎考叔이 땅을 파서 황천黃泉을 만들어 그곳에서 어머니를 만나라고 하자, 장공이 그의 말대로 행하여 어머니를 다시 만날 수 있었다.

구실口實은 추씨鄒氏가 말했다고 하는 것을 말한다.

○ 다산의 견해: 중국의 법에는 사대부 집안의 부녀자에 대해 갑자기 시체를 검안하지 못하게 되어 있다. 그러므로 이 사건에서도 추장주는 왕창이 누나를 때려죽인 것이라고 고소하였고, 왕창은 추장주가 독약을 먹여 추씨를 죽인 것이라고 고소하였으나, 검안이라는 말을 제기하는 것은 양쪽 집안 모두 차마 듣지 못하였고, 관아에서도 검안하지 않고 판결하였던 것이다. 이와 같은 조항은 법령法令에 기록해 두어야 한다. 정황과 도리로 보아 의문점이 있거나 유족이 검안을 스스로 원하는 경우가 아니면 사대부 집안의 부녀자에 대해서는 갑자기 검안하지 않는 것이 마땅할 듯하다.

○ 다산의 견해: 어머니와 자식의 천륜이 중대하기는 하지만, 쫓겨난 어머니를 대하는 자식의 도리에 대해서는 원래 《예기》의 규정이 있는데,[94] 어찌 이와 같이 혼란스럽게 할 수 있겠는가! 상복을 입는 것은 가능하나, 그 상복은 1년만 입어야 한다. 영위는 추씨의 집에 설치해야지 왕씨의 집에 설치할 수는 없다. 그리고 추씨의 선산에 매장해야지 왕씨의 선산에 매장할 수는 없다. 그런데도 고을 수령의 판결문에서는 도리어 아들의 집에 영위를 설치하고 왕씨 조상의 무덤 옆에 덧붙여 매장하게 하였으니, 세상에 어찌 이러한 예법이 있겠는가! 중국도 이제는 쇠퇴

---

94 쫓겨난……있는데: 《예기》〈단궁 상檀弓上〉에 나오는 자사子思의 말을 가리키는 것으로 보인다. 공자의 손자인 자사가 아내와 이혼한 뒤 이혼한 아내가 죽었는데, 자사의 아들 공백孔白이 어머니를 위해 상복을 입지 않았다. 자사의 제자들이 그 이유를 묻자, 자사가 '급伋의 아내가 되지 못한 사람은 백白의 어머니도 되지 못한다.'라고 대답하였다. 즉 아버지에 의해 쫓겨난 어머니가 사망하였으면 그 자식은 어머니를 위해 상복을 입지 못한다는 의미이다. 급은 자사의 이름이다.

하고 혼란해져서 옛사람의 법이 없어진 것이다. 항상 왕창에게 남편의 도리를 다하게 하였으면서도 절의를 지키는 대장부와 같은 도리는 요구하지 않았다.

아! 아내는 정절을 잃었는데 또 따라서 남편의 도리를 다하게 하니, 이런 이치가 있겠는가! 대장부는 두루 통달하여 막히지 않고 부인은 한쪽으로 치우쳐서 사나움이 많은데, 언제나 부인을 용서하여 집을 나갔던 아내도 다시 받아 주라고 하니, 도대체 무슨 도리란 말인가! 우리나라의 입장에서 중국의 판결을 살펴보면 참으로 마음속에 의혹만 커진다. 하물며 사대부 집안은 미천한 부류와 다르니 더 말할 것이 있겠는가!

11. 두 사람을 죽인 사건에 대한 진개우의 판결문

* 간음한 사실에 분노하여 둘 다 죽이다

○ 사람을 죽인 자에 대해서는 신중히 처리하여 용서하지 말아야 합니다. 그러나 절의를 굳게 지키는 대장부로서 사람을 죽인 경우에는 살인이 아니니, 살인 사건을 심리하는 사람이 신중히 처리해야 할 일입니다. 사무謝武가 대고戴高를 죽인 것은 대고가 자기 아내 왕씨王氏와 친근하게 지낸 지 오래 되었기 때문입니다. 이웃과 마을에 사는 사람들은 그러한 사실을 모두 알고 있었으나 모르는 사람은 사무뿐이었습니다. 어떤 사람은 대고와 왕씨가 간통한 사실이 없다고 말하기도 합니다.

조사한 바에 의하면, 어느 달 어느 날에 대고가 오전 11시경에 사무의 집 문을 들어갔다가 12시 이후가 되어도 떠나지 않았습니다. 마침 사무가 집으로 돌아오자 대고가 그때서야 뒷문을 통해 나갔고, 이웃과 마을에 사는 사람들까지도 모두 보았습니다. 사무가 그때서야 간통한 사실을 알아 차리고서는 마침내 대고를 가던 길까지 쫓아가서 상투를 잡고 발로 차서 음낭에 상처를 입혔습니다. 곧바로 대고를 놓아두고서는 사무가 침실로 돌아와서 왕씨를 보니, 아직도 옷을 추스르고 있는 중이었습니다. 사무가 성이 나서 눈이 찢어질 듯이 흘겨보고는 구타하니 즉시 죽어 버렸습니다.

사람의 목숨을 앗아간 사나운 손찌검이었지만 그래도 대장부다운 행동이었습니다. 간통 현장이 아닌 곳에서 죽인 경우에는 고의적인 살인을 적용한다는 법률 조항이 있기는 하지만, 가혹하게 그 조항을 인용하여 사형으로 몰아가는 것보다는 차라리 불쌍하게 여겨서 살려주어 퇴폐한 풍속을 쇄신하는 것도 옳지 않을 것이 없습니다.

○ 용어 해설

녹옥鹿獄은 살인 사건을 심리하는 것과 같다.【鹿鹿의 음은 녹錄이다.】

상오上午는 오전 11시경이다.

하오下午는 12시 이후이다.

추구揪는 상투를 움켜잡는 것이다.

아직도 옷을 추스르고 있었다는 것은 사람을 만난 지 오래되지 않았음을 밝혀 주는 것이다.

간통한 사람을 죽일 때에는 반드시 간통한 현장에서 즉시 붙잡아서 죽여야 하며, 남자와 여자를 모두 죽이더라도 목숨으로 보상하지 않는다. 이제 간통한 사내는 간통 현장을 떠나서 죽였으나, 자기 아내는 아직도 옷을 추스르지 못하고 있었고 더욱이 간통 현장에서 죽였으니, 살인죄를 벗어나게 된 이유이다. 가혹하게 법률을 인용하여 사형으로 몰아가는 것보다는 차라리 불쌍하게 여겨 살려 주는 것이 낫다.

12. 자살 사건에 대한 장일괴의 판결문

*허깨비를 시기하여 부질없이 죽다

○ 미인은 남에게 양보하기를 싫어하는 것이 심해서 꾀꼬리가 있더라도 끝내 질투를 치료하기가 어렵습니다. 더욱이 질투가 매우 심한 경우에는 바람 따라 어른거리는 그림자에도 성을 내고 자기가 잘못보고도 질투를 일으켜 목숨을 던져 죽는 것도 아까워하지 않습니다. 이러한 종류의 유별난 성품은 전혀 이해할 수가 없으나, 서씨徐氏가 그러한 사례의 하나에 해당합니다.

서씨가 생원生員 소씨邵氏와 결혼하여 여러 해가 되었는데, 갑자기 올해 3월에 자기 남편이 바깥에서 만나는 여자가 있다고 의심하여 걸핏하면 성을 냈습니다. 설사 우연히 한 차례 기녀에게 빠졌다고 하더라도 남자들의 일상적인 일일 뿐인데, 어찌하여 아름다운 얼굴을 버리고 윤기나는 검은 머리를 자르기까지 하였단 말입니까! 사자의 포효하는 소리처럼 울부짖었을 뿐만 아니라 더욱이 목을 매어 죽는 것과 똑같이 끔찍하게 자결하였습니다. 짧은 소견과 좁은 마음으로 이른바 '자기 목숨을 스스로 해쳤다.'라고 하겠으니, 소씨에게 무슨 탓을 하겠습니까! 그런데도 서씨의 친족들이 서씨가 자살한 일을 빙자하여 소씨에게 죄를 뒤집어씌웠습니다.

서씨 중 앞장서서 소송을 제기한 사람에게 형장을 쳐서 소송하기 좋아하는 사람들을 경계하였으나, 소씨의 경우에는 자기 때문에 아내가 죽은 것은 아니지만 아내를 잃은 고통이 없을 수 있겠습니까! 따라서 '백인伯仁이 나 때문에 죽었다.'[95]라고 한 말에 합치되니, 소씨도 함께 가

---

95 백인伯仁이……죽었다: 백인은 중국 동진東晉 주의周顗의 자이다. 원제元帝의 외척外戚인

벼운 쪽으로 처벌해야 옳겠습니다. 소송을 사주한 같은 항렬의 15번째인 진곤秦坤도 함께 처벌하여 징계하겠습니다.

○ 용어 해설

창갱鶴羹은 《산해경山海經》을 살펴보면 '꾀꼬리〔鶬鶊〕를 반찬으로 해 먹으면 질투를 그치게 할 수 있다.' 하였다. 양梁나라 무제武帝 때 극후郗后가 질투심이 많았는데, 어떤 사람이 말하기를 '꾀꼬리를 반찬으로 해 먹으면 질투하는 병을 치료할 수 있다.' 하였다. 마침내 그것을 먹게 하였더니, 과연 증세가 절반으로 줄어들었다. 이것이 그러한 사례이다.

궁사弓蛇는 의심에 빠져서 생기는 병이다.【《진서晉書》〈악광열전樂廣列傳〉에 나온다.】

가정痂情은 유별난 성격이라는 말과 같다. 옛날에 부스럼 딱지를 먹기 좋아하는 사람이 있었다.【《남사南史》〈유옹열전劉邕列傳〉에 나온다.】 그래서 마침내 유별난 성격을 '가정'이라 하게 되었다.

한가漢家는 남자를 말한다.

사성獅聲은 소동파蘇東坡 시의 주注를 살펴보면 '진계상陳季常의 아내 유씨柳氏가 몹시 사납고 질투가 심했다. 진계상이 손님을 초대하여 잔치를 베풀 때마다 기녀妓女들의 소리가 나면 유씨가 몽둥이로 벽을 두드리며 크게 소리를 질렀다. 유씨의 본관이 하동河東이므로, 하동사자후河東獅子吼라 하였다.'라고 하였다.

치경雉經은 목을 매어 죽었다는 말이다.

차단무멸借端誣衊은 서씨의 집에서 서씨가 자살한 것을 가지고 남편 소씨에게

왕돈王敦이 반역을 일으켰을 때 주의가 왕돈의 종제이자 자신과 교분이 깊은 왕도王導를 변호하여 위기에서 벗어나게 해주었다. 왕돈이 도성에 들어온 뒤에 왕도에게 주의에 대해 물었으나, 아무 말도 하지 않자 주의를 죽였다. 왕도가 나중에서야 주의의 변호로 자신이 살아날 수 있었다는 사실을 알고서는 "내가 백인을 죽이지는 않았지만 백인이 나 때문에 죽었다."라고 하였다. 《진서晉書》〈주의열전周顗列傳〉

죄를 덮어씌운 것을 말한다.

장서지갑杖徐之甲은 서씨 중 앞장서서 소송한 사람을 잡아다가 형장을 치는 것이다.

사송唆訟은 소송을 일으키도록 사주하는 것이다.

십오十五는 같은 항렬의 차례이다.

○ 다산의 견해: 소씨는 털끝만큼도 잘못이 없으니, 가벼운 처벌도 억울한 것이다.

○ 다산의 견해: 번抃은 반抃으로 써야 한다. 양웅揚雄의 《방언方言》에 이르기를 '초楚나라 사람은 물건을 내버리는 것을 반抃이라고 한다.' 하였다. 세속에서 번抃으로 잘못 쓰거나 또는 변抃으로 잘못 쓰고 있다. 살펴보건대, 번抃은 음이 번이고, 변抃은 음이 변으로 손뼉을 치는 것이다. 변抃의 또 다른 음은 분으로, 쓸어 없애는 것을 변抃이라고 한다.【《예기》〈소의少儀〉에 나온다.】 변抃의 또 다른 음은 번으로, '날다[飛]'의 의미이다.【《시경》〈주송周頌〉의 전箋에 나온다.】 지금 세속의 상소上疏에서 일상적으로 '염치를 팽개치고[抃棄廉隅]'라고 말하는데, '변기抃棄'는 '반기抃棄'를 잘못 쓴 것이다.

13. 어머니를 죽인 사건에 대한 왕사진의 판결문
* 아내와 함께 어머니를 죽이다

○ 주세벽朱世璧은 자식으로서 어머니를 죽였고 원씨袁氏는 며느리로서 시어머니를 죽였으니, 이는 참으로 놀랍고도 괴이한 일로 사람을 두려워 떨게 합니다. 더욱 놀라운 것은 이들 범인이 법의 그물을 빠져나가 한 해가 넘도록 처형되지 않고 있는 사실입니다. 그 까닭을 분석하면 다

음과 같습니다. 적극적으로 살인에 가담한 원대瑗大가 고개를 숙여 범죄를 자백하고 교형絞刑을 받아들였습니다. 그래서 적극적으로 살인에 가담한 종범從犯을 사형에 처하였으니, 살인 사건을 심리하는 관원으로서는 그대로 따라서 주범主犯을 처벌하는 것이 당연합니다. 그런데 어느 겨를에 일반적인 정황과 이치를 벗어나서 샅샅이 찾아내겠습니까!

주씨周氏의 시체 그림을 재차 살펴보니, 목숨을 잃을 수 있는 상처가 18곳이고 뼈가 절단된 곳과 늑골이 부러진 곳에 대해서는 모두 '곤봉을 맞아서 난 상처'라고 주註를 달아 놓았습니다. 정국庭鞫을 행할 때 주세벽이 어머니의 원통한 죽음을 호소하였으나 진심으로 슬퍼하지는 않았고, 어머니를 원대가 구타하였다고 지적하였으나 온 힘을 기울이지는 않았습니다. 그러나 원대는 기꺼이 죄를 자백하고 달게 목숨으로 보상하였으며, 차례로 원문爰文을 추궁하자 주세벽이 어머니를 죽이고 원씨가 시어머니를 죽였다고 확고하게 지적하고 전혀 흔들리지 않았습니다. 마을과 이웃 사람들을 하나하나 신문하여 10여 명의 구두 진술을 받았는데, 모두 '아들이 어머니를 죽이고 며느리가 시어머니를 죽인 것이 사실입니다.'라고 하였습니다. 간간이 하나둘 주세벽의 편을 든 사람이 있기는 하였으나, 평소에 주세벽이 불효한 사실까지도 숨기지는 못하였습니다.

○ 용어 해설

인교認絞는 기꺼운 마음으로 교형을 스스로 인정하였다는 말이다.【싸우다가 사람을 죽인 경우에는 교형에 처한다.】

살인한 사람이 자백하여 처형을 받아 죽었으면, 살인 사건을 심리하는 관원으로서는 그것을 믿고 따르는 것이 이치상으로도 당연하다. 그런데 그렇게 하지 않았으므로, '흉악한 주범이 이 때문에 법의 그물을 빠져나갔다.'라고 한 것이다.

조열弔閱은 재차 제기하여 사실을 조사한다는 말이다.

집불력執不力은 '원대는 자기 어머니를 죽인 원수인데도 범죄 사실을 지적하면서 온 힘을 기울이지 않았으니, 주세벽이 자기 어머니를 죽였다는 것을 알 수 있다.'라는 말이다.

전명塡命은 목숨으로 보상한다는 말과 같은 것으로, 이것으로 저것을 충당한다는 말이다.

원문袁文은 원대의 친척으로서 원대가 허위로 자백한 것을 원통하게 여겼으니, 주세벽이 자기 어머니를 죽였다고 증명한 것이다.

이에 주세벽의 천성이 어긋난 이유를 소급해서 조사해 보았습니다. 주세벽은 본래 농사에는 힘쓰지 않고 도둑질을 하였으며, 어머니의 훈계에도 버릇을 고치지 않고 은밀히 나쁜 짓을 시작하려고 하였습니다. 그에 따라 처가 사람 중에 도와줄 사람들이 많다는 것을 믿고 의지하였으니, 어머니를 살해할 마음이 잠복되어 있었던 것입니다. 아내가 다시 재앙의 단서를 만들었으니, 어머니를 살해할 계획이 이루어진 것입니다.

작년 정월에 불을 질러 쫓아내려는 행위가 먼저 있었고, 5월 20일에 이르러서는 때려죽이겠다고 제멋대로 말을 내뱉었습니다. 어머니 주씨가 이웃집을 일일이 찾아다니며 알려서 여론의 도움을 받아 그 재앙을 늦추려고 하였으나, 도리어 아들의 비위를 거슬러 자기의 죽음을 재촉한 것은 중지시키지 못하였습니다. 23일 밤에 원대의 집안 식구 여섯 사람이 주세벽의 집에 이르러 시끄럽게 고함을 지르고 밖에서는 망을 보았습니다. 그리고 주세벽은 '남의 집안 일에 끼어들지 말라.'라는 한 마디 말로 이웃집 사람들을 윽박질렀습니다. 날이 밝을 때가 되자 주씨가 죽었다는 말을 시끄럽게 전하였습니다. 이웃 사람들이 가서 보았으나, 그전에 벌써 관에 못을 박아 놓았으니, 어찌 그리도 빠른 것입니까!

면임面任의 직책을 맡고 있던 사람이 이들을 압송하여 성안으로 들어

왔습니다. 그러자 도중에 계획을 바꾸어 범인과 죽은 사람의 친척들이 사람들을 둘로 나누고서는 스스로 말하기를, '주세벽은 밭에 나가 있었지 집에 있지 않았다.' 하였으니, 변화무쌍하다고 하겠습니다. 세상에 평소에는 빈둥빈둥 놀며 밭을 갈지 않다가 한밤중에서야 밭에 나가 용두레질을 하는 사람이 있겠습니까! 남이 자기 어머니를 죽이는 것을 보고도 고함을 쳐서 구해내지 않는 사람이 있겠습니까! 여러 사람을 거느리고서 사람을 때려죽이고 우선적으로 관을 수레에 실어 놓는 사람이 있겠습니까! 가령 주세벽과 원씨가 직접 범행을 저지르지는 않았더라도 살을 저미는 형벌을 적용하기에 충분합니다.

 범죄의 진상이 점차 드러나게 되자, '정강이뼈와 갈비뼈를 그들 부부가 다듬이 방망이로 치니, 뼈가 부러져 고꾸라져 땅에 엎어졌습니다. 어머니가 아들에게 머리를 조아리며 아버지의 얼굴을 보아서라도 살려 달라고 빌었습니다. 그러나 또 무슨 풀지 못할 한이 있었는지 다시 머리로 들이받고 귀를 깨물었습니다.'라는 진술이 나왔습니다. 사건을 심리하다가 이 부분에 이르러서는 눈이 찢어질 듯 흘겨보게 되었습니다. 이러한 지경에 이르러서는 사람의 도리와 하늘의 이치도 다 사라지고 하늘의 분노와 사람의 원망도 극에 달하였습니다.

 검안 및 진술과 합치되는 이러한 결과만으로도 범인의 진술을 받아 사형죄로 판결할 문서를 작성하기에 충분합니다. 그렇지만 실수가 있을까 우려되어 또 방문榜文을 내걸어 마을의 노인 15명을 모집한 뒤 연명으로 진정서를 제출하여 살인죄로 매듭지음으로써 감히 인륜에 어긋난 주세벽을 풀어 주지 못하게 하고 허위로 고소한 원대까지도 용서하지 못하게 하려고 하였습니다. 그러자 즉시 아무개 등 10명이 연명으로 문서를 작성하였는데, 그 안에 '주세벽이 자기 어머니를 죽인 사실은 확실합니다.'라고 하였습니다. 어느 달 어느 날에 이르러 재차 심리하니, 주세벽과 원씨도 사실대로 진술하고 변명하지 않았습니다. 두 주범을 능지처사陵遲處死하는 것에 대해서 더 이상 무슨 말이 필요하겠습니까! 원대는 인륜에 어긋난 짓을 도와 적극적으로 살인에 참여하였으니, 그대로 교형을 적용하는 것이 타당하겠습니다.

○ 용어 해설

장설長舌은 아내를 말한다.

연소沿訴는 일일이 돌아다니며 알린다는 말이다.

권부득가무勸不得家務는 남의 집안 일에 대해 이웃 사람이 권유하거나 저지할 수 없다는 말이다.

홍전鬨傳은 주씨가 죽었다는 소식을 시끄럽게 전했다는 말이다.

지방地方은 우리나라의 면임面任과 같다.

동과분날同夥分捏은 같은 무리를 절반씩 둘로 나누어 흉악한 범인이 밖에 있었다고 거짓말을 했다는 말이다.

관곽에 못을 박는 도구가 집안에 미리 준비되어 있었다면, 범인이 외부에서 침입한 도적은 아닌 것이다.

바깥의 도적을 불러들이고 어머니를 구조하지 않은 것만으로도 살을 발라내는 죄에 해당한다.

걸간부면乞看父面은 죽은 아버지의 아내라는 인정을 생각해 달라고 비는 것이다.

정초定招는 죄인에게 진술을 받아 사형죄로 확정하는 문서를 작성한다는 말이다.

출시出示는 방문榜文을 내걸어 모집하였다는 말이다.

공거공결公擧公結은 여러 사람이 연명으로 진정서를 올려 살인죄로 매듭지었다는 말이다.

공게公揭는 여러 사람이 연명한 문서이다.

14. 의심스러운 살인 사건에 대한 이사경의 심리 보고서

* 의붓아들이 어머니를 죽이다

○ 방순方順의 사건은 죄인의 진술서를 세 번이나 되풀이해서 보았으나, 끝내 의심이 환하게 풀리지 않았습니다. 방순은 권씨權氏의 의붓아들로, 양육해 준 은혜를 저버리고서 권씨의 수양딸을 강간하고 계속해서 수양딸과 간통하였으며 상자 속에 보관하던 금金을 훔쳤으니, 승냥이나 날짐승이라도 방순의 살덩이는 굳이 먹으려고 하지 않을 것입니다.

다만 원래의 진술에서는 '방순이 상자를 열어 금을 훔쳐간 사실이 탄로날까 두려워서 닭에 독약을 넣어 권씨에게 먹여 죽였다.'라고 하였으나, 너무도 이상합니다. 사람이 비상砒礵에 중독되면 이가 갈라지고 목구멍이 썩으며 일곱 구멍으로 피가 나와 순식간에 죽는 법입니다. 그런데 권씨는 쇠나 돌이 아닌데, 어찌 겨우 입으로 누런 물만 토하고 3일이나 연명할 수 있었겠습니까! 친족들이 문병하는 날에도 권씨가 다른 말은 없었고 배가 더부룩하다고만 대답하였습니다. 참으로 비상에 중독되었다면 매우 위급한 정황인데도 배가 더부룩하다고만 대답할 수 있겠습니까! 본래부터 배앓이가 있었던 것이 아니라고 어떻게 보장하겠습니까!

살아 있을 때에는 위급한 상황을 듣지 못하였는데, 죽고 나서야 '이가 검게 변하고 살이 터졌다.'라고 하였습니다. 그리고 어머니의 시체인데도 검안하는 것을 편치 않다고 하고서는 호승우胡承祐 등이 보았다고만 지적하였습니다. 그들이 보았다면 당시에 깜짝 놀라서 죽은 원인을 캐물었어야 되는데 어떻게 아무런 말도 없이 염습殮襲을 하였단 말입니까! '이 닭은 오로지 어머니만 드시게 하고 나머지 사람들은 먹지 말라.'라고 했다는 말도 공경하는 마음에서 나온 것에 상당히 가깝다고 할 것입니다. 만약 그 말이 '옆에 있는 사람을 상하게 할까 염려해서 먹지 말라고 경계한 것이다.'라고 한다면, 또 사람들에게 독이 들어 있다고 분명하게 밝힌 셈인데, 어찌 음모를 꾸미는 사람이 이러한 말을 하려고 하겠습니까!

○ 용어 해설
권씨가 방씨方氏에게 시집을 갔는데, 아들 방일념方日念【전처의 아들인 듯하다.】이 있어 따로 살게 하였다. 그리고 따로 방순을 데려다가 의붓아들로 삼았고, 또 한 여자를 데려다가 수양딸로 삼았다. 그런데 의붓아들이 수양딸과 간통하고 상자 속에 보관하던 금을 훔쳤다. 권씨가 병으로 죽어 염습한 지 40일 뒤에야 방일념이 상자 안에 금이 없는 것을 보고서는 방순을 잡아 어머니를 독약으로 죽였다고 한 것이다.
인鄰은 가깝다는 의미이다.

더구나 방순이 권씨를 독약으로 죽이는 것은 매우 이익이 없는 일이기도 합니다. 권씨에게는 아들 방일념이 있어서, 평소에는 어머니와 따로 살기는 하였지만 어머니가 죽으면 결국 반드시 그 재산을 차지하게 될 것입니다. 그러니 방순이 권씨를 독약으로 죽인다고 하더라도 어찌 방일념까지 독약으로 죽일 수 있겠습니까! 게다가 독약을 쓰기 전에 돌을 운반해 와서 상자 속에 넣어 둘 수 있었다면, 독약을 써서 죽이고 난 뒤에는 어찌하여 돌을 운반해 가지 않고 그대로 남겨 두어 독약을 써서 죽인 증거가 되게 하였겠습니까! 만일 '방일념이 급히 자물쇠를 채우고 휘장을 쳤기 때문에 미처 운반해 가지 못할 상황이었다.'라고 한다면, 이놈도 훔쳐서 짊어지고 도망가는 것이 무엇이 어려워서 머뭇거리며 떠나지 않았겠습니까! 이것은 애당초 독약을 먹여서 죽일 마음이 전혀 없었던 것을 말해 주기도 합니다.
방일념이 어머니의 병세가 위급하였을 때에는 문병하지도 않았고 어머니가 죽었을 때에는 직접 장례를 치르지도 않았으며, 그저 아는 것이라고는 어머니가 죽으면 그 재산은 자기 차지이며 장례를 마치면 보석 상자를 열어 볼 수 있다는 사실뿐이었습니다. 그런데 막상 상자를 열어 돌만 있는 것을 보고서는 크게 실망하여 그때서야 계획적인 살인이라고 고소하였으니, 절도 사건을 고소한 것입니까? 아니면 살인 사건을 고소한 것입니까? 절도 사건을 고소한 것이라면 본래 재물을 훔쳤을 때 적용하는 해당 법률이 있으며, 만약 독약을 써서 죽인 사건을 고소한 것이라면 또 죽은 지 40일 이후에야 고소해서는 안 되는 것입니다. 이날에서야 단지 금이 없는 것을 보고서는 어머니를 죽였다는 말을 제기하였으니, 진술 중의 쓸데없는 말일 뿐입니다. 권씨의 시체를 검안하지도 않고 장례를 치렀는데 능지처사에 처하고 용서하지 않는 죄를 씌운다면, 해당 범인인 방순이 기꺼이 승복하겠습니까! 따라서 이 사건은 절도 사건으로 처리해서 절도죄를 적용해야 하고, 독약을 써서 죽였다는 말에 대해서는 의문을 가져야 할 듯합니다.

○ 용어 해설

경위扃幃는 자물쇠로 채워 봉하고 휘장을 쳐서 가렸다는 말이다.

양颺은 달아난다는 말이다.

아도阿堵는 '이것'이라는 말과 같은 뜻으로, 금과 은을 말한다.

변무지지駢拇枝指는 덧붙어서 생겨난 손가락처럼 쓸데없는 말을 말한다.【《장자莊子》〈변무駢拇〉에 나온다.】

15. 스스로 목을 매어 죽은 사건에 대한 주양공의 판결문

* 교만한 첩이 본처를 죽이다

○ 황씨黃氏의 죽음이 스스로 목을 매어 죽은 것이기는 하지만, 옆에서 비웃는 말로 그를 도발한 사람은 누구입니까? 방 안에는 왕씨王氏와 이씨李氏가 있었으니, 사랑받는 첩들이 본처를 죽인 사건이 명백합니다. 단지 말다툼을 한 것뿐이라고 한다면, 상처는 어디서 생긴 것입니까? 만약 마구 때리지 않았다면 무엇 때문에 스스로 목을 매어 죽겠습니까? 스스로 목을 매어 죽은 사건에 대해서는 혐의자를 사형시키는 법률이 없기는 하지만, 때린 사람이 구타한 뒤에 자살을 강요하기도 하고 맞은 사람이 고통을 못 이겨서 자살하기도 하니, 스스로 목을 매어 죽은 예사로운 사건으로 처리하여 한 대의 형장만 쳐서 마무리해서는 안 될 사건인 듯합니다.

왕씨와 이씨가 본처인 황씨를 도발하여 자살하게 하였는데, 그들은 집 안에서 소요하며 죽은 본처의 영화를 누리고 있고 끝내 관아에 출두하지는 않았습니다. 그렇다면 세상의 첩들은 어찌하여 유유자적하고, 본처들은 어찌하여 스스로 고통을 당해야 합니까! 재차 확실한 진술을 받아서 사건을 해결하여 보고해 주시기를 바랍니다.

○ 용어 해설

각구角口는 말다툼하는 것을 말한다.

일장요사一杖了事는 그 죄가 형장을 쳐서 징계하는 것만으로 그친다는 말이다.

앙仰은 바라는 것이다.

확초確招는 참되고 확실한 진술을 받는다는 말이다.

16. 약을 잘못 써서 사람을 죽인 사건에 대한 마서도의 판결문

* 의술이 형편없는 의사가 아내를 죽이다

○ 심리한 결과는 다음과 같습니다.

강사江思는 강경江京의 아우인데, 갑자기 아내를 죽였다면서 형 강경을 고소하였습니다. 친형이 아무런 이유도 없이 제수를 죽이는 일은 없는 데다 해당 지역의 면임이 보고서를 바친 일도 전혀 없었기 때문에 본 고을에서는 이 사건이 아마도 진짜 살인 사건이 아닐 것이라고 의문을 가졌습니다.

마침 상급 관사에 공무 때문에 갈 일이 있었는데, 가던 도중에 갑자기 길을 우회하여 해당 마을을 지나면서 면임과 이웃 사람을 불러 한번 신문해 보고서야 다음과 같은 사실을 알았습니다. 강사가 약을 팔아 생활하였는데 그의 의술이 매우 형편없는 데다 솜씨도 몹시 서툴렀습니다. 아내의 병이 가벼운 증상이었는데도 강사가 설사를 할 정도로 독한 약으로 치료하여 아내가 순식간에 목숨을 잃었던 것입니다.

이것이 그가 의약醫藥으로 사람을 죽이는 장기였던 것입니다. 그런데도 자기를 고소하지 않고 남을 고소하였으며, 다른 사람을 고소하지 않고 자기의 형제를 고소하였습니다. 아마도 이처럼 사람을 죽이는 신묘한 방법은 집안에 대대로 전해 오던 것으로, 지난날 아버지와 형에게서 전수받았기 때문에 전수받은 형에게 소급해서 허물을 물은 것인 듯합니다. 엄중하게 책임을 묻고 형장을 쳐서 징계하여 강사가 잘못을 뉘우치고 행실을 고치게 해야겠습니다.

○ 용어 해설

공경控京은 형이 아내를 죽였다고 고발하였다는 말이다.

진명眞命은 진짜 살인이라는 말과 같다.

낭호지제狼虎之劑는 몹시 독하여 설사하는 약이다.

수족手足은 형제를 말한다.【그 의미는 《의례》〈상복〉의 전傳에 나온다.[96]】

장징杖懲은 그 아우에게 형장을 쳐서 망령되이 약을 쓴 죄를 징계하는 것이다.

○ 다산의 견해: 살인한 사람은 죽인다고 한다면, 남을 살인하였다고 허위로 고소한 사람은 남을 죽일 죄로 허위 고소한 것이고, 형을 살인하였다고 허위로 고소한 사람은 형을 죽일 죄로 허위 고소한 것이다. 만약 살인 사건을 심리하는 관리가 잘못 판결하여 고소한 대로 사형시켰다면, 그 형의 목숨은 이 아우가 죄를 씌워서 죽인 것이 아니겠는가! 아우가 형을 죽이려고 했는데 매 한 대도 때리지 않고, 단지 의술이 형편없는 의사가 사람을 죽인 데 대해 엄중하게 책임을 묻는 정도의 가벼운 징계만 받도록 하였으니, 어찌 풍속을 교화하는 방도이겠는가!

중국의 판결은 대부분 선왕先王의 법이 아니니, 참고할 것이 못 된다. 의술이 형편없는 의사가 사람을 죽였을 경우에는 본래 해당하는 법률이 있으므로, 지금 강구하여 밝힐 일은 아니다.

---

96 그 의미는……나온다: 《의례》〈상복〉 정현의 전傳에서 '형제는 사체四體이다.'라고 한 것을 가리킨다. 그에 대해 공영달孔穎達은 '사체란 신체의 옆에 있는 두 손과 두 발을 말한다. 형제도 아버지의 옆에 있기 때문에 사체라고 말한 것이다.'라고 풀이하였다.

비상준초

3

1. 매우 악독한 사건에 대한 왕사진의 보고서

* 무리를 모아 형을 죽이다

○ 강상예江象豫가 친형 강상건江象乾을 죽일 때, 벽을 뚫고 들어가서 누워 있던 사람을 짓찧고 칼과 몽둥이 등의 도구로 죽인 뒤 그 시체를 난도질한 사람은 강상예의 종이 아니면 머슴이었습니다. 그들은 우선 대낮에 강상예의 허락을 받고서는 캄캄한 밤에 흉악한 범죄를 저질렀습니다. 강상건과 원한이 있는 사람들을 모아 범행을 저지른 것이 도적 떼가 범행을 저지른 것보다 갑절이나 악독하였으니, 살인 계획을 주도적으로 세운 사람과 살인 범죄를 직접 행한 사람의 범죄가 무엇이 다르겠습니까! 자기 형을 죽인 원수를 처형하지 않는 것만도 '형을 죽였다.'라고 하였는데,[97] 하물며 소인들을 사주하여 범행을 저지르게 한 경우야 더 말할 것이 있겠습니까!

1년 상복을 입는 친족 어른을 죽였을 경우에 적용하는 법률을 살펴보면, 강상예에게는 능지처사를 적용해야 합니다. 진대陳大와 해산奚山은 강상예의 머슴과 종이니, 참형을 적용하고 법을 잘못 적용하여 풀어 주는 일이 없이 균등하게 적용해야 합니다. 도망친 범인 조사趙四도 강상예의 머슴으로, 은밀한 곳에서 남모르게 꾸중을 듣고 앞장서서 계획을 정하였습니다. 더욱이 세 아들까지 용감하게 나서서 살인을 도왔으니, 도리와 본분으로 헤아려 보면 강상예보다는 죄가 다소 덜하지만 법률과 기강으로 살펴보면 진계와 해산보다 더욱 죄가 심합니다. 상급 관사에서

---

97 자기……하였는데: 중국 춘추시대 제齊나라의 대부大夫 최저崔杼가 장공莊公을 죽이고 장공의 이복동생인 저구杵臼를 왕으로 세워 후일 경공景公이 되었다. 경공은 즉위한 뒤에 형의 원수인 최저를 죽이지 않고 오히려 재상으로 등용하였다. 이처럼 아우가 직접 형을 죽이지는 않았지만 원수를 처형하지 않는 경우에 《춘추》에서는 아우가 죽인 것이나 마찬가지로 보았다.

먼저 확실한 판결을 정한 뒤에 도망한 범인을 체포하되, 범인 한 명이 도망 중이라고 해서 뭇 흉악한 범인들을 용서하지 말고 처형하시기를 삼가 바랍니다.

○ 용어 해설

포형胞兄은 같은 어미에게서 난 형이다.

알장도와挖牆搗臥는 벽을 뚫고 들어가서 누워 있는 곳을 짓찧었다는 말이다.

총계타시叢械剁屍는 여러 가지 무기【칼과 몽둥이 등을 말한다.】로 시체를 잘랐다는 말이다.

전佃은 머슴이다.

취수聚讐는 흉악한 범행을 저지른 사람들이 모두 강상건에게 원한을 품은 무리로서, 강상건의 아우인 강상예가 그들을 사주하여 흉악한 범행을 저지르게 하였다는 말이다.

취과聚夥는 도적들이 떼를 지은 것을 말한다.

불토적不討賊은 중국 제齊나라의 최저崔杼가 자기 임금을 죽이고 경공景公(저구, 杵臼)를 왕으로 세웠는데 경공이 즉위한 뒤에도 역적 최저를 처형하지 않은 것을 가리키는 것으로,《춘추春秋》에서는 이런 경우에 '형을 죽였다.'라고 평하였다.

밀적密謫은 남몰래 꾸짖었다는 말이다.

신얼信讞은 진실한 판결을 말한다.

엄집嚴緝은 체포한다는 말이다.

사赦는 살려 주는 것이다.

돌銛은 창槍이다.

2. 고의적인 살인에 대한 계영복의 2차 심리 의견서

  * 군병의 세력에 의지하여 갑장甲長을 죽이다

○ 유진충劉進忠이 군병軍兵의 세력에 의지하여 보포保布를 징수하다가 잠깐 사이에 갑장[98] 여월춘余越椿을 죽였습니다. 상처와 흉기가 모두 명확하니 법률에 따라 사형하는 벌을 어찌 피하겠습니까! 그러나 사형에도 교형絞刑과 참형의 구분이 있으므로 법률을 인용하여 적용할 때에 바르게 인용해야 하고, 살인도 구타하여 죽인 경우와 고의적으로 죽인 경우의 구분이 있으므로 범죄의 정황을 조사할 때 더욱 진상을 밝혀야 합니다.

유진충이 보포를 징수할 때 여월춘이 유진충을 꺼려하지 않고 서로 싸우다가 대적하지 못하고 유진충에게 살해를 당했다면, 유진충에게 싸우다가 구타하여 살인한 죄를 적용해야 본래 유진충의 죄를 바로잡고 여월춘의 눈을 감게 하기에 충분한 것입니다.

전후의 진술을 조사해 보니, 범죄의 정황은 다음과 같습니다. 유진충이 칼 한 자루를 차고 암촌巖村에 들어서자 마을의 부녀자들이 모두 놀라 흩어졌습니다. 여월춘이 고립된 갑장으로서 혼자 그 칼날을 대적하였는데, 어찌 감히 맨주먹으로 칼날에 맞섰단 말입니까! 유진충이 보포를 내라고 끊임없이 강요하였으나, 여월춘으로서는 속수무책이었습니다. 그러자 유진충이 마침내 성난 소리를 크게 내지르고서는 한 차례 칼을 휘둘러 곧장 여월춘의 음낭을 찔렀고, 재차 칼을 휘둘러 여월춘의 갈비뼈를 거듭 찔렀습니다.

게다가 검안한 결과 온몸에 심한 상처가 나 있고 군데군데 울긋불긋

---

98 갑장甲長: 중국의 호적 제도에서 10호户를 통솔하는 우두머리이다.

한 명 자국이 연이어 나 있었습니다. 이러한 상처들은 칼과 몽둥이로 번갈아 가격했으나 즉시 목숨이 끊어지지 않자 끊임없이 가격해서 생긴 것들입니다. 그러므로 전에 올린 심리 의견서에서는 단독적인 살인과 상호 구타에 의한 살인을 구분하여 '싸우다가 구타하여 살인한 경우'로 해석하였습니다. 그리하여 여월춘은 싸우다가 구타를 당하여 죽게 된 것이 아니며, 유진충은 싸우다가 구타하여 죽게 하였다고 해서 자기의 죄까지 감출 수는 없다는 점을 밝혔습니다.

이제 유진충과 여월춘을 조사해 보니, 쌓인 원한이나 깊은 분노도 없었고 사건이 일어나기 전까지는 계획적으로 살인하려던 정황도 없었습니다. 다만 보포를 징수하다가 여의치 않자 분풀이로 칼을 휘둘렀던 것입니다. 그렇다면 그때 벌써 기어이 죽이려는 마음을 먹었던 것이니, 고의적인 살인으로 법률을 적용하더라도 참으로 잘못된 판결이 되지는 않을 것입니다. 고의적인 살인에 대한 규정을 조사해 보니, 싸우다가 구타하여 살인한 경우의 조항에 덧붙여 있었습니다. 그래서 전에 올린 심리 의견서에서는 싸우다가 구타하여 살인한 경우의 조항을 인용하면서도 고의적인 살인에 의거해야 한다고 하였던 것입니다. 이제 두 가지 법률 조항을 한꺼번에 적용할 수는 없을 듯하니, 상급 관사에서 전에 올렸던 심리 의견을 개정할 수 있도록 상세히 갖추어 보고합니다.

○ 용어 해설

의병색부倚兵索夫는 군병의 세력을 믿고 보포를 내라고 요구했다는 말이다.

부가夫價는 우리나라의 보포와 같다.

이 사건은 여월춘이 갑장으로서 보포를 축내어 유진충 휘하의 군병들에게 보포를 나누어 주지 못해서 생긴 일이다.

상계傷械는 상처와 흉기를 말한다.

율저律抵는 법률을 적용하여 사형시킨다는 말이다.

환수繯首는 교형이다.

변수騈首는 참형이다.

싸우다가 살인하면 교형에 처하고, 고의적으로 살인하면 참형에 처하니, 이렇게 구분한다.

율무양의律無兩議는 싸우다가 살인한 것인지 고의적으로 살인한 것인지 하나로 결론을 내려야 한다는 말이다.

상응개서相應改敍는 상급 관사에서 이 심리 의견을 개정하기를 청한 것이다.

3. 강도 살인 사건에 대한 조진미의 판결문
* 머슴이 주인을 죽이다

○ 왕승조王承祚는 부귀한 집안에서 태어났으나 아랫사람을 대우할 때 은혜가 부족하여, 가까이는 주변에 있는 사람들이 복수의 칼날을 숨기고 있었고 멀리는 농사를 짓는 무리가 모두 그의 원수가 되어 있었다. 상복祥福은 왕승조의 머슴으로서, 그에게 은銀을 빼앗기고 딸을 탐내는 데 대한 원한을 평소부터 마음속에 쌓아 두고 있었는데, 입십立十도 오래전부터 분노를 품고 있었다는 사실을 알게 되었다.

상복이 마침내 풍주馮柱와 조리朝俚를 규합하여 안에서 호응하도록 하고 소충小忠과 신문信文 등은 밖에서 돕도록 한 뒤, 큰길가에서 창을 가지고서 왕승조의 담장을 뚫고 침입하였다. 불한당을 잡아서 형장을 치려 한다고 명분을 내세웠으나 실제로는 원수를 갚고 분을 풀려는 목적을 이루기 위해, 침상에 있던 왕승조를 창으로 마구 찔러서 죽였다. 게다가 돈주머니까지 빼앗아서 달아났으니, 극도로 끔찍한 사건이었다.

본도本道에서는 이 사건이 사형죄와 관계된 것이므로 재차 삼차 반박하며 심리하였다. 그 결과 상복 등의 진술이 확실하였고 양리亮倮의 증언도 확고하였으며, 더구나 범행에 사용했던 흉기가 명백하였고 훔친 물건이 즐비하였다. 이 사건은 드디어 미진한 점이 없게 되었다. 처형하기 전에 벌써 죽어 버린 입십, 풍주, 조리를 제외하고, 상복에게 주인을 계획적으로 죽인 죄를 적용하여 능지처사에 처한다면 법을 잘못 적용하는 일이 없을 것이다.

○ 용어 해설

전복佃僕은 밭일을 시키려고 고용한 사람으로, 이른바 머슴이다.

늑勒은 빼앗는 것이다.

점覘은 엿보는 것이다.

왕승조와는 평소에 돈과 여자 때문에 원한을 맺게 되었다.

도塗는 큰길이다.

본도本道는 상급 관사가 자기를 일컫는 말이다.

이복명주已伏冥誅는 법에 의해 처형되기도 전에 벌써 죽어 버렸다는 말이다.

소충과 신문의 진술은 상복이 규합하기 이전의 일과 관계된 것이다. 소충은 몽둥이를 들고 옆에 서 있기는 하였으나 죽일 때는 결코 손을 대지 않았다고 하였다. 신문은 둥그스름한 그릇을 가지고서 훔친 물건을 주워 담기는 하였으나 일이 끝나고 나서는 훔친 물건을 나누어 가지지도 않았다고 하였다. 그러나 예를 들어서 다음과 같이 물어보겠다. '몽둥이를 들고 옆에 서 있었던 것은 무엇을 하려는 의도였느냐? 주인을 죽이려고 오지 않았다면 주인을 구하려고 온 것이었느냐? 주인의 재물을 어찌 사사로이 운반할 수 있겠는가! 밤에 남의 집에 들어가는 것은 적절한 때가 아니다. 그런데 비유적으로 말해서, 큰 고래가 냇물을 들이마시는 것과 같은 능력을 발휘해서 동이 나도록 술을 다 마시고서는 오히려 술 취한 노인은 술에 뜻이 없었다고 한다면, 누가 그 말을 곧이 듣겠는가!'

주인을 죽인 대역大逆 사건의 경우, 살해 계획에 참여한 사람은 주범主犯과 종범從犯을 구분하지 않고 동일한 죄로 다스리며 감히 정황을 참작하여 경솔히 풀어 주지 못한다. 2명의 범인은 왕승우王承佑의 머슴으로, 왕승조와 왕승우가 동복형제이니 머슴이 주인의 1년 상복을 입는 친족을 계획적으로 죽였을 때 적용하는 법률을 적용하여 상복과 같은 죄로 처벌해야 한다. 익자益仔는 원래 측간에 갔다가 대문을 열어 주었기 때문에 어린아이는 죄를 면해 주는 규정을 적용해야 한다고 생각한다. 나머지 흉악한 범인은 고을에 공문을 보내 엄중히 조사하여 기어이 체포해서 형법을 바로잡도록 해야 한다.

○ 용어 해설

지편대물持扁袋物은 둥그스름한 그릇을 가지고서 훔친 물건들을 담았다는 말이다.

이범二犯은 소충과 신문을 말한다.

정수淨手는 측간에 갔다는 말이다.

면의免議는 어리기 때문에 죄를 면해 준다는 것이다.

무획務獲은 도망간 나머지의 흉악한 범인을 기필코 붙잡아야 한다는 말이다.

4. 사람들을 모아 사람을 죽인 사건에 대한 예장우의 판결문
* 사랑받는 종이 주인을 죽이다

○ 주아보朱阿寶는 유군경俞君檠의 총애를 받던 동성애자로서, 두 사람은 거의 주인과 종의 사이이면서도 부부와 같았다. 유군경이 함께 잘 사람이 있었기 때문에 아내가 죽은 지 5년이 되었어도 재혼하지 않았던 것

이니, 정이 없는 사람이라 재혼하지 않았다고 말할 수는 없겠다. 죽은 아내가 남긴 재산이 거의 수백 금金이나 되었으나 집안의 일을 주아보에게 맡겨 두었으니, 북쪽 문의 자물쇠는 아마도 유군경이 스스로 관리하지 않았을 것이다. 따라서 주아보가 밤낮으로 재물을 훔쳤으니, 그 원인은 점차적으로 이루어진 것이다.

그런데도 유군경이 평소에는 대비를 하지 않다가 하루아침에 재산을 조사하였으니, 아마도 나이가 들어 사랑이 시들해지자 옛날에는 어여삐 여겼던 것까지도 시간이 흐른 뒤에는 소급해서 허물로 지적한 것이라고 하겠다. 유군경이 주아보를 잡아다가 관아로 보내 버리겠다고 큰소리를 쳤으나, 실제로는 그렇게 하지 않았다. 유군경이 그렇게 했던 것은 주아보에게 위협을 가해 두려운 마음을 가지게 해서 이후로는 훔치는 짓을 중지하게 하려던 것이었으나, 그것이 도리어 재앙을 불러들이는 실마리가 될 줄은 몰랐다.

○ 용어 해설

폐신嬖臣은 남자 동성애자이다.

조침석모朝侵夕耗는 주아보가 몰래 도둑질을 했다는 말이다.

계사稽查는 점검하여 조사하였다는 말이다.

여도가거餘桃駕車는 미자하彌子瑕의 일[99]을 인용한 것이다.【미자하도 위衛나라

---

[99] 미자하彌子瑕의 일: 중국 춘추시대 때 위나라의 미자하가 임금으로부터 총애를 받았을 때와 총애를 잃었을 때에 따라 동일한 사안에 대해 정반대의 평가가 있었던 일을 가리킨다. 미자하가 총애를 받았을 때에는 어머니가 위중하다는 소식을 듣고 임금의 수레를 허락 없이 타고 갔으나 임금으로부터 효성스럽다는 칭찬을 받았고, 과수원에서 복숭아를 먹다가 맛이 있어서 절반쯤 먹은 복숭아를 임금에게 주었으나 임금으로부터 자기를 사랑하기 때문에 자기가 먹던 복숭아까지도 준 것이라고 칭찬하였다. 그러나 미자하가 나이가 들어 총애를 잃고 나자, 전에 허락 없이 수레를 타고 갔던 일과 먹던 복숭아를 주었던 일에 대해서

임금의 총애를 받던 동성애자이다.】

송관送官은 관아로 잡아서 보낸다는 말이다.

주아보가 도망 중인 사람들을 모아 캄캄한 밤에 범행을 저지르자, 유군경의 머리가 즉시 부서지고 말았다. 유군경의 끔찍한 총애를 받고도 신체를 훼손하는 끔찍한 범죄로 보답하였으니, 짐승 같은 사람에게 당한 뜻밖의 재앙이란 참으로 이런 것인가!

더욱 한스러운 점이 있다. 유군경이 살해된 뒤에 뭇 범인들은 뿔뿔이 흩어졌고, 주아보마저도 700리나 떨어진 먼 곳으로 달아나서 내시의 집에 숨어 있었다. 그리하여 4년 동안이나 법의 그물을 빠져나갈 수 있었고 살인 사건은 해결되지 못한 채 남아 있다. 주아보의 멀거나 가까운 친족들까지 모조리 죄도 없이 느닷없이 재앙을 당하여, 한 사람은 형장을 맞다가 죽었고 두 사람은 감옥에서 죽었다. 그 원인을 소급해 보면, 주아보가 주인을 죽였을 뿐 아니라 형과 백부伯父 및 대부大父까지도 주아보가 죽인 것이다. 따라서 능지처사를 적용한다고 해도 법률에 비해 죄가 무겁다고 생각되지만, 더 무겁게 법률을 적용할 수 없는 것이 한스러운 따름이다.

아룡阿龍은 콩과 보리조차도 분별하지 못하는 15세의 어리석은 아이이니, 어찌 다른 사람들에게 도움이 될 수 있었겠는가! 주인이 살해되는 뜻밖의 사태로 인해 칼을 든 고수를 보자 자기도 모르게 무서워 벌벌 떨면서 머리를 감싸고 마당 가운데에 숨어 있었던 것에 불과할 뿐이다. 살려 줄 수 있는 길을 열어 주더라도 법을 잘못 적용하는 것이 되지는 않을 듯하다.

도 미자하의 죄로 지적하였다.

○ 용어 해설

《한서漢書》〈영행전佞幸傳〉을 살펴보면 다음과 같은 내용이 나온다. 애제哀帝가 동현董賢을 총애하였다. 하루는 낮잠을 자는데 동현이 애제의 소매 한 자락을 깔고 잤다. 애제가 일어나려고 하였으나 동현이 깨지 않자, 애제가 깨우지 않으려고 소매를 자르고 일어났다. 위의 본문에서 '단수斷袖'라고 한 것은 그 일을 인용한 것이다.

산랑山狼은 이리의 길들지 않은 본성을 말한다.

기횡奇橫은 뜻밖의 재앙과 같다.

중귀中貴는 내시이다.

현안懸案은 해결되지 않은 형사 사건을 말한다.

시백弑伯은 큰아버지를 죽였다는 말이다.

개이일면開以一面은 살려 줄 수 있는 길을 열어 준다는 말이다.

○ 다산의 견해: 남자끼리의 동성애 풍속은 중국에서 유독 심하였다. 이 판결문을 보면, 남자끼리의 동성애에 대해서는 추악한 일로 여기지 않았고, 잔인하게 주인을 죽인 것에 대해서만 배은망덕한 짓이라 하여 마치 부부의 도리처럼 책망하였다. 그러한 풍속이 일상적인 것이 되어서 학자나 명망 있는 관리라 하더라도 이러한 일이 하늘의 이치에 몹시 어긋난다는 것을 몰랐기 때문에 판결문의 내용이 이와 같았던 것이다.

일본의 풍습도 남자끼리의 동성애를 소중히 여긴다. 이런 점으로 말하면 우리나라는 참으로 예의의 나라이다.

5. 의문점이 있는 살인 사건에 대한 조최의 보고서

* 남자 동성애자가 의심하여 죽이다

○ 심리한 결과는 다음과 같습니다.

음양위陰陽位는 15세의 교활한 소년이었습니다. 황전黃田이 그의 아름다운 용모를 좋아하여 그와 연인으로 지내려고 사홍謝紅을 통해 자신의 애틋한 마음을 전달하였고, 공연을 함께 보면서 기회와 인연이 생기기를 기다렸습니다. 그러한 황전의 마음을 보면, 경술하고 조급해서 대책이 없는 시골뜨기와 비교할 것은 아닌 듯합니다. 가령 황전이 음양위를 좋아하다가 버렸거나 음양위를 싫어하여 경계하였다면, 어찌 실연당한 사람처럼 행동하였겠습니까! 더구나 음양위가 참으로 황전을 연인으로 생각하지 않았다면, 황전의 집 앞을 지나가더라도 들어가지 않겠다고 생각하였을 것입니다.

그러나 달빛이 가득한 봄날의 깊은 밤에 두 사람은 한 쌍이 되어 고요한 서재書齋의 휘장 속으로 들어갔습니다. 그런데 갑자기 음양위가 간음을 거부하여 황전을 애태웠다니, 인정과 이치로 볼 때 있을 법한 일이 아닙니다. 게다가 두 사람이 같이 나갔다가 음양위가 돌아오지 않았으니 사홍이 의심스럽고, 물속에서 시체를 건져내어 검안해 보니 물에 빠져 죽은 것이 아니었습니다.

음양위의 어머니가 그 당시에는 사망 원인을 철저히 캐내지 않고 경솔하게 깊이 매장해 버렸다가 한 해를 헛되이 보낸 뒤에야 이전 소송에서 황전이 명익明翼을 비호한 데 대한 원한을 앙갚음하려고 하였습니다. 게다가 재산이 있었으므로 뇌물을 주고서는 '황전이 계획적으로 살인했다.'라는 허위 진술까지 확보하였습니다. 이것이 첫 번째 의문점입니다.

하루의 시작을 알리는 시각이 되어 길에 다니는 사람들이 점차 많아졌을 것이니, 시체를 떠메고 성城을 빠져나가는 것을 목격한 사람이 어찌 증천수曾天壽 한 사람뿐이었겠습니까! 그런데 일이 오래되자 증천수까지도 진술을 번복하였습니다. 이것이 두 번째 의문점입니다.

황전이 음양위를 몹시 때릴 때 사홍은 어디에서 자고 있었기에 한 차례도 구원하지 않았던 것입니까! 이것이 세 번째 의문점입니다.

물속에서 시체를 건져 올릴 때 옷이 어디에 있었기에 한 차례도 분별하여 밝히지 않았던 것입니까! 이것이 네 번째 의문점입니다.

그렇다면 배는 부풀어 오르지 않았고 손톱 밑에는 진흙이 없었던 것인데, 음양위의 몸에 덕지덕지 나 있는 상처들이 어떻게 못[池] 안에서 난 것이겠습니까! 그런데 '황전이 음양위에게 보냈던 연애편지를 첨부하여 관아에 서류를 제출하였습니다.'라는 명익의 고소는 '음양위가 문인文人들의 모임에 나갔다가 돌아오지 않았습니다.'라는 음양위 어머니의 진술과는 다르니, 의문의 실마리 하나를 더 추가합니다.

젊은 사람들의 모임에서는 황전처럼 그 사이에서 은밀히 일을 꾸미는 자들이 있을 수도 있을 듯합니다. 이것이 전임인 응 순안 어사應巡按御史가 일찍감치 이 사건은 연인 사이의 질투와 의심에서 생긴 일이라고 논박했던 이유입니다.

이 살인 사건은 아무래도 의문투성이고, 번복할 수 없을 정도로 확실히 마무리된 것은 결코 아닙니다. 살인 사건을 심리하는 사람은 언제나 죽여야 하는 상황에서도 살릴 수 있는 길을 찾아야지 정황이 가련하고 의문스러워서 석방해도 될 사람인데 도리어 사형죄를 적용하는 경우는 없습니다. 이제 죄인을 풀어 주는 은덕을 입었으니, 사면령의 조항에 따라 죄인을 다른 지방에서 수자리하게 하는 규례를 적용해야 합니다.

○ 용어 해설

음양위陰陽位는 사람의 성명이다.【음陰은 성姓이다.】

사홍謝紅은 중매한 사람이다.

관극觀劇은 공연을 구경하는 것이다.

정금지거正禁之拒는 유족이 '음양위가 간음을 거부하였습니다.'라고 진술하였다는 말이다.

험이비닉驗已非溺은 시체를 검안한 결과 배가 부풀어 오르지 않았고 손톱 밑에 진흙이 없는 것으로 보아 분명히 죽은 뒤에 물에 빠져 죽은 것처럼 가장했다는 말이다.

숙송夙訟은 예전에 서로 다투어 소송한 일이 있었다는 말이다.

매공買控은 뇌물을 주고서 허위 진술을 확보했다는 말이다.

누누인상壘壘鱗傷은 음양위가 살아 있을 때 구타를 당해서 생긴 상처가 한두 군데만 있는 것이 아니라는 말이다.

정서점단情書黏單은 음양위에게 보냈던 황전의 연애편지를 명익明翼이 첨부해서 관아에 서류를 제출하여 황전이 죽이지 않았음을 밝혔다는 말이다.

문회불귀文會不歸는 음양위의 어머니가 '음양위가 서재에 갔다가 돌아오지 않았습니다.'라고 말하여 서재에서 죽음을 당하였음을 밝힌 것이다.

명익의 말이 음양위 어머니의 말과 일치하지 않았기 때문에 한 가지 의문의 단서로 삼은 것이다.

전원응前院應은 전임 관원인 응씨이다.

사관赦款은 사면령 중의 조항이다.

개수改戍는 다른 지방에서 수자리하게 하는 것을 말한다.

6. 간통하고 사람을 죽인 사건에 대한 장능린의 회답 판결문
* 음란한 중을 사형으로 판결하다

○ 요망한 중 허희연許嘉然이 백련교白蓮教를 앞장서서 부르짖어 어리석은 백성을 선동하였다. 위승팔衛勝八이 한창 그를 부처로 떠받들자, 위승팔의 아내도 곧바로 허희연을 자기의 지아비라고 불렀다. 그리하여 허희연과 위승팔의 아내가 이곳 저곳에서 정을 나누고 욕망에 빠졌다. 정욕의 강물은 사람을 빠져 죽게 하는 법이기에 원한에 찬 혼백이 먼저 빠져 죽었고, 욕망의 불길은 몸을 불태우는 법이기에 원통한 해골은 재가 되었으니, 서글프다.

위승팔은 까까머리 중에게 아첨하다가 자기의 머리털을 잃었고, 위승팔의 아내는 도술道術을 믿다가 자기의 생명을 잃었다. 위승팔의 아내가 불교에 귀의하였다가 죽어서 화장되는 보답을 받았으니, 이는 사악한 마귀도 두려워할 것이다. 간통한 일 때문에 사람을 죽게 하였을 경우에는 적용하는 법률이 있으니, 계획적인 살인을 저질렀을 때 적용하는 법률 조문까지 번거롭게 인용할 필요도 없다. 이 중을 속히 처결하여 지옥을 채워야 한다.

○ 용어 해설

모씨某氏는 위승팔의 아내이다.

마가摩伽는《능엄경楞嚴經》에 이르기를 '아난阿難이 놀러나갔다가 음란한 여자 마등가摩騰伽에게 유혹을 당하여 음란한 여자의 몸을 어루만져 거의 계율戒律을 어길 뻔하였다.' 하였으니, 이것이 그러한 일이다.

애하愛河는《능엄경》에 이르기를 '정욕의 강물을 말려서 너를 해탈解脫하게 하였다.' 하였으니, 정욕은 강이나 바다가 사람을 빠뜨려 죽이는 것과 같다는 말이다.

화택火宅은 《법화경法華經》에 이르기를 '삼계三界[100]는 편안함이 없어 마치 불타는 집과 같다. 불타는 중생의 고통을 내가 모두 구제하겠다.' 하였다.【《번우잡기番禺雜記》에 이르기를 '광동廣東에서는 아내를 둔 승려를 화택승火宅僧이라 부른다.' 하였다.】

7. 간통하고 사람을 죽인 사건에 대한 주양공의 반박문
* 강간을 화간이라고 하다

○ 《대명률大明律》 〈형률刑律〉에 이르기를 '남편이 간통한 사내만 죽인 경우에는 간통한 아내에 대해서는 화간和奸하였을 때 적용하는 법률에 따라 판결한다.'라고 하였으나, '남편이 간통한 아내만 죽인 경우에는 간통한 사내에 대해서는 화간하였을 때 적용하는 법률에 따라 판결한다.'라고 말하지 않았습니다.

화간한 사실에 대해서는 의심의 여지가 없으나, 간통하던 여자가 죽은 이상 간통한 사내도 기꺼운 마음으로 저승까지 함께 따라가기를 원할 수도 있을 것입니다. 이 사건은 죄인에게 형장만 치고 말 일이 아니니, 형사 사건을 담당하는 분께서는 재차 확실한 진술을 받아서 사건을 해결하여 보고해 주시기를 바랍니다.

○ 용어 해설
이 사건은 본래 강간하고 목숨을 빼앗은 사건인데, 형사 사건을 담당하는 관리

100　삼계三界: 중생이 생사 왕래하는 세 가지 세계로, 욕계欲界·색계色界·무색계無色界를 가리킨다. 욕계는 유정有情이 사는 세계로, 지옥·악귀·축생·아수라·인간·육욕천을 함께 가리킨다. 색계는 욕계에서 벗어난 깨끗한 물질의 세계로, 욕계와 무색계의 중간 세계이다. 무색계는 육체와 물질의 속박을 벗어난 정신적인 사유思惟의 세계이다.

【형사 사건의 심리를 보좌하는 사람이다.】가 화간이라고 속여서 간통한 사내를 살려 주려고 하였다. 그러므로 역원櫟園 주양공周亮工이 이처럼 논박하였으니, 원통한 부인을 위하여 목숨으로 보상하게 하려는 것이다.

'기꺼운 마음으로 저승까지 함께 따라가기를 원할 수도 있을 것입니다.'라고 한 말은 몹시 조롱하는 말이다.

시부是否 이하는 그의 죄가 형장만 치고 말 수는 없다는 말이다.

8. 핍박하여 사람을 죽게 한 사건에 대한 왕계의 판결문
* 강간하려고 하자 스스로 목을 매어 죽다

○ 심리한 결과는 다음과 같다.

돈을 빌려주고 받는 이자는 1냥兩당 무겁더라도 3푼分만 받고, 빚을 갚는 집에서는 해마다 많더라도 1배를 넘지 못하니, 정해진 규정이 그렇게 되어 있다. 양성楊成이 예전에 위병僞兵 왕유공王有功에게 본은本銀 7돈錢을 빌리고 여러 해에 걸쳐서 갚은 돈이 12냥이 넘었으니, 차용증서를 불에 태워도 될 만하였다.

그러나 뜻밖에도 왕유공은 짐승처럼 탐욕스러워 만족할 줄을 모르고 6냥이 부족하다면서 계속 갚으라고 핍박하였다. 왕유공에게 빌린 본전은 7돈인데 18냥을 갚으라고 요구하였으니, 이것이 무슨 이자란 말인가! 이자가 원금보다 많으니 배보다 배꼽이 컸을 뿐만 아니라, 거의 손자가 할아버지보다 늙고 머리카락이 몸보다 무거운 꼴이다. 이러한 셈법을 확대해 간다면 돈이 쏟아지는 부잣집이라도 어찌 그의 욕심을 만족시킬 수 있겠는가! 그러나 왕유공의 마음은 오히려 여기에서 그치지 않고 그보다 더욱 심하였다.

양성의 딸이 구두로 진술한 말에 의거하면 '이달 어느 날에 아버지가 외출하여 돌아오지 않았는데, 왕유공이 사나운 종 왕삼王三과 가마꾼 2명을 거느리고서는 먼저 외삼촌 모운毛雲의 집에 가서 밥을 먹고, 저희 집으로 옮겨 와서 목욕할 따뜻한 물을 요구하였습니다. 당시는 날이 저물어 갈 무렵이었는데, 잠을 잘 수 있도록 잠자리를 마련하게 하였습니다. 그러나 저희 집은 거주하는 방이 한 칸뿐이었으므로 어머니 모씨毛氏가 오해받을 짓을 피하기 위해 왕유공의 유숙을 받아 주려고 하지 않았습니다. 그런데도 왕유공이 완강하게 버티면서 떠나지 않았습니다. 더욱이 마실 술을 내놓으라고 요구하였으니 따를 수가 없어 어머니 모씨가 목을 매어 죽게 되었습니다.' 하였다.

왕삼 및 각 증인들을 신문하자 진술한 말이 모두 하나하나 양성의 딸이 진술한 내용과 같았다. 날이 저물어 갈 무렵에 빚을 받으러 간 것은 무슨 의도였으며, 유숙하겠다고 완강히 요구한 것은 무슨 마음이었는가? 모씨의 남편이 집에 없는 틈을 노린 것이다. 설사 침상 머리에 아무 때나 접대할 수 있는 술이 있었다고 하더라도, 왕유공은 술을 먹으려는 생각만 있었던 것이 아닌 듯하다. 더구나 왕유공이 음탕한 욕심을 채우지 못하고 술 생각도 간절하기만 하니, 모씨가 두 가지 요구 모두 응할 수가 없어 큰소리 한 번 내지 못하고 목숨을 버렸다.

아! 모씨가 만약 매우 부득이한 상황이 아니었다면, 어찌 차마 베갯머리의 남편을 버리고 품 안의 사랑하는 자식마저 떼어 놓고서는 살길을 버리고 죽을 길로 나아갔겠는가! 간음은 이루어지지 않았으나 죽음은 실제로 여기에서 유래한 것이다. 악행을 저지르는 다른 사람들은 빚을 받는 일 때문에 핍박하여 죽게 하기도 하고 간음하는 일 때문에 죽게 하기도 한다. 그중 하나만 저질러도 심하다고 하겠는데 왕유공은 두 가지를 다 저질렀으니 다른 사람보다 갑절이나 뛰어난 능력을 갖추었다고 할 수 있겠다. 하늘의 이치는 밝게 빛나고 국가의 법률은 매우 엄중하니, 내가 어찌 감히 망령되이 법률을 마음대로 적용하겠는가!

○ 용어 해설

해마다 많더라도 1배를 넘지 못한다는 것은 우리나라의 이른바 자모정식법子母
停息法[101]을 말한다.

효복梟僕은 사나운 종이다.

방만傍晚은 땅거미라는 말과 같다.

해가 저물 무렵에 와서 유숙하겠다고 한 것은 강제로 간음하려는 뜻이 있었던
것이다.

출입出入은 법률을 마음대로 적용한다는 말과 같다.

9. 오래도록 판결하지 못한 살인 사건에 대한 안요규의 수정 의견서

*허위로 자백하였다가 원통함을 풀다

○ 이 살인 사건은 우선 목숨을 잃게 한 상처가 양쪽 이마·태양혈太陽
穴·가슴팍·명치 등에 생긴 것은 놓아두고라도, 군데군데 몽둥이에 맞아
서 생긴 상처는 모두 즉시 죽을 수 있는 상처이며, 뒤통수의 검붉은 상
처는 여러 상처 가운데 하나일 따름입니다. 본 고을에서 올린 검안 결과
보고서에는 원래 '몽둥이에 맞아서 생긴 상처가 9곳, 주먹에 맞아서 생
긴 상처가 3곳, 발에 차여서 생긴 상처가 3곳, 구타를 당하여 고꾸라지
다가 부딪쳐서 생긴 상처가 1곳입니다.'라고만 하였고, 호미자루에 맞아
서 생긴 상처라는 말은 한마디도 없었습니다.

---

101 자모정식법子母停息法: 타인에게 빌려준 원금에 대한 이자를 받을 때 그 상한선을 제한하
는 법이다. 1047년(고려 문종文宗 1)에 제정된 법으로, 쌀 1섬을 빌려간 사람은 그해 가을
에 1섬 5말로 갚고, 2년째는 1섬 10말로 갚으며, 3년째는 2섬으로 갚고, 4년째는 이자를
바치지 않으며, 5년째는 3섬으로 갚고, 6년째는 이자를 바치지 않았다.

이제 진술에 의거하면, 예사롭게 흔히 한 진술로는 '호미자루에 맞아서 생긴 귀뿌리의 상처가 하나 있습니다.'라는 것뿐입니다. 그러나 검안 결과 보고서에는 '뒤통수의 검붉은 상처는 구타를 당하여 고꾸라지다가 부딪쳐서 생긴 상처입니다.'라고만 하였으니, 땅에 부딪친 것입니까, 아니면 호미자루에 부딪친 것입니까? 호미자루에 부딪쳐서 생긴 상처라고 하더라도, '구타를 당하여 고꾸라지다가 부딪쳐서 생긴 상처'라고 한 이상 이것은 뒤통수가 호미자루에 부딪쳐서 생긴 상처이지 호미자루로 뒤통수를 쳐서 생긴 상처가 아니라는 것이 명백합니다.

살인 사건은 검안 결과 보고서를 신뢰해야 하는 법인데, 검안 결과 보고서는 의거하지 않고 몹시 다그쳐서 받아 낸 구두 진술에만 의거한다면, 고문으로 받아 내지 못할 진술이 무엇이 있겠습니까! 진륙陳六이 구타를 당할 때 현장에서 목격한 사람은 그의 아버지 진미陳尾입니다. 따라서 진미의 진술이 어찌 전해 들은 대로 진술하는 것과 같겠습니까! 그런데 진미가 첫 번째 진술할 때는 맨 먼저 사아謝迓를 언급하였고, 다음으로 사소謝巢를 언급하였으며, 흘식吃食에 대해서는 세 번째로 언급하였습니다. 두 번째 진술할 때는 맨 먼저 사총謝寵과 사안謝安을 언급하였고, 다음으로 사소와 사아의 이름을 연이어 거론하였으며, 흘식은 네 번째로 언급하였습니다. 세상에 이가 갈리는 우두머리의 흉악한 범인은 놓아두고 범행에 가담하기만 한 종범을 도리어 중시하는 일은 없습니다.

이제 진미가 진술한 내용을 자세히 살펴보면 '나무 몽둥이를 각각 잡았습니다.'라고 지목한 사람은 사아와 사소뿐입니다. 진륙이 죽자마자 사아와 사소가 갑자기 숨어 버린 것은 꺼림칙하고 두려워하는 마음이 모두 드러난 것이며, 몽둥이에 맞아서 난 상처와도 부합되는 것입니다. 따라서 진륙을 죽인 사람은 본래 오만한 두 아우입니다. 저 흘식이라는 자가 살인한 사람은 죽인다는 법을 어찌 몰라서 기꺼이 범행을 인정했겠습니까! 그도 어떻게 할 수 없는 상황에서 진술한 것일 뿐입니다.

이제 진륙의 사건은 몇 해가 지났습니다. 그런데 사건을 심리하는 사람은 흘식을 위하여 살릴 수 있는 길 하나조차 감히 열어 주지 못하고 있습니다. 살인 사건은 목숨으로 보상하지 않을 수가 없기 때문에 흘식도 사아와 사소가 출두하여 목숨으로 보상하기를 바라지만, 그들이 출두하지 않는다면 흘식도 살아남지 못하게 됩니다. 그러나 교활한 범인은 법의 그물을 빠져나가고 결국 꼿꼿한 흘식만 걸려들게 하였으니, 저 원통하게 죽은 혼백도 이러한 사실을 알고 있다면, 두 범인의 자취를 하늘 끝까지 찾아서 스스로 사람처럼 서서 울 것이고[102] 살인 사건을 심리하는 관아와 감옥을 향해 남의 죄를 대신 뒤집어쓴 흘식을 원망하지는 않을 것입니다.

다만 흘식은 빌어먹고 다니는 떠돌이로서, 밭에 가서 말다툼을 하기는 하였으나 원래 큰 원수 사이는 아니었으니, 진륙을 죽이려는 뜻은 없었을 듯합니다. 두 아우가 나무 몽둥이를 들고 따라가서 진륙을 주먹으로 치고 발로 차는데도 형인 흘식이 말린 적이 없으니, 진륙을 죽인 일은 없더라도 진륙을 죽이려는 마음은 있었던 듯합니다. 원래 살인을 계획한 주범으로 처벌할 수는 없으니 2등급을 줄여 유배하는 것으로 고쳐 적용하는 것이 합당하겠습니다. 후일 사아와 사소를 붙잡는다면 교형絞刑을 피하기는 어려울 것입니다.

---

102 스스로……것이고: 중국 춘추시대 때 노魯나라 환공桓公의 부인 문강文姜이 오빠인 제齊나라 양공襄公과 간통하였다가 환공이 알게 되자, 양공에게 알려 환공을 죽이게 하였다. 그러자 양공이 공자公子 팽생彭生을 시켜 환공을 죽이고는 자신의 허물을 덮으려고 팽생을 죽였다. 후일 양공이 사냥할 때에 팽생이 돼지로 나타나서 사람처럼 서서 울자, 양공이 두려워하다가 수레에서 떨어져 발을 다치고 신발을 잃었다. 그러자 양공이 신발을 담당하는 비費를 피가 나도록 매질하며 꾸짖었다. 비가 달아났다가 성문에서 만난 도적들과 함께 돌아와서 양공을 죽였다. 결국 팽생이 양공에게 복수한 셈이 되었다.

아! 6년 동안이나 범인을 잡지 못하고 서로 소식이 끊어졌으니, 그 사이에 그들이 물고기 밥이 되거나 호랑이 먹이가 되지 않았으리라고 어떻게 보장하겠습니까! 이제야 저 홀식이 사람들에게 밥을 빌어먹으면서 살 수 있을 것입니다.

○ 용어 해설

간단簡單은 검안 결과 보고서이다.【열거한 것을 단單이라고 한다.】

끽반확공喫飯確供은 흔히 예사롭게 하는 말이라는 뜻과 같다.

홀식吃食은 범인의 이름이다.【빌어먹는 사람을 말한다.】

처음 진술할 때는 '사씨謝氏들이 구타하여 생긴 상처입니다.'라고 하였다가 진술을 바꾸어 '홀식의 호미자루에 맞아서 생긴 상처입니다.'라고 하여, 진술한 말이 검안 결과 보고서와 일치하지 않았다. 그러므로 이 의견서에서는 홀식이 빠져나갈 수 있는 법을 밝힌 것이다.

관명串名은 두 사람의 이름을 연이어 말한 것이다.

우종羽從은 돕는다는 말이다.

휴심虧心은 흡족하지 않고 두려운 마음이다.

불가무저不可無抵는 목숨으로 보상해야 한다는 말이다.

청아소불출請迓巢不出은 홀식이 마음속으로 사아와 사소가 출두해서 처벌받기를 바랐으나 사아와 사소가 출두하지 않았다는 말이다.

인립이제人立而啼는 공자公子 팽생彭生의 일을 인용한 것이다.【제齊나라 사람 팽생이 억울하게 죽자 돼지로 나타나서 사람처럼 서서 울었다.】

대도강리代桃僵李는 홀식이 사아와 사소를 대신하여 감옥에 갇혀 있다는 말이다.

부량체호浮糧蒂戶는 근거지 없이 떠돌아다니며 빌어먹는 떠돌이이다.

홀식이 사아와 사소에게 먼 형제뻘이 되기 때문에 아형阿兄과 아제阿弟라고 한 것이다.

10. 원통한 살인 사건에 대한 이사경의 심리 의견서

* 잘못 고소를 당했다가 원통한 사정을 풀다

○ 심리한 결과는 다음과 같습니다.

임군좌任君佐와 임군필任君弼이 강물에 빠져서 죽은 사건은 손톱 밑에 진흙이 끼어 있고 배가 부풀어 오른 점으로 볼 때 물에 빠져서 죽은 사건으로 판정하기에 충분합니다. 게다가 임군좌의 시체는 5리나 떠내려갔고 임군필의 시체는 10리나 떠내려갔는데, 시체를 건져 내어 검안하는 날 보니 몸통에 실오라기 하나도 없었습니다. 이것은 바로 두 시체가 벌거벗은 몸으로 떴다 가라앉았다 하였음을 말해 주는 것으로, 그들이 죽기 전에 옷을 벗고 물을 건넜다는 사실을 알 수 있습니다.

그런데도 임불任佛의 사건을 10년 동안 여러 차례 심리하며 결론을 내리지 못하고 끌었던 것은 해당 고을의 첫 번째 심리가 엉성하였고 확실하게 증언해 줄 사람도 없었기 때문으로, 겨우 옷 하나만 가지고……【세 글자가 빠졌다.】 마침내 '관아에 도착하지 않았습니다.[未到官]'라는 세 글자로 끝맺었습니다. 살인 사건의 중대한 정황을 면임面任에게는 확인하지도 않고 겨우 마을에서 차출된 사람에게만 확인을 받았는데, 저 마을에서 차출된 사람이 어찌 물가를 시간마다 빠짐없이 지키면서 바지를 걷어 올리고 건너는 사람마다 일일이 살펴서 범인을 찾았겠습니까! 살인과 같은 중대한 사건을, 일찍이 구타한 상황을 목격한 사람이 하나도 없었는데 마을에서 차출된 사람에게 확인받은 빈말만 믿고서 법에 따라 임불을 처형하려고 하였으니, 이렇게 사람을 죽이는 법도 있습니까!

해당 고을에서 첫 번째 심리할 때 임불을 범인으로 지목한 것은 아마도 두 사람이 갑자기 목숨을 잃고 고아와 과부가 고소한 것을 가엾게 여겨서 옛날 사건 기록은 무시하고 임불에게만 집중적으로 책임을 물었기 때문일 것입니다. 그러나 임불이 흉악하기 짝이 없는 범인이라고 생각되지는 않습니다. 임불이 두 사람을 연이어 죽였다면, 그가 숨기에 급급할 터인데도 오히려 물가에 오랫동안 서서 죽은 두 사람의 부인이 모두 오기를 기다렸다가 차분하게 말을 나눌 수 있었겠습니까! 임불은 참으로 죽일 수 있는 법이 없습니다.

전례를 조사해 보니, 강하게 구타하여 실제로 목숨을 잃게 할 정도의 심각한 상처를 입혔을 경우에는 자살한 실제 행적이 있더라도 규례에 따라 장례 비용을 추징하여 지급하고 변경 지역의 수비하는 곳으로 보내 충군充軍한 경우가 있었는데, 이는 정말로 범행을 저지른 사람을 가리켜서 말한 것입니다. 그러나 지금 이 사건의 경우 두 시체에 상처는 있으나 증인이 없으니, 임불이 그들을 구타한 것은 아무래도 사망에 영향을 끼쳤을 뿐이고 직접적인 사망 원인이라고 할 수는 없으므로 전례를 인용하기는 어려울 듯합니다. 게다가 임선任仙은 이미 감옥에 갇혀 있다가 사망하였으니, 나라의 인재인 여러 분께서 틈을 내서 여가를 얻어 특별히 마무리하시기 바랍니다.

○ 용어 해설

이체里遞는 마을에서 부역에 차출한 사람이다.【번갈아가며 차출해서 보내는 사람이다.】

일결一結은 마을에서 차출한 사람으로부터 받은 진술 확인이다.

임선任仙은 아마도 임불의 형제인 듯하다.

누폐累斃는 감옥에 갇혔다가 죽은 것이다.【계루係累는 갇혔다는 뜻이다.】

획일獲日은 여가를 얻는 것이다.

11. 원수를 갚은 사건에 대한 왕도의 반박문

 * 손자가 할아버지의 원수를 갚다

○ 주영귀朱永貴가 주희유朱希儒를 구타하여 죽이고 '할아버지와 아버지의 옛날 원수를 갚았다.'라고 하면서 스스로 죽음을 무릅쓰고 죄를 인정하였다. 해당 고을의 지주知州가 다음과 같이 심리하여 보고하였다.

"오랫동안 품어 왔던 원한을 기꺼운 마음으로 갚으려고 하였던 것입니다."

그에 대해 조운사 순무漕運司巡撫가 논박하였다.

"이 문제는 영원히 변치 않고 지켜야 할 명분 및 도리와 관계되는 것이니, 한 사람의 목숨이 달려 있을 뿐만이 아닙니다. 이제 주희유의 형 주희정朱希政의 진술에 의거하면, '주희유가 전에 묘지의 일 때문에 주영귀의 할아버지 주방총朱邦寵을 구타하여 죽인 뒤에 보복할 것을 두려워하여 주영귀의 아버지 주지고朱之高까지 살해하였습니다.' 하였고, 주희유의 아내 한씨韓氏의 진술에 의거하면, '제가 늦게 시집와서 잘은 모르겠습니다만, 주희유로부터 「주영귀와는 원수의 혐의가 있다.」라는 말을 들은 적이 있습니다.' 하였습니다. 주희정은 주희유의 형이고 한씨는 주희유의 아내인데 한목소리로 원수라고 말했으니, 원수를 갚은 사실만은 참으로 확실합니다.

다만 법률에는 원수를 갚은 사람에 대해 죄를 사면해 주도록 규정한 조항이 없습니다. 그에 대해 앞 시대의 학자인 한유는 〈복수장復讎狀〉에서 다음과 같이 말하였습니다. '법률에 복수에 대한 조문이 없는 것은 조문을 빠뜨린 것이 아닙니다. 그 이유는 복수를 허용하지 않으면 효자의 마음을 상하게 하고 선왕先王의 교훈에 어긋나며, 반면에 복수를 허용하면 사람들이 법을 근거로 마음대로 원수를 죽이게 되어 그 단서를 금지할 수가 없다고 여겼기 때문입니다. 그러므로 경전에서 그 뜻을 꼼꼼히 규명하고 법률에서 그 조문을 깊이 연구해야 합니다.' 한유와 유종원 두 사람의 복수에 대한 견해를 서술한 글[103]에서는 모두 원수에게 죄가 있는지 없는지를 따져서 원수를 갚은 사람의 형량을 정하도록 하였습니다.

이 사건을 살펴보면, 주영귀의 원수인 주희유가 묘소 때문에 말썽의 실마리를 제공하였으니, 도리로 볼 때 주영귀의 할아버지와 아버지는 죽임을 당하지 않아야 하는데 죽임을 당한 것입니다. 하물며 할아버지와 아버지 두 대의 원수이니 더 말할 것이 있겠습니까! 가령 주영귀가 직접 복수하지 않고 관아에 나아가서 대대로 원수라고 호소하였다면, 아버지인 주지고처럼 자신도 죽음을 당하지 않으리라고 어떻게 보장하겠습니까! 참으로 한유가 〈복수장〉에서 '복수하겠다는 작은 소원을 품고서 원수의 동태를 엿보는 경우에는 관아에 스스로 신고할 수가 없을 듯하니, 지금 시대에는 《주례》의 내용을 기준으로 판결할 수 없습니다.[104]'라고 한 말과 같습니다.

주희유의 형과 아내가 소송을 종식시켜 주기를 애절하게 호소하였으니, 그들도 뿌린 대로 거둔다는 사실을 알고서 그처럼 호소한 것이라면, 아들이 아버지의 원수를 갚는 악습도 중지될 수 있을 것입니다. 한유는 〈복수장〉에서 '아버지의 원수를 갚은 사람이 있을 경우에는 사건이 드러

---

103 한유와……글: 한유의 〈복수장〉과 유종원의 〈박복수의駁復讎議〉를 가리킨다. 이 두 편의 글은 《흠흠신서》〈경사요의〉에도 실려 있다.

104 지금……없습니다: 위에서 인용한 한유의 원래 글에는 《주례》의 내용을 기준으로〔以周官之說〕라는 내용이 없다. 다만 위에서 인용한 글의 앞부분에는 《주례》〈추관秋官·조사朝士〉의 '원수를 갚으려는 자가 먼저 법관에게 말을 하였으면 원수를 죽이더라도 죄가 없다.'라고 한 글을 인용하였고, 말미에서는 《주례》에서 말한 것처럼 관아에 나아가서 복수하겠다는 의사를 밝히고 난 뒤에 복수하는 것은 현실적으로 불가능하다는 견해를 밝혔을 뿐이다.

났을 때 폐하께 아뢰고, 폐하께서 복수의 정당성을 참작하여 사건을 판결하신다면, 경전과 법률의 취지를 둘 다 잃지 않게 될 것입니다.' 하였습니다. 이제 주영귀가 두 대의 원수를 갚고 자수하여 죄를 달게 받으려고 하였으니, 이런 일도 먼 옛날 이래로 매우 보기 드문 일이라고 하겠습니다. 황제께 아뢰어야 할 듯합니다."

○ 용어 해설

영죄領罪는 스스로 그 죄를 떠맡는 것이다.

지주知州가 '주영귀가 원수를 갚았으니 사형시켜야 합니다.'라고 심리 의견을 보고하였다. 당시 왕도王度가 조운사의 순무를 맡고 있었으므로 이 의견을 바쳐서 지주의 견해를 논박한 것이다.

선유先儒 이하의 내용은 한유의 〈복수장〉의 글이다.

'도리로 볼 때 주영귀의 할아버지와 아버지는 죽임을 당하지 않아야 하는데 죽임을 당한 것이다.'라고 한 것은 죽을 죄가 없는데도 주회유에게 죽임을 당하였다는 말이다.

지고지속之高之續은 관아에 호소하면 또 그의 아버지처럼 죽임을 당할 것이라는 말이다.

○ 다산의 견해: 《주례》〈지관地官·조인調人〉에 이르기를 '사람을 죽이고 또 다시 사람을 죽인 자에 대해서는 국가에서 서로 복수하게 한다.'【범인이 또다시 피해자의 가족까지 죽이는 것이다.】라고 하였으니, 주회유의 경우를 말한 것이다. 아마도 주영귀는 주회유와 같은 친족이기는 하지만 미천한 자였던 것 같다. 그러므로 두 대가 살해를 당하였는데도 감히 관아에 나아가서 호소하지 못하였고, 주영귀가 원수를 갚은 때가 되어서도 지주가 사건을 조사하여 사형죄를 적용해야 한다고 하였다.

12. 조총을 잘못 쏴서 사람을 죽인 사건에 대한 왕사운의 보고서

* 도둑으로 알고 양민을 죽이다

○ 심리한 결과는 다음과 같습니다.

주옥보朱玉甫가 조총을 쏴서 홍종원洪宗元을 맞혀 죽인 사건은 새벽에 쐈거나 저물녘에 쐈거나를 막론하고 결국 잘못 알고 쏜 것이지 고의로 쏜 것은 아닙니다. 호양湖陽에는 나쁜 풍속이 있어 마을에 사는 사람들이 도둑을 방지하기 위해서 조총을 많이 사용한다고 합니다. 이러한 풍속이 있는 것은 도둑에게 총을 쏘아 공격하는 것을 최상의 방비책이라고 믿어서가 아니라, 미리 위협사격을 하는 효과를 빌려 도둑들이 감히 접근하지 못하게 하려는 의도에 불과합니다.

그 당시에도 10명이 벌떼처럼 문으로 들어오려고 하자, 주옥보가 도둑으로 잘못 알고서는 예전에 써먹었던 수법대로 즉시 조총을 쏘아 위협사격을 했던 것일 뿐입니다. 그런데 뜻하지 않게 홍종원이 소리에 놀라 고꾸라졌던 것입니다. 만일 살인하려는 의도가 있었다고 한다면, 10명은 모두 죽이려는 대상에 포함됩니다. 주옥보가 10명을 모두 죽이려고 생각했다면, 그럴 수는 없을 듯합니다. 홍종원만 죽이려고 생각했다면, 주옥보가 어찌 백발백중하는 활쏘기 실력이 있어 멀리 떨어진 곳에서 10명 중 홍종원 한 사람만 골라 맞혀 죽일 수 있었겠습니까! 이것을 가지고 미루어 보면 그가 잘못 알고 쏜 것이 확실합니다.

따라서 싸우다가 구타하여 사람을 죽였을 때의 형률에 따라 교형絞刑을 적용하는 것이 정해진 법입니다. 조사해 본 결과 싸우다가 구타하여 사람을 죽인 죄는 십악十惡[105]에 포함되어 있지 않으므로, 장례 비용을 추징하여 유족에게 주고 용서해 주는 은덕을 바라는 것도 정해진 법입니다.

'동행하였던 관아의 차인差人 아무개 등에게 물어서 조총을 새벽에 쏘았는지 아니면 저물녘에 쏘았는지와 잘못 알고 쏜 건인지 아니면 고의로 쏜 것인지 등 사건의 근본 원인을 즉시 신문하라.'라는 판결문을 받았습니다. 이제 아무개 등을 조사해 보니, 한 사람은 죽은 지 오래되었고 한 사람은 도망 중에 있어 도망 중인 사람을 빨리 잡으라고 여러 차례 독촉하였으나 고을에서는 잡지 못했다고 합니다. 따라서 원래 적용하기로 했던 법률에 따라 처벌하기를 청하지 말고 범죄를 인정하는 죄인의 진술서를 일찌감치 확정해야 할 것 같습니다.

○ 용어 해설

조쟁鳥鎗은 조총이다.

홍종원洪宗元 등 10명은 본래 관아의 차인이다.

십악十惡은 모반謀反과 시역弑逆 등을 가리키는 것으로 《대명률》에 나온다.

몽비蒙批는 상급 관사의 판결을 받은 것이다.

---

105 십악十惡: 《대명률》〈형률·십악〉에 규정된 10가지의 중대한 범죄를 가리킨다. 사직社稷을 위태롭게 하려고 도모한 죄인 모반謀反, 종묘宗廟·산릉山陵·궁궐宮闕을 훼손하려고 도모한 죄인 모대역謀大逆, 자기 나라를 배반하고 몰래 남의 나라를 도우려고 도모한 죄인 모반謀叛, 조부모·부모·남편의 조부모나 부모를 구타하였거나 죽이려고 도모한 죄 및 백부모·숙부모·고모·형제·자매·외조부모·남편을 죽인 죄인 악역惡逆, 사형에 해당하는 죄를 짓지도 않은 사람을 한 집안에서 3명 이상 죽인 죄 등인 부도不道, 대사大祀를 지내는 곳의 물품, 임금의 수레, 임금이 착용하거나 사용하는 물품을 훔친 죄 등인 대불경大不敬, 조부모·부모·남편의 조부모나 부모를 고발하거나 저주한 죄 등인 불효不孝, 시마緦麻 이상의 친척을 죽이려고 도모거나 매매한 죄 등인 불목不睦, 지방의 백성이 수령을 살해한 죄 등인 불의不義, 소공 이상의 친척, 아버지나 조부의 첩과 간음한 자 및 그 상대자의 죄인 내란內亂이 이에 해당한다.

상급 관사가 고을의 차인 등에게 물어서 잘못 알고 쏘아 죽인 것인지 아니면 고의로 쏘아 죽인 것인지를 결정하게 한 것이다.

○ 다산의 견해: 잘못하여 사람을 죽인 경우는 3가지가 있으니, 갑甲인 줄 알고 을乙을 죽인 것이 첫 번째이고, 도둑인 줄 알고 양민을 죽인 것이 두 번째이며, 짐승인 줄 알고 사람을 죽인 것이 세 번째이다. 그런 점에서 볼 때 이 보고서는 타당하지 않다. 참으로 도둑인 줄 알고 양민을 죽였다면 법률에 따라 사형을 감해 주어야 한다. 그런데 주옥보가 망령스럽고 경솔하여 떼 지어 오는 사람들을 도둑으로 알고 갑자기 조총을 쏘았으니, 그 정황은 완전히 도둑인 줄로 안 경우와는 다르다. 그러므로 사형에 처해야 한다. 만약 완전히 도둑인 줄로 알았다면 어찌 교형을 적용하기까지 하겠는가! 주옥보로서는 홍종원을 죽이려는 마음이 없었더라도 본래 도둑인지가 명확하지도 않은 사람을 죽였으니, 일반 사람을 죽인 것과 같다. 그런데 이 보고서에서는 어찌하여 이러한 이치를 명확하게 말하지 않았는가!

13. 자살 사건에 대한 장일괴의 판결문
* 소작농이 스스로 독약을 마시고 죽다

○ 심리한 결과는 다음과 같다.

홍빈洪賓의 아버지 홍계현洪繼賢은 생원生員 호胡 아무개의 소작농이다. 농사짓는 사람들은 한 해가 저물도록 부지런히 일을 하므로 낟알 하나를 진주와 다름없이 여긴다. 따라서 까끄라기가 많은 곡물로 소작료를 바치더라도 크게 예의에 벗어난 것은 아니다. 그런데 호 아무개가 홍계현을 문밖으로 내쫓았을 뿐만 아니라 게다가 억지로 술을 차려서 대접하여 속죄하라고 요구하였다.

까끄라기가 많은 곡식은 받아 주지 않고 술과 밥까지 대접해야 하니, 홍계현도 궁색하게 되었다고 하겠다. 홍계현이 그의 요구대로 앞서 바치려던 곡식을 술로 바꾸어서 호 아무개를 만나 화해할 것을 요청한 뒤에야 마무리되었다. 그런데 같은 소작농인 하군거何君擧가 관례를 무너뜨린 것을 나쁘게 여겨 사람들을 모아 놓고 홍계현을 헐뜯고 비웃었다. 그러자 홍계현이 부끄럽고 궁색한 처지가 더욱 심해져서 마침내 독약을 먹고 목숨을 끊었다.

호 아무개는 본래 《시경》과 《서경》을 읽은 자로서, 남을 너그럽고 후하게 대하는 태도로 처신하지는 못한다고 하더라도, 어찌 강한 자로서 약한 자를 무시하여 가난한 백성을 감히 말도 못하게 하고 감히 화도 못 내게 해서 엿을 먹듯이 독약을 먹고 하찮은 풀을 버리듯이 목숨을 끊게 하였단 말인가! 홍계현이 나 때문에 죽었다는 말로 자신을 책망하더라도 오히려 자신을 용서하는 말이라고 하겠다. 우선 벌금으로 곡물을 내게 하여 진휼곡賑恤穀으로 비축하고 하군거도 형장을 쳐야 저승의 혼령을 위로할 수 있을 것이다.

○ 용어 해설

생원生員은 늠생廩生과 진사進士 따위를 말한다.[106]

안정불수贗鼎不售는 까끄라기가 있는 곡물을 바치지 못했다는 말이다.

행성行成은 화해한 것을 말한다.

---

[106] 생원生員은······말한다: 중국의 생원과 진사는 우리나라의 생원·진사와는 다른 의미로 쓰인다. 생원은 고대 중국의 서울과 지방에 설치된 국립교육기관에 다니던 학생을 가리켰다. 명明나라와 청淸나라 때에는 국가에서 일부 생원에게 반찬거리를 지급하였는데, 그러한 생원을 늠선생원廩膳生員이라 불렀고, 이를 줄여서 늠선생廩膳生 또는 늠생廩生이라고 불렀다. 진사는 명나라와 청나라 때 회시會試에 합격한 사람을 가리켰다.

생원을 예우하였기 때문에 형장을 치지는 않고 벌금으로 곡물을 내서 속죄하게 한 것이다.

14. 자살 사건에 대한 장일괴의 판결문
* 사람을 구하려다 자신이 빠져 죽다

○ 심리한 결과는 다음과 같다.

오수吳壽는 뱃사람이다. 파발꾼 장기봉張起鳳이 위평威平에서 부府로 가기 위해서 배편을 이용하려고 했으나, 뱃사람이 파발꾼을 범처럼 두려워하여 매우 힘껏 거절하였다. 장기봉이 대번에 배로 뛰어 올라와서 상앗대와 노를 뺏으려고 하자, 뱃사람이 당황하여 어쩔 줄 모르다가 발을 헛디뎌 넘어지며 물속에 빠졌다. 물에 빠진 오수를 본 장기봉이 건져 내어 구해 주려는 생각에서 즉시 스스로 흐르는 물속으로 뛰어들었다. 그러나 발을 헛디뎌 물속에 빠졌던 뱃사람은 도리어 일어나서 살아날 수 있었으나 큰 위험을 무릅쓰고 뱃사람을 구해 주기 위해 물속으로 뛰어들었던 장기봉은 돌아오지 못하고 죽을 줄 누가 알았겠는가!

그날 배를 같이 탔던 정문자程文子가 가장 확실하게 상황을 보고 들었다. 그리고 정황과 이치로 헤아려 보더라도, 세상에서 뱃사람이 파발꾼을 구타한 데다 물에 빠뜨려 죽이기까지 할 리는 결코 없다. 다만 파발꾼이 뱃사람을 불렀는데 뱃사람은 어찌하여 일반적인 상식과는 반대로 손님을 굳게 거절함으로써 배에 오르지 못하도록 하여 물에 빠지게 한 것인가! 이에 대해서는 형장을 쳐서 징계하지 않을 수 없다.

○ 용어 해설[107]

뱃사람은 물에 익숙하여 빠져도 죽지 않고 파발꾼은 물에서 놀아보지 않아 빠지면 마침내 죽게 되는 것은 당연한 형세이다. 그러나 나는 이런 생각이 든다.

파발꾼이 한창 화가 나 있던 상태인데, 어찌 갑자기 뱃사람을 구해 주려고 했겠는가? 아마도 이것은 뱃사람이 물속으로 뛰어드니까 파발꾼도 홧김에 뒤쫓아 들어갔다가 마침내 빠져 죽게 되었을 듯하다. 판결문에서 굳이 뱃사공을 건져 내어 구해 주기 위해서 물속에 뛰어들었다고 말한 것은 좋은 뜻이 있었다고 표현하여 뱃사람의 죄를 가볍게 해 준 듯하다.

15. 자살 사건에 대한 장일괴의 판결문

* 이웃을 원망하여 스스로 목을 매어 죽다

○ 심리한 결과는 다음과 같다.

하문두何文斗와 하기린何其麟은 이웃하여 살았다. 하문두의 여종 국화菊花도 동쪽 울타리에 살았는데, 차가운 서리를 업신여기는 것이야 괜찮지만 어째서 이웃 사람까지 업신여긴 것인가![108] 국화가 하기린의 아내 홍씨洪氏와 말다툼을 하면서 홍씨에게 몹시 독하게 욕지거리를 퍼부었다. 홍씨가 수치와 모욕을 견디지 못해 하문두에게 달려가서 호소하였으나, 뜻밖에도 하문두는 국화를 사랑했던 도잠陶潛[109]처럼 여종 국화를 사랑할 줄만 알았지 친족을 화목하게 했던 장공예張公藝[110]처럼 다툼을

---

107 용어 해설: 원문이 '해왈解曰'로 되어 있어 그대로 번역하였으나, 내용상 '다산의 견해'로 보인다.

108 차가운……것인가: 국화는 흔히 차가운 서리도 이겨내는 꽃으로 일컬어진다. 마침 여종의 이름이 국화이므로 꽃으로서 국화의 의미를 빌려서 이처럼 표현한 것이다.

109 국화를 사랑했던 도잠陶潛: 도잠은 중국 동진東晉의 시인으로, 자字는 연명淵明이다. 도잠은 국화를 좋아하여 국화에 관한 시를 여러 수 남겼다. 그중 '동쪽 울타리에서 국화를 따다가, 그윽이 남산을 바라본다.〔採菊東籬下, 悠然見南山.〕'라는 구절이 나오는 〈음주飮酒〉는 국화를 노래한 그의 대표적인 시라고 할 수 있다.

110 친족을……장공예張公藝: 장공예는 중국 당唐나라 사람으로, 9대가 한집에서 화목하게 살았다. 고종高宗이 그의 집에 들러 화목하게 지낼 수 있는 비결을 묻자, 장공예가 인忍 자

해결할 줄은 몰랐다. 홍씨가 황급히 하문두에게 달려가서 호소하였다가 그의 화만 돋운 꼴이 되었으므로 홍씨가 마침내 분노를 견디지 못하고 목을 매어 죽었다.

젊은 사람이 목숨을 가볍게 버린 사건이라고는 하지만, 여종의 헐뜯는 말이 이런 사태를 불러들인 것이 아니겠는가! 협박하여 죽게 하였을 때 적용하는 조항을 하문두에게 적용하지 않을 수 없다.

○ 용어 해설: 왕소往愬는 홍씨가 하문두에게 가서 호소하였다는 말이다.

○ 다산의 견해: 하문두가 어떻게 화를 내면서 꾸짖었는지는 모르겠으나 협박하여 죽게 한 죄목을 적용하는 것은 지나친 듯하다.

16. 협박하여 사람을 죽게 한 사건에 대한 장일괴의 판결문
* 에워싸고 협박하여 죽게 하다

○ 오갑吳甲이 방순方順을 고용하여 땔감을 장만하게 하였는데, 방순이 그 땔감 네 짐을 훔쳤다. 이것은 소인小人이 눈앞의 이익만 탐내는 일상적인 일인데, 뜻밖에 오갑에게 수색을 당하여 들키고 말았다. 방삼안方三安이라는 사람이 은 4냥을 보상하기로 하고 그 사건을 일단락 지을 수 있었다. 그가 다툰 것을 살펴보면 겨우 나뭇가지 땔감 몇 다발에 불과하고, 그 산의 나무를 훼손하여 금지하는 법률을 위반한 것도 결코 아니었다. 그런데도 어찌하여 거짓말로 관아에 고소한 것인가!

관아의 차인差人이 방순을 붙잡으러 갔을 때 방순이 병으로 침상에

만 100여 자를 써서 올렸다고 한다. 화목의 비결이 '참는 것'에 있음을 말한 것이다.

누워 있었고 간당간당 한 가닥 숨만 붙어 있었는데, 사실을 듣고서는 분노하기도 하고 두려워하기도 하다가 마침내 그날 저녁에 죽고 말았다고 한다. 원래 오갑의 처음 생각으로는 갑자기 목숨을 재촉하는 수단으로 삼으려고 생각했던 것은 아니었다. 그러나 체포하려는 사람이 문 안에 와 있고 죽어가는 사람이 방에 있었으니, 협박 때문에 죽은 것이 아니라고 하지만 그 말을 누가 믿겠는가! 요즘 간악한 백성이 걸핏하면 하급 관사를 거치지 않고 상급 관사에 고소하여 수작을 부리고서는 이렇게까지 학대하려고 생각했던 것은 아니었다고 말하곤 한다. 형장을 치고도 남은 죄에 대해서는 약간의 장례 비용을 유족에게 지급하도록 판결하였다.

○ 용어 해설

고방순雇方順은 품값을 주고 방순을 고용한 것이다.

방삼안方三安은 아마도 방순의 족속인 듯하다.

네 짐의 훔친 땔감을 은 4냥으로 보상하였다고 한 것은 오갑이 강제적으로 요구하였다는 것을 밝힌 것이다.

각정榷政은 매매를 독점하는 관아로, 우리나라에서 나무를 베지 못하게 금지하는 봉산封山과 같은 것이다.

가사架詞는 거짓말을 만들어 내서 허위로 고소하는 것이다.

공부控部는 관아에 고소한다는 말이다.

구자拘者는 사람을 체포하기 위해 관아에서 차출하여 보낸 사람이다.

월공越控은 하급 관사를 거치지 않고 상급 관사에 곧바로 고소하는 것이다.

급주給主는 장례 비용을 유족에게 지급하는 것이다.【중에게 지급하는 장례 비용은 화장 비용이라는 의미에서 소燒 자를 쓰고, 세속 사람들에게 지급하는 장례 비용은 매장 비용이라는 의미에서 매埋 자를 써서 구분하지만, 공통으로 장례 비용〔燒埋銀〕이라고 부른다.】

17. 협박하여 사람을 죽게 한 사건에 대한 장일괴의 판결문

* 집안을 수색하자 놀라서 죽다

○ 주기산周其山이 한 지방에서 권력을 독단하면서 보리가 익어갈 때를 틈타 친족들을 규합하여 도둑질을 금지하였다. 친족 중에 주기의周其義가 보리를 잃어버리자, 주기산이 집집마다 대대적인 수색을 벌이다가 홍충洪充의 집에까지 미쳤다. 얼마간의 조와 보리는 어느 집이나 있기 마련이다. 게다가 자기 친족들에게 적용하는 금지 규정을 다른 성씨에게까지 일률적으로 시행할 수는 없는 일이며, 더욱이 도둑질과 같은 추잡한 일을 평민에게 함부로 덮어씌울 수도 없는데, 주기산이 이 두 가지에서 실수를 저질렀다.

홍충은 우연히 다른 곳에 외출한 상태였고, 아내와 아들은 놀라서 달아났으며, 어린 딸은 연못에 떨어져 결국 목숨을 잃었다. 주기산의 진술에 의거하면 '여자아이가 스스로 발을 헛디뎌 빠진 것이며, 저의 일과는 관계가 없습니다.' 하였다. 그러나 이곳의 연못이 오늘 갑자기 생긴 것도 아니고, 이 여자아이가 연못가를 오늘 처음 다니기 시작한 것도 아닌데, 다른 날에는 연못에 빠지지 않았다가 어떻게 갑자기 오늘에서야 빠졌는지는 생각하지 못하였다. 주기산은 입이 열 개라도 무슨 변명을 하겠는가! 주기산의 이름으로 약간의 장례 비용을 추징하고, 파란을 일으킨 주기의와 함께 각각 분별하여 형장刑杖을 쳐서 경계해야 한다.

○ 용어 해설

거운據云은 주기산의 진술을 살펴보면 '여자아이가 스스로 발을 헛디뎌 빠진 것입니다.'라고 하였다는 것이다.

18. 과실로 사람을 죽인 사건에 대한 조개옹의 판결문

* 산鑼을 휘두르다가 잘못하여 사람을 맞혀 죽게 하다

○ 방성찬房星燦과 방방상房邦相은 원래 사소한 원한의 혐의가 있었다. 그러나 이번 사건은 단지 방성찬이 술에 취해 돌아와서 첩 오씨吳氏에게 물을 달라고 하였으나 조금 늦게 준 일 때문에 서로 욕을 하며 싸우자, 방방상이 싸움을 만류하다가 생긴 것일 뿐이다. 즉 뜻하지 않게 방성찬이 산鑼을 휘둘러 첩을 내리쳤는데, 첩이 이를 피하자 잘못하여 방방상의 머리에 맞아 10일 뒤에 파상풍破傷風으로 죽었던 것이다.

방성찬에게 적용할 법을 논하면 술에 취해서 벌어진 일이라고 해서 관용을 베풀 수가 없고, 사건의 정황을 따져 보면 사실은 방성찬이 잘못하여 머리를 맞힌 것이다. 장난치다가 사람을 죽인 경우, 잘못하여 사람을 죽인 경우, 과실로 사람을 죽인 경우 등 3가지가 똑같이 살인에 관한 조항이나, 그중에서 과실로 사람을 죽인 경우의 죄가 가장 가벼운 것은 그 사람에게 살인하려는 마음이 있었던 것이 아니고, 그 사건은 살인 사건이 아니기 때문이다. 잘못하여 사람을 죽인 사건 중에서도 저울질을 해 보면 또 분별이 있다. 계획적인 살인이나 고의적인 살인으로 인해 옆에 있던 사람을 잘못하여 죽인 경우에는 고의적인 살인을 적용하니, 그 사람에게 살인하려는 마음이 있었던 것이고 그 사건도 살인 사건이기 때문이다.

법률을 적용할 때에는 당사자의 의도를 따져 처벌 여부를 정하는 법과 사건의 결과를 따져 처벌 여부를 정하는 법 두 가지를 모두 적용한다. 본래 구타하여 죽이려는 의도를 가지고서 범행을 저지른 자의 죄가 무거우면, 범행 과정에서 잘못하여 옆에 있는 사람을 죽인 경우의 죄도 무겁게 적용한다. 반면에 본래 구타하여 죽이려는 의도를 가지고서 범행을 저지른 자의 죄가 가벼우면, 범행 과정에서 잘못하여 옆에 있는 사람을 죽인 경우의 죄도 가볍게 적용한다.

방성찬이 구타한 사람은 첩이니, 설사 첩을 구타하여 죽였더라도 그에게 적용하는 법률은 100대의 형장을 치고 3년의 도형에 처하는 것에 불과하다. 하물며 잘못하여 죽인 사건인 데다 더욱이 술에 취하고 나서 잘못하여 죽인 사건이니 더 말할 것이 있겠는가! 이미 해당 고을에서 여러 차례 보고한 것에 의거하여 가볍게 처벌하도록 하였고 더욱이 조사 결과와 사면 규정이 서로 부합하니, 100대의 형장을 치는 것으로 바꾸어 적용하고 장례 비용을 추징하여 유족에게 지급하는 것으로 판결한다면, 살아 있는 사람이나 죽은 사람이나 모두 유감이 없을 것이다.

○ 용어 해설

먼저 '사소한 원한의 혐의가 있었다.'라고 말한 것은 유족이 이것을 이유로 고의적인 살인이라고 의심하여 고소하였기 때문이다.

오씨吳氏는 방성찬의 첩이다.

방상권지邦相勸之는 방방상이 화를 풀도록 권유한 것이다.

산鏟은 잔剗과 통용되는 글자로, 잔은 밭을 평평하게 다듬는 기구이다.【날을 따비의 끝에 끼워 흙을 깎아 평평하게 고르는 것이다.】

권오살중權誤殺中은 잘못하여 죽인 사건 중에서도 저울질하는 것이다.

누상屢詳은 여러 차례 보고하였다는 말과 같다.

만장滿杖은 100대의 형장을 치는 것이다.

○ 다산의 견해: 악을 징계하는 방법은 당사자의 마음을 따져 처벌하는 것이 제일이다. 당사자의 마음을 따져 처벌할 경우에 이 사건은 자기 첩을 친 것에 불과할 뿐이다. 그러므로 가볍게 처벌한 것이다.

19. 과실로 사람을 죽인 사건에 대한 호승유의 판결문

* 자바라를 흔들다가 잘못하여 사람을 맞혀 죽이다

○ 살인 사건 가운데 잘못하여 사람을 죽인 사건의 정황으로는 이 사건만큼 명확한 것이 없다. 사람을 죽이는 도구로는 일반적으로 몽둥이 아니면 칼을 사용하지, 불교 의식에 사용하는 악기로 범행을 저지르고 자바라로 사람을 죽였다는 말은 듣지 못했다.

여사달呂士達이 7일 간격으로 7차례 49재를 지낼 때, 승려 여해如海에게 자바라를 흔드는 놀이를 하게 하였다. 이러한 생각을 가진 것 하나만으로도 부처를 경건하게 섬기지 못한 것이고 죽은 사람을 불효로 섬긴 것이니, 이미 죽을 길이 마련되어 있었다고 하겠다. 여해가 솜씨가 능숙하지 못하다고 사양하였으나 여사달의 강요를 받고서야 행하였으니, 이것이 어찌 사람을 죽일 마음이 있었던 것이겠는가!

여해가 자바라를 흔들었으나 박자가 맞지 않아 구경하던 사람들이 놀라 떠들썩했으니, 그때라도 중지할 수가 있었다. 그런데 여사달이 중지하는 것을 허용하지 않았고, 기어이 그 능력을 다 발휘하게 하고서야 후련하게 여기려고 하였으니, 이것이 무슨 말인가! 여해가 구슬을 가지고 노는 재주조차도 없는데 칼춤을 추는 권한을 잡은 셈이었으니, 어느 누구나 사고를 당할 뻔하지 않은 사람이 거의 드물었다. 한 차례 두 차례 흔들다가 자바라의 날이 떨어지면서 마침 여사달의 정수리 한가운데를 맞혀 여사달이 하룻밤 내내 피를 흘리다가 목숨을 잃었다. 여사달의 죽음은 자기가 자기를 죽인 것일 뿐이니, 여해에게 무슨 허물이 있겠는가!

여애呂愛가 자식을 잃은 매우 애통한 마음에서 여해에게 죄를 돌렸으니, 이것도 아버지의 심정으로는 있을 수 있는 일이다. 그러나 여해가 여종을 간음했다는 말과 저주하였다는 거짓말은 어찌하여 나온 것인가!

법률로는 잘못하여 사람을 죽였을 때 적용하는 조항으로 적용해야 하니, 여해의 죄에 대한 처벌은 이 정도에서 끝난다. 만일 그 이상 더 무겁게 처벌하려고 한다면, 저승에서 여사달을 일으켜서 불효한 죄와 경건하지 못한 죄로 다스려야 할 것이다.

○ 용어 해설

발초鈸은 자바라이다. 중국 남제南齊의 목사소穆士素가 자바라를 만들었으며, 그 둘레가 몇 치〔寸〕였다. 또 부남扶南(크메르) 여러 나라에도 자바라가 있었다. 그 둘레가 몇 자〔尺〕였고 가죽으로 꿰었으며, 서로 부딪쳐서 박자를 맞추었다. 그 모양이 만두처럼 생겼기 때문에 찍힐 수 있는 날카로운 모서리가 있다.

천칠薦七은 사람이 죽은 뒤 7일마다 한 차례씩 총 7일간 저승에 49재를 지내는 것이다.

여애는 죽은 여사달의 아버지이다.

괴저怪咀는 저주하였다고 허위로 말한 것이다.

20. 거짓말로 벗어나려고 하는 사건에 대한 이사경의 2차 심리 의견서

* 미친병이 있었다고 거짓말하다

○ 심리한 결과는 다음과 같습니다.

이면륙李綿六에게 사형죄를 적용하도록 판결했던 이유는 이면륙이 뇌명사雷明四를 구타하여 죽였기 때문입니다. 그리고 이면륙이 뇌명사를 때려 죽인 이유는 그가 밖에서 한 차례 싸운 데다 문에 들어와서도 칼을 들이댔기 때문입니다. 이면륙이 구타하였기 때문에 뇌명사가 죽게 되었고 뇌명사가 죽었기 때문에 이면륙을 사형죄로 판결하여 7년 만에 사건을 마무리하였으니, 더 이상 무슨 말을 할 수 있겠습니까!

다만 고을에서 심리할 때, 이면류의 거짓말에 의거하여 '뇌명사가 미친 병이 있었습니다.'라는 내용을 첫 번째 진술서에 삽입하였기 때문에 마침내 끊임없이 변론할 수 있는 단서를 열어 놓았습니다. 그리하여 뇌명사가 본래 미친 사람이 아니었다는 사실은 따져 보지도 않고 뇌명사는 미친 사람이라고 믿게 되었습니다. 법률에는 미친 사람이 사람을 죽인 경우 죄를 용서해 준다는 규정이 없는데, 더욱이 어찌 미치지 않은 사람이 미친 사람을 죽인 경우에 도리어 죄를 용서해 줄 수 있겠습니까! 게다가 원고와 피고의 사유서와 고소장은 물론 면임의 신고서까지도 뇌명사가 미쳤다고 언급한 내용은 결코 없었습니다. 더욱이 현승縣丞의 검안 보고서에도 미쳤다고 언급한 말이 한 글자도 없었습니다.

11일이 되어서야 이면류가 진술서에서 갑자기 '뇌명사가 옛날에 미친 병이 생겼습니다.'라고 하자, 사건을 심리하던 사람도 마침내 이 말을 빙자하여 흉악한 범인을 살려 줄 수 있는 길로 삼았으니, 죽은 사람이 눈을 감을 수 있겠습니까! 더구나 에워싸고서 구타하던 많은 사람들이 문밖으로 나가서도 팔꿈치를 걷어차자, 어머니 호씨胡氏와 아내 채씨蔡氏가 부둥켜안았으며, 웅탕인熊湯人과 소미륙蕭未六이 떠메고 돌아왔으니, 뇌명사가 구타에 의해서 죽은 것이지 미친병 때문에 죽지 않았다는 것은 분명합니다.

만일 구타 때문에 죽은 것이 아니라면 온몸 가득히 비스듬하고 둥글게 나 있는 피멍 자국들은 도대체 어디에서 생긴 것이란 말입니까! 그런데도 오히려 말을 바꾸어 가며 한결같이 변명하기를 '저 사람이 생전에 의원을 맞아들인 것과 기도해 주기를 청한 것은 모두 병이 있었다는 증거인데, 의원과 기도한 사람의 말을 생각하지 않을 것인가!' 하였습니다. 세속에서 죽기를 두려워하고 살기를 바라는 사람들이라면 모두 습관적으로 의원을 맞이하고 기도해 주기를 청하니, 전적으로 미친 사람만을 위해서 그러한 방법을 쓰고 구타당한 사람에게는 쓰지 않는다는 말은 듣지 못하였습니다.

 이 사건은 이면륜이 뇌명사를 구타하였는지 구타하지 않았는지만 물어야 하는 것이지, 뇌명사가 미쳤는지 미치지 않았는지는 물어서는 안 되는 것입니다. 또한 뇌명사가 상처를 입었는지 입지 않았는지 그 상처 때문에 죽은 것인지 아닌지만 물어야 하는 것입니다. 다시 그의 집에서 기도를 했는지 하지 않았는지와 의원을 맞아들였는지 맞아들이지 않았는지는 물어볼 필요가 없는 것입니다. 전임 순안 어사巡按御史의 심리 의견서에 이르기를 '뇌명사가 미친병을 앓았다는 것 때문에 이면륜에게 관용을 베풀 수는 없다.'라고 하였으니, 이것이야말로 참으로 바꿀 수 없는 판결입니다. 원래 교형에 처해야 한다고 판결했던 대로 유지해야 합니다.

○ 용어 해설

의저議抵는 목숨으로 보상하도록 사건을 완전히 종결하였다는 말이다.

투아投牙는 싸웠다는 말이다. 《전국책戰國策》〈진秦〉에서 범수范雎가 말하기를 '싸움이 없는 개들에게 뼈 하나를 던져 주면 떼를 지어 일어나 서로 으르렁거린다.' 하였다.

추인推刃은 서로 죽인다는 말이다. 《춘추공양전春秋公羊傳》 정공定公 4년에 이르기를 '아버지가 죽임을 당한 것이 당연한데 아들이 원수를 갚는 것은 한 차례 복수하고 한 차례 복수를 당하는 길이 된다.' 하였다.

투사投詞는 최초 진술서의 내용이다.

출격出格은 살길을 말한다.【강패보江牌譜에 출격이란 어휘가 있다.】

전도前道는 전임 순안 어사를 말한다.

21. 허망하게 죽은 사건에 대한 유패인의 보고서

* 담배와 술에 취하여 죽다

○ 심리한 결과는 다음과 같습니다.

왕륙汪六은 기생집을 운영하는 남자로, 평생을 미녀에게 기대어 살았고 술을 즐기는 천성을 타고났습니다. 같은 무리인 조화소趙華所가 지난 겨울 10월에 찾아오자, 왕륙이 조배초趙培初의 술집으로 맞아들였습니다. 조배초와 함께 손님을 맞기 위해 청소를 한다고는 하였으나, 사실은 손님 조화소를 맞이한다는 구실을 빌려 주인 조배초를 모시고서 하루종일 술에 취해 사는 일상을 누렸습니다. 어찌 생각이나 했겠습니까! 서말 술을 마시자마자 왕륙이 먼저 크게 취하였고, 담배까지 피우자 술기운과 담배 연기가 서로 충돌하여 술과 연기가 역류하더니 마침내 영원히 취한 채 돌아오지 못하였습니다.

제가 처음에는 다른 사정이 있어서 죽은 것인지 의심하였기 때문에 고소장에 의거하여 보고하였습니다. 그러고 나서 범인들을 모아서 자세히 신문해 보니, 모임에 함께 참석했던 심문보沈文甫 등의 진술이 매우 명확하여 실제로 술에 취해 죽은 사건이었습니다. 왕륙의 어머니 유씨遊氏까지도 '왕륙에게 오래전부터 앓던 병이 있었습니다.'라고 하였으니, 조배초는 아무 생각 없이 초대에 나아갔다가 마침 복잡한 사건과 맞닥뜨린 것이었습니다.

삽鍤을 메고 따르게 했던 유령劉伶[111]처럼 빨리 죽으리라는 것을 일찍

---

111 삽鍤을……유령劉伶: 유령은 중국 진晉나라 때의 사람으로, 술을 좋아하였다. 유령이 외출할 때면 술병을 들고 나가면서 사람을 시켜 삽을 메고 따라오게 하여 자기가 죽으면 그 자리에 파묻도록 하였다. 《진서晉書》〈유령열전劉伶列傳〉에 의하면 유령은 본문의 내용과는 달리 장수하였다고 한다.

감치 알았고, 옷자락을 자르고 떠났던 온교溫嶠[112]처럼 길이 떠나는 것을 후회하지 않았습니다. 이미 상급 관사의 판결을 받았고 현승縣丞의 검안 결과에도 명백히 별다른 상처가 없다고 하였으니, 당연히 심리 결과를 보고하여 상급 관사에 있는 검안 서류를 삭제해야 합니다.

○ 용어 해설

불진拂塵은 자리를 쓸고서 손님을 맞이한다는 말이다.

차객배주借客陪主는 두 조씨를 말한다.

《진서》에 이르기를 '온교가 표문表文을 받들고 강남江南으로 가서 황제로 즉위하기를 권유하려고 하니, 그 어머니가 굳게 만류하였다. 그러자 온교가 옷자락을 자르고 갔다.' 하였다. 지금 이 보고서에서 온교의 일을 인용하여 비유한 것은 적절하지 않은 것 같다.

비위批委는 우리나라에서는 제사題詞[113]라고 한다.

상응相應은 당연히 이와 같이 해야 한다는 말과 같다.

상소헌안詳銷憲案은 보고하여 상급 관사에 있는 검안 보고서를 삭제해야 한다는 말이다. 상급 관사를 헌대憲臺라고 부른다.

---

112 옷자락을……온교溫嶠: 온교는 중국 동진東晉 때의 사람이다. 온교가 병주 자사并州刺史 유곤劉琨의 명에 따라 사마예司馬睿에게 황제로 즉위하기를 권유하는 권진표勸進表를 올렸다. 이때 온교의 어머니가 그 일을 적극 만류하였으나 온교가 옷자락을 자르고서 떠났다.

113 제사題詞: 상급 관사가 하급 관사에서 올린 문서의 여백에 적어 내려 주는 재가 내용을 가리킨다. 일반 백성이 관아에 올린 문서의 여백에 관아에서 판결 내용을 적어 내려 주는 것도 제사 또는 뎨김〔題音〕이라고 하였다.

22. 보고기한에 대한 조개옹의 2차 심리 의견서

 * 넓적다리를 부러뜨리고 눈을 파내다

○ 손곤형孫坤亨 등이 손윤중孫允中과의 오랜 원한을 빙자하여 그의 넓적다리를 부러뜨리고 다시 그의 눈까지 파냈으니, 너무나도 잔인하고 포악하여 사람을 죽이려는 마음이 없었다고 할 수가 없습니다. 다만 넓적다리를 부러뜨리고 눈을 파냈지만 만약 즉시 사망하지 않았다면, 모두 보고기한에 따라 피해자를 보호할 수 있습니다. 그리하여 다행히 건강이 회복되면 한결같이 도형에 처하는 것으로 그치고, 불행히 목숨을 잃게 되더라도 한결같이 교형에 처하는 것으로 그치니, 그 상처가 반드시 목숨을 잃게 하는 상처는 아니기 때문에 그 죄도 반드시 죽여야 할 죄를 적용하지는 않습니다. 그렇지 않고 유약한 선비로서 오랜 원수인 악한 무리를 만났으니, 반드시 죽여야겠다는 마음이 있었다면 즉시 죽이는 것이 무엇이 어려워서 3개월씩이나 목숨을 그대로 이어갈 수 있게 하였겠습니까!

법률을 적용할 때에는 당사자의 의도를 따져 처벌 여부를 정하는 법과 사건의 결과를 따져 처벌 여부를 정하는 법 두 가지를 모두 적용합니다. 당사자의 의도를 따져 처벌 여부를 정할 때에는 당사자의 심정을 면밀히 따지기 때문에 계획적으로 살인한 사람과 고의적으로 살인한 사람은 참형에 처하니, 범행을 저지른 사람의 흉악한 마음을 처벌하기 위해서입니다. 사건의 결과를 따져 처벌 여부를 정할 때에는 법률을 헤아려서 적용하기 때문에 살인이 이루어진 경우가 아니면 계획적인 살인을 적용하지 않고,【여기에서 구절이 끊어진다.】 범행을 저질렀을 당시에 사망한 경우가 아니면 고의적인 살인을 적용하지 않으니,【여기에서 구절이 끊어진다.】 죽은 사람의 친족들이 남에게 죄를 덮어씌우는 것을 방지하기 위해서입니다. 이제 손곤형 등의 경우 심정은 너무나도 악독하나 법률에는 분명한 조항이 있으니, 당연히 원래 판결했던 대로 교형과 도형을 분별하여 적용해야 정황으로나 죄상으로나 모두 합당하겠습니다.

○ 용어 해설

손윤중孫允中은 생원生員이다. 그러므로 유약한 선비라고 한 것이다.

불문모不問謀는 계획적인 살인이라 하더라도 따지지 않는다는 말이다.

불문고不問故는 고의적인 살인이라 하더라도 따지지 않는다는 말이다.

이 사건은 보고기한이 지나고 나서야 상처를 입은 사람이 결국 죽었기 때문에 범인의 죄가 교형과 도형에 그친 것이다.【주범은 교형이고, 종범은 도형이다.】 만일 보고기한 안에 사망하였다면 적용하는 법률이 더욱 무거워진다.

23. 의문점이 있는 살인 사건에 대한 기함형의 2차 심리 의견서

* 무덤을 파헤쳤다고 하지만 증거가 없다

○ 2차 심리한 결과는 다음과 같습니다.

무덤을 파헤친 것은 큰 죄이고 많은 사람을 죽인 죄는 죽여서 시체를 공개하는 벌이 합당합니다. 사건을 목격한 사람은 확보하지 못하고 사건에 대해 전해 들은 사람만 확보하였다면, 의문점이 있는 사건입니다. 의문점이 있는 사건인데도 사형죄를 적용한다면, 사형수가 승복하지 않을 것입니다. 하물며 의문점이 있는 사건 중에서도 매우 의문스러운 사건이고 자신의 죄가 아닌 다른 죄까지 처벌받는 경우는 더 말할 것이 있겠습니까!

정명우程明宇가 조산趙山의 할아버지 무덤을 파헤친 사건과 같은 경우는 범죄의 근거로 삼는 것이라고는 살아 있는 증인인 나영춘羅榮春의 말 뿐입니다. 이제 재차 심리해 보니, 나영춘이 신고한 것은 무덤을 파헤쳤다는 사실만 신고한 것이지, 무덤을 파헤친 사람이 정명우라고 신고한 적은 없습니다. 사리로 헤아려 볼 때 이것은 숨겨진 정황을 은은하게나마 밝혀 준 것이니, 참으로 정명우의 범죄 사실에 대해서는 의문점이 남습니다. 사람이면 누구나 부모가 있는 법이니, 길을 가는 많은 사람들이 한심하게 여깁니다.

처음 심리한 의견을 보고할 때 모두 무거운 쪽으로 처리했어야 합니다. 그러나 노인의 체모를 팽개치고 계획을 주도했던 정사정程士亭이 감옥에서 죽은 것은 하늘이 내린 형벌입니다. 가령 의심할 것 없이 명백하였다면 정명우는 종범으로서 등급을 낮추어 처벌을 받았을 것입니다. 더구나 사방의 이웃과 이장里長[114] 중 한 사람의 증인도 전혀 없고 증인이라고는 겨우 어린아이인 나영춘 한 사람뿐입니다. 그마저도 한 사람의 범인을 확실히 지목하지 못하니, 앞으로 무엇을 확실한 진술과 증거로 삼아서 정사정을 죽이고 또 정명우까지 죽이겠습니까!

게다가 정명우의 아내가 죽은 날이 바로 주산의 할아버지 무덤을 파헤친 날이니, 조산의 할아버지 무덤을 조성한 지 하룻밤 사이에 그 무덤을 파헤쳤다는 말입니다. 이것은 정황과 이치로 헤아려 볼 때 '정명우가 아내의 죽음에 대한 원망을 조매趙玫에게 돌리려고 눈물이 마르기도 전에 마침내 무덤에다 원한을 풀기 위해서 삽과 괭이로 부지런히 무덤을 파헤쳤다.'라는 말인데, 인정으로도 그럴 수가 없었을 뿐만 아니라 상황으로도 그럴 여가가 없었을 것입니다.

---

114 이장里長: 중국 명明나라 때 지방의 최하위 통치조직의 하나이다. 110호戶를 1리里로 삼고 1명의 이장을 두었다.

이제 조산도 할아버지의 관梧을 오랫동안 밖에 노출해 놓고 있는 것에 대한 부담감과 범인 중의 한 사람인 정사정이 감옥에서 죽었다는 점을 들어 소송이 종식되기를 바라고 있습니다. 따라서 마음을 열고 각각 전에 적용하도록 했던 법률에 따라 처리하는 것이 마땅하겠습니다.

○ 용어 해설
번로拚老는 노인의 체면을 팽개친다는 말이다.【번의 음은 번翻으로, 쓸어 없앤다는 말이다.】
위종지감爲從之減은 정명우는 종범에 불과하므로 처벌의 등급을 줄여 주어야 한다는 말이다.
무덤을 파헤친 날은 정명우의 아내가 죽은 날이자 조산이 할아버지의 장례를 치른 이튿날이기 때문에 그럴 겨를이 없었을 것이라고 말한 것이다.

○ 다산의 견해: 이 조항은 살인 사건에 관한 기록은 아니지만, 심리하여 의견을 제시하는 체제가 살인 사건과 전혀 차이가 없기 때문에 기록하였다.

비
상
준
초

❖

4

1. 주범과 종범에 대한 이지방의 보고서

* 주범은 죽고 종범은 석방하다

○ 심리한 결과는 다음과 같습니다.

이삼제李三弟 등이 진재進才를 구타하여 죽인 사건으로 말하면, 병사인 진재가 제멋대로 군영軍營을 이탈하여 주민에게서 강제로 재물을 약탈하였으니, 그의 죽음은 스스로 불러들인 것입니다. 그러나 약탈의 피해를 받은 집에서 진재를 멋대로 죽인 것은 아닙니다. 따라서 법률에 교형絞刑을 적용하도록 한 것은 참으로 법의 공평성을 실현한 것이라고 하겠습니다. 다만 독무督撫의 원래 판결에 의거하여 최초의 진술까지 살펴보면, 모두 이육구李六狗 등이 구타하여 죽였다고 하였습니다. 더구나 시체가 이육구의 돼지우리에 숨겨져 있었으니, 이육구가 주범이라는 것을 알 수 있습니다. 그러나 나중에 확실한 증거도 없었기 때문에 어른인 이삼제에게 우선 죄를 받게 하였으니, 이는 부득이한 일이었습니다.

4년 10개월이 되어서야 성省으로 압송押送하여 상급 관사에서 직접 심리하였습니다. 이육구가 형장을 맞은 뒤에 그를 고을의 감옥에 도로 수감하기 위해서 데리고 돌아오다가 차인差人 섭문괴葉文魁의 집에서 죽었습니다. 이육구가 감옥에서 죽은 것은 아니지만, 형장을 맞고 죽은 것은 감옥에서 죽은 것이나 마찬가지입니다. 법률에 '상급 관사의 심리를 받고 돌아오던 도중에 병으로 사망한 경우에는 목숨으로 보상한 것으로 인정해 준다.'라고 기재되어 있는 조항과도 마침 서로 부합합니다. 더구나 원래의 진술에서 흉악한 주범으로 지목한 점으로 볼 때 나머지 종범과는 다르다는 것도 알 수 있습니다.

함께 구타한 이오제李五弟는 또 작년에 재차 심문을 받기 위해 고을 관아를 왕복하느라 굶주리고 병이 들어 죽었습니다. 진술서에서 거론된

이양구李兩狗는 사건이 일어난 날에 허겁지겁 멀리 달아난 뒤 5년 동안 행적을 찾을 수 없어 생사가 불투명합니다. 이 때문에 병사 한 명의 죽음으로 인해 이씨李氏 가문은 연기처럼 사라져서 거의 인적을 찾을 수가 없습니다. 정황과 법률로 헤아려 보면, 이육구의 죽음으로 진재의 목숨을 보상한 셈으로 치더라도 오히려 적용해야 할 형량보다 높게 법을 적용한 것이라고 생각되며, 죄인의 진술서와 합치되지 않는 정황도 없습니다.

이를 인용하여 이삼제의 여생을 보전해 준다면, 상급 관사에서 죄인에게 살길을 열어 주는 어진 정치가 될 수도 있을 것입니다. 더구나 사건이 발생한 지도 오래되고 사건과 관련된 사람들도 죽어 버려 별달리 확실한 증거가 없고 증인 이득순李得順만 남아 있습니다. 그러나 이득순도 사건이 일어날 당시에 누가 직접적으로 범행을 저질렀는지는 목격하지 못했습니다. 따라서 재차 엄히 신문하게 하여 해를 넘기고 결국 의문점이 있는 사건이 되게 하는 것보다는 일찌감치 중대한 사건을 매듭짓는 것이 나을 듯합니다. 상급 관사에서 재가해 주시기를 삼가 바랍니다.

○ 용어 해설

군영의 병사인 진재가 백성에게서 재물을 약탈하였다가 이씨들에게 살해되었다.

수책受責은 형장을 맞는 것이다.

환감還監은 상급 관사로부터 본래 수감되었던 감옥으로 돌아오는 것이다.【감監은 가두는 것이다.】

원차原差는 죄인을 압송하기 위해 차출된 사람이다.

해심解審은 본 고을에서 잡아서 상급 관사로 보내어 판결을 받는 것이다.

저명抵命은 목숨으로 보상하는 것이다.

2. 주범과 종범에 대한 유시준의 보고서
* 주범은 죽고 종범은 처벌 등급을 감해 주다

○ 심리한 결과는 다음과 같습니다.

왕명승王明昇의 죽음은 첫 번째 진술에 의거하면, 처음에 요계신姚繼信과 주역周易이 함께 때렸을 때에는 무거운 상처를 입지는 않았으나, 곧이어 왕명승이 치마를 가져다가 바꾸어 입은 일로 요계신의 분노를 유발함으로써 요계신이 혼자 주먹과 곤봉으로 구타하고 나서야 목숨을 잃게 되었습니다. 따라서 요계신에 대해서만 죄를 인정하여 목숨으로 보상하게 하는 것은 본래 당연합니다.【여기에서 구절이 끊어진다.】

지금 요계신이 시끄럽게 떠들며 주역에게 죄를 떠넘기고 있으나, 주역은 이미 죽었으므로 그의 말대로 믿을 수가 없을 듯합니다. 다만 주역이 죽은 사건만 가지고서 미루어 볼 필요가 있습니다. 요계신의 두 번째 진술에서 '합비合肥로 압송되어 재차 심리를 받고 돌아오던 도중에 나루터를 지나가다 주역이 발을 헛디뎌 잘못하여 물속에 빠져서 그대로 죽었습니다.'라고 한 말에 의거하고, 주역의 어머니 시씨施氏의 고소장 및 면임面任과 차인差人의 보고서를 재차 살펴보면 모두 '주역이 스스로 물에 투신하여 죽었습니다.'라고 하였습니다. 원래의 사건 기록에서 '물에 떨어져서 죽었다는 것은 조사해 봐야 합니다.'라고 한 말은 원래 위의 정황과는 서로 어긋난 것입니다.

물이 불어나서 넘실넘실 흐른 것도 아니었고, 사람들이 너도나도 먼저 건너려고 다툰 것도 아니었으며, 물을 건널 당시가 어두운 때도 아니었고, 주역이 술을 마신 뒤이거나 병을 앓고 있던 중도 아니었으며, 많은 사람들이 편안히 건너고 있었으니, 한 사람만 잘못하여 물속에 빠질 리가 없습니다. 게다가 첫 번째 진술에 의거하면 '왕명승이 죽은 뒤에 주역이 당황하여 스스로 목을 찔러 죽으려고 하였는데, 요계신이 칼을 빼앗아 구해 주어 죽지 못하였습니다.'라고 하였습니다. 이제 주역이 물속에 투신하였는데 '발을 헛디뎠습니다.'라고 하였으니, 가령 주역이 스스로 목을 찔러 죽으려고 할 때에도 칼을 빼앗아 구해 준 사람이 없었다고 한다면, 그것도 '실수하여 칼로 목을 찔러 잘못 상처를 입게 되었습니다.'라고 말할 수 있겠습니까! 그러고 보면 주역이 죽기로 작정하고 스스로 물속에 빠져 죽은 것이 확실합니다.

만약 주역이 요계신과 함께 왕명승을 구타하였을 때에는 왕명승이 죽지 않았다고 한다면, 주역은 본래 나머지의 가담한 사람[餘人][115]인 셈인데 어찌하여 마음이 허약해져서 죄를 두려워하여 스스로 목을 찌르고 죽으려다가 실패하고, 이어서 물속에 투신하여 기어이 죽고야 말려고 하였단 말입니까! 만약 구속되는 것을 두려워했기 때문이었다고 한다면, 어찌 죽는 것이 구속되는 것보다 가볍겠습니까! 이것이 첫 번째 의문점입니다.

만일 요계신이 혼자서 왕명승을 구타하여 죽게 한 것이 확실하다면, 반드시 스스로 벗어날 방법을 강구하였을 것입니다. 따라서 주역이 스스로 목을 찔러 죽으려고 한 것을 개인적인 다행으로 여겼을 것이니, 첫째는 목숨으로 보상할 수 있을 것이고, 둘째는 살인의 책임을 주역에게 떠넘길 수 있을 것이며, 셋째는 입막음을 할 수 있을 것이기 때문입니다.

---

115 나머지의 가담한 사람[餘人]: 범죄를 저지를 때 주도적인 역할을 한 주범 또는 주범·종범을 제외한 나머지의 가담한 죄인을 여인餘人이라고 하였다. 여인은 범죄에 따라 각각 다르게 구분하였다. 예를 들어 갑·을·병이 함께 모의하여 정을 구타하였는데, 갑은 모의를 주도하였으나 정에게 치명상을 입히지는 않았고, 을은 정에게 치명상을 입혀 죽게 하였다면, 을은 교형絞刑에 처하고, 갑에게는 100대의 형장을 치고 3000리의 유형流刑에 처하며, 병은 여인으로 분류하여 100대의 형장을 쳤다._《대명률강해大明律講解》〈형률刑律·인명人命〉

그런데 무슨 까닭으로 앞으로 다가가 칼을 빼앗아 구해 주어 주역의 몸과 입을 살려 두어서 스스로 처벌을 받겠습니까! 이것이 두 번째 의문점입니다.

○ 용어 해설

취군取裙은 구타를 당한 뒤에 치마를 가져다가 바꾸어 입은 것이다.

이저以抵는 그렇게 함으로써 목숨으로 보상한다는 것이다.

고이固已는 다만 첫 번째 진술에만 의거한다면 사리로 보아 당연하다는 말이다.

발해發解는 파견한다는 말이다.

합비合肥는 상급 관사가 있는 곳이다.【향시鄕試에서 합격한 사람도 서울로 보낸다고 하였다.】

투칭投稱은 고소장에서 호소한 내용이다.

원차原差는 본 고을에서 죄인을 압송해 간 아전과 장교이다.

탈구奪救는 칼을 빼앗아 구해 주는 것이다.【'실수로 목을 찌르다.〔失頸〕'라는 두 글자는 '발을 헛디뎠다.〔失脚〕'라는 말과 호응하여 쓴 것이다.】

적이的已는 확실하다는 말이다.

구루懼累는 구속되는 것에 대해 겁을 먹은 것이다.

전추展推는 핑계 댄다는 말과 같다.

중간의 증인인 왕성王成 등을 신문하니 '왕명승이 요계신과 주역에게 구타를 당하고 나서 신가산申家山이라는 곳까지 갔다가 술에 취한 데다 상처를 입어서 땅에 쓰러져 있었습니다. 제가 그를 부르니 벌떡 일어나며 「구타를 당해 상처를 입었다.」라고 하고서는 마침내 억지로 앞으로 나아갔습니다. 요계신의 집에 이르러 치마를 가져다가 입은 일과 요계신의 집에 이른 뒤에 구타를 당했는지의 여부는 전혀 알지 못합니다.' 하였습니다. 이치로 미루어 보면, 앞서 두 사람이 함께 구타할 때에는 네 손과 네 발이 번갈아가며 집중 공격을 하였을 것이고, 왕명승이 떠나갈 때에는 이미 심한 상처를 입었을 것입니다. 그나마 한 가닥 숨이 그래도 남아 있었고 술기운도 아직 깨지 않았기 때문에 쓰러져 있다가도 억지로 일어날 수가 있었고, 그곳을 떠나서 억지로 올 수가 있었습니다. 또 몇 리里를 걸어서 요계신의 집에까지 이르자, 기운도 다 빠지고 술기운도 다 사라져서 더 구타하지 않더라도 죽었을 것입니다.

이제 '요계신이 다시 구타하였습니다.'라고 한다면, 주역도 수수방관하고만 있지는 않았을 것이니, 맞지 않는 말입니다. 만약 '주역이 그곳에 있지 않았습니다.'라고 한다면, 공동으로 투자하여 차린 가게의 출입을 반드시 둘이 같이 했을 것이니, 맞지 않는 말입니다. 게다가 시체를 옮기는 일은 한 사람의 힘만으로는 어려운 것입니다. 더욱이 다음 날 시체를 메고 요계신의 집에 이르렀는데 또 어찌하여 주역이 그 집에 있다가 당황하여 스스로 목을 찔러 죽으려고 하였겠습니까! '요계신의 분노를 유발하여 요계신이 혼자 구타하였습니다.'라는 말은 원래 고문을 두려워해서 허위로 자백한 것입니다. 이것이 세 번째 의문점입니다.

첫 번째 진술에 의거해서는 요계신은 목숨으로 보상하도록 판결하고 주역은 형장을 치도록 판결하였으며, 나중에 주역에게는 은銀 20냥을 내서 요계신에게 주어 옥바라지하는 자금으로 쓰게 하라고 판결하였으니, 금전출납서가 장부에 있으니 조사해 볼 수 있습니다. 이러한 판결을 했던 이유는 처음 심리할 때, 두 사람이 함께 구타한 사실이 확실하고 두 사람의 죄가 서로 엇비슷해서 두 사람 모두 살릴 수도 없고 두 사람 모두 차마 죽일 수도 없다는 것을 알았기 때문입니다. 그래서 인정을 따르고 법률을 융통성 있게 운용해서 한 사람에게는 혼자 죄를 받게 하고 한 사람에게는 자금을 출연해서 죄인을 도와주게 하였던 것입니다. 이것은 전에 심문한 관원이 가엾게 여긴 뜻에서 나온 것입니다.

그러나 법률에는 자금을 출연해서 도와주도록 한 조항이 없는 데다 사형은 두 사람이 나누어 받을 수 있는 죄가 아닙니다. 주역이 자세하게 의견을 진술하였는데 또 계속 스스로 죽으려고 했으니, '직접적으로 범행을 저지른 요계신 혼자만 무거운 벌을 받고 있으니 스스로 돌아볼 때 편안하지가 않다.'라고 생각하였으리라는 것은 자기의 마음을 미루어 보면 알 수 있는 일이기도 합니다. 이것이 네 번째 의문점입니다.

게다가 주역이 감옥에서 죽었으니 그에게 적용해야 할 법률에도 가깝고, 목숨으로 보상하는 벌에도 충분합니다. 더구나 주역은 실제로 죄가 두려워서 스스로 죽은 것이며, 다시 요계신의 살길마저 끊어 버렸습니다. 따라서 두 사람의 목숨으로 왕명승에게 보상하는 것은 오히려 가엾은 일입니다. 요계신에 대해서는 보고서에 따라 도형徒刑으로 바꾸어 적용하도록 결정해 주시는 것이 옳을 것 같습니다.

○ 용어 해설

중증中證은 중간의 증인이다.

강전强前은 왕명승이 병을 무릅쓰고서 앞으로 나아갔다는 말이다.

지후至後는 요계신의 집에 도착한 이후라는 말이다.

합본공점合本共店은 주역과 요계신 두 사람이 자금을 합하여 점포 하나를 함께 개설하였다는 말이다.

구고懼拷는 형장을 맞는 것에 대해 겁을 먹은 것이다.

의저疑抵는 목숨으로 보상하는 벌을 적용하는 것이다.

방첩帮貼은 돕는다는 말과 같다.

누사累死는 감옥에서 죽는 것이다.

개도改徒는 도배徒配로 바꾸어 적용하는 것이다.

○ 다산의 견해: 이 심리 보고서는 한 자 한 자가 핵심을 찔렀으니, 수령守令을 맡고 있는 사람들은 확실히 숙지해 두어야 한다.

3. 싸우다가 사람을 죽인 사건에 대한 성왕찬의 심리 의견서

* 서푼의 돈 때문에 자신을 죽이다

○ 심리한 결과는 다음과 같습니다.

위화魏和는 위현과魏顯科의 아들이고, 위기魏奇는 위문형魏文衡의 종입니다. 지난해 2월에 위기가 저잣거리의 아이들을 모집하여 남의 혼수품을 운반하였습니다. 위화는 10살 된 어린 아들을 내보냈습니다. 위기는 운반 책임자로서, 1명당 임금이 5문文씩이었으나 그 가운데 2문은 자신이 차지하고 겨우 3문만 주었습니다. 위화의 아들이 증서 쪼가리를 잃어버리자, 위기가 그 3문마저도 아까워하여 주지 않았으므로 위화가 여러 차례 달라고 요구했습니다.

그러다가 5월 18일에 위화가 길에서 위기를 만나 마침내 싸우게 되었는데, 일시적인 분노로 인한 싸움이었으나 둘 중 하나는 죽어야 끝날 형세였습니다. 두 사람은 똑같이 돈보다 목숨을 가볍게 여겼습니다. 위기는 힘이 세고 위화는 약했는데 위화가 자기 힘을 헤아리지 않고 기어이 위기를 이기려고 하였습니다. 위화가 땅에 쓰러졌다가도 오히려 버티고 일어나서 서로 치고받았으며, 서로 떨어졌다가 다시 엉겨 붙기를 세 차례나 하였습니다. 위화의 허약한 몸은 위기의 주먹을 잘 견디지 못하였으나 분노가 이성을 마비시켜 오히려 감당할 수 없는 상대에게 대항하려고 하였으니, 기어이 싸움에 지고 목숨을 잃고야 말게 된 원인입니다.

싸움이 벌어진 곳에서는 아이들과 이임里任[116] 등 많은 사람들이 모여서 지켜보았습니다. 그중 증삼曾三이라는 사람이 위화의 망건網巾을 가지고 가서 위화의 아내에게 소식을 알렸습니다. 위화의 아내 뇌씨雷氏가 직접 가서 두들겨 맞는 꼴을 보고 위화를 떠메고 돌아왔습니다. 다음 날 위기가 위화의 대문 앞을 지나가자, 위화가 오히려 위기에게 옷을 물어내라고 요구하였으니, 위화가 이처럼 성깔을 부린 것은 남은 화가 아직도 풀리지 않았기 때문이었습니다. 그 당시에 위화는 겨우 한 가닥 실오라기 같은 목숨만 남아 있던 형편이었으니, 어찌 손찌검과 발길질을 다시 가할 수 있었겠습니까! 위기가 즉시 돌아가고 나서 위화가 그날 저녁에 죽었습니다. 18일에 구타를 당하고 19일에 죽었으니, 깊은 상처를 입은 것이 아니라면 어찌 이렇게까지 빨리 죽을 수 있었겠습니까!

처음 살펴보았을 때에는 온몸이 푸르스름하고 불그죽죽하였고, 다시 자세히 살펴보니 여기저기 멍이 들어 있었습니다. 주먹으로 친 것 외에는 다른 흉기가 없었으며, 맞서 싸운 두 사람 외에는 가담한 사람이 없었습니다. 의문점이 하나도 없으므로 법에 따라 처벌하는 것이 합당하였고, 위기도 기꺼이 목숨을 내놓겠다고 하였습니다. 둘 다 어리석습니다. 위화는 죽는 것을 원통하게 여기지 않고 싸움에서 진 것을 원통하게 여겼으며, 위기는 살아난 것을 요행으로 여기지 않고 싸움에서 이긴 것을 요행으로 여겨, 둘 다 죽어도 후회가 없었습니다. 이것은 하찮은 사내들의 용기이니, 서글픈 일이기도 합니다.

---

116 이임里任: 조선 시대에, 지방의 동리에서 호적에 관한 일과 그 밖의 공공사무를 맡아보던 사람이다.

○ 용어 해설

은남恩男은 은혜로 기르는 아들이다.

유자幼子는 위화의 아들이다.

여부장舁夫長은 우리나라에서는 짐꾼의 우두머리〔擔軍牌頭〕라고 한다.

촌지寸紙는 우리나라에서는 자문尺文(영수증)이라고 한다.

《진서晉書》〈유령열전劉伶列傳〉에 이르기를 '유령이 술에 취하여 속세 사람과 시비가 붙었다. 그 사람이 소매를 걷어붙이며 주먹질을 하려고 하자, 유령이 침착하게 말하기를 「나의 닭갈비는 당신의 주먹을 편안히 받기에 부족합니다.」라고 하자, 그 사람이 웃으며 그만두었다.' 하였다. 이제 계륵鷄肋이라고 말한 것은 이 일을 인용한 것이다.

당비螳臂는 《장자莊子》의 말[117]을 인용한 것이다.

지보地保는 우리나라의 이임里任과 같다.

싸우다가 망건網巾이 찢어졌기 때문에 이를 가지고 가서 알린 것이다.

위화가 싸움에 진 것을 원통하게 여기고 위기가 싸움에 이긴 것을 요행으로 여긴 것은 '이것은 본래 상호 간의 싸움이기 때문에 죄에는 경중의 차이가 없고 한 사람은 죽고 한 사람은 살았을 뿐이다.'라는 말이다.

4. 신고하지 않고 멋대로 사람을 죽인 사건에 대한 모제가의 판결문

* 한칼에 도둑을 베어 죽이다【이유 없이 밤에 안방으로 들어가다.】

○ 심리한 결과는 다음과 같다.

---

117 장자莊子의 말: 《장자》〈양생주養生主〉에서 사마귀가 팔을 뻗쳐 수레바퀴를 막으려 한다고 비유한 말을 가리킨다. 이 비유는 자신의 역량이나 본분을 망각하고 분별없이 나서는 것을 가리킨다.

요재姚才는 여관을 운영하는 곤궁한 백성이다. 여관 안에는 투숙할 손님을 받으니, 물이나 불로 인한 재해 및 도둑을 항상 조심하고 예방하지 않을 수 없다. 어느 날 한밤중에 어머니와 아내의 방안에서 갑자기 '도둑이야!'라고 함께 외치는 소리가 들려왔다. 요재가 즉시 작두칼을 들고서 안방으로 달려갔다. 안에서 사람의 그림자가 비치자 마침내 작두칼을 휘둘러 찍었더니 그 사람이 몇 걸음도 못 가서 땅에 꼬꾸라졌다. 등불을 비추어 보고서야 그 사람이 경비병 이성룡李成龍이라는 것을 알았다.

경비병은 지방의 도적을 방비하는 일을 보라고 둔 것으로, 원래 여관의 문밖에서 지키며 묵는 법이다. 그런데 한밤중에 문을 열고 들어와서 곧장 부녀자의 방으로 가서 버젓이 벌거벗고 신발까지도 신지 않았으니, 이와 같은 행동은 도둑질을 하려던 것인가, 아니면 강간을 하려던 것인가? 그 가운데 하나라는 것은 틀림없다. 밤중에 이유 없이 남의 집에 들어온 자를 즉시 죽인 경우에는 죄를 묻지 않으니, 이러한 법률과 이러한 사건은 참으로 하나하나 서로 부합된다.

고을에서 요재에게 이미 범인을 붙잡았는데도 신고하지 않고 멋대로 죽인 죄[118]를 적용한 것은 '사람의 목숨은 매우 중대한 데다 경비병을 죽인 것은 더욱 중대하니, 감히 너그럽게 석방할 수가 없다.'라고 여긴 것에 불과하다. 그런데 심지어 기어이 '이씨李氏가 욕정을 품고 있었던 것은 따지지 말고, 경비병도 남의 아내와 딸을 강간하지는 않았을 것이다. 더구나 이씨와 어머니가 한방에 같이 누워 있다가 소리를 듣고 함께 소리

---

118 이미……죄: 싸우다가 사람을 죽이거나 상처를 입혔을 때의 죄보다 2등급을 감한 죄를 가리킨다. 《대명률大明律》〈형률刑律·적도賊盜〉에서는 '밤중에 이유 없이 남의 집에 들어간 사람은 100대의 형장刑杖을 친다. 이때 주인이 즉시 죽인 경우에는 죄를 묻지 않는다. 이미 도둑을 붙잡았는데도 신고하지 않고 죽이거나 상처를 입힌 사람은 싸우다가 사람을 죽이거나 상처를 입혔을 때의 죄보다 2등급을 감하여 처벌하되, 그렇게 감한 죄가 사형에 해당되면 100대의 형장을 치고 3년의 도형徒刑에 처한다.'라고 하였다.

를 질렀는데, 또 무엇을 근거로 강간하려 했다고 지목할 것인가!'라고 하기까지 하였다. 또 말하기를 '날씨가 추워서 불을 빌려 담배를 피우려고 한 것이다.'라고 하였다.

그러나 불을 빌려 담배를 피우려고 하였다면 반드시 문을 두드려야 하고, 반드시 옷을 걸쳐야 하며, 반드시 신발을 신고 들어가야 한다. 그러니 어찌 벌거벗은 몸과 맨발로 판자문을 열고 안방으로 들어가서 불을 빌려 달라고 할 리가 있겠는가! 상처 입은 흔적을 따져 보면, 본 고을에서 직접 검안한 결과 목구멍 오른쪽 밑에는 비스듬하게 5치 길이의 상처가 나 있었고 왼쪽에는 상처가 없었다. 그러므로 이것은 작두날을 비스듬하게 내리쳐서 생긴 상처이지 이성룡이 천장을 보고 반듯이 누워 있다가 살해된 것이 아니다. 경비병이 법을 지키지 못해 스스로 죽음을 불러들인 것이므로 남에게 허물을 돌릴 수는 없다.

○ 용어 해설

개장開張은 설치한다는 말과 같다.

찰鍘은 작두칼이다.

이씨李氏는 요재의 아내이다.

본청本廳은 본 고을을 말한다.

비앙수이살자非仰睡而殺者는 아마도 유족의 진술에서 '이성룡이 반듯이 누워서 자다가 다른 칼날에 베인 것입니다.'라고 하였기 때문에 이제 칼을 휘두른 자세로 볼 때 그렇지 않다는 것을 밝힌 말인 듯하다.

【이 아래 6조목은 여상두余象斗가 수집한 공안소설公案小說인데, 문장도 우아하고 바르기 때문에 수록하였다.】

5. 아내를 죽인 사건에 대한 손 지현知縣[119]의 심리 의견서
* 병들어 죽은 것을 남에게 죄를 뒤집어씌우다

○ 번창현繁昌縣의 장간張簡이 다음과 같이 고소하였다.

"원한을 품고 죽은 살인 사건에 대해 고소합니다. 아버지가 살아 있을 때 누이 운옥雲玉을 시집보내기 위해 백금百金이나 되는 혼수를 후하게 마련하여 짐승 같은 놈【화가 나서 욕지거리한 말이다.】계생計生과 짝을 지어 주어 그의 아내가 되었습니다. 그러나 저렇게 흉악한 인간인 줄을 어찌 알았겠습니까!【저렇게 흉악한 인간인 줄을 어찌 알았겠는가라는 말이다.】계생이 생계는 힘쓰지 않고 술에 빠져 기생과 놀아났습니다. 외로운 누이는 일생 동안 남편만 바라보며 살았는데 누이가 고심어린 충고를 하자 계생이 도리어 성을 내고는 멀쩡하게 살아 있던 사람을 때려서 죽였습니다. 남편이 아내를 죽였으니 인륜과 도덕이 땅에 떨어진 것입니다. 오라비는 애통하고 누이는 원통하며, 사태는 끔찍하고 하늘은 캄캄합니다. 그러므로 관아에 고소합니다."

○ 계생이 다음과 같이 고소하였다.

"원통한 사정을 명백히 밝히는 일에 대해 고소합니다.【이 원통한 상황을 명백히 밝혀 달라는 것이다.】제 아내가 병으로 죽고 장모가 직접 염습을 했으나, 이상한 점은 없었습니다.【장모가 몸소 소렴小殮을 하였으나, 달리 이상한 일

---

119 지현知縣: 중국 송나라·청나라 때에 둔 현縣의 으뜸 벼슬아치이다.

은 없었다.】 그런데 장간이 이처럼 간사한 처남인 줄을 어찌 알았겠습니까!
【간사한 처남인 줄을 어찌 알았겠는가라는 말이다. 중국어의 표준어에서는 아내의 남자
형제를 구구舅라고 한다.】 제가 아내를 때려서 죽인 것처럼 장간이 날조하여 고
소하였습니다. 그러나 장모가 직접 와서 분명히 염습하였고 다시 재촉하
여 시체를 검안하였습니다. 그런데 장간이 누이의 죽음을 계기로 재물을
차지할 수 있는 좋은 기회로 여기고 누이의 주검을 담보로 도박을 하듯
이 고소하였습니다.【고주孤注[120]의 의미는 앞에서 나왔다.】 세상의 평화로운 기
운을 손상시킨다는 사실은 돌아보지도 않고, 농간을 부려 재앙을 불러
올 줄만 알았습니다. 저와 장간에게 각각 각서를 받아서【우리나라의 다짐[侤
곰]과 같다.】 아내의 몸에 상처가 있다면 제가 구타한 죄를 인정하고, 아내
의 몸에 상처가 없다면 소송한 상대방을 반좌율로 처벌해 주소서.【악惡은
소송의 상대방을 말한다.】 그렇게 한다면 누가 죄인인지 결정될 것이고 아내
의 시체도 잘못 검안하는 일이 없을 것입니다. 관아에 고소합니다."

○ 심리한 결과는 다음과 같습니다.
운옥은 계생의 아내이고, 장간은 곧 운옥의 친오빠입니다. 계생이 술
에 빠지고 기생과 놀아났으며, 만류하는 아내에게 성을 내는 등 부부로
서의 사이가 좋지 않았으니, 참으로 윤리를 어긴 죄인입니다. 다만 운옥
은 외로운 처지로 일생 동안 무능한 남편만 바라보다가 한을 안고 죽었
을 뿐입니다. 만약 기어이 '운옥이 매를 맞아 죽었습니다.'라고 한다면,
누구를 범인으로 지목할 것입니까!
장간으로서는 누이가 원통하게 죽었다고 의심하여 계생을 상대로 죄
를 얽어 고소하였지만, 계생이 기생과 놀아난 짓은 했더라도 결코 아내

---

120 고주孤注: 돈을 걸고 도박하는 사람이 마지막에 가진 돈을 몽땅 내기에 거는 것이다.

를 죽일 리가 없다는 것을 전혀 몰랐습니다. 장간이 시집보낼 때의 혼수품을 되찾으려고 하는 것이라면 그럴 수도 있겠지만, 기어이 시체를 검안하여 계생을 사형시키려고 하는 것이라면 불가합니다. 그렇지 않다면, 옛날에는 두 집안이 대대로 혼인할 만큼 사이가 좋았는데 지금은 전혀 상관이 없는 사람들처럼 사이가 멀어졌으니, 사람들의 웃음거리가 될 뿐입니다.

○ 용어 해설
부수지지夫誰指之는 증인이 없다는 말이다.
구가렴究嫁廉은 혼수품을 되찾는다는 말이다.

○ 다산의 견해: 갑甲은 때려서 죽였다 하고 을乙은 병으로 죽었다 하여 서로 주장이 엇갈리는 상황에서 장간이 허위로 고소했음을 증명해 주는 이웃의 증인도 없었다. 그런데 심리 의견서에서는 단정적으로 말하기를 '계생이 아내를 죽일 리가 없습니다.' 하였으니, 앞으로 '세상에는 아내를 죽이는 사건이 없을 것입니다.'라고 할 것인가! 장간이 후한 혼수에 대해 맨 먼저 언급한 것을 통해서 탐욕스러운 마음이 은연중에 드러난 것을 알 수 있으니, 풍속을 손상시키는 일이라고 할 수 있다. 그런데도 심리한 관원은 도리어 '시집보낼 때의 혼수품은 되찾아야 한다.'라고 하였으니, 악착스러운 말이 아니겠는가! 혀를 찰 일이다.

6. 형이 살해되었다고 고소한 사건에 대한 정 지현의 심리 의견서

* 병들어 죽은 것을 남에게 죄를 뒤집어씌우다

○ 덕화현德化縣의 예달倪達이 다음과 같이 고소하였다.

"감옥에 갇혀 있다가 목숨을 잃은 사건에 대해 고소합니다. 염라대왕閻羅大王의 졸개 오괴吳魁【성이 나서 귀신의 졸개라고 욕을 한 것이다.】가 저희 형과 밭의 경계를 가지고 다투다가【오괴가 예진倪進과 밭의 경계를 가지고 다투었다.】원한을 품은 지 반년이 되었습니다.【㤿는 품는 것이다.】지금 갑자기【이제 와서 갑자기라는 뜻이다.】스스로 삼나무를 베어서 남이 모르는 곳에 감추어 두고【남이 모르는 곳에 물건을 감추어 놓는 것이다.】사나운 종에게 큰소리로 명령하여【자기의 사나운 종에게 큰소리로 명령한 것이다.】저희 형을 묶어서【예진을 묶은 것이다.】그의 집에 끌어다가 토굴 속에 가두고【토굴 속이다.】나무로 묶고는 음식을 끊었습니다.【나무로 예진을 묶은 것이다.】그러고는 허위 사실을 날조하여 고을에 고소하여 이치에 닿지 않는 형벌을 억울하게 받게 해서【이치에 닿지 않는 형벌을 받은 것이다.】멀쩡하게 살아 있던 사람을 감옥에서 죽게 하였으니,【병 없이 멀쩡하게 살아 있었으나 구속하여 감옥에서 죽게 한 것이다.】대단히 억울하고 대낮조차도 암흑처럼 느껴집니다. 설움이 복받쳐 관아에 고소합니다."

○ 오괴가 다음과 같이 고소하였다.

"도둑을 밝혀서 원통한 사정을 밝혀 주는 일에 대해 고소합니다. 수법이 교활한 도적【수법이 교활한 도적이다.】예진이 저희 묘소의 나무를 몰래 베어 갔으므로【오씨의 묘소에 심은 나무이다.】마을 안에 가두어 두고 훔친 물건을 찾아내어【마을 안에 가두어 두고 훔친 물건을 찾아낸 것이다.】관아에 고소하여 구속 수사하게 되었습니다.【가두고 조사하는 것이다.】그러자 예진을 감옥에서 꺼내려고 지키는 사람에게 뇌물을 주었고,【예진을 감금 상태에서 빼내려고 지키는 사람에게 뇌물을 준 것이다.】풀려난 지 달포가 지나서【석방된

지 오래된 것이다.】 후풍喉風[121]으로 갑자기 죽었습니다. 예진의 죽음은 저와 관계가 없는데,【소송하는 사람이 자기를 빈賓이라고 부른다.】 악랄한 예달이【악랄하여 곤장을 칠 만한 사람이다.】 갑자기 자기 형을 감옥에서 죽게 했다고 허위로 고소하여【갑자기 감옥에서 죽게 했다고 허위로 고소한 것이다.】 심리하는 분을 충동질하고 거짓으로 속였습니다.【심리하는 분을 충동질하고 거짓으로 속인 것이다.】 그의 형은 집에서 병으로 죽었지 결코 감옥에서 죽지 않았다는 것을 생각하지 않았습니다. 자세히 살피고 조사한다면 어찌 감옥에서 죽었다고 하겠습니까! 가엾게 여겨서 재앙을 막고 백성을 편안하게 해 주소서.【근심을 막아 달라고 빈 것이다.】 관아에 호소합니다."

○ 심리한 결과는 다음과 같습니다.

예진이 오괴 조상의 묘소에 심은 나무를 몰래 베어 갔다가 그 나무가 그의 뒷동산에서 적발된 사실은 마을과 이웃 사람들의 눈으로 명백히 목격한 것입니다. 고을에 구속되어 조사를 받고 감옥에 갇혀 있다가 이틀이 지난 뒤에 여관으로 내보냈습니다. 석방된 지 한 달이 지나서 후풍을 앓아 음식을 삼키지 못하다가 마침내 목숨을 잃었습니다. 이것은 하늘의 뜻이니, 사람을 어찌 탓하겠습니까! 예달이 형의 사망을 이유로 마침내 꼬투리를 잡아 핑계를 대고서는 감옥에 갇혀 있다가 목숨을 잃었다고 원통해하지만, 본 고을에서는 개인의 감옥에 가둔 것이 아니었고, 이틀 만에 곧바로 석방하였으니 사건의 판결을 지체한 것도 아니었다는 점을 전혀 모르는 것입니다. 그런데도 어찌하여 감옥에서 죽었다고 하는 것입니까! 그렇다면 살인 사건으로 소송한 것은 본래 도둑질한 정황이

---

121 후풍喉風: 목구멍 안에 종기와 통증이 생기는 증상으로, 폐肺와 위胃에 열이 많을 경우에 생긴다.

진짜인 사건에 대해 소송한 것만 못하단 말입니까! 다만 예진은 이미 죽었고, 달리 언급할 만한 죄가 없습니다. 오괴는 고소를 받았으나 실제로는 죄가 없고, 예달만 가당치 않게 망령되이 고소하였을 뿐입니다.

○ 용어 해설

부심계감赴審繫監은 읍내로 들어가서 조사를 받고 감옥에 갇혀 있는 것이다. 사람을 죽인 것은 중대한 일이지만 이 사건에서는 거짓이고, 묘소에 심은 나무를 몰래 베어 간 것은 경미한 일이지만 이 사건에서는 진실이다.

7. 아우를 죽인 사건에 대한 오 추관의 판결문
* 아우와 조카를 죽이다

○ 동릉현銅陵縣의 주맹계周孟桂가 다음과 같이 고소하였다.

"간통과 살인을 저지른 매우 원통한 사건에 대해 고소합니다. 악랄한 아우 주맹괴周孟槐가 짐승처럼 사악한 행동으로 안방에서 음란한 짓을 벌여 조카며느리와 간통하였습니다. 악행이 무르익자【악행이 무르익었다는 것이다.】조카 주수춘周壽春이 알게 될까 두려워, 주수춘이 돌림병에 걸렸을 때를 틈타서 의사 이지홍李志洪과 결탁하여 독약으로 죽였습니다. 젊은 사람이 원통하게 죽었으니 듣는 사람들은 가슴이 쓰라렸으며, 형제 사이에 서로 죽였으니 하늘의 이치가 사라졌습니다. 법에 따라 조사해 주시기를 간절히 호소하니, 사건이 밝혀진다면 산 사람과 죽은 사람이 모두 은혜를 감사하게 여길 것입니다. 이에 관아에 고소합니다."

○ 주수춘은 주맹계가 독약으로 죽인 것이 분명한데도 도리어 주맹괴에게 죄를 씌웠다. 그러므로 친족의 어른인 주정周鋌 등이 친족 18명을

모아 의논한 뒤에 자수하고 다음과 같이 아뢰었다.【자수한 것이다.】

"연명한 원고들이 원통한 일을 분별하여 법에 따라 처형하는 일에 대해 고소합니다. 종족宗族의 좀벌레인 주맹계【종족의 큰 좀벌레이다.】가 형제를 원수로 여겨 흉기를 가지고서 방에 침입하였습니다. 종전에는 어린 동생 주맹격周孟格과 재물 때문에 다투어 불화하게 되자 은밀히 모의하여 독약으로 죽였습니다. 이제는 또 어린 조카의 재산을 차지하려고 주맹격의 아들 주수춘까지 독약으로 죽이고서는 도리어 주맹괴를 모함하여 대신 죄를 받게 하였습니다.

주맹괴는 고아인 주수춘을 지극한 정성으로 보살펴 주었으니, 어찌 고아를 죽일 리가 있겠습니까! 주맹계가 주수춘의 아버지를 죽이고 기어이 주맹격의 아들까지 죽이려는 마음을 품었던 것입니다. 3대에 걸쳐 아버지와 아들 두 사람이 모두 각각 원한을 품고 죽었으니, 저희 모든 종족은 남녀를 막론하고 누구인들 이를 갈지 않겠습니까!【이를 간다는 말과 같다.】 더구나 이제 전답은 모두 그의 소유로 돌아갔고, 재산도 모두 그의 주머니로 들어갔습니다. 선과 악을 분별하여 착한 사람은 보호해 주고 포악한 사람은 제거해 주시기를 간절히 호소합니다. 연명으로 관아에 고소합니다."

○ 심리한 내용은 다음과 같다.

주맹계가 어린 동생 주맹격과 재물 때문에 다투어 형제가 서로 원수 사이가 되자 독약을 써서 죽였다. 그러나 워낙 은밀하게 계획을 세워 죽였기 때문에 가족들은 의심만 할 따름이었다. 이제 또 주맹격의 아들 주수춘을 독약으로 죽이자, 음모의 실마리가 드러나게 되었다. 그런데 도리어 막냇동생인 주맹괴에게 혐의를 뒤집어씌워 주수춘의 아내와 간통하고 의원 이지홍과 결탁하여 독약으로 죽였다고 하였다. 이것은 온 집안을 농락하고 일거양득의 계책이라고 하겠다.

더욱이 계획을 세우고 나서 자기 아들인 주일훈周日勳에게 부탁하여 알로 된 독약을 싸 가지고 주수춘의 아들 주중추周中秋까지 다시 죽이려고 하였다. 그의 뜻을 헤아려 보면, 나중에 복수할 근원까지도 모두 제거하려고 했던 것이다. 다행히 주중추는 그 독약을 먹지 않았고 잘못하여 그의 여종에게 먹여 죽게 하였다. 이것은 하늘의 뜻이 남아 있다는 증거로, 억울하게 죽은 사람의 후사를 끊어 버리지 않은 것이다.

주맹계가 주수춘의 아버지를 독약으로 죽였는데 어찌하여 또 주맹격의 아들까지 죽인 것인가! 주맹격의 아들을 죽인 것만도 심하다고 하겠는데 또 어찌하여 주맹격의 손자까지 죽이려고 한 것인가! 이처럼 잔인한 것을 보면, 인간 세상에도 이런 경우가 없을 뿐만 아니라 독사나 맹수의 세계에서조차도 이와 같이 포악한 자는 없을 것이다. 사형죄로 판결하는 것을 어찌 피할 수가 있겠는가! 그의 아들 주일훈은 함께 모의한 죄로 진술을 받아 내야 한다.

○ 용어 해설
고인辜人은 억울하게 죽은 사람을 말한다.

○ 다산의 견해: 주맹계가 자기 아우 3대를 죽였고, 또 잘못하여 여종 한 명을 죽였으며, 아우 한 명을 허위로 고소하였으니, 주맹계의 목숨 하나로 네 사람의 목숨을 보상하는 것이다. 그의 아들 주일훈에게는 사형보다 아래 등급의 형벌만 적용하게 하였으니, 이는 올바른 법 적용이 아니다.【한 집안의 세 사람을 죽인 자는 능지처사하게 되어 있다.】

8. 형수를 죽인 사건에 대한 범 현령의 판결문

*정절을 지키려는 부인에게 재혼하라고 강요하다

○ 남성현南城縣의 호원胡源이 다음과 같이 고소하였다.

"딸을 참혹하게 죽인 사건에 대해 고소합니다. 사위가 병으로 죽은 뒤무덤의 흙이 마르기도 전에 딸이 정절을 지키고 재혼하지 않겠다고 맹세하였습니다. 그런데 강도 같은 시동생 습십일習十一【숙공叔公은 시동생을 말한다.】이 구차한 이익을 바라고【요요徼傲는 요행이다.】짐승 같은 시부모를 꼬드겨서【관유串誘는 종용하는 것과 같다.】죽은 사위의 영위靈位를 억지로 없애고다른 남자에게 시집가라고 협박하였으며, 낮에는 음식을 먹지 못하게 하고 밤에는 이불을 주지 않았습니다. 딸이 쓰디쓴 고통으로 말라 죽을 지경이 되자, 눈물을 머금고서 구름 같은 머리를 자르고 비단에 수를 놓아원통한 사연을 밝힌 뒤에 문을 닫고 스스로 목을 매어 죽었습니다. 딸의참혹한 죽음은 윤리와 도덕의 큰 변고로 듣는 사람들의 가슴이 서늘합니다. 하늘에 울부짖으며 관아에 고소합니다."

○ 판결문의 내용은 다음과 같다.

"호씨胡氏는 남편이 6~7년을 앓는 동안 직접 약을 달여 구원하였으며, 냄새나고 더러운 것도 사양하지 않고 달갑게 여겼다. 남편이 죽은 지1~2년 동안 영위를 홀로 지켰으며, 의지할 곳 없는 외로운 신세로 자기혼자 고통을 감당하였다. 그러다가 잔인하고 악독한 시부모와 무뢰한 시동생이 다른 남자에게 시집가라고 강요하고 강제로 영위를 없애는 사태를 맞게 되었다. 그러자 호씨로서는 버틸 수 있는 힘도 없었고 고통을 감당할 수도 없었으므로 마침내 몇 마디의 원통한 사연을 비단에 수를 놓고 검푸른 머리털을 베어 친정 부모에게 남기고는 문을 닫고 스스로 목을 매어 죽어 남편 따라 저세상으로 갔다. 이와 같이 정숙한 기상과 부녀자의 빛나는 삶을 보여 준 호씨는 죽었어도 산 것과 같은 것이다. 시부모는 어리석은 사내와 계집이므로 굳이 말할 거리도 못 된다. 하물며 시동생 습십일은 그래도 선비라는 이름을 가지고 있는데 어찌하여 정절을 지키려는 부인을 협박하여 죽게 하였단 말인가! 이것은 선비의 흠이 되지 않겠는가! 소인이 가득한 집안에서 난초처럼 출중한 부인이 나왔으니, 크게 격려하고 선양해야 한다."

○ 용어 해설

무자無藉는 무뢰한과 같다.

9. 소작농에 대한 풍 지현의 심리 보고서

* 논에 물을 대는 일로 다투다가 남의 부인을 죽이다

○ 숭인현崇仁縣의 오개吳蓋가 다음과 같이 고소하였다.

"아내의 죽음을 조사하는 일에 대해 고소합니다. 흉악한 김한金漢이 물도랑을 독차지한 채 물길을 끊어 그 일로 싸우다가 저만 일방적으로 맞았습니다.【신身은 자신을 말한다.】 사태가 급박하자 저의 아내 임씨林氏가 달려와서 말렸으나, 흉악한 김한이 마구 때리는 바람에 머리가 깨지는 무거운 상처를 입어 아내를 떠메고 집으로 돌아오자 숨이 끊어졌습니다.【떠메고 돌아온 것이다.】 진기陳畚 등은 사건을 목격한 증인입니다. 아내가 뜻밖의 재앙을 당해 죽었으니, 법에 따라 시체를 검안해 주소서. 원통한 마음을 품고서 관아에 고소합니다."

○ 김한이 다음과 같이 고소하였다.

"허위로 고소된 원통한 사건에 대해 고소합니다. 20일에 제가 오개와 논에 물을 대는 일로 다투다가 구타를 당해 땅에 쓰러졌습니다.【정신이 아득하였다는 것이다.】이좌李佐가 당시 상황을 증언한 말에 의하면【이좌는 그의 사삿사람이다.】곁에는 부녀자가 결코 없었다고 하였습니다. 다음 날 아침에 오개가, 자기 아내가 저한테 구타를 당해 죽었다고 하면서 아우와 조카를 거느리고 몰려와서 집을 부수고 재물을 훼손하였으며 거짓말로 관아에 고소하였습니다.

저의 생각을 정리하면 다음과 같습니다. 논에 물을 대는 일로 오개와 다툰 장소는 오개의 집에서 2리里가 넘게 떨어져 있고, 오개의 아내는 청맹과니로서【오개의 아내를 말한다.】문밖을 반걸음도 나오지 못하는데, 어찌 방안까지 돌을 날려서 병든 여자를 맞혀 죽일 수 있겠습니까! 오개가 자기 아내를 죽이고 남에게 죄를 거짓으로 뒤집어씌우려는 것이 아니라면, 반드시 병세가 위독하자 거들어서 죽게 한 것입니다. 근본 원인을 조사하여 죄를 벗겨 구원해 주소서.【구원하여 벗어나게 해 달라고 빈 것이다.】이에 관아에 고소합니다."

○ 풍 지현이 두 사람의 고소장을 살펴본 뒤 두 사람을 구속하고 직접 나가서 시체를 검안해 보니, 임씨가 머리가 깨지는 무거운 부상을 입은 것은 확실하였다. 따라서 김한은 당연히 목숨으로 보상해야 하였다. 그러자 김한이 고을의 서리에게 뇌물을 주어 고의로 서류를 올리지 못하게 하여【승복하는 서류를 바치지 않은 것이다.】2차 심리를 일부러 늦추면서 풍 지현이 승진되기[陞]를 기다렸다가【승陞은 옮겨 가는 것이다.】또 사건에 대한 판결을 뒤집으려고 꾀하였다.

○ 오개가 사건의 결말을 지어 달라고 다음과 같이 재차 재촉하였다.

"사건의 결말을 지어 달라고 간절히 호소하는 일에 대해 재촉하는 문서를 올립니다. 수령의 청렴하고 명백한 통치는 모든 백성이 우러러보는 바입니다. 흉악한 김한이 저의 아내를 때려 죽였으므로 고소하자 시체를 검안하여 무거운 상처를 입고 죽었다는 사실을 밝혀 주셨습니다. 그러나 1개월이 다 지나도록 2차 심리를 받지 못하고 있습니다. 혹시라도 서리가 뇌물의 유혹을 받고서【서리가 김한의 돈에 유혹을 당할까 우려된다는 것이다.】시일을 오래 끌게 된다면 간계가 발생할 수도 있을 것입니다. 수령【천대天臺는 고을의 수령을 가리킨다.】께서 머지않아 승진하여 옮겨 가게 된다면 가난한 백성으로서는 수레를 막으며 더 머물러 주기를 청할 수도 없을 것입니다. 속히 진술을 받아서 간계에 빠지는 것을 벗어나게 해 주소서. 재촉하여 아룁니다."

○ 심리한 결과는 다음과 같습니다.
"남편이 논에 물을 대는 일로 다른 사람과 다투다가 구타를 당하자, 임씨가 달려 나가서 억울함을 호소하였으니, 이것도 부녀자의 일반적인 태도일 뿐입니다. 그런데도 김한은 어찌하여 그리도 흉악한 짓을 행하여 방망이와 돌로 이 부녀자를 죽였단 말입니까!

오패吳佩가 숙모가 죽었다는 소식을 듣고 일가 20여 명을 거느리고서 김한의 집에 벌떼같이 몰려가 집을 부수고 재물을 훼손하였으니, 이것도 망령된 짓입니다. 사람을 죽이면 목숨으로 보상하도록 한 법은 그 죄가 본래 태산泰山보다 무겁기 때문이며, 남의 재물을 훼손한 죄도 기러기의 털처럼 가벼울 수는 없는 일입니다. 김한은 사형에 처해야 하고, 오패는 법률에 따라 진술을 받아 내야 합니다."

○ 용어 해설

오패吳佩는 오개의 조카이다.

숙모를 심嬸이라고 한다.

10. 지방의 세력가에 대한 하 지현의 판결문

* 빚을 독촉하다가 사람을 구타하여 죽이다

○ 만년현萬年縣의 진중진陳仲進이 다음과 같이 고소하였다.

"이중 삼중으로 빚을 징수하다가 아우를 죽인 사건에 대해 고소합니다.【이중 삼중으로 빚을 징수하는 것을 뇌채磊債라고 한다.】지방의 세력가인 심기沈機는 수만 금金의 재산을 소유하였고, 한 고을을 좌지우지할 정도로 영향력을 행사하였으며,【한 고을을 좌지우지한 것이다.】400여 근을 들 수 있을 정도의 힘을 가졌으므로, 스스로 소패왕小覇王이라고 불렀습니다. 제 아우가 심기에게 10냥을 빌렸다가 갚으면서 이중 삼중으로 계산하는 것을 받아들이지 않았습니다. 이것이 범 같은 심기의 화를 유발하였습니다. 심기가 자신의 종 주만周蠻을 호령하자, 주만이 몽둥이와 돌로 마구 구타하니 제 아우가 즉시 숨이 끊어졌습니다. 지금 죽은 제 아우는 원통함을 품고 있습니다. 형제는 손과 발이 끊어진 듯 분리되었고【《의례》〈상복喪服〉에서 형제를 수족이라고 하였다.[122]】아내와 자식은 애간장이 끊어지는 듯하니, 대단히 원통합니다. 슬프고도 고통스러운 사정을 밝혀 주기를 바랍니다."【광光은 비추는 것과 같다.】

---

122 의례儀禮……하였다:《의례》〈상복喪服〉정현鄭玄의 전傳에서 '형제는 사체四體이다.'라고 한 것을 가리킨다. 그에 대해 공영달孔穎達은 '사체란 신체의 옆에 있는 두 손과 두 발을 말한다. 형제도 아버지의 옆에 있기 때문에 사체라고 말한 것이다.'라고 풀이 하였다.

○ 심기가 다음과 같이 고소하였다.

"원통한 사정을 밝혀서 살길을 열어 주는 일에 대해 고소합니다【활豁은 열어 주는 것과 같다.】진중승陳仲昇은 수법이 교활한 도적으로서 백성에게 해를 끼쳤으니 한 고을의 좀벌레라고 하겠습니다. 어느 날 밤에 저희 집 안에 몰래 침입하여 재물을 훔쳤는데, 저희 집 종이 발견하고 붙잡아서 구타하여 죽였습니다. 교활하고 간악한 진중진이 갑자기 날조하여【갑자기 허위로 고소한 것이다.】이중 삼중으로 빚을 징수하다가 사람을 죽였다고 수령을 속여【관아의 우두머리를 태슘라 한다.】모함하리라고 어찌 생각이라도 하였겠습니까!

제가 깊이 생각해 볼 때, 살인 사건은 죄가 무거운데 어찌 감히 가볍게 그러한 죄를 저지르겠습니까! 저는 캄캄한 밤중에 도둑을 죽였을 뿐이고 대낮에 사람을 구타한 적은 없습니다. 정황을 자세히 조사하여 죄를 모면할 수 있게 은혜를 베풀어 주소서. 이에 관아에 고소합니다."

○ 심리한 결과는 다음과 같다.

"심기는 부유한 지방의 세력가로서 행동이 바르지 못했다. 이제 이자를 이중 삼중으로 계산해서 빚을 징수하다가 진중승을 구타하여 죽이고서는 도리어 '진중승이 밤중에 집안에 침입하였기 때문에 도둑으로 알고 구타하여 죽였습니다.'라고 하였다. 이것은 소인이 자기의 잘못을 꾸며 댈 때 하는 말이다. 그러나 사람의 마음은 어둡지가 않고 마을에는 공정한 논평이 있어 지방의 최하위 통치 조직인 약정約正·당정正黨·이보里保·지보地保가 모두 대낮에 구타하여 죽였다고 하였다. 대낮이 어찌 도둑질을 할 때이겠는가! 살인 사건은 중대한 범죄이니 사형죄를 판결하여 적용해야 한다."

○ 용어 해설

약당이지約黨里地는 약정·당정·이보·지보 등이다.

【이 다음에 실린 4조항은 여상두余象斗의 소설小說인데, 그다지 문장이 우아하거나 바르지는 않지만, 죄인을 구속해서 조사하는 방법에 참고할 만하기 때문에 수록하였다.】

11. 뱃사공에 대한 양청의 판결문
* 한마디로 사건을 판결하다

○ 광동성廣東省 조주부潮州府 게양현偈陽縣에 사는 조신趙信이라는 사람은 주의周義와 벗으로서 서로 사이좋게 지냈으며, 두 사람이 함께 남경南京으로 가서 베[布]를 사기로 약속하였다. 하루 앞서 뱃사공 장조張潮의 배를 타고 가기로 의논하여 결정하고, 다음 날 날이 밝을 때에 배 위에서 모이기로 약속하였다. 약속한 시간이 되자, 조신이 먼저 배에 도착하였다. 장조가 시간을 보니 아직도 한밤중인 새벽 1~3시경이었으며 길에는 사람의 발자취가 없었다. 장조가 차츰차츰 배를 저어 깊숙한 곳으로 몰아가서 조신을 밀어 물에 떨어뜨려 죽이고, 다시 배를 옮겨 언덕에 대고서는 전과 다름없이 잠을 자는 척하였다.

날이 밝을 무렵 주의가 도착하여 뱃사공을 부르니, 장조가 그때서야 일어났다. 아침밥을 먹을 때까지 기다렸으나, 주변에 조신이 보이지 않았다. 주의가 뱃사공을 시켜 조신을 찾아가서 재촉하게 하였다. 장조가 조신의 집에 도착하여 부인을 불렀으나 부인이 한참 만에야 나와서 문을 열었다. 부인이 일찍 일어나 밥을 지어 먹이고 남편이 떠난 뒤 다시 잠이

366

들었기 때문에 도리어 늦게 일어났던 것이다. 장조가 조신의 아내 손씨孫氏에게 물었다.

"당신의 남편이 주의와 배에서 만나기로 어제 약속을 하였습니다. 주의는 와서 기다린 지가 오래되었으나 당신의 남편은 무슨 일로 오지 않았습니까?"

손씨가 깜짝 놀라며 말하였다.

"남편이 매우 일찍 집을 떠났는데, 어찌 배에 도착하지 않을 수 있겠습니까!"

장조가 배로 돌아가서 주의에게 알리자, 주의도 돌아가서 손씨의 가족들과 같이 사방을 3일이나 두루 찾았으나 조신의 행적을 찾을 수 없었다. 주의가 생각하기를 '조신과 내가 같이 남경에 가서 베를 사다가 팔기로 약속한 사실을 사람들이 모두 알고 있다. 이제 그의 행방을 알 수 없으니, 아마도 사람들이 나에게 죄를 돌릴 것이다.' 하고서는 고을 관아에 찾아가서 스스로 자백하였다.

○ 주의의 고소장에서 다음과 같이 말하였다.

"고소하는 사람의 이름은 주의이고, 나이는 호적戶籍에 기록되어 있습니다. 살인 사건을 밝혀 주기를 간절히 바라는 일에 대해 고소합니다. 주의와 조신은 옛날부터 서로 사귀어 온 사이로, 각각 은銀 100여 냥씩을 가지고 남경에 가서 베를 사 오기로 하고 이달 2일에 배 위에서 만나 떠나기로 약속하였습니다. 약속한 시간이 되었으나 조신의 자취를 볼 수 없었으며, 더욱이 조신의 아내 손씨는 조신이 이미 은을 가지고 일찍 떠났다고 하였습니다. 그러나 지금까지 행방이 묘연하여 자취를 찾을 수가 없습니다. 고을의 수령은 백성의 모든 문제를 주관하니 조신의 행방을 엄밀히 조사해 주시기를 간절히 바랍니다. 간절한 마음으로 고소장을 올립니다.【여기에서 구절이 끊어진다.】"

고소장의 겉면에 증인 뱃사공 장조, 좌우의 이웃 조질趙質·조협趙協 및 손씨 등을 열거하였다.

○ 지현知縣 주일명朱─明이 주의의 고소장에 따라 관련된 사람들을 모두 관아에 구속하였다. 먼저 손씨를 심문하니 다음과 같이 진술하였다.

"남편이 아침밥을 먹고 은을 가지고서 밖으로 나갔습니다. 그 뒤의 일은 모릅니다."

다음으로 뱃사공 장조를 심문하니 다음과 같이 진술하였다.

"전날 주의와 조신 두 사람이 같이 와서 저의 배를 타고 가기로 결정한 것은 확실한 일입니다. 다음 날 날이 아직 밝지 않았을 때에 주의만 도착하고 조신은 결코 오지 않았습니다. 주변에 정박하고 있던 수십 척의 뱃사람들이 모두 증명할 수 있습니다. 주의가 저에게 가서 조신을 재촉하라고 하였으므로, 제가 가서 조신의 부인을 불렀으나 부인이 한창 자다가 일어서 겨우 대문을 열어 주었습니다."

세 번째로 좌우의 이웃 조질과 조협을 심문하니 모두 다음과 같이 진술하였다.

"조신이 전에 베를 매매하러 갈 것이라고 하였으며, 집에 있던 아내 손씨와 부부싸움을 했던 것은 사실입니다.【부부가 서로 싸우는 것을 말한다.】그가 새벽 일찍 문을 나간 일에 대해서는 모두 보지 못했습니다."

○ 네 번째로 원고原告에게 다음과 같이 심문하였다.

"이 일은 조신이 몸에 은을 지니고 있었기 때문에 벌어진 일이 아니겠는가! 네가 재물을 차지하려는 계획을 세우고서 사람을 죽인 것이다. 그래서 남들보다 먼저 출두하여 애매모호하게 이 사건을 고소한 것이다."

주의가 다음과 같이 진술하였다.

"저 한 사람이 어찌 한 사람을 계획적으로 죽일 수 있겠습니까! 더욱이 어떻게 그 시체를 없앨 수 있겠습니까! 게다가 저희 집이 그의 집보다 부유하고, 더욱이 매우 사이가 좋은 벗입니다. 오히려 그를 대신해서 원통한 사정을 풀어 주려고 하는데, 어찌 계획적으로 살해할 리가 있겠습니까!"

손씨도 다음과 같이 진술하였다.

"주의는 본래 남편과 서로 사이가 좋았으므로, 이 사람이 계획적으로 살해한 것은 결코 아닙니다. 다만 남편이 배에 먼저 도착하였으므로 뱃사공이 계획적으로 살해한 것일 수도 있겠습니다."

그에 대해 장조가 곧바로 다음과 같이 진술하였다.

"제가 한 무리의【한 무리[一隊]와 같은 말이다.】선박 수십 척을 소유하고 있는데, 어떻게 항구에서 사람을 계획적으로 살해하고 남의 죄로 속일 수 있겠습니까! 게다가 주의가 배에 이르렀을 때에는 아직도 날이 새기 전이라서 소리를 질러 저의 잠을 깨웠으며, 이에 대해서는 분명한 증거가 있습니다. 저 여자는 남편이 아침 일찍 문을 나섰다고 말했으나, 좌우의 이웃 사람들은 결코 모른다고 했습니다. 제가 찾아가서 불렀을 때에도 저 여자는 잠자리에서 아직 일어나지 않았고 대문도 열려 있지 않았으니, 이 사건은 저 여자가 남편을 저지하려고 자기가 계획적으로 살해한 것이 분명합니다."

○ 지현 주일명이 손씨에게 엄하게 형장을 쳐서 고문하려고 하였는데, 그 부인은 몸이 약해서 엄하게 치는 형장을 견디기 어려웠으므로 다만 다음과 같이 말하였다.

"우리 남편이 이미 죽었으니 나도 한번 죽어 그에게 배상하려고 합니다."

마침내 '제가 남편을 만류하였으나 따르지 않아서 계획적으로 죽이게 되었습니다.'라고 범행을 인정하였다. 또 고문하여 시체의 행방을 조사하니 손씨가 다음과 같이 말하였다.

"계획적으로 죽인 사람은 저입니다. 만일 남편의 시체를 찾으려고 한다면 다만 내 몸으로 그와 바꾸면 되는데 다시 찾아야 할 필요가 무엇이 있겠습니까!"

○ 지현 주일명이 다음과 같이 판결하였다.

"심리한 결과는 다음과 같다. 손씨는 뱀 같은 마음과 이리 같은 성격을 가진 자로서, 남편이 장사하는 것을 싫어하여 아침저녁으로 입술을 삐죽이며 대들었으며, 부부의 도리를 저버리고 흉악한 마음을 품고서 밤중에 칼을 가지고 남편을 찔러 죽였다. 그리하여 부부는 원수로 변하였으니 싸움은 집안에서 시작되었던 것이다. 진실한 증언이 나오자 기꺼이 자신이 죽어서 남편의 죽음을 배상하겠다고 하였으며, 게다가 시체를 감추어 놓은 것에 대해서는 자기 몸으로 남편의 몸과 바꾸면 된다고 핑계 대는 말을 하였다. 남편을 죽이는 죄를 차마 저지를 정도이니, 사형죄로 처형하는 것을 어떻게 피하겠는가! 이웃 사람들의 증언이 명확하니, 능지처사하는 법률을 적용하는 것이 매우 합당하다. 나머지 죄인은 관련된 혐의가 없다. 모두 본성本省으로 올려보내야겠다.【본성으로 보낸다는 것이다.】"

○ 부府와 도道의 2차 심리를 재차 거쳤으나 모두 변동은 없었다. 다음 해 가을에 심리 결과를 보고하여 '손씨가 자기 남편을 계획적으로 살해한 사건에 대해서는 해당 부府에서 손씨를 처형하도록 판결해 주소서.' 하였다. 대리시 좌평사大理寺左評事 양청楊淸은 거울처럼 명철하고 매우

식견이 있었다. 양청이 손씨의 사건에 관한 한 묶음의 문서를 보고 갑자기 깨닫게 되었다.

　○ 그로 인하여 다음과 같이 판결하였다.

"대문을 두드리며 부인을 불렀으니, 그야말로 방안에 남편이 없다는 사실을 알았던 것이다."

이 두 구절의 말만으로도 뱃사공이 계획적으로 살해한 사건이라는 것을 살폈던 것이다. 재차 순안 어사巡按御史를 보내 2차 심리를 하게 하였는데, 당시에 진陳 순안 어사가 마침 조주부를 순찰하고 있었다. 손씨 및 관련된 사람들을 모두 불러 와서 심문하니, 모두 손씨가 남편을 계획적으로 살해한 것이 확실하다고 하였다. 손씨는 다음과 같이 말할 뿐이었다.

"전번의 생에서는 남편의 목숨을 끊었으니 이번의 생에서는 제가 죽어 그에게 갚아 주겠습니다."

진 순안 어사가 뱃사공 장조만 단독으로 불러다가 다음과 같이 심문하였다.

"주의가 너더러 가서 조신을 재촉하라고 시켰으니 당연히 조신을 불러야 했을 터인데, 무엇 때문에 바로 조신의 부인을 불렀느냐? 네가 반드시 조신이 죽었다는 것을 알고 있었기 때문에 그의 아내만 불렀던 것이다."

장조가 갑자기 이러한 추궁을 받고서는 깜짝 놀라며 대답을 못하였다. 진 순안 어사가 다음과 같이 말하였다.

"이 사건은 반드시 네가 계획적으로 죽인 것이 확실하다. 그런데 도리어 그의 아내를 모함하였다."

장조가 범행을 인정하지 않았으므로 30대의 매를 때렸으나 인정하지 않았다. 또 100차례 주리를 틀었으나 또 인정하지 않았다. 이에 장조를 감옥에 재차 가두었다. 그리고 당시의 수부水夫를 불러다가 심문하되 먼저 40대의 매를 때렸다. 그러고 나서 진 순안 어사가 다음과 같이 심문하였다.

"네가 작년에 조신을 계획적으로 죽였다. 뱃사공 장조가 주범은 너라고 하였다.【수부를 속여서 말하기를 '장조가 자수하면서 수부인 네가 주범이라고 말하였다.' 하였다.】 오늘 너는 의심할 것 없이 목숨으로 보상해야 한다."

그러자 수부가 낱낱이 진술하였다.

"이 일은 전부 장조가 계획적으로 살인한 것인데, 어찌하여 저를 모함하는 것입니까!"

나중에 장조를 끌어내 수부와 대질시키니, 장조로서는 대답할 말이 없었다. 이에 장조는 사형죄를 적용하고 손씨는 석방하였다.

○ 다음과 같이 판결하였다.

"심리한 결과는 다음과 같다. 장조가 장사꾼을 계획적으로 살해하고 재물을 차지하였다. 조신이 재물을 가지고 남경으로 베를 사러 간다는 사실을 장조가 알고서는, 손님인 조신이 홀로 달빛 아래 찾아오자 뱃사공 장조가 그를 태우고서 물풀이 우거진 못으로 갔다. 사방을 돌아보아도 사람의 소리는 들리지 않고 고요할 때, 두 주먹으로 조신을 밀어 푸른 물속에 떨어뜨렸다. 밤중이라 아는 사람이 없다는 것을 스스로 다행스럽게 여겼으니 하늘이 두렵다는 사실을 어찌 생각했겠는가!

주의가 벗을 위하여 관아에 신고하고 손씨가 남편을 대신하여 원통함을 증언하자, 장조는 도리어 혓바닥으로 교묘한 말을 지껄여 손씨에게 재앙을 끼쳤다. 깊은 못에서 남의 남편을 죽였을 뿐만 아니라 더욱이 남의 아내를 죽을 곳으로 몰아넣기까지 하였다. 수부가 장조와 함께 계획적으로 살인하였다고 분명히 진술하고 자수하였으니, 가을의 마지막 달에 살인강도의 죄를 적용하여 처단해야 한다. 그 이웃 증인인 조질 등은 증언에 거짓이 있었으니, 사리로 보아 해서는 안 될 짓을 하였을 때 적용하는 법률을 각각 적용해야 한다. 더욱이 지현 주일명은 사건을 명확히 판결하지 못했으니, 즉시 파직해야 한다."

【여상두의 견해는 다음과 같다. '뱃사공이 조신의 집에 가서 부인을 부르고 조신을 부르지 않았다.'라고 한 이 구절을 사람들은 모두 소홀히 여겼으나, 대리시 평사 양청은 이 구절로 인해 참고해서 마침내 이 원통한 사정을 씻어 주었다. 이것으로 볼 때 관아에서 고소 사건을 심리할 때에는 관계 있는 곳에 대해 샅샅이 조사할 뿐만 아니라, 사람들이 소홀히 한 곳과 범인이 미봉하였는데 미처 살피지 못한 곳에 대해 더욱 참고해서 처리해야 가장 진실을 파악할 수 있을 것이다.】

12. 음란한 중에 대한 소 순안 어사의 판결문[123]
* 벽에 쓰인 글을 보고서 범행을 적발하다

○ 중국 명明나라 경태景泰(1450~1456) 연간에 덕군德郡의 기생 이수노李秀奴는 아리따운 자태가 있었고 비파도 잘 탔다. 이수노가 달밤에 비파를 타면서 노래를 부르면 듣는 사람은 누구나 감정이 동요하였으므로, 덕군의 불량소년들이 앞다퉈 서로 그녀와 자려고 하였다.

덕군 서쪽에 영은사靈隱寺란 절이 있고 그 절에 요연了然이란 중이 있었다. 평소에 이수노의 명성을 들었는데 어느 날 그녀를 보고서는 갑자기 불같은 욕정이 일어났다. 요연이 절로 돌아와서는 즉시 벽에 다음과 같은 글자를 새겼다. '그저 극락 세상에 같이 태어나 지금 세상의 괴로운 사랑 벗어나게만 해 주오.' 이러한 일 때문에 불교 행사 등을 수행하지

---

123 음란한……판결문: 이와 유사한 내용이 앞의 〈경사요의〉에 나온다. 그에 따르면 소씨는 동파東坡 소식蘇軾을 가리킨다. 다만 여기에 실린 것은 여상두가 소설로 각색한 것을 인용한 것이기 때문에 인명 등을 교감하지 않고 그대로 두었다.

않고 미혹에 빠져 벗어나지 못하였다. 마침 그와 의형제를 맺은 적호아赤
虎兒라는 사람이 찾아왔다. 요연이 고민하는 까닭을 토로하고 수십여 금
金을 내주면서 서로 연결해 주기를 부탁하였다.

적호아가 승낙하고 은銀을 가지고 가서 이수노에게 전해 주었다. 이수
노가 은을 받고 말하였다.

"만일 이 사실이 누설되면 제가 수치스러울 뿐만 아니라 저 절의 스
님이 어떻게 죄를 면할 수 있겠습니까! 저에게 계책이 하나 있습니다. 제
몸에 병이 있어 손님을 받을 수 없다고 거짓말을 하고서는 밤중이 되기
를 기다렸다가 몰래 절로 들어가 자겠습니다. 이와 같이 해야 남의 눈과
귀를 속일 수 있습니다."

적호아가 돌아가서 전하니 요연이 매우 기뻐하였다. 이와 같이 이수노
가 저녁에 들어가서 자고 새벽에 나오니, 아는 사람이 없었다.

시간이 흐른 뒤에 요연이 가진 재산을 탕진하자, 이수노가 관계를 끊
었다. 요연이 분노하여 박살을 내어 죽여 버리려고 생각하였다. 그리하
여 은 1냥을 마련한 뒤 적호아에게 부탁하여 이수노에게 보내 주고 다시
하룻밤 같이 잘 것을 요구하였다. 이수노가 은을 전해 받고서는 근심이
되었으나, 적호아와 같이 몰래 절로 들어가 요연과 같이 잤다. 남녀 간의
정사가 있기는 하였으나, 이수노가 의무적으로만 호응하였으므로 요연
으로서는 끝내 만족스럽지 못하였다.

이날 밤 4경更에 요연이 서시西市의 거리까지 배웅하러 나왔다가 분노
가 치솟아 한주먹에 이수노를 쳐서 죽였다. 이때 마침 외부 지역에서 찾
아온 관리인 백호百戶 응습應襲이란 사람이 여관의 문간방에 숙박하고
있었다. 요연은 황급히 달아나 절간으로 돌아갔다. 날이 밝자, 면임이 곧
바로 이 일을 관아에 보고하였다. 지부知府가 즉시 좌우 사람을 차출하
여 백호 및 여관 주인을 잡아와서 고문하였으나, 사건과는 전혀 관련이

없으므로 모두 죄를 시인하지 않았다. 지부가 '기생집에서는 질투로 인해 다투다가 죽이는 일이 많으니 백호에게 전적으로 죄를 물을 수 없다.'라고 생각하고서는 의문점이 있는 사건으로 처리하여 죄인들을 감금하고서 2차 심리를 기다렸다.

○ 이때 소蘇 순안 어사가 덕군을 순찰하다가 그 사건을 조사하고 다음과 같이 판결하였다.

"백호는 기생집에 숙박해서도 안 되고 더욱이 질투하여 죽여서도 안 된다."

마침내 사형죄를 적용하였다. 소씨가 일을 끝내고 떠나려고 하는데, 소씨와 과거에 함께 급제한 사람이 영은사에 놀러가자고 청하였다. 소씨가 절의 벽 사이에 '그저 극락 세상에 같이 태어나 지금 세상의 괴로운 사랑 벗어나게만 해 주오.'라고 쓰인 글귀를 보고서는 한참 동안 낮은 소리로 읊다가 그 사연을 추궁해야겠다는 생각이 들었다. 마침 요연이 차를 올렸으므로 소 순안 어사가 물었다.

"벽의 글자는 누가 새긴 것인가?"

요연이 머리를 조아리며 '감히 말씀드릴 수가 없습니다.'라고만 하였다. 소 순안 어사가 순포관巡捕官을 시켜 묶어서 압송하여 신문하게 하였다. 소 순안 어사가 술 석 잔을 마시고 자리를 끝낸 뒤 곧바로 몸을 일으켜 도찰원都察院에 도착하여 주리를 가져다가 요연을 고문하려 하니, 요연이 어쩔 수 없이 사실대로 범행 사실을 인정하였다. 마침내 백호와 여관 주인을 석방하였다.

○ 〈답사행사踏莎行詞〉[124]로 다음과 같이 판결하였다.

---

124 답사행사踏莎行詞: 〈답사행踏莎行〉이라는 곡조에 맞추어 지은 사詞이다. 〈답사행〉은 측운

"이 까까중놈 수행修行에 빠져서 구름 걸린 산꼭대기에서 계율戒律을 지켰다네. 일단 기생을 좋아하면서부터는 기워 입은 누더기 옷 아무런 소용없네. 사나운 손으로 사람을 해치니 꽃 같은 얼굴 산산이 부서졌네. 존재하는 것은 모두 헛된 것이니, 이제 무엇이 남았는가! 벽에 글자 새겨 사랑의 고통을 말했으니, 이제는 사랑의 빛을 돌려주어야겠네."

○ 다산의 견해: 이것은 본래 동파東坡 소식蘇軾이 판결한 것이다.【앞의 〈경사요의〉에 나온다.】〈답사행〉도 분명히 소식이 지은 것이다.【《요산당기堯山堂 記》에 나온다.】여상두가 소설로 각색하면서 명나라 경태 연간의 일이라고 하였으나, 사실이 아니다.

13. 음란한 욕심을 채우려다가 살인한 사건에 대한 장순의 판결문

* 세 귀신이 공갈하여 속이다

○ 호광성湖廣省 운양부鄖陽府 효감현孝感縣에 사는 서생書生 허헌충許獻忠은 나이가 18세였다. 대문 맞은편의 백정집 소보한蕭輔漢에게 소숙옥蕭淑玉이라는 딸이 있었는데, 나이가 17세였다. 소숙옥이 항상 다락방에서 꽃을 수놓으며 때때로 허헌충이 지나가는 것을 보았다. 두 사람이 서로 눈을 마주치면서 각각 사랑하는 마음이 생겼다. 허헌충이 유혹하는 말을 걸자 여자도 바로 좋다고 하였다. 그날 밤에 허헌충이 다락방의 사다리를 통해 올라가 여자와 정분을 나누었다. 닭이 울자, 허헌충이 다

仄韻을 사용하여 58자, 64자, 66자 등으로 지었으며, 〈답설행踏雪行〉, 〈유장춘柳長春〉, 〈전조 답사행轉調踏莎行〉 등으로도 불렸다.

락에서 내려가며 다음 날 밤에 다시 오겠다고 약속하니, 여자가 말하였다.

"사다리로 오르내리는 것이 불편해 내가 원목圓木을 다락방 들보에 갖추어 두었습니다.【원목은 도르래와 같은 것이다.】 흰 베 1필을 절반은 도르래에 걸어 두고 절반은 다락 아래로 늘어뜨려 놓을 것이니, 당신이 다음 날 밤에 와서 이 흰 베를 잡아당기기만 하면 내가 위에서 끌어당겨 올라오게 하겠습니다."

이렇게 반년을 왕래하자 이웃집에서는 그러한 사실을 꽤나 알아채고 있었으나, 소보한의 집에서만 모르고 있었다. 어느 날 밤에 허헌충이 벗들과 술을 마시느라 밤늦도록 오지 않았다. 명수明修라는 중이 밤중에 거리를 돌아다니며 구걸하다가 다락으로부터 흰 베가 땅까지 늘어뜨려져 있는 것을 보고서는 그 흰 베를 훔칠 생각으로 잠깐 목탁소리를 그치고 조용히 지나갔다. 명수가 손으로 흰 베를 잡아당기자, 다락 위에 어떤 사람이 있다는 것만 보였는데, 그 사람이 명수를 끌어올렸다. 이 중이 마음속으로 이 사람은 아마도 창녀일 것이라고 생각하고서는【매춘하는 사람이다.】 그가 끌어당기는 대로 따라 올라가 보니, 과연 한 여자가 보였다.

중이 말하였다.

"소승小僧은 낭자와 인연이 있습니다. 오늘 내가 묵을 수 있도록 보시하시겠습니까?"

소숙옥이 대답하였다.

"내가 어찌 정조를 잃겠는가! 내가 차라리 비녀 하나를 당신에게 주겠으니 당신은 빨리 다락을 내려가시오."

그러자 중이 강제로 끌어안으며 즐기자고 하니, 여자가 몹시 화를 내며 큰 소리로 외쳤다.

"도둑이야!"

그때 여자의 부모는 깊이 잠들어 있었다. 중이 사람들이 깰까 두려워서 즉시 칼을 빼어 여자를 죽이고, 여자의 비녀와 귀고리 및 반지를 가지고 다락에서 내려갔다.

다음 날 아침 딸이 일어나지 않자 어머니가 올라가 보니, 딸은 이미 다락에 죽어 있었다. 그러나 누가 죽였는지는 알지 못했다. 이웃집에서 말하였다.

"당신 딸이 평소에 허헌충과 교제하였다. 어젯밤에 허헌충이 벗의 집에서 술을 마셨는데, 아마도 술에 취한 김에 잘못 죽였을 것이다."

소보한이 즉시 고을 관아에 나아가 고소하였다.

○ 고소장의 내용은 다음과 같다.

"고소한 사람의 성명은 소보한입니다. 강간하고 사람을 죽인 사건에 대해 고소합니다. 대단히 악랄한 허헌충은 방탕한 풍류객으로서 어느 누구와도 비교할 수 없이 간음을 해 온 자입니다. 허헌충이 저의 딸 소숙옥의 젊고 아름다운 모습을 보고서는 온갖 방법으로 꾀어서 간음하려고 생각하였습니다. 그러다가 어젯밤 술에 취해 칼을 찬 채로 제 딸의 침실에 몰래 들어와서 껴안고 강간하려고 하였습니다. 딸이 정절을 지키고 허락하지 않자, 칼을 뽑아 찔러 죽이고 비녀와 귀고리를 빼앗아 달아났습니다. 이에 대해서는 이웃 증인이 증언할 수 있습니다. 하늘의 법에 따라 목숨으로 보상하도록 판결하여 삼강오륜을 바로잡아 주소서. 피눈물을 삼키며 서글픈 마음으로 고소합니다."

○ 이때 현령 장순張淳은 정성스럽고 부지런하게 사무를 처리하였고 사건을 물 흐르듯 매끄럽게 판결하였으므로, 사람들이 장일포張一包라고 불렀다. 일포一包란 '고소한 사람이 한 꾸러미의 도시락을 가져와서 먹을 정도의 시간만 소비하면 곧바로 소송이 완료되어 돌아갈 수 있다.'라는

말이다. 장순이 당일 이 고소장을 검토하고 즉시 차인差人을 시켜 원고와 피고 및 증인 등을 각각 구속하였다.

○ 장순이 증인인 왼쪽 이웃 소약蕭若과 오른쪽 이웃 오범吳範에게 먼저 심문하였다. 그러자 둘 모두 다음과 같이 진술하였다.

"소숙옥은 길가와 가까운 다락에서 잠을 잤으며, 허헌충과 간통한 지는 반년 남짓 되었습니다. 소숙옥이 부모를 속였기 때문에 부모만 간통한 사실을 몰랐습니다. 이들이 간통하였다는 것은 확실하며, 강간만 아닐 뿐입니다. 죽인 이유에 대해서는 깊은 밤중에 벌어진 일이니, 많은 사람들이 어떻게 알 수 있겠습니까!"

○ 허헌충은 다음과 같이 진술하였다.

"간통한 사실은 여러 사람을 속일 수 없으므로 저도 기꺼이 인정하겠습니다. 다만 죽인 일은 사실은 제가 죽인 것이 아닙니다. 그녀와 저는 서로 떨어질 수 없을 정도로 정이 든 사이인데 어찌 차마 죽이겠습니까! 남모르게 정분을 나누는 사이였으므로 서로 사랑하면서도 항상 남들이 알게 될까 두려워했을 따름입니다. 그런데 또 무슨 거스를 일이 있어 칼을 가지고 죽이겠습니까!"

○ 소보한은 다음과 같이 진술하였다.

"그가 가벼운 죄는 인정하면서도 무거운 죄는 부인하는 것을 통해서도 그의 마음을 환히 알 수 있습니다. 다락방에는 그만 왔으니, 그가 죽인 것이 아니라면 누가 죽였겠습니까! 강간하려다가 죽인 것은 아니라고 하더라도, 그를 거절하고 오지 못하게 하자 홧김에 죽인 것입니다. 게다가 경망스러운 성격을 가진 젊은 사람이 어찌 여자를 배려하겠습니까!

세상에는 정분을 나누는 여자와 처음에는 서로 좋아하였다가 나중에는 서로 원망하는 자들이 무수히 많습니다. 엄중하게 심문하지 않는다면, 그가 어찌 실토하겠습니까!"

○ 장순이 허헌충을 보니 얼굴이 아름답고 성품이 온화하여 흉포한 무리는 아닌 것 같았다. 이어서 심문하였다.

"네가 소숙옥과 교제할 때 어떤 사람이 다락 아래로 지나간 적이 있느냐?"

허헌충이 진술하였다.

"예전에는 지나간 사람이 없었고, 이달에 거리를 돌아다니며 구걸하는 중만 항상 밤중에 목탁을 치며 지나갔습니다."

○ 장 현령이 관아의 차인 왕충王忠과 이의李義를 은밀히 불러서 분부하였다.

"너희 두 사람은 은밀히 나가 이러이러하게 하라."

그날 밤에 중 명수가 다시 목탁을 치며 거리를 돌아다니면서 구걸을 하였다. 대략 3경更 때가 되자, 다리[橋]로 돌아가 자려고 하는데 다리 아래에서 세 귀신의 소리가 들려왔다. 하나는 위에서 부르짖고, 하나는 아래에서 부르짖으며, 하나는 부인의 소리인 듯하였는데, 곡을 하기도 하고 부르짖기도 하면서 다음과 같이 말하였다.

"명수야, 명수야, 나는 이승에서의 수명이 아직 끝나지 않았는데, 네가 아무 이유 없이 나를 죽였고, 또 나의 비녀와 귀고리를 빼앗아 갔다. 내가 염라대왕께 아뢰니, 두 귀신에게 명령하여 나와 같이 와서 네 목숨을 가져오도록 하였다."

중 명수가 말하였다.

"나는 외로운 중으로, 불같은 정욕이 일어나 간통할 것을 요구하였으나 네가 따르지 않았다. 또 사람들이 나를 붙잡을까 두려워서 일시적인 잘못으로 너를 죽였던 것이다. 지금 비녀와 귀고리 및 반지는 아직 그대로 있다. 내일 비단을 사고 아울러 불경을 외워 너의 명복冥福을 빌겠다."

여자 귀신이 또 곡을 하였고, 두 귀신이 또 한 차례 부르짖었다. 그러더니 갑자기 관아의 차인 두 사람이 나와서 쇠사슬로 묶으며 말하였다.

"장순 현령께서 우리더러 너를 잡아오라고 명하셨다."

공포에 질려 얼굴이 흙빛으로 변한 중을 꽁꽁 묶어서 끌고가려고 할 때, 이의李義가 바랑과 부들방석 등 물건을 거두어 가지고 같이 갔다. 원래 장순이 두 명의 차인에게 명령하여 창녀 한 사람을 고용해서 다리 아래에서 귀신의 소리를 내어 중을 위협하여 이러한 진술을 토로하게 한 것이다.

다음 날 명수를 묶어 창녀까지 데리고 들어가서 현령을 만났다. 또 명수의 해어진 장삼 안에서 비녀와 귀고리 및 반지를 찾아내서 소보한에게 확인시키니, 그의 딸이 치장했던 물건이 확실하다고 하였다. 명수가 변명할 말이 없으므로 한 번의 진술로 죽을죄를 지었다고 승복하였다. 이에 장순이 허헌충에게 심문하였다.

"소숙옥을 죽인 범인은 이 까까중놈이니, 목숨으로 보상해야 한다. 너는 서생으로서 남의 집 딸과 간음하였으니, 너도 앞으로 출세할 수 있는 길을 제약해야 한다.【관직에 나아갈 수 있는 길을 제거한다는 말이다.】이제 너는 소숙옥을 너의 정실로 삼아 시신을 거두어 장사 지내고 제사를 받들어야 하며, 재혼하는 것을 허용하지 않는다."

허헌충도 그대로 따르기를 원하였으므로 즉시 문서로 작성하고, 제학도提學道에게 보고하였다.【허헌충이 빗나간 행동을 하였다는 이유로 생원의 정원 안에 포함시키지 않을까 염려하였기 때문에 별도로 제학도에게 보고한 것이다.】

○ 제가 심리한 결과는 다음과 같습니다.

생원 허헌충은 청년으로서 결혼하지 않았으며, 이웃 여자 소숙옥은 처녀로서 시집가지 않았습니다. 두 젊은이는 서로 좋아해서 한마음으로 의기투합하여 백년가약을 맺기로 약속하였으나, 뜻하지 않게 하루아침에 변고가 생겼습니다. 흉악한 중 명수가 간통을 꾀했으나 뜻을 이루지 못하자, 쇠칼을 가지고서 위협하여 강간하려다가 여자를 죽이고 다시 탐욕이 생겨 비녀와 귀고리를 빼앗아 갔습니다. 아! 슬픕니다. 소숙옥은 죽어도 지아비를 바꾸지 않았으며, 허헌충은 재혼하지 않기로 맹세했습니다. 이제 중에 대해서는 목숨으로 보상하도록 판결하였으니, 정절을 지킨 여자의 원통한 마음을 풀어 줄 수 있을 것입니다. 허헌충에 대해서는 앞으로 출세할 수 있는 길을 제약하였으니, 대의大義를 지킨 사내의 기개를 조금이나마 장려할 수 있을 것입니다. 그러나 감히 마음대로 처리할 수 없으니, 재가해 주시기를 삼가 기다립니다.

○ 한 제학도韓提學道가 다음과 같이 판결하였다.

"중 명수는 강간하려다가 뜻을 이루지 못하자 또 사람을 죽였고 그 재물도 빼앗아 갔으니, 처형할 시기까지 기다리지 말고 즉시 처형하라. 허헌충은 간음하는 죄를 저질렀으니 본래 빗나간 행동을 한 것이다. 다만 그의 도리상 재혼하지 않겠다고 한 것만으로도 취할 만한 점이 있다. 소숙옥은 처녀로서 간통하는 죄를 범했으므로 사람들이 비난하지만, 사실은 허헌충의 유혹에 넘어갔기 때문이라는 것을 몰라서 그런 것이다. 그녀가 어린 나이에 예법禮法을 몰라서 잘못을 저지른 것일 뿐이다. 그러나 나중에는 강간하려는 중에게 굳세게 저항하여 차라리 죽는 한이 있더라도 굽히지 않았으니, 그녀의 절개가 곧음을 뚜렷하게 보여 주었다. 따라서 그녀의 진실한 마음을 알 수 있으니, 허헌충의 정실이 된다고 해도 아무런 욕이 되지 않을 것이다. 심리하여 보고한 대로 이처럼 교부한다."

14. 아내를 죽인 사건에 대한 통해현 유 지현의 판결문

* 세 사람이 강간하다

○ 운남성雲南省 임안부臨安府 통해현通海縣에 사는 백성 지홍도支弘度가 경정고經正姑를 아내로 맞아들였다. 지홍도가 어느 날 아내에게 물었다.

"어떤 사람이 당신에게 간통하자고 유혹한다면 당신도 기꺼이 따르겠는가?"【조희調戱는 간통하자고 유혹한다는 말이다.】

아내가 대답하였다.

"나는 반드시 바른말로 거부하고 꾸짖을 것입니다."

지홍도가 물었다.

"어떤 사람이 칼을 가지고 와서 강간을 하려고 하는데 따르지 않을 경우 죽이겠다고 한다면, 어떻게 할 것인가?"

아내가 대답하였다.

"나는 그가 죽인다면 그에 따라 죽는 한이 있더라도 결코 능욕을 당하지는 않을 것입니다."

지홍도가 물었다.

"몇 사람이 와서 당신을 붙들고 당신의 의사와 상관없이 강간하려고 한다면【강간을 말한다.】 당신이 어떻게 그를 상대할 것인가?"【대對는 맞서는 것이다.】

아내가 대답하였다.

"내가 사람이 많은 것을 본다면 반드시 먼저 스스로 목을 찔러 죽을 것입니다."

그러나 지홍도는 믿지 않았다. 며칠이 지난 뒤 일부러 한 사람을 시켜 그의 아내에게 와서 유혹하게 하였으나, 실제로 경정고에게 꾸짖음만 당하고 돌아갔다. 다시 한 달 남짓이 지난 뒤에 지홍도가 친구인 간모干謨·

응예應睿·막예莫譽【세 사람의 성명이다.】에게 말하였다.

"내 아내가 항상 스스로 정렬貞烈을 뽐내 왔다. 강간하려는 사람이 있을 경우에는 아내가 기필코 죽는 한이 있더라도 따르지 않을 것이라고 하였다. 너희 세 사람이 나를 위해 시험해 주라."

간모 등은 모두 경망스럽고 흉포한 자들로서, 실제로 지홍도의 말에 따라 갑자기 아내의 방으로 들이닥쳐서 간모와 응예 두 사람은 각각 왼손과 오른손을 붙잡았고, 막예는 더욱 경박한 자로서, 아랫도리의 치마를 벗겼다. 간모와 응예가 잠깐 손을 놓아 주고 쉬었다.【잠站은 쉬는 것이다.】두 손이 풀려나자 경정고가 즉시 밀치고 일어나 칼을 가져다가 막예를 죽였다. 그러자 간모와 응예 두 사람은 달아났다. 경정고는 사람을 죽였기 때문에 재앙이 있을까 두려워했으며, 더욱이 몹시 화가 난 상태에서 그 수치를 참지 못하고 마침내 단칼에 자기 목을 찔러 죽고 말았다. 간모가 지홍도에게 달려가서 알렸다.

○ 이때 지홍도는 한창 자기 잘못을 뉘우치고 있었다. 더욱이 아내의 친정【처가妻家를 외가外家라고 한다.】과 막예의 부모로부터 반드시 항의가 있을 것이 두려웠다. 그래서 먼저 고을 관아에 가서 다음과 같이 고소하였다.

"강간하고 사람을 죽인 사건에 대해 고소합니다. 음탕하고 악랄한 막예는 도박을 즐기는 경박한 자로서,【도박을 즐기고 경박하다는 것이다.】제 아내 경씨經氏의 미모를 엿보고서는 침실로 갑자기 뛰어들어 강간을 하려고 했습니다. 이에 대해서는 간모와 응예가 확실하게 증언하였습니다. 경씨가 화를 내고 칼을 휘둘러 막예를 죽였으며, 담력이 없는 부인이다 보니 스스로 목을 찔러 죽었습니다. 절개를 지킨 아내가 악행을 당하다가 잘못 죽게 되었으니 애통합니다. 막예는 죽었으나 아직도 죄가 남아 있습니다. 매장 비용을 추징하여 장례를 치르는데 도와주게 하소서. 이에 관아에 고소장을 올립니다."

○ 이때 유 지현劉知縣이 즉시 붙잡아다가 먼저 증인을 심문하였다.

"막예가 강간하는 것을 너희 두 사람이 어떻게 알았느냐?"

간모가 진술하였다.

"저와 응예가 지홍도를 찾아갔다가 그의 아내가 방안에서 고함치며 욕하는 것을 들었습니다. 이 때문에 알게 된 것입니다."

유 지현이 심문하였다.

"그 당시에 벌써 강간이 이루어졌느냐?"

응예가 진술하였다.

"막예가 방에 들어서자마자 즉시 거부와 꾸짖음을 당하였으며, 경씨가 칼을 가지고 죽였으므로, 결코 강간이 이루어지지는 않았습니다."

유 지현이 지홍도에게 말하였다.

"네 아내가 다행히 몸을 더럽히지 않았고 막예는 이미 죽었으니, 법률에는 장례 비용을 추징하도록 한 조문이 없다."

지홍도가 대답하였다.

"한 사람의 죽은 목숨에 대해서는 한 사람의 산 목숨으로 보상해야 합니다. 그러나 그의 죄는 당연히 죽을죄이지만 제 아내는 잘못 죽은 것입니다. 법률의 규정을 떠나 인정으로 판결하여 장례 비용을 헤아려 추징해서 지급해 주소서."

유 지현이 막예의 집에서 널에 쓸 재목을 마련해 주게 하였다.

○ 유 지현이 나가서 시체를 검안해 보니, 경씨는 방문 안에 목이 찔려 죽어 있었고 아랫도리에는 옷을 걸치지 않았으며, 막예는 침상 앞에 죽

어 있었으나 옷은 온전히 입은 채였다. 유 지현이 즉시 간모와 응예에게 추궁하였다.

"너희 두 사람은 막예가 들어서자마자 곧바로 죽임을 당했다고 하였는데, 어찌하여 시체가 침상 앞에 가까이 있느냐? 그리고 너희들은 결코 강간이 이루어지지 않았다고 하였는데, 어찌하여 경씨의 아랫도리에 옷이 걸쳐 있지 않은가? 반드시 너희 세 사람이 같이 들어가서 강간하고 난 뒤에 경씨가 막예를 죽였고, 해를 입을 것이 두렵고 강간을 당한 것이 수치스러워서 또 스스로 목을 찔러 죽은 것이다."

주리[周牢]【좌우로 엇걸어 끼우는 것으로, 우리나라에서는 주리라고 한다.】를 가져왔으나 결코 범행을 인정하려고 하지 않았다.

○ 유 지현이 심리 결과를 기록하고 나서 두 사람에게 모두 강간 혐의로 사형죄를 적용하였다. 그러자 간모가 호소하였다.

"우리 두 사람이 강간한 것이 아니고, 막예가 강간한 것도 아닙니다. 지홍도가 자기 아내가 항상 스스로 정렬을 뽐냈기 때문에 우리 세 사람에게 가서 시험해 보라고 하였던 것입니다. 그러나 우리 두 사람은 방문가에 있었을 뿐이고, 막예가 방안으로 들어가서 그녀를 껴안고 억지로 옷을 찢으려고 하였는데, 경씨가 번개같이 칼을 가지고 그를 죽였습니다. 우리 두 사람은 달아났고, 저 경씨는 스스로 목을 찔러 죽었습니다. 지홍도가 경씨와 막예 두 집의 부모가 이러한 사실을 알고 과오에 의해 사람을 죽인 죄로 자신을 고소할까 두려웠기 때문에 먼저 찾아와서 고소한 것입니다. 그의 실제 의도는 장례 비용을 받아 내려는 것이 아니었습니다."

진실을 자백하자, 지홍도가 벙어리처럼 아무 말도 못 하였다. 유 지현이 즉시 지홍도에게 30대의 매를 때렸다.

○ 또 간모와 응예에게 심문하였다.

"막예 한 사람이 어떻게 경씨의 치마를 벗길 수 있겠는가! 반드시 너희 두 사람이 거들어 준 뒤에 가능하였을 것이며, 막예가 나쁜 마음을 먹었다는 것을 알고서야 너희 두 사람이 달아났던 것이다. 그리고 경씨는 막예를 찔러 죽인 데다 더욱이 너희 두 사람이 다시 올까 두려웠기 때문에 먼저 스스로 목을 찔러 죽은 것이다. 경씨에 대해서는 정문旌門을 세워 장려해야 한다. 너희 두 사람도 모두 죄가 있다."

두 사람이 유 지현이 귀신처럼 당시 정황을 간파하는 것을 보고서는 감히 다시 말을 하지 못하였다.

○ 다음과 같이 판결하였다.

"심리한 결과는 다음과 같다. 지홍도는 여우처럼 의심이 많은 성격에다가 시기하는 마음이 많았다. 아내가 평생 정절을 지킬 수 있다고 스스로 뽐내는 것을 보고서는 친구 세 사람에게 명하여 그녀의 진심을 시험해 보도록 하였다. 그리하여 응예와 간모는 그녀의 손과 발을 제압하고 막예는 그녀의 치마를 벗겼다. 응예와 간모가 먼저 방문을 나가 혐의를 피하자, 경씨가 칼을 가지고 악을 없애려고 막예를 먼저 죽인 뒤 이어서 자기 목을 찔러 죽었다. 경씨는 몸을 더럽히지 않았으니, 정문을 세워 장려하는 것이 사리에 합당하다. 막예는 자기가 먼저 미치광이 짓을 저지르다가 하루아침에 스스로 죽음을 불러들였다. 응예와 간모는 지홍도의 지시를 받아들이는 잘못을 저질렀으니, 3년의 도형에 처해야 한다. 지홍도는 친구를 죽음에 빠뜨렸고 아내를 억울하게 죽게 하는 잘못을 저질렀으니, 사형죄로 처형해서 의심 많은 사람들에게 경계로 삼도록 해야 한다."

【이 사건을 순찰사巡察使에게 보고하니 즉시 고을에서 판결한 대로 처리하라고 재가하였다. 지홍도는 가을의 마지막 달에 처형하도록 하였고, 또 경씨를 장려하여 '표양정렬表揚貞烈'이란 편액扁額을 내려 주었다. 그러자 사람들이 모두 통쾌하게 여겼다.】

비상준초

✤

5

【이 아래의 9조항도 여상두余象斗의 소설小說이다. 내용이 황당하여 뽑아서 기록하기에 알맞지는 않지만, 고발장과 진술서의 내용 중에는 참고할 만한 모범적인 사례도 있기 때문에 그런 내용은 그대로 두었고, 터무니없고 너절한 것만 삭제하였다.】

1. 아내를 죽인 사건에 대한 담경의 판결문
* 원통한 귀신이 뒤를 쫓다

○ 산서성山西省 대동부大同府 삭주朔州에 사는 백성 우광렴尤廣廉은 의심이 많은 성격으로, 잔인하고 시기심이 많았다. 시교주施巧姝를 아내로 맞았는데, 아내는 성격이 활달하고 말이 시원시원하였다. 우광렴이 아내가 외간 남자와 사적인 교제가 있을 것으로 의심하였으나, 마음속으로만 그러한 의심을 품고 있었다. 이후로 아내의 말과 행동을 하나하나 살펴보고서는 다시 다음과 같이 짐작하였다. '아내의 이러한 말은 잘못을 저지른 상황이 있어서 한 말인 것 같고, 아내의 저러한 행동은 잘못을 감추기 위해서 하는 것 같다.'

또 일부러 외출한다는 핑계를 대고서는 보이지 않는 곳에 몸을 숨기고 간통하는 사내를 붙잡으려고 하였으나, 왕래하는 사람을 전혀 발견하지 못하였다. 남편은 온갖 의심이 다 들었으나, 아내는 방비하려는 마음이 없었기 때문에 남편이 자기를 의심하는 줄을 전혀 몰랐다. 그러나 의심이 쌓여 질투가 생기고, 질투가 쌓여 원수같이 되었다.

어느 날 자기 아내를 죽이려고 다음과 같이 생각하였다. '오늘 어떤 사람이 우리 집에 오기만 하면 곧바로 집에 온 사람과 아내를 같이 죽이겠다.' 해가 저물도록 기다렸으나【등等은 기다린다는 의미이다.】 집에 찾아오는 사람이 하나도 없었다. 그러자 사나운 마음이 일어나 칼을 가지고서 곧바로 방안으로 들어가 아내를 바라보며 죽이려고 하였다. 아내가 말하였다.

"당신은 아무 이유도 없이 왜 나를 죽이려고 합니까?"【평공平空은 아무런 이유가 없다는 말이다.】

아내가 손으로 칼을 막으니, 그 손을 자르고【감砍의 음은 감坎이고, 벤다는 의미이다.】 다시 단칼에 목 위에서부터 베어 죽였다. 그러고는 보따리를 싸 들고 문을 닫은 뒤에 밤을 틈타서 달아났다.

○ 이튿날 이웃집에서 우광렴의 집 대문이 한낮까지 열리지 않는 것을 보고 서너 사람이 들어가서 살펴보니, 죽은 시씨施氏가 땅에 쓰러져 있고 또 그 손이 잘려 있었다. 사람들이 크게 놀라서 즉시 면임【지방地方은 우리나라의 면임이다.】과 함께 고을 관아에 나아가서 다음과 같이 고발하였다.

"아내를 죽인 사건에 대해 연명으로 고발합니다. 저희 고을의 우광렴이 시씨를 아내로 맞이하여 요즘까지 별다른 일이 없었습니다.【별다른 일이 없었다는 것이다.】 그런데 이달 20일 밤에 무엇 때문인지는 모르겠으나 아내를 죽이고 밤을 틈타서 달아났습니다.【인貟은 틈타서라는 의미이다.】 살인과 관계된 사건을 목격한 저희들은 살인죄에 연루될 것이 두려웠으므로 관아에 고발하고 자수하는 것이 사리에 합당하다고 생각하였습니다. 시체를 검안한 뒤에 수습하고 증빙 문서를 발급해 주시기 바랍니다. 고발장이 반드시 접수되기를 바랍니다."

○ 지주知州 담경譚經이 말하였다.

"사람을 죽이고 도망간 사람은 반드시 관문關門 밖으로 나갈 것이다."

관아의 차인差人 강완姜婉과 원용袁鎔에게 북쪽 길로 가서 체포해 오라고 명령하였다. 두 사람이 길을 떠난 지 3일 만에 관문이 있는 곳 아래에서 묵었는데, 그곳에서 여관 주인인 황오黃五가 한 젊은이와 숙박 요금을 가지고 다투는 것을 보았다. 황오가 말하였다.

"당신과 젊은 여자 두 사람이 숙박하였는데, 어째서 한 사람의 숙박 요금만 내려고 합니까?"

젊은이가 대답하였다.

"나 한 사람뿐이었는데, 어디에 젊은 여자가 있었다는 말입니까?"

황오가 말하였다.

"어제 저물녘에 당신과 같이 와서 같이 잤으며, 오늘 식사를 마친 뒤에 먼저 떠났습니다. 무엇 때문에 숨기려고 합니까?"

젊은이가 말하였다.

"당신이 나를 속여서 숙박 비용을 뜯어내려는 수작이 분명합니다. 그래서 이처럼 허황된 말을 터무니없이 지껄이는 것입니다."

두 사람이 말다툼을 하며 서로 때리려는 기세였다. 강완이 원용에게 귀엣말로 말하였다.

"이 사람은 틀림없이 우광렴이다. 그 젊은 여자란 저 사람 아내의 원통한 귀신일 것이다."

쇠사슬을 가지고서 그를 묶어 두고 말하였다.

"본 고을의 지주 어른께서 너를 잡아오라고 하셨다. 네가 아내를 죽이자, 원통한 귀신이 너를 뒤따라온 것이다. 어디로 도망가려고 하느냐!"

우광렴은 꿀먹은 벙어리가 되었다. 황오도 놀라며 말하였다.

"진짜로 귀신을 보았습니다."

우광렴을 체포하여 묶어 가지고 고을 관아에 이르러 심문하니 낱낱이 죄를 자백하였다.

"제가 아내가 다른 사람과 간통하는 것으로 의심하여 아무런 이유 없이 죽였습니다."

○ 다음과 같이 판결하였다.

"심리한 결과는 다음과 같다. 우광렴은 실제로 여우처럼 의심이 많은 성격이고 이리처럼 매우 사나운 마음을 가졌다. 그 아내가 서로 주고받은 말들은 우스갯소리에 불과한 것인데도 마침내 외간 남자와 교제가 있는 것으로 믿고 깊이 질투심을 품었으니, 구슬 위에 앉은 쇠파리[125]와 수레에 가득 실린 귀신[126]의 꼴이라고 하겠다. 단칼에 팔을 먼저 자르고, 다시 내리쳐서 목을 끊었다. 원통한 기운은 하늘에 닿을 듯하여 세상이 다하더라도 끝이 없고, 원통한 혼령은 땅에서 끔찍한 일을 당하였기에 이 땅 어느 곳이나 따라다녔다. 남편이 어두운 밤에 몰래 도망하여 법의 그물을 벗어나 보려고 꾀하였으나, 아내의 혼령이 여관에 뚜렷이 나타나 끝내 흉악한 범인을 붙잡게 하였다. 하늘의 이치는 속일 수 없다는 사실을 믿게 하였으니, 저승에서의 보복이 없다고 누가 말하겠는가!

너는 의처증으로 아내를 죽였으니, 너에게서 나온 것은 반드시 너에게로 돌아갈 것이다. 나는 사형죄로 너를 벌하니, 너는 죽어서 아내의 목숨을 보상해야 한다. 너에게 무거운 형벌을 적용하는 것에 대해 누가 불가하다고 하겠는가!"

○ 다산의 견해: 이 판결문은 순전히 사륙변려체四六騈儷體[127]를 사용하였다. 그러나 유명한 사람들이라도 꼭 그렇게 사용하지 않은 사람도 많다.

---

125 구슬……쇠파리: 중국 당唐나라 승려 관휴貫休의 〈고의古意〉라는 시에서 인용한 것으로, 결백한 사람을 모함하였다는 말이다.

126 수레에……귀신:《주역》〈규괘睽卦〉에서 인용한 말로, 실체가 없는 것을 있는 것처럼 여긴다는 말이다.

127 사륙변려체四六騈儷體: 중국의 육조六朝와 당나라 때 유행한 한문 문체이다. 문장 전편이 대구로 구성되어 읽는 이에게 아름다운 느낌을 주며, 4자로 된 구와 6자로 된 구를 배열하기 때문에 사륙문四六文이라고도 부른다.

2. 아내를 죽인 사건에 대한 홍 순안 어사의 판결문

* 귀신이 술통에 빠져 죽었음을 알려 주다

○ 장영張英은 산서성山西省 사람으로 섬서성陝西省의 순안 어사였다. 부인 막씨莫氏는 집에 혼자 떨어져 살며 항상 몸종인 애련愛蓮과 같이 화엄사華嚴寺에 놀러 다녔다. 광동성廣東省의 진주珍珠를 파는 장사꾼 구계수丘繼修가 이 절에 임시로 거주하고 있다가 막씨의 빼어난 미모를 보고서는 마음속으로 탐을 내었다. 다음 날 구계수가 여자 방물장수로 가장하고 좋은 진주를 가지고서 장영의 집을 찾아가 거래를 하였는데, 막씨가 몇 개를 샀다. 방물장수로 가장한 구계수가 오랫동안 앉아 이야기하면서 날이 저물어 가는데도 나가지를 않았다. 그러자 막씨 부인이 말하였다.

"날이 저물어 가니 돌아가시오."

방물장수로 가장한 구계수가 일어나 대문 앞까지 나갔다가 다시 돌아와서 말하였다.

"여기에서 여관까지는 거리가 상당히 멉니다. 제가 여자 혼잣몸으로 다니는 터라 많은 진주를 몸에 지니고 있기 때문에 강도를 만날까 두려워서 불안합니다. 부인의 집에서 하룻밤만 재워 주시면 내일 일찍 떠나겠습니다."

막씨가 허락하고, 애련과 함께 침상 아래에서 자게 하였다. 초저녁이 되자 방물장수로 가장한 구계수가 마침내 막씨 부인의 침상 위로 올라가서 간통할 것을 요구하며 말하였다.

"나는 광동성의 진주를 파는 장사꾼입니다. 부인의 아름다운 용모를 보고 일부러 방물장수로 가장하고 재워 달라고 했던 것입니다. 오늘의 이러한 일은 전생의 연분입니다."

막씨 부인도 남편이 집을 떠난 지가 오래여서 마음으로 원하였기 때문에 드디어 서로 즐거움을 나누었다. 이때부터 때때로 오가며 서로 간통하며 묶었는데, 그러한 사실을 아는 사람은 애련뿐이었다.

○ 반년이 지난 뒤에 장영이 지부知府로 승진되었으므로 가족을 데리고 같이 부임하려고 집으로 돌아왔다. 어느 날 장영이 낮잠을 자다가 침상 꼭대기에 말라붙은 침 덩어리가 있는 것을 보고 부인에게 물었다.

"이 침상에서 전에 누구와 같이 잔 일이 있소!"

부인이 대답하였다.

"내 침상에서 어떻게 다른 사람이 자겠습니까!"

장영이 물었다.

"어째서 침상 꼭대기에 말라붙은 침 덩어리가 있소?"

부인이 대답하였다.

"이것은 내가 뱉은 침 덩어리입니다."

장영이 물었다.

"남자가 침을 뱉어야만 아래에서 침상 꼭대기까지 도달할 수가 있는데, 부인이 어떻게 높이 침을 뱉을 수 있겠소! 그럼 우선 나와 당신이 여기에 함께 누워서 위로 침을 뱉어 시험해 보기로 합시다."

장영이 뱉은 침은 침상 꼭대기까지 올라갔으나, 부인이 뱉은 침은 올라가지 못했다. 장영이 재삼 간곡히 물어보았으나, 끝내 말하려고 하지 않았다. 그러자 장영이 몸종인 애련을 불러 연못의 정자 위로 데려가 물었다.

"어떤 사람이 부인의 침상에서 잤느냐? 너는 반드시 알 것이다."

애련이 부인의 부탁을 받았기 때문에 없다고 대답하였다.

장영이 말하였다.

"칼이 여기에 있다. 네가 사실대로 말하면 부인에게 죄가 있고, 사실대로 말하지 않으면 너를 죽여 연못에 버릴 것이다."

애련이 놀라고 두려워서 대답하였다.

"한 방물장수가 반년 동안 항상 우리 집에 와 있으면서 부인과 같이 잤습니다. 그 사람은 바로 화엄사에 있는 진주를 파는 장사꾼인데 방물장수로 가장하였습니다. 이러한 사실은 저만 알고 있었고, 다른 사람은 모두 모릅니다."

장영이 다 듣고 나서 자기 아내를 죽이려고 하였으나, 한편으로 애련이 나중에 발설할까 두려웠으므로 연못 속에 밀어 넣어 죽여서 애련의 입을 막았다.

○ 그날 밤에 장영이 잠을 자다가 밤 10시경에 아내에게 말하였다.

"내가 잠이 오지 않아 술을 좀 마시고 싶소."

막씨가 대답하였다.

"그러시다면 여종을 불러서 데워 오라고 하겠습니다."

장영이 말하였다.

"한밤중에 여종을 불러 술을 데워 오라고 하면 남녀 종들의 비난하는 말을 들을 것이니, 당신이 직접 나가서 큰 술통【나무로 된 술통이다.】에서 새 홍주紅酒를 좀 떠다 주시오. 나는 차게 마시는 것을 좋아하오."

막씨가 그 말을 믿고 일어났다. 장영이 몰래 그 뒤를 밟았다. 막씨가 나무 디딤틀【디딤틀이다.】을 딛고서 술통 속에서 술을 뜨자, 장영이 이를 보고서는 뒤에서 두 다리를 붙들어 술통 속으로 밀어 떨어뜨렸다. 장영이 다시 방으로 돌아와서 얼마 동안 잠을 자는 척하다가, 빠져 죽었을 때가 되었을 것으로 생각되자 일부러 부인을 불렀다. 부인의 대답이 없자, 다시 여종을 불러 말하였다.

"부인이 자기는 술을 마시는 것이 좋다고 말하고서는 스스로 술을 뜨러 나갔는데 왜 그런지 한참이 지났는데도 돌아오지 않고, 불러도 대답이 없다. 그러니 가서 살펴보라."

많은 여종들이 일어나 찾았으나 보이지 않았다. 그러다가 술통 안을 비춰 보고서는 일제히 놀라 소리를 질렀다.

"부인이 술통 속에 빠져 돌아가셨습니다."

장영이 일부러 당황하여 허둥지둥하는 모습을 연출하면서 옷을 잡고 일어나 경악하며 슬퍼하였다. 다음 날 막씨의 형제를 불러서 염습殮襲하는 것을 같이 살펴보고, 금과 진주로 만든 머리꾸미개 및 수놓은 비단옷을 관棺에 가득 채워 장식하고, 이어서 시체를 넣은 관을 화엄사로 보내 맡겼다. 장영이 밤에 자기가 가까이하고 신임하여 부리는 집사람【가까이하고 신임하는 집사람이다.】 2명을 시켜 화엄사에 가서 관을 열어 금과 진주로 만든 머리꾸미개 및 수놓은 비단옷을 모두 벗겨 오게 하였다.

다음 날 아침에 화엄사의 중이 와서 사고 소식을 알려 주었다. 그러자 장영이 일부러 크게 화를 내며 처가의 사람들과 함께 가서 살펴보니,【처가의 친족들을 구舅라고 한다.】 실제로 관의 뚜껑이 열려 있는 것만 보이고, 옷과 꾸미개 등은 온통 사라지고 텅 비어 있었다. 그러자 장영이 관을 어루만지며 대성통곡하고, 거친 베로 만든 수의를 별도로 가져다가 염습을 하였다. 이어서 중에게 추궁하자, 절의 중들이 모두 와서 머리를 조아리며 말하였다.

"소승들은 모두 출가한 사람들입니다. 따라서 가사와 바리때만 있으면 충분히 세월을 보낼 수 있기 때문에 결코 감히 도둑질을 하지 않습니다."

장영이 물었다.

"절 안에 또 어떤 사람이 더 있는가?"

중이 대답하였다.

"광동성에서 온 진주를 파는 장사꾼이 여기에서 머무르고 있을 뿐입니다."

장영이 말하였다.

"대부분 이러한 자들이 도둑들이니, 즉시 묶어 고을로 보내라."

○ 2차 고소장에서 다음과 같이 고소하였다.

"관을 열고 패물과 옷을 훔쳐 간 원통하고 끔찍한 사건에 대해 고소합니다. 원통하게 죽은 아내 막씨는 성품이 맑았으나 수명이 짧았습니다. 부부로서의 지극한 정을 떠나보내기가 어려워 후하게 예의를 갖추어 염습하여 진주로 장식한 모자 1개, 아름다운 옥 3개, 금은 팔찌, 수놓은 비단옷을 관에 가득히 넣어 장식하였으며, 시체를 넣은 관을 화엄사에 보내 맡겼습니다. 그런데 수법이 교활한 도둑 구계수가 관을 열고 시체를 일으켜서 하나도 남김없이 벗겨 갔습니다. 죽은 사람이 무슨 죄가 있어서 이런 혹독한 일을 당해야 합니까! 원통함을 풀 수 없어 다급하고 간절하게 관아에 고소합니다."

○ 예倪 지현이 고소장의 내용에 따라 구계수에게 한 차례 엄중히 고문을 가하고, 진술할 것을 강요하였다. 구계수가 다음과 같이 진술하였다.

"관을 열고 재물을 훔친 사람은 본래 제가 아닙니다. 그러나 이는 전생의 원통한 빚이 있어서 생긴 일이므로, 죽음을 달게 받겠습니다."

즉시 서명하고 다짐을 받았다.【우리나라에서 서명하고 다짐을 받는 것과 같다.】

장영이 또 홍 순안 어사에게 편지를 보내 다음과 같이 말하였다.

"어사가 구계수를 즉시 처결하여 이 사건을 완결해 주어야 제가 부임하기 좋을 듯합니다."

○ 홍 순안 어사가 구계수의 사건 문서를 가져다 거듭해서 살펴보다가 자기도 모르게 깜박 잠이 들었다.【눈이 풀리는 것 또는 눈이 감기는 것이며, 잠이 들었다는 말이다.】곧바로 꿈속에 한 여종이 나타나서 말하였다.

"저는 아무런 죄도 없이 대낮에 갑자기 연못에 떠밀려 빠져서 죽었으며, 부인은 다른 남자와 간통하였다가 밤중에 술통에 떠밀려 빠져서 죽었습니다."

깨어 보니 한바탕 꿈이었다.

○ 다음 날 구계수를 잡아들여서【조拘는 잡아들인다는 말과 같다.】심문하였다.

"네가 관을 열었을 때 반드시 함께 연 사람이 있었을 것이다. 빨리 사실대로 말하라."

구계수가 진술하였다.

"관을 열고 물건을 훔쳐 간 일은 저와는 전혀 상관이 없는 일입니다. 만약 이 일 때문에 제가 죽는다면 그야말로 전생의 업보業報 때문이니, 죽어도 눈을 감기 어려울 것입니다."

홍 순안 어사가 심문하였다.

"막씨 부인은 무슨 일로 죽었는가?"

구계수가 진술하였다.

"밤중에 술통에 빠져서 죽었다고 들었습니다."

홍 순안 어사가 깜짝 놀라며 또 심문하였다.

"내가 탐문하여 알아낸 사실은 다음과 같다. 이 부인이 정절을 잃은 일로 인해서 장영에게 발각되자, 장영이 부인을 술통에 떠밀어 빠뜨려서 죽였다. 그리고 장영이 이제 너를 서둘러 죽이려고 하니, 이 일은 모두 부인이 너와 간통하였기 때문이다."

구계수가 진술하였다.

"이 일에 대해서는 아는 사람이 전혀 없고 몸종 애련만 알고 있었는데, 애련은 연못에 빠져 죽었습니다."

홍 순안 어사가 꿈속에서 여종이 대구로 말한 내용과 완전히 똑같은 구계수의 진술을 듣고서는 애련이 아무런 이유 없이 억울하게 죽었다는 것을 알았다.

○ 얼마 뒤에 장영이 찾아와서 작별 인사를 하고 부임하러 가려고 하였다. 홍 순안 어사가 꿈속에서 여종이 대구로 말한 내용을 적어서 장영에게 전해 주어 보도록 하였다. 장영이 받아서 읽고는 자기도 모르게 낯빛이 바뀌었다. 홍 순안 어사가 말하였다.

"공께서는 아내가 정숙하지 못했으니, 관직을 떠나야 하는 첫 번째 이유입니다. 아무런 이유 없이 여종을 죽였으니, 관직을 떠나야 하는 두 번째 이유입니다. 관을 열어 패물을 훔치고 남에게 죄를 뒤집어씌웠으니, 【남에게 죄를 뒤집어씌운 것이다.】 관직을 떠나야 하는 세 번째 이유입니다. 이러한 상황에서 다시 부임한다고 해도 무엇을 하시겠습니까!"

장영이 무릎을 꿇고서 말하였다.

"이 사건은 아는 사람이 전혀 없으니, 대인大人께서 저를 위해 눈감아 주시기 바랍니다."

홍 순안 어사가 말하였다.

"당신이 스스로 일을 꾸몄으니, 사람들이 어찌 알 수 있겠습니까! 다만 하늘이 알고, 땅이 알고, 당신이 알고, 귀신이 알고 있습니다. 귀신이 나에게 알려 주지 않았다면 내가 어찌 알 수 있겠습니까! 당신의 부인은 정절을 잃었으니, 죽어 마땅합니다. 구계수는 봉작封爵을 받은 부인과 간통하였으니 죽어 마땅합니다. 그러나 애련만은 죽어서는 안 됩니다. 만약 애련을 연못에 빠뜨려서 죽이지 않았더라면, 원통한 혼령이 나를 찾아와서 알려 주지 않았을 것입니다. 그리고 당신으로서는 관리의 몸가짐에도 흠이 없었을 것이고, 추악한 소문도 드러나지 않았을 것이며, 구계수는 자연히 사형을 당하게 되었을 것이니, 어찌 완전무결하게 끝나지 않았겠습니까!"

장영이 답변을 하지 못하였다.

○ 다음과 같이 판결하였다.

"심리한 결과는 다음과 같다. 구계수는 진주를 파는 장사꾼으로서 절간에 임시로 거주하였다. 여자와 간통하려는 담대한 생각이 하늘처럼 커서 감히 나라로부터 봉작을 받은 부인과 간통하였으며, 방탕한 마음이 술에 취한 것처럼 어지러워서 재신宰臣의 정숙한 아내를 망령되이 탐내었다. 장영은 침상 꼭대기에 말라붙은 침의 흔적을 살폈고, 애련은 가려져 있던 숨은 사실을 장영에게 고백하였다. 장영이 부인의 추악한 소문이 퍼지지 않게 할 방도를 곰곰이 생각하다가 몸종을 연못에 밀어 떨어뜨려 죽였고, 다시 간통한 죄를 처단하려는 생각으로 부인을 술통에 밀어 넣어 죽였다. 물에 빠져 죽은 여종은 몹시도 두려웠을 것이며, 간통한 부인은 참으로 잔인한 죽음을 당하였다. 부인의 관을 일부러 화엄사로 옮겨 놓고 스스로 관을 열어 패물을 훔치고서는 남에게 죄를 뒤집어씌웠다.

저 구계수는 간음한 죄가 있으므로 본래 사형을 당해도 싸지만, 그를 도둑으로 허위 고소한 사안에 대해서는 어찌 형벌을 시행하겠는가! 막씨가 간통한 것은 장영이 집안을 바로잡지 못하였음을 말해 주는 것인데, 어찌 나라를 바로잡을 수 있겠는가! 애련이 억울하게 죽은 것은 장영이 어린 사람을 보살펴 주지 못하였음을 말해 주는 것인데, 어찌 백성을 보살펴 줄 수 있겠는가! 부디 후일 재가해 주기를 청할 것이니 잠시 부임하는 것을 정지하라."

【이해 가을에 구계수는 목을 베어 죽였다. 사건을 조사한 관원이 맨 먼저 장영의 일을 조사하여 보고하니, 집안을 엄하게 다스리지 못하고 관원으로서의 몸가짐에 허물이 있었다는 이유로 파직罷職하고 임용하지 못하게 하였다.】

3. 중의 살인 사건에 대한 형관 서윤의 판결문
* 바람이 불어 '휴' 자를 날려 보내 주다

○ 북경北京의 대명부大名府에 있는 자복사資福寺의 해담海曇이란 중이 도지를 거두러 마을로 내려갔다. 그 절의 소작인 반존정潘存正이 해담과 말다툼을 하였는데, 해담이 성질이 나서 반존정을 무지막지하게 때리니, 반존정이 피를 토하고 죽었다. 반존정의 형 반존중潘存中이 방方 순안 어사에게 찾아가서 고소하였다.

○ 다음과 같이 고소하였다.
"고소한 사람의 성명은 반존중입니다. 살인 사건에 대해 고소합니다. 원통하게 죽은 아우 반존정은 시골에서 농사를 짓던 착한 선비였는데, 원통하게도 흉악한 중 해담을 만났습니다. 10월 11일에 해담이 도지를 거두러 집으로 왔다가, 반존정이 대접한 음식이 성대하지 않다고 화를 내었기 때문에 서로 말다툼을 벌이게 되었습니다. 해담은 힘이 세고 주먹을 잘 썼기 때문에 반존정을 마구 때려서 그 자리에서 피를 토하게 하였고, 반존정은 13일에 죽었습니다. 이에 대해서는 이웃 주재周才 등이 증언할 수 있습니다. 청렴한 사람에게 위임하여 시체를 검안하도록 해서 흉악한 범인을 처벌하여 목숨으로 보상하게 해 주소서. 그렇게 된다면 산 사람이나 죽은 사람이나 모두 은혜를 입을 것입니다. 슬픈 마음으로 고소합니다."

방 순안 어사가 다음과 같이 판결하였다.

"대명부의 형관刑官을 시켜 상세히 조사해서 보고하게 하겠다."

○ 중 해담도 찾아가서 다음과 같이 고소하였다.

"고소한 사람의 성명은 중 해담이며, 나이와 본적本籍은 도첩度牒에 기록되어 있습니다. 남에게 죄를 뒤집어씌운 일에 대해 고소합니다. 소승은 외로운 몸으로 법을 지키는 것이 본분입니다. 소작인 반존정이 오랫동안 도지를 내지 않았기 때문에 10월 11일에 그의 집에 도지를 받으러 찾아갔습니다. 반존정은 때마침 병이 위독한 상태여서 결코 나와 보지도 못했습니다. 그런데 어찌 이렇게까지 흉악할 줄을 생각하였겠습니까!【어찌 이렇게까지 흉악할 줄을 생각하였겠는가라는 말이다.】 반존중이 선량하고 나약한 소승을 모욕하여【선량하고 나약한 중을 모욕하였다는 것이다.】 꾸짖어 절간으로 내쫓았습니다. 따라서 지금 반존정이 병으로 죽은 일이 소승과 무슨 관계가 있겠습니까! 그런데도 도리어 남에게 죄를 뒤집어씌워 살인사건이라고 터무니없이 날조하였습니다. 시체를 가져다가 검안하여 상처가 있는지 없는지를 조사하여 시비가 밝혀질 수 있게 해 주소서. 이어서 도지를 추징해 주소서. 절간의 주지가 머리를 조아리면서 고소합니다."

방 순안 어사가 다음과 같이 판결하였다.

"대명부의 형관을 시켜 아울러 심문하게 하겠다."

○ 이때 서윤舒潤이 대명부의 형관으로 있었는데, 이 고소장에 대한 순안 어사의 맨 처음 판결을 받은 뒤에 순안 어사가 자기를 찾아와 묻는 태도에서 매우 진심이 느껴졌기 때문에 사건의 진실을 조사해 내어 순

안 어사에게 자신의 유능함을 인정받으려고 생각하였다.【덕행과 재능이 있음을 인정받으려고 한 것이다.】증인과 범인을 일제히 구속해 놓은 날에 즉시 패牌를 발급받아 검험하러 나갔다. 이때 원고 반존중, 피고 중 해담, 증인 주재周才·배년排年·호경胡卿 등이 모두 시체를 검안할 장소에 도착해서 조사를 기다리고 있었다. 서윤이 오작作作(검안 보조인) 등에게 명하여 관棺을 열고 시체를 꺼내 검안하게 하였으나, 관은 텅 비어 있었고 시체는 결코 없었다.

○ 반존중이 말하였다.

"소인의 아우 반존정이 중 해담에게 구타를 당해 죽은 것은 분명한 사실이며, 온몸에 심한 상처를 입었습니다. 저 해담이 시체를 검안하여 범죄의 진상이 드러나게 되면 목숨으로 보상해야 하는 죄를 피하기 어려울 것을 우려했을 것입니다. 그래서 시체를 훔쳐다가 감춤으로써 의문점이 있는 사건으로 만들려고 꾀를 낸 것이며, 여러 사람을 연좌連坐시켜 자신의 죽을죄를 완화시키려고 생각한 것입니다. 형관 어른께서는 형장刑杖을 엄하게 쳐서 시체의 행방을 찾아 죽은 사람의 원통한 마음을 풀 수 있게 해 주소서."

○ 중 해담이 이의를 제기하였다.

"반존정은 병 때문에 죽었는데, 반존중이 양심을 속이고 터무니없이 날조하여 소승이 구타하여 죽였다고 고소하였습니다. 이제 시체를 검안하면 상처가 없다는 사실이 드러날 것을 우려했기 때문에 스스로 시체를 훔쳐서 저에게 뒤집어씌운 죄를 덮으려고 한 것입니다. 그렇지 않다면 그의 대문 가까이에 시체를 넣은 관이 있었으니 반드시 그 관을 지키는 사람이 있었을 것입니다. 더구나 자복사에서 그곳까지의 거리는 5리나 되니, 시체를 훔쳤다면 어찌 목격한 사람이 없었겠습니까! 형관 어른 께서는 환히 살펴 주시기를 삼가 바랍니다. 그러면 그가 저에게 죄를 뒤집어씌운 정황을 아시게 될 것입니다."

○ 서윤이 증인에게 심문하였다.
"이 사건의 원인은 무엇인가? 처음부터 잘 말하라."
주재 등이 진술하였다.
"그날 반존정이 해담과 집에서 싸웠는데, 반존중이 와서 동생을 도왔습니다. 소인들은 밖에 있었기 때문에 시끄러운 싸움 소리만 들었을 뿐입니다. 소인들이 말리려고 달려갔을 때에는 해담이 벌써 문밖으로 달아난 뒤였습니다. 그로부터 3일이 지나고 나서 반존정이 사망한 것은 확실합니다. 시체를 훔친 사실에 대해서는 밤중에 벌어진 일이라서 누구의 짓인지는 모릅니다."

○ 서윤이 말하였다.
"해담이 반존정을 구타하였다면 반드시 시체에 상처가 있었을 것이다. 해담이 혼자 두 사람을 상대로 싸웠고 더욱이 싸우던 현장에서 탈출하여 달아날 수 있었으니, 반드시 주먹을 잘 쓰는 사람일 것이다. 그래서 반존정을 구타하여 목숨을 잃게 하였던 것이다. 따라서 반존정의 시체는 해담이 훔친 짓이다."
마침내 주리를 가져오라고 명하여 100차례 주리를 틀었으나, 범행을 인정하지 않았다. 그런 뒤에야 주리를 풀었다.【협곤夾棍은 우리나라의 주리이다.】

○ 해담이 이의를 제기하였다.
"그날 반존중과 말다툼만 하였을 뿐이고 결코 주먹을 주고받지는 않았는데, 어떻게 그의 아우를 다치게 할 수 있겠습니까! 만약 정말로 심한 상처가 있었다면, 다음 날 왜 일찍 신고하여 보고기한을 정하지 않았겠습니까![신고하여 보고기한을 살펴 정하는 것이다.] 이제 소승이야말로 시체를 찾아내기를 바랍니다. 만일 시체를 찾아내어 검안한 결과 상처가 있다면, 소승은 즉시 죽어도 원망이 없을 것입니다."

서윤이 반존중에게도 주리를 틀었으나 그도 범행을 인정하지 않았다. 또 사방 이웃에 사는 백성들을 잡아 와서 신문하였으나, 모두 누가 시체를 훔쳐 갔는지 모른다고 하였다.

○ 서윤이 이 사건을 명백히 밝혀내지 못하여 고민을 안고서 돌아가는 길에 자복사를 지나가게 되었는데, 날이 벌써 저물 때가 가까웠다. 마침내 절로 들어가 잠시 머물렀다가 다음 날 돌아가려고 법당法堂으로 들어가 앉아 있었다. 갑자기 공중에서 고소장 한 장이 회오리바람에 날려 왔는데, 종이 가운데에 휴休 자 1자만 써 있었다. 서윤이 갈수록 더욱 의문스럽고 괴이하였으므로 일어나서 부처에게 빌었다.

"이제 신명神明께 공경한 마음으로 비오니, 신령한 점괘를 얻어서[《강희자전비고康熙字典備考》에, 고筊의 음은 고橋라고 하였다. ○ 고를 던져서 점을 친 것이다.] 길흉을 결정하게 해 주소서. 만약 다른 소송을 중지해야 한다면 성고聖筊를 얻게 해 주시고, 제가 관직을 그만두어야 한다면 양고陽筊를 얻게 해 주시며, 죽은 사람의 혼령이 소송의 중지를 원하지 않는다면 음고陰筊를 얻게 해 주소서."

두 개의 고를 던져서 과연 음고를 얻었다. 서윤이 스스로 생각하기를 '원래 죽은 사람의 혼령은 소송의 중지를 원하지 않았으나, 시체를 찾지 못한다면 이 중에게 목숨으로 보상하도록 하는 죄를 적용하기가 어렵다.' 하였다.

그날 밤에 서윤이 골똘하게 생각하느라 잠도 편히 자지 못하였다.

○ 서윤이 다음 날 아침에 일어나서 산보를 하며 경치를 구경하다가, 이문二門 밖 두 그루의 오래된 나무를 보았는데 가지와 줄기가 특이하여 휴休 자처럼 보였다. 분명히 인人 자의 옆에 목木 자를 놓은 모습이었으니, 나무 옆에 사람이 있는 형상이라고 할 수 있었다. 마침내 전각殿閣을 내려가 이문 밖의 두 그루 큰 나무 아래까지 걸어가서 보니, 돌 옆의 나무 아래에 파낸 지 얼마 안 된 흙 덩어리 흔적이 보였다. 아랫사람에게 명하여 그곳을 파헤치게 하였더니, 3자쯤 파 들어가자 정말로 시체 한 구가 보였다. 시체를 꺼내어 반존중을 잡아다가 확인하게 하니, 반존중이 울면서 말하였다.

"이것이 바로 제 아우의 시체입니다. 저 도적놈의 중이 아우의 시체를 훔쳐다가 이곳에 묻었으리라고는 생각하지 못했습니다."

즉시 시체를 검안해 보니, 실제로 목숨을 잃게 만든 상처가 있었다. 중 해담이 범죄 사실이 드러나서 입이 백 개라도 변명하기가 어렵다는 것을 알고서는 범행을 진술하고 죽을죄를 인정하였다.

○ 다음과 같이 판결하였다.

"심리한 결과는 다음과 같다. 중 해담은 오온五蘊[128]을 분명히 깨닫지도 못하였으면서 삼진三瞋[129]을 소멸시키려고만 하였다. 소작인에게 도지

---

128 오온五蘊: 불교에서 말하는 생멸·변화하는 모든 것의 5가지 구성 요소이다. 즉 물질인 색온色蘊, 감각 인상인 수온受蘊, 지각 또는 표상인 상온想蘊, 마음의 작용인 행온行蘊, 마음인 식온識蘊이다.

129 삼진三瞋: 불교에서 말하는 3가지 분노이다. 즉 자신의 내면에서 생기는 분노, 외부의 영향으로 생기는 분노, 타인과의 다툼으로 인해 생기는 분노이다.

를 받으러 갔으니, 욕지거리까지 할 필요가 무엇이 있겠는가! 음식 대접이 소홀한 것 때문에 불만을 품고 마침내 반존정을 구타하여 다치게 하였다. 해담이 11일에 반존정을 구타하여 다치게 해서 13일에 반존정이 죽었다. 시체를 검안하면 상처가 드러날 것을 두려워하여 시체를 훔쳐다가 따로 매장할 것을 꾀하였다. 그러나 하늘이 노하여 바람을 불어 '휴' 자를 날려 보내 주었으며, 귀신이 분노하여 점을 칠 때 음고를 만들어 주었다. 오래된 나무 옆에서는 땅을 파 시체를 꺼내었고, 시체를 검안한 곳에서는 구타당한 상처를 밝혀냈다. 해담이 백 개의 입이 있다고 하더라도 무슨 말로 변명하겠는가! 한번 죽어서 목숨으로 보상하는 것이 당연하다. 범죄를 저지른 정황이 확실하여 죄에 대한 처벌을 받아야 하니, 처형할 시기까지 기다리지 말고 곧바로 처형하라."

○ 용어 해설

오온은 《반야심경般若心經》의 주注에 이르기를 '형상으로 이루어진 물질을 색色이라 하고, 마음의 감수를 수受라 하고, 마음의 연상을 상想이라 하고, 마음의 변천을 행行이라 하고, 마음의 분별을 식識이라 한다.' 하였다. 이 다섯 가지는 모두 인간의 본성을 가리고 신비로운 깨달음을 차단할 수 있다.

삼진은 불경佛經에 이르기를 '첫째는 외부의 영향을 받지 않고 자기 내면에서 생기는 분노, 둘째는 외부의 영향을 받아서 생기는 분노, 셋째는 다른 사람과의 다툼으로 인해 생기는 분노이다.' 하였다.

4. 강도 살인 사건에 대한 곽자장의 판결문
* 의로운 원숭이가 주인에게 보답하다

○ 건녕부建寧府의 거지 진야陳野가 원숭이의 재주를 보여 주고 돈을

구걸하여【동냥질을 다닌 것이다.】 은 4냥을 모아 수서水西에 있는 서원徐元의 가게 안에서 저울에 달아 보았다. 이때 가마꾼 서기徐起가 이를 보고 수서의 끝 후미진 곳까지 뒤따라가서 거지 진야를 때려서 죽이고 시체를 산길의 숲속에 버렸다. 원숭이는 산으로 달아났고 서기는 은을 뒤져서 가지고 돌아갔으나, 아무도 본 사람이 없었다.

2일이 지난 뒤, 방 군문龐軍門이 승진하여 건녕부를 지나가게 되자, 성안의 대소 문무 관원을 태운 가마 40여 채가 줄지어 수서로 가서 영접하였다. 이때 형사 사건을 조사하는 관원으로 청라靑螺라는 호를 가진 곽자장郭子章이 있었다. 곽자장은 강서성江西省 태화泰和 사람으로, 신미년에 진사進士 시험에 합격하였고, 청렴하고 정직한 관리 생활을 하였고 재주와 식견이 뛰어났으며, 의문점이 있는 사건을 여러 차례 해결하였고 사건의 처리를 지연시키는 일이 없었다. 그러므로 건녕부의 부하 관원들이 모두 곽백일郭白日이라고 불렀다. 이때 곽자장도 수서로 갔는데, 갑자기 원숭이 한 마리가 산에서 내려와 사방을 둘러보더니 곽자장이 지나가는 것을 보고서는 가마채로 달려들어 물어뜯었다. 시종侍從이 가시나무 가지로 때렸으나 원숭이가 죽도록 가마채를 붙잡고 놓지 않았다. 곽자장이 원숭이에게 말하였다.

"내가 두 명의 차인差人을 시켜서 너의 뒤를 따라가게 하겠다."

그러자 원숭이가 곧바로 가마채를 놓고 산으로 올라갔다. 두 명의 차인이 원숭이의 뒤를 따라가서 시체 한 구를 발견하고, 돌아와서 다음과 같이 보고하였다.

"이 원숭이가 이끄는 대로 따라가니, 산길 옆 숲속에 살해당한 사람의 시체 한 구가 있었습니다."

곽자장이 말하였다.

"과연 이처럼 원통한 일이 있었구나."

원숭이가 또 찾아왔다. 곽자장이 두 차인에게 은밀히 부탁하였다.

"너희 두 사람은 여기에 있다가 휘장을 친 작은 가마 하나를 빌려서 원숭이를 가두어 싣고 몰래 가마를 메고서 관아로 들어가 원숭이를 먹여 기르라. 이러한 사실을 외부 사람들은 알지 못하게 하고 시체를 발견했다는 사실도 말하지 말라. 너희들이 만일 누설하면 각각 30대씩을 때릴 것이다."

그로부터 며칠이 지난 뒤에 곽자장이 동료에게 말하였다.

"관아 안에 오래된 의자 한 개가 있는데, 먼지가 쌓여 있어 내가 닭털로 만든 털이개로 먼지를 털었습니다. 그런데 의자가 말을 할 줄 알아서 다음과 같이 말하였습니다. '나를 때리지 마시오. 무슨 일이나 물어보기만 하시오.' 내가 묻기를 '나는 무슨 관직官職까지 하겠느냐?' 하니, 의자가 대답하기를 '벼슬이 예부 시랑禮部侍郎까지 이를 것입니다.' 하였습니다. 내가 또 묻기를 '나는 어느 해에 죽는가?' 하니, 의자가 대답하지 않았습니다. 내가 또 의자를 쳤더니, 의자가 말하기를 '내가 복록에 대해서는 말을 해도 재앙에 대해서는 말하지 않으며, 삶에 대해서는 말을 해도 죽음에 대해서는 말하지 않으며, 사람의 선에 대해서는 말을 해도 사람의 악에 대해서는 말하지 않습니다.' 하였습니다. 내가 또 묻기를 '내 아들은 몇인가?' 하니, 의자가 대답하기를 '아들이 다섯이고, 그중 셋이 과거에 급제할 것입니다.' 하였습니다. 이 물건은 참으로 기이합니다."

그로부터 13일 뒤에, 호사가들이 무리를 지어 건녕부의 관아로 몰려들어와 사람처럼 말하는 의자를 구경하려고 하여 곽자장의 사저까지 시끄러웠다. 곽자장이 집안의 하인에게 부탁하였다.

"잠시 뒤에 백성이 와서, 의자를 치며 대화하는 것을 구경할 것이다. 구경꾼들이 관아의 대청에 가득히 모인 것을 보면, 몰래 이 원숭이를 풀어 주어 내 옆으로 와 있게 하라."

곽자장이 즉시 대청으로 올라가면서 조례隸를 시켜 원숭이를 어깨 위에 앉혀서 대청의 위아래와 좌우 행랑을 한 바퀴 두루 돌게 하였다. 원숭이가 사방을 살펴보기만 하였다. 대문 가에 이르렀을 때 한 사람이 허리를 낮추고 머리를 숙인 채 사람들 뒤로 몸을 숨기는 자가 있었다. 원숭이가 보고서는 펄쩍 뛰어가서 그 사람을 마구 할퀴었다. 조례가 즉시 그 사람을 붙들어 대청으로 올라가니, 그 사람이 겁을 먹어 얼굴빛이 창백해졌다. 곽자장이 물었다.

"너는 왜 수서의 산길에서 사람을 계획적으로 죽였느냐? 그리고 빼앗아 간 은이 얼마인지를 진술하라."

그 사람은 다음과 같이 진술할 뿐이었다.

"소인은 가마꾼인 서기이며, 제가 빼앗은 거지 진야의 은이 4냥입니다."

【원숭이가 곧바로 슬피 부르짖으며 뛰다가 죽었다. 거지 진야의 무덤 곁에 원숭이를 묻고 의후정義猴亭을 세웠다.】

○ 다음과 같이 판결하였다.

"서기는 분주하게 달리는 가마꾼으로, 천한 종이다. 가게 안에서 진야가 재물을 드러내 놓는 것을 보고 드디어 이리 같은 탐욕을 일으켜 흉기를 가지고 따라가 수서로 가는 도중에 갑자기 습격하였다. 거지가 구걸하여 받은 은을 조금씩 저축하여 매우 어렵게 모았는데, 그런 것은 생각하지도 않고 감히 남이 가진 것을 이롭게 여겨 목숨을 빼앗고 은을 차지하였다. 사나운 짓을 행하고도 두려워하지 않았으니, 이런 짓을 차마 할 수 있다면 차마 못 할 짓이 무엇이 있겠는가! 이러한 짓을 하였으니 앞으로 하지 못할 짓이 없을 것이다. 만일 길러 준 은혜를 아는 짐승이 아니었다면, 누가 가마채를 붙잡고 억울함을 호소하였겠는가! 역시 하늘의 도는 옳고 그름을 살피는 눈이 있기에 의자를 치며 대화한다는 핑계를 대어 흉악한 범인을 붙잡았다. 서기가 재물을 훔쳤는데 그 훔친 재물을 찾아냈고, 서기가 사람의 목숨을 해쳤는데 그 범행 사실을 밝혀냈으니, 사형으로 판결하더라도 누가 옳지 않다고 하겠는가!"

5. 강도 살인 사건에 대한 조입규의 판결문
* 신령스러운 거미가 흉악한 범인을 알려 주다

○ 산동성山東省 연주부兗州府 거야현鉅野縣에 사는 백성 정명화鄭鳴華는 집안의 재산이 넉넉하였다. 아들 하나를 두었는데 이름은 정일계鄭一桂라고 하였다. 정일계는 잘생긴 외모를 가졌고 아직 장가를 들지 않았으며, 나이는 18세였다. 그 집 맞은편 두예수杜預修의 집에는 두계란杜季蘭이라는 딸이 있었다. 두계란은 성품이 정숙하고 아름다웠으며, 그녀도 나이가 18세가 되었는데 아직 시집을 가지 않았다. 정일계가 두계란의 용모를 넘겨다보고 온갖 방법을 다 쓴 끝에 두계란과 정을 통할 수 있게 되었다. 두계란이 밤마다 몰래 샛문을 열어 정일계를 끌어들여 함께 잤다. 그렇게 반년이 지나자 두 집의 부모들도 대부분 그러한 사실을 알게 되었다.

두계란의 계모 모씨茅氏가 집에서 시끄럽게 야단을 친 뒤로는 매우 빈틈없이 단속을 하였다. 그러나 정일계를 향한 두계란의 마음을 막을 수는 없었다. 어느 날 모씨가 친정에 가게 되었다. 그날 밤 정일계가 다시 두계란을 찾아갔다. 두계란이 말하였다.

"나와 당신이 서로 사귄 지 반년이 지나고 임신한 지 벌써 3개월이나 되었습니다. 만일 당신이 우리 집으로 사람을 보내서 혼인 문제를 의논하게 한다면, 아마 우리 아버지께서도 허락하실 것입니다. 설사 나와 혼인하려는 다른 사람이 있더라도 저는 당신을 섬겼으니, 결코 정절을 잃지 않을 것입니다."

정일계도 흔쾌하게 승낙하였다. 두 사람은 하룻밤 정담을 나누고 애틋한 마음으로 정사를 가졌다. 그러다가 이른 새벽이 되자 두계란이 정일계를 떠나보냈고, 정일계는 샛문을 통해 빠져나왔다. 마침 이때 백정인 소성蕭聲이 일찍 일어나서 돼지를 잡다가 이러한 광경을 보았다. 소성이 몰래 샛문을 밀치고 들어가서 보니 두계란이 쪽문 곁에 기대어 서 있었다. 소성이 앞으로 다가가서 정을 통하자고 강요하였다. 그러자 두계란이 말하였다.

"너는 누구인데 감히 이처럼 담대한 짓을 하느냐!"

소성이 말하였다.

"네가 정일계와는 간통하면서 나와는 간통할 수 없단 말인가!"

두계란이 큰 소리로 꾸짖었다.

"그 사람은 나와 혼인하려고 하였기 때문에 사사로이 와서 먼저 의논하였던 것이다. 만일 그 사람이 나와 혼인하지 않는다면, 뒷날 그대를 따르는 것은 무방할 것이다."

두계란이 즉시 몸을 돌려 방으로 달려 들어가서 문을 잠갔다. 소성으로서는 달려 나오는 수밖에 없었으나, 마음이 달아오르고 조급해졌다. 그가 스스로 생각하였다. '저 여자가 정일계를 사랑하고 있으니, 어찌 나를 따르려고 하겠는가! 차라리 내일 정일계를 죽여 저 여자가 정일계에 대한 희망을 끊게 한 뒤에 기어이 차지하는 것이 더 나을 것이다.'

다음 날 정일계가 또 두계란의 집에 가기 위해 샛문 가에 이르렀는데, 소성이 갑자기 뛰어나와 살해하였다. 아무도 그러한 광경을 본 사람이 없었다. 다음 날 아침에 정명화가 아들이 살해당한 것을 알고 비통한 마음을 견딜 수가 없었다. 정명화는 아들이 두예수에게 살해당한 것이라고만 의심하여 마침내 고을 관아에 나아가 고소하였다.

○ 다음과 같이 고소하였다.

"원수에게 살해당한 사건에 대해 고소합니다. 악랄한 두예수가 저에게 돈을 빌리려다가 거절당한 일 때문에【돈을 빌려 달라고 하였으나 빌려 주지 않았다는 말이다.】 사사로운 분노를 품게 되었습니다. 그래서 자기의 딸 두계란을 시켜 저의 아들 정일계를 유혹하여 방으로 끌어들여 간통하게 하였습니다. 그러고는 돈을 뜯어내려고 협박하였으나, 추악한 계획을 이루지 못하게 되자 흉기로 죽였습니다. 곰곰이 생각해 보면, 사람을 함정에 빠뜨려 간통하게 하고 원한을 품고서는 사람을 죽였습니다. 그의 딸은 홀로 살아 있으나 저의 아들은 원통하게 죽었으며, 속임수를 쓴 계획은 치밀하였고 후사를 잃은 저의 심정은 참혹합니다. 법률에 따라 목숨으로 보상하도록 판결해 주시기를 간절히 빕니다. 그러면 산 사람이나 죽은 사람이나 모두 은혜를 잊지 않을 것입니다."

○ 두예수도 다음과 같이 고소하였다.

"원통하게 허위로 고소당한 사건에 대해 고소합니다. 저와 정명화는 결코 묵은 원한이 없었습니다. 그의 아들이 어떤 사람에게 죽음을 당한 것인지 알 수 없는데, 저에게 허위로 죄를 뒤집어씌워【죄를 날조하여 나에게 허위로 뒤집어씌운 것이다.】 딸을 시켜 그의 아들을 유혹하여 간통하게 했다고 날조하였습니다. 조금이라도 사람의 마음을 가진 자라면, 누가 이러한 계획을 행하려고 하겠습니까! 그는 제가 정일계에게 돈을 내놓으라고 강요하였다고 하였으나, 목격한 사람이 누가 있습니까! 사람을 죽였다고 갑자기 허위로 고소하니 억울하고도 가련합니다. 수령께서는 허위를 밝혀서 옳고 그름이 가려지게 해 주소서. 머리를 조아려 고소합니다."

○ 주 지현이 잡아다가 신문하였다. 정명화가 진술하였다.

"죽은 아이 정일계가 그의 딸 두계란과 간통한 사실은 확실합니다. 두계란이 우리 아이에게 자기와 혼인할 것을 부탁하였으나, 제가 선뜻 승낙하지 않았습니다. 그러고 나서 그날 밤에 마침내 아들이 살해되었습니다. 이는 반드시 죽은 아이가 다시 그의 집에 갔기 때문에 두예수가 죽인 것입니다. 그가 살해한 것이 아니라면 대체 누가 죽였겠습니까!"

○ 두예수가 진술하였다.

"딸이 정일계와 간통하였는지에 대해서 저는 결코 모르고 있었습니다. 딸이 정일계에게 시집가겠다고 해서 제가 승낙하지는 않았으나, 어찌 딸이 시집갈 곳이 없어서 기어이 그에게 혼인하라고 강요하였겠습니까! 이는 모두 새빨간 거짓말입니다. 수령 어른께서는 자세히 살펴 주소서."

○ 주 지현이 두계란에게 심문하였다.

"간통한 사실이 있었느냐? 누가 죽였는지 너만은 알고 있을 것이니, 사실대로 말하라."

두계란이 진술하였다.

"이 사건이 생기기 전에 정일계가 온갖 수작을 부렸으므로 간통을 하게 되었습니다. 그가 먼저 저와 혼인하겠다고 약속하였고 나중에는 저도 그에게 시집가겠다고 하였으니, 이 일은 모두 진심에서 나온 것이었고 일찍이 하늘을 두고 맹세하기도 하였습니다. 정을 통한 지는 벌써 반년이 지났습니다. 저번에 정일계를 죽인 사람이 누구인지는 모릅니다. 저는 정말로 모릅니다."

○ 주 지현이 두예수에게 주리를 틀었으나 범행을 인정하지 않자, 또 두계란을 주리 위에 올려놓았다.【우리나라에서 주리라고 하는 것이다.】두계란

이 마음속으로 생각하였다. '정일계는 진심으로 나를 사랑했으나, 이제 그는 죽었다. 다행히 내가 임신한 지 3개월이 되었으니, 만약 아들을 낳게 된다면 정일계로서는 대를 이을 자식이 있게 되는 것이다. 만약 형벌을 받다가 태아를 다치게 한다면, 내가 산다고 하더라도 억울할 것이다.' 마침내 뜻을 굽혀 진술하였다.

"정일계는 제가 죽인 것입니다."

주 지현이 심문하였다.

"정일계는 너의 정인情人인데 무엇 때문에 죽였느냐?"

두계란이 진술하였다.

"그가 후회하며 저와 혼인하지 않겠다고 하였으므로 죽였습니다."

주 지현이 심문하였다.

"네가 아직 시집을 가지 않은 처녀이니, 정부情夫도 남편이나 똑같다. 처음에는 처녀로서 간통을 하였고 나중에는 아내로서 남편을 죽였으니, 음란한 성품과 사나운 성품 두 가지를 겸하였다. 사형죄를 적용하는 것이 합당하다."

두계란이 다시 6개월이 지난 뒤에 아들을 낳았다.

○ 반년이 지난 뒤에 순안 어사 조입규曹立規가 순찰하다가 연주부에 도착하였다. 밤에 두계란 사건에 관한 서류를 보고 있는데, 갑자기 큰 거미 한 마리가 대들보에서 떨어져 서류 가운데 몇 글자를 갉아먹고 다시 천천히 올라갔다. 조 순안 어사가 마음속으로 의아하고 이상하게 여겼다. 다음 날 즉시 그 사건을 심리하였다.

두계란이 진술하였다.

"제가 정일계와 사사로이 간통하였으나 마음은 진실하였으니, 어찌 차마 그를 죽였겠습니까! 다만 임신한 지 3개월이 되어 형벌을 받으면 태아를 다치게 할 것이 두려웠기 때문에 뜻을 굽혀서 범행을 인정한다고 진술하였습니다. 그러나 실제로는 제가 정일계를 죽인 것이 아니고, 저의 아버지와도 관계가 없는 일입니다. 반드시 외부 사람이 죽이고서는 저더러 억울하게 목숨으로 보상하게 한 것입니다."

조 순안 어사가 심문하였다.

"네가 정일계 이외에 다른 사람과도 정을 통한 일이 있느냐?"

두계란이 진술하였다.

"정일계하고만 정을 통했을 뿐이고 다른 사람은 없었습니다."

조 순안 어사가 마음속으로 거미의 일을 떠올리며 반드시 성姓이 주朱인 자가 죽였을 것이라고 생각하였다. 그래서 다음과 같이 심문하였다.

"너의 집 위아래에 몇 집이 있느냐? 또 어떤 사람이 있느냐? 명단을 모두 아뢰라."

정명화가 수십 명의 명단을 올렸으나, 그 명단에는 성이 주朱인 사람은 아무도 없었고, 그 가운데 소성蕭聲이라는 이름을 가진 사람이 한 명 있을 뿐이었다. 조 순안 어사가 마음속으로 추측하였다. '지주蜘蛛(거미)를 소주蛸蛛라고도 하니 이 사람이 틀림없다.' 이에 차인差人을 시켜 소성을 잡아오게 하였다. 차인이 도착하자 소성이 갑자기 허둥지둥하며 말하였다.

"그만두자. 그만두자. 애당초 내가 너를 잘못 죽인 것이다. 오늘 네 목숨을 보상하겠다."

소성을 묶어서 찰원察院에 도착하니, 소성이 전부 승복하였다.

○ 다음과 같이 판결하였다.

"심리한 결과는 다음과 같다. 정일계는 두계란의 정부情夫이고, 두계란은 정일계의 정부情婦이다. 서로 왕래한 지 반년이 되었고 임신한 지도

3개월이 되었으며, 두 사람이 혼인하여 평생 함께 살기를 꾀하였다. 그러나 우연히 소성에게 발각되어 소성이 자기와도 간통할 것을 제의하였다가, 두계란이 허락하지 않은 것에 대해 원한을 품고 정일계를 몰래 찔러 죽였다. 전임 관원이 실제의 범죄 행각을 조사해 보지도 않고 두계란에게 법률을 잘못 적용하였다. 오늘에서야 범죄의 진상을 파악하였으니, 소성이 목숨으로 보상하도록 판결한다. 그 나머지는 산동성으로 보내고 주범은 수감하라."

6. 강도 살인 사건에 대한 채응영의 판결문
　* 사모紗帽를 잃고 시체를 찾아내다

○ 채응영蔡應榮은 중국 명明나라 홍치弘治(1488~1505) 연간에 진사進士가 되었으며, 나이가 19세였다. 섬서성陝西省 임조부臨洮府 하주현河洲縣의 지현知縣으로 처음 부임하였는데, 비리와 부정을 적발하여 귀신처럼 명확하게 판결하였다.

그가 어느 날 오후 늦게까지 관아에서 공무를 처리하고 있는데 갑자기 바람이 일며 촛불이 꺼지더니 머리에 썼던 사모紗帽를 잃어버렸다. 밑에 있는 사람들이 자기를 업신여겨 장난치는 것으로 의심하고서는 좌우의 사람들에게 물으니, 서로 돌아보고 놀라워하며 대답을 못하였다. 이에 관아에서 사역하는 사람들에게 3일 안에 사모의 행방을 찾아내라고 하였다. 만일 찾아내지 못하면 각각 책임을 물어 벌을 주겠다고 하였다.

다음 날 관아의 차인差人 위충魏忠이 북문으로 나가서 범인을 잡기 위해 찾아다니다가 성城에서 겨우 2리里가 떨어진 너른 평지의 길가에 심어 놓은 배나무 아래에서 사모 하나를 발견하고 얼른 주워가지고 돌아가서 보고하였다. 지현 채응영이 즉시 위충에게 명령하여 길을 안내하도록 하고 가마를 타고 직접 가서 좌우의 사람들에게 배나무 아래를 파게 하였다. 그러자 시체 한 구가 발견되었는데, 목에 칼에 찔린 상처가 하나 있었다.

채응영이 즉시 배나무를 기준으로 왼쪽의 지주地主인 도용陶鎔·추칠鄒七과 오른쪽의 지주인 매무梅茂·매방梅芳 4명을 관아로 잡아와서 심문하였다. 그러자 도용 등이 진술하였다.

"소인들은 모두 선량한 백성입니다. 어찌 감히 사람을 해치겠습니까! 더구나 자기 채마밭은 밤낮으로 오가는 곳인데, 불안한 마음이 있더라도 어찌 감히 원통한 귀신을 그곳에 묻겠습니까!【휴심虧心은 불안한 마음과 같다.】

모두 억울하다고 호소하면서 범행을 인정하려고 하지 않았다.

그날 밤에 채응영이 증계甑啓와 위충 등 16명을 은밀히 불러서 분부하였다.

"내가 너희들에게 4개의 백패白牌를 줄 것이니, 내일 아침에 성문이 일제히 열리면 너희들이 넷으로 나뉘어 네 성문을 나가되, 각각 1개씩의 백패를 가지고 나가서 성으로부터 3리 밖에서 기다렸다가 성을 나가는 자가 있으면 모두 잡아 오라."

다음 날 오후에 또 관아의 죄수를 관리하는 하인들에게 명령하였다.

"각각 전날 잡아 온 사람들을 몇 명씩 거느리고 있다가 각자 남몰래 그들에게 돈을 주면 사사로이 석방시켜 주겠다고 제의하라. 만약 돈을 선뜻 내놓겠다고 하는 자가 있으면, 즉시 나에게 와서 알리라."

이때 관아의 죄수를 관리하는 하인들이 모두 지현의 명령에 따라 석방되려면 돈을 내라고 요구하였다. 증계도 다섯 사람을 거느리고 있었는데, 그중에는 여관을 운영하고 있는 구통丘通이란 사람이 있었다. 구통이 증계에게 돈 5전錢을 선뜻 내놓으면서 사사로이 석방해 주기를 요구하였다. 증계가 구통을 붙들어 두어 저녁밥을 먹이고 즉시 먼저 와서 보고하였다. 채응영이 두 명의 차인을 시켜 구통을 잡아오게 하였다. 차인이 구통에게 다음과 같이 말하였다.

"채 현령 어른께서 네가 달아날까 우려하신다."

구통을 묶어 오니, 채응영이 벌써 대청에 앉아 오랫동안 기다리고 있었다. 등불이 밝게 켜져 있고 형구刑具도 차려져 있었으며 사람들의 소리는 조용하여 마치 염라대왕의 궁전과 같았다. 채응영이 꾸짖으며 말하였다.

"네가 사람을 계획적으로 죽여 배나무 아래에 묻었다. 내가 벌써 현장에 나가 살펴보고 사실을 밝혀냈다. 네가 오늘 저녁에 무슨 까닭으로 도리어 도망갈 생각을 하였느냐? 처음부터 자세히 진술하면, 고문을 받는 것만은 면해 줄 것이다."

구통이 사실대로 진술할 수밖에 없었다.

"지난달 10일에 한 외로운 나그네가 은 30냥을 가지고 여관에서 묵었습니다. 그래서는 안 되는 줄을 알면서도 그를 계획적으로 죽이고 밤을 틈타서 시체를 배나무 아래에 묻었으며, 그의 은은 방안의 침상다리 밑에 묻어 두었습니다. 이상은 확실한 사실입니다."

채응영이 차인을 시켜 구통을 압송해 가서 은 30냥을 찾아오게 하였다. 구통에게는 재물을 탐내서 사람을 살해한 죄를 적용하였다.

○ 신申 순안 어사가 다음과 같이 판결하였다.

"심리한 결과는 다음과 같다. 구통은 상인들을 재워 주는 일로 생계를 삼으려고 여관을 열어 생활한 자이다. 지난달 10일 저물녘에 멀리서 나그네 한 사람이 홀로 와서 묵었다. 그에게 많은 돈이 있는 것을 보고서는 마침내 차지하려는 마음을 가지게 되었고, 그가 혼자라는 점을 악용하여【혼자의 몸이라는 말이다.】 문득 목숨을 해칠 계획을 실행하였다. 밤중에 흉악한 짓을 저지르고서는 하늘의 이치가 두렵다는 것은 생각하지 않았으며, 나무 아래에 시체를 묻고서는 밤중이라 아는 사람이 없을 것이라고 스스로 중얼거렸다. 원통한 혼령은 비가 내릴 때마다 슬피 울부짖었고, 원망스러운 기운은 바람을 따라 소리를 내었다. 오사모烏紗帽를 불어 날리니 높은 데 올라갔다가 떨어뜨린 것이 아니었고, 범인을 묶어 오니 과연 누구이겠는가! 바로 주범이었다. 훔쳐 갔던 물건은 모두 예전대로 남아 있고, 외로운 나그네는 이제 원통함을 씻었다. 집에서 사람을 사냥하였으니 스스로 저지른 죄이다. 살인한 자는 죽이는 법이니 속히 너를 처형할 것이다."

7. 강도 살인 사건에 대한 악종우의 판결문
* 수박을 사려다가 시체를 찾아내다

○ 악종우樂宗禹는 절강성浙江省 처주부處州府의 용천龍泉 사람이다. 중국 명明나라 성화成化 병술년(1466)에 진사 시험에 합격하고 여러 관직을 거쳐 휘주부徽州府의 지부知府로 있었다. 사건을 공정하게 살펴서 처리하였으므로 멀리 있는 사람이나 가까이 있는 사람이나 모두 승복하였다.

어느 날 악종우의 아들이 심하게 앓아누웠는데 수박을 먹고 싶다고 하였다. 즉시 차인 황덕黃德을 시켜 사오게 하였다. 황덕이 곧장 수북교水北橋로 나가니, 때마침 주계생周繼生이란 사람이 한 짐의 수박을 메고 왔다. 황덕이 그 가운데서 통桶처럼 크고 구슬처럼 푸르른 세상에서 보기 드문 왕수박 하나를 발견하고 5푼의 은으로 사서 관아로 돌아왔다.

악종우가 그 수박을 보고 이상한 생각이 들어 찬찬히 살펴보다가 어렴풋이 소리가 들린다는 느낌이 들었다. 괴이하다는 생각이 들어 즉시 황덕을 불러 도로 가서 수박장수를 관아로 데려오게 하였다. 악종우가 수박장수에게 물었다.

"네 수박은 어떻게 길렀기에 이렇게 크며 이렇게 아름다운 빛깔이 나는가?"

주계생이 대답하였다.

"저의 수박밭에서는 해마다 왕수박이 하나씩 나옵니다. 이 수박은 오히려 아직 크지 않은 것입니다. 밭에는 더욱 큰 수박이 하나 더 있습니다."

악종우가 즉시 가마꾼을 불러 가마를 타고 그 수박밭으로 가서 보니 정말로 이상하리만큼 큰 수박이 있었다. 그런데 그 수박이 춤을 추는 듯한 모습이라는 느낌이 들었으므로 더욱 의심스러운 마음이 생겼다. 그래서 즉시 차인 황덕과 이이李二를 불러 그곳을 파서 무슨 물건이 있는지를 살펴보라고 하였다. 두 사람이 2~3자쯤 파내려 가니 시체 한 구가 나왔는데, 머리에는 칼에 맞은 상처가 한 군데 있었고 명치에는 칼이 꽂혀 있었으며, 얼굴은 검붉은 빛이었고 시체는 썩지 않았다. 악종우가 즉시 차인을 불러 주계생을 묶어서 관아로 데리고 들어오게 하였다. 악종우가 다음과 같이 꾸짖었다.

"네가 감히 이 사람을 계획적으로 죽였으니, 무슨 죄에 해당하는지 아느냐? 흔쾌하게 진술하라."

주계생은 얻어맞기도 하고 주리를 트는 고문을 받기도 하였으나, 억울하다고만 할 뿐이고 죽어도 승복한다고 진술하지는 않았다. 악종우가 말하였다.

"네가 범행을 인정하려고 하지 않으니, 심문은 일단 그만두기로 한다. 휘주부의 성황당城隍堂은 휘주부에서도 영험한 곳이니, 나와 네가 그곳에 가서 성황신께 점을 쳐 보기로 하겠다. 만일 성고聖筶가 나오면 네가 계획적으로 죽인 것이고, 만일 음고陰筶나 양고陽筶가 나오면 너와는 관계가 없는 것이다.”

두 사람이 성황당에 이르러 향을 피우고 기도한 뒤에 고珓를 던지자 양고가 나왔고, 또 양고가 나뉘어 팔八 자를 이루었다. 악종우가 스스로 생각하기를 ‘이처럼 고가 나뉘어 팔 자를 이룬 것으로 보아 틀림없이 양팔楊八이라는 사람이 계획적으로 죽인 것이다.’ 하고, 터무니없는 생각인 줄을 알면서도 주계생에게 물었다.

“네 주변에 양팔이라는 사람이 있느냐?”

주계생이 대답하였다.

“이웃의 수박밭이 바로 양팔의 것입니다.”

악종우가 즉시 차인을 보내어 양팔을 잡아오게 하였다. 차인이 도착하자, 양팔이 낙담하여 넋이 나간 상태였다. 즉시 양팔을 잡아오자, 악종우가 심문하였다.

“네가 참으로 대담하다. 수박밭의 시체는 네가 죽인 것이다. 사람을 죽인 자는 죽이는 법이니, 무슨 할 말이 있겠는가! 흔쾌하게 진술하라.”

양팔이 다음과 같이 사실대로 진술할 수밖에 없었다.

“지난해 8월 15일에 호광성胡廣省의 대추장수 장중흥張仲興이 저희 집에서 묵었습니다. 제가 그의 가죽상자에 은이 있는 것을 보고 술을 취하도록 먹인 뒤 한밤중에 단칼에 명치를 찌르니, 외마디 소리만 지르고 죽었습니다. 마침내 시체를 주계생의 수박밭 안으로 떠메고 가서 묻었습니다.”

악종우가 심문하여 명백하게 밝혀지자, 한편으로 문서를 작성해서 상급 관사인 양원兩院에 보고하였다.

○ 다음과 같이 판결하였다.

“심리한 결과는 다음과 같다. 양팔이 호광성의 상인 장중흥을 죽이려고 계획하여 재물을 빼앗고 목숨을 해친 사건이다. 하늘이 만물을 만들 때에는 사람만을 귀중히 여겼으며, 법률을 만들 때에는 살인 사건을 우선으로 삼았다. 가엾은 이 상인이 각 지역을 바쁘게 돌아다니며 장사를 하였으니, 제명대로 살지 못하고 죽을 줄을 어찌 생각하였겠는가!

양팔이 재물을 차지할 셈으로 죄 없는 장중홍을 죽였으니, 사납기도 하다. 3경更에 취하도록 술을 먹이고 칼을 가지고서 명치를 찔렀으며, 한밤중에 시체를 들어다가 수박밭에 묻어 버렸다. 그리하여 그의 아버지와 아들이 서로 만나 볼 수 없게 하였으니 이리처럼 사납고, 저 상인의 사업을 다 망하게 하였으니 독사처럼 악독하다. 마음에 달가워하지 않자 귀신이 간악한 도적인 너를 제거해 주었고, 죽어도 눈을 감지 못하자 영혼이 큰 수박으로 탈바꿈하였다. 초목은 슬프고 처량하게 여기고, 사람들은 모두가 죽이라고 한다. 재물을 탐내어 목숨을 해쳤으니, 죽는다고 해도 죄가 남으리라. 너에게 적용할 형률을 살펴보니, 사형죄를 적용하는 것이 합당하다."

8. 강도 살인 사건에 대한 항덕상의 판결문

* 새 울음소리를 듣고 시체를 찾아내다

○ 남경南京 태평부太平府의 동 지부董知府·성 동지盛同知·종 통판鍾通判과 동추관同推官인 항덕상項德詳이 경원사慶元寺에서 향약鄕約을 강론하고 있었다. 몸은 하얗고 꼬리는 노란 새 한 마리가 날아와 절의 처마 위에 서서 '호호호好好好'라고 소리 내어 지저귀기만 하였다. 동 지부 이하가 모두 상서로운 일이라고 하였으나, 항 추관이 다음과 같이 말하였다.

"여러분들은 그 소리만 들었지, 그 속마음까지는 살피지 못하셨습니다."

종 통판이 말하였다.

"노인장은 공자의 제자 공야장公冶長처럼 새소리를 알아듣는 것도 아닌데, 어떻게 새의 슬픈 마음을 아십니까?"

항 추관이 말하였다.

"이 새가 연속적으로 '호호호'라고 지저귀지만, 그 소리는 슬프고 참혹합니다. 동 지부 등 세 분께서는 다시 조용히 들어 보십시오. 그 소리가 정말로 슬프고 참혹합니다."

항 추관이 일어서서 새에게 빌었다.

"내가 조표趙豹와 소개蘇蓋 두 차인差人에게 네 뒤를 따라가라고 명령할 것이니, 앞서 가라. 무슨 억울한 사정이 있으면, 그 범인을 잡아 오게 할 것이다."

그 새가 마침내 날아갔다. 조표 등 두 사람이 높은 곳까지 따라가서 바라보니, 새가 삼보전三寶殿 왼편 절간에 서 있었다. 잠시 뒤에 새가 다시 절간 밖의 한 작은 집으로 날아서 내려가더니 더 이상 날아가지 않았다. 조표가 찾아 내려가 보니, 그곳은 동쪽 뒷간이었으며, 새의 자취는 결코 찾을 수 없었다.

두 사람이 돌아와서 보고하니, 항 추관이 즉시 좌우의 사람들에게 명령하여 동쪽 뒷간의 가운데를 파 보게 하였다. 석 자를 파 들어가자 한 부인의 시체가 나왔는데, 초록 저고리에 노란 치마를 입고 있었다. 그 곁에는 네댓살 된 아이가 있었다. 두 사람 모두 목에 칼에 찔린 상처가 있었다. 항 추관이 물었다.

"삼보전 왼쪽 절간은 누가 사는 곳이냐?"

절의 주지가 대답하였다.

"그곳은 청운晴雲의 선방禪房입니다."

즉시 청운을 잡아오게 하여 심문하였다.

"네가 자식과 어미 두 사람을 연달아 죽여 뒷간에 묻었다. 죽인 이유가 무엇이냐?"

청운이 범행 사실을 부인하였다. 주리를 가져와서 틀었으나【협夾은 왼쪽과 오른쪽에 끼우는 몽둥이다. 우리나라에서는 주리라고 한다.】 또 범행을 인정하지 않았다. 그러자 청운의 왼쪽 방과 오른쪽 방에 거주하는 두 중을 잡아와서 신문하였으나, 그들도 서로 감싸 주며 실토하려고 하지 않았다. 항 추관이 주리를 틀라고 호령하자, 두 중이 대답하였다.

"지난달에 과부 마씨馬氏가 한 어린아이를 안고 절에 찾아와 축원을 했습니다. 청운이 음탕한 마음이 불쑥 일어나자, 과부를 꾀어 선방으로 끌어들여 강간을 하려 했습니다. 과부가 따르지 않자, 먼저 그 아들을 죽이고 또 과부를 죽여서 혼자 동쪽의 뒷간에 묻었습니다. 우리 두 사람과는 전혀 관계가 없는 일입니다."

청운이 두 중이 사실대로 증언하는 것을 보고서는 사실을 감출 수가 없게 되자, 다음과 같이 범행을 인정할 수밖에 없었다.

"나 한 사람이 두 사람의 목숨을 해쳤으니, 원통한 빚은 갚는 것이 당연합니다."

항 추관이 즉시 두 중을 석방하고, 청운에게는 목을 베어 매달아 놓는 형벌을 적용하였다.

○ 다음과 같이 판결하였다.

"심리한 결과는 다음과 같다. 중 청운이 절에 찾아온 과부를 보고서는 간통할 마음이 불쑥 일어나자, 선방으로 끌어들여 강간하려고 했으니 부처의 계율을 모두 망각한 짓이었다. 슬프게도 마씨는 고상한 절개를 지키려고 힘썼으나, 안타깝게도 요망한 중이 칼날을 마구 들이대었다. 이러한 짓을 차마 할 수 있다면 차마 하지 못할 짓이 무엇이 있겠는가! 향기로운 영혼은 뒷간 속에 묻혔으나 더러움에 물들지 않았고, 죽은 혼백은 새로 변하여 원통함을 부르짖었다. 간절하게 지저귀는 구슬픈 소리에는 참혹하게 죽은 한이 담겨 있었고, 애달프게 '호호호'라고 울어대는 소리에는 밝히지 못한 억울함이 담겨 있었다. 이 정절을 지킨 부인의 혼령을 생각하면, 흉악한 중이 어찌 죽음을 피할 수 있겠는가! 형법을 바르게 적용하여 뒷사람을 징계해야 한다."

9. 강도 살인 사건에 대한 황갑의 판결문

* 까마귀를 따라가 시체를 찾아내다

○ 산동성山東省 청주부靑州府에 사는 객상客商 장은張恩이 은 100여 냥을 가지고 북경北京으로 갔다. 길을 떠난 지 반달이 되었을 때 길에서 이립李立이라는 마부馬夫를 만났다. 이립이 앞으로 와서 외쳤다.

"손님께서는 말[馬]을 세내려고 하십니까?"

장은이 마침내 말을 세내었다. 장은이 앞서 가다가 채 2리를 못 갔을 때 한 아이가 까마귀 한 마리를 손에 붙들고 있었는데 애처롭고 가련해 보였다. 장은이 마침내 아이에게서 까마귀를 사서 곧바로 날려 보냈다.

이립이 장은의 자루 속에 부스러기 은 10여 조각과 꿰미에 은 두세 덩어리가 있는 것을 보고【조鐕는 꿰미[串]이다.】 마침내 욕심을 내었다. '은을 담은 자루 안에 저처럼 많은 은이 있으니, 이 가죽상자 안에는 또 얼마나 많은 은이 있는지 모른다.'라고 생각하고는 그의 뒤를 따라 달려갔다. 깊은 숲속에 도착하였을 때 사방이 고요하고 오가는 사람도 전혀 없자, 마침내 등 뒤에서 몽둥이로 날쌔게 쳐서 장은의 정수리를 맞혔다. 장은이 말 아래로 떨어졌다가 금방 죽었다. 이립이 그의 시체를 숲속에 묻고 가죽상자와 은이 담긴 자루를 모두 가지고 갔다. 범행의 자취가 몹시 은밀해서 아는 사람이 없었다.

다음 날 아침 본 고을의 지현 황갑黃甲이 동헌에 나가 앉아있을 때 문득 까마귀 한 마리가 처마 앞에 앉아 애달프게 울며 그치지 않는 것을 보았는데, 그 소리가 구슬프고 처참하였다. 지현이 마음에 느끼는 점이 있어 아랫사람에게 명령하였다.

"이 까마귀 소리를 들으니 구슬프고 처참하다. 이는 대단히 원통한 일이 있기 때문일 것이다."

그러자 까마귀가 곧바로 더욱 처참하게 울어 댔다. 그래서 지현이 조례隷 조보趙保를 차출하며 까마귀 뒤를 따라갔다가 내려앉는 곳이 있으면 돌아와서 보고하라고 하였다. 까마귀가 1, 2리쯤 날아가다가 곧바로 길가에 머무르면서 조보가 따라오기를 기다렸다. 조보가 달려서 20리쯤 올라가자 깊은 숲이 나타났는데, 까마귀가 즉시 숲속으로 날아들어가 새로 조성한 흙무더기에 내려앉더니 큰 소리로 구슬프게 울었다. 조보가 흙무더기를 보고 곧바로 달려 돌아와 보고하되 한 차례 자세히 설명을 하였다. 까마귀도 다시 뜰 앞에 나타나 머리를 주억거리며 슬피 지저귀었다. 지현이 말하였다.

"이는 의심할 것 없이 원통한 혼령이다."【의심할 것이 없다는 의미이다.】

즉시 아랫사람을 불러 곧바로 길을 떠났다. 한 떼의 사람과 말도 지현을 따라 같이 깊은 숲에 이르렀다. 흙무더기를 파헤치니, 묻은 지 오래되지 않은 시체 한 구가 나타났다. 그 옆에는 말채찍 하나가 같이 묻혀 있었는데, 이는 이립이 시체를 묻을 때 어찌할 줄을 몰라 허둥지둥하다가 그곳에 말채찍을 떨어뜨린 줄 몰랐기 때문에 같이 묻히게 된 것이었다. 지현이 아랫사람에게 말채찍을 가져오라고 명하고 즉시 고을 관아로 돌아왔다. 고요한 밤에 향불을 피우고 천지신명에게 축원하였다. 이윽고 잠자리에 들어 밤 3경쯤이 되었을 때, 꿈속에 얼굴빛이 초췌한 사람이 나타나 머리를 풀고 울부짖었다. 이어서 지현 앞에 무릎을 꿇고 말하였다.

"소인의 원수는 복숭아[桃]도 아니고 살구[杏]도 아니며, 앉은 것[坐]도 아니고 길을 가는 것[行]도 아닙니다."

말을 마치고서는 대성통곡을 하더니 몸을 일으켜 떠나갔다. 지현이 즉시 일어나 옷을 단정히 입고 바르게 앉아 반복해서 생각해 보았으나 그 실마리를 찾을 수가 없었다. 날이 밝을 때가 가까워지자, 즉시 동헌에 나와 앉자마자 좌우의 사람들에게 분부하여 시체가 발견된 숲속 부근의 집들 중에서 몇 사람을 마구 잡아 오게 하였다.

차인이 명령을 받들고 나갔는데, 시체가 발견된 숲속으로부터 3리가 못 미치는 곳에 평풍가平豐街라는 거리가 있었다. 그 거리에는 10여 가구만 있고 집집마다 말을 가지고 있어 세를 내주고 있었다. 차인이 즉시 네댓 명을 마구잡이로 붙들어서 관아에 이르렀다. 지현이 물었다.

"이처럼 한 무리를 이룬 너희들은 모두 무슨 일을 해서 생계를 유지하느냐?"

그들이 모두 대답하였다.

"말을 몰아 살아가고 있습니다."

지현이 말하였다.

"너희들이 사람들에게 말을 세를 내주어 먹고 살면서 어찌하여 사람의 목숨을 해치고 재물을 탈취할 수가 있느냐?"

여러 사람이 또 대답하였다.

"감히 그릇된 일을 하지 않습니다."

이어서 말하였다.

"저희들이 말을 가지고 있으면서 세를 내주더라도 모두 날짜별로 돌아가는 차례가 있습니다."

지현이 말하였다.

"날짜별로 돌아가는 차례가 있으면 각각 그 성명을 일일이 적어서 보고하라."

여러 사람이 모두 성명을 통보하였다. 지현이 이립李立이란 이름을 보고 깨달았다. '어젯밤의 꿈이 맞았다. 복숭아[桃]도 아니고 살구[杏]도 아니라는 것은 바로 오얏[李]을 말한 것이고, 앉은 것[坐]도 아니고 길을 가는 것[行]도 아니라는 것은 바로 일어선 것[立]을 말한 것이었다.' 즉시 차인을 보내 이립을 잡아 오게 하였다.

눈 깜박할 사이에 이립을 잡아 오니, 그가 놀라서 허둥지둥하였으며 얼굴이 창백해졌다. 그는 장은을 계획적으로 죽인 경위에 대해 처음부터 진술하여 인정하였다. 이때 그 까마귀가 동헌 아래로 날아 들어와서 슬프고도 처참하게 울어 대더니, 이립의 머리와 얼굴을 쪼아 대서 피가 줄줄 흘러내렸다. 또 이립이 범행을 인정하는 진술을 마치고 나자, 까마귀가 뜰 아래로 날아가더니 돌에 머리를 들이받고 죽었다. 이에 이 까마귀가 전날 장은이 날려 보냈던 까마귀라는 것을 알았다.【지현이 까마귀를 장은의 무덤 곁에 묻어 주라고 명령하고, 의아정義鴉亭을 세웠다.】

○ 다음과 같이 판결하였다.

"장은은 자비로웠으므로 돈을 써 가면서 까마귀의 목숨을 보전해 주었고, 이립은 흉악하였으므로 도리어 재물만을 이롭게 여겨 사람의 목숨을 해쳤다. 만약 이 까마귀가 장은을 만나지 못했더라면 한때의 위태로운 곤경에서 벗어나기 어려웠을 것이고, 반대로 장은이 이 까마귀를 만나지 못했더라면 이승에서의 깊은 원한을 어떻게 설욕하였겠는가! 아무것도 모르는 하찮은 까마귀조차도 오히려 분명히 주인에게 보답하였는데, 지각이 있는 인간이 어찌 차마 배은망덕한 짓을 했단 말인가! 이에 사형을 적용하니, 참으로 용서하지 말아야 한다."

442

• 박석무 (朴錫武)

현재 다산연구소 이사장, 우석대 석좌교수로 있으면서 다산학 연구를 계속하고 있다. 1942년 전남 무안에서 출생하여, 전남대 법대와 동대학원을 졸업한 그는 민주화운동에 투신하여 네 차례 옥고를 치른 바 있다. 한중 고문연구소장과 제13·14대 국회의원, 한국학술진흥재단 이사장, 5·18기념재단 이사장, 단국대 이사장, 한국고전번역원장, 단국대 석좌교수, 성균관대 석좌교수 등을 역임했다. 다산학술상 공로상을 수상했다. 〈다산 정약용의 법사상〉 외 다수의 논문이 있으며, 저서로 《다산기행》, 《다산 정약용 유배지에서 만나다》, 《풀어 쓰는 다산 이야기》, 《새벽녘 초당에서 온 편지》, 《조선의 의인들》, 《다산 정약용 평전》, 편역서로 《유배지에서 보낸 편지》, 《다산산문선》, 《다산시정선》, 《다산논설선집》, 《다산문학선집》(공편역), 《다산에게 배운다1.2》 등이 있다.

• 이강욱 (李康旭)

현재 (사)은대고전문헌연구소 고전문헌번역 자문위원을 맡고 있으며, 조선 시대의 사료와 법전을 번역하고 강의한다. 성균관대 유학대학원에서 석사학위를 받았으며, 한국고전번역원 수석전문위원과 한국승정원일기연구소장을 역임하였다. 역서로 《은대조례》, 《일성록》(공역), 《교점역해 정원고사》(공역), 《홍재전서》(공역) 등이 있고, 논문으로 《《승정원일기》를 통해 본 草記의 전면적 고찰》, 〈啓辭에 대한 고찰〉, 〈臺諫 啓辭에 대한 고찰〉, 《《일성록》 別單의 형식 및 분류》, 〈書啓에 대한 考察〉, 〈上疏와 箚子의 형식 및 분류〉 등이 있다.

역주 흠흠신서 1

1판 3쇄 발행 | 2022년 6월 25일
1판 1쇄 발행 | 2019년 11월 20일

지은이 | 정약용
역주 | 박석무, 이강욱

디자인 | 씨오디
인　쇄 | 다다프린팅
발행처 | 한국인문고전연구소
발행인 | 조옥임
출판등록 2012년 2월 1일(제 406-251002012000027호)
주소 | 경기 파주시 가람로 70 (402-402)
전화 | 02-323-3635　팩스 | 02-6442-3634　이메일 | books@huclassic.com

© 박석무·이강욱 2019
ISBN | 978-89-97970-48-3 94300
　　　 978-89-97970-47-6 (set)